MW01174829

BIBLIOTECA DE PSICOLOGÍA Y PSICOANÁLISIS
dirigida por Ramón de la Fuente

LOS NIÑOS OLVIDADOS

Traducción de
AGUSTÍN BÁRCENA

LINDA A. POLLOCK

LOS NIÑOS OLVIDADOS

Relaciones entre padres e hijos
de 1500 a 1900

FONDO DE CULTURA ECONÓMICA
MÉXICO

Primera edición en inglés, 1983
Primera edición en español, 1990
Cuarta reimpresión, 2004

Pollock A., Linda
   Los niños olvidados: relaciones entre padres e hijos de
1500 a 1900 / Linda Pollock A. ; trad. de Agustín Bárcena. —
México : FCE, 1900
   368 p. ; 23 × 15 cm — (Colec. Psicología, Psiquiatría y Psicoanálisis)
   Título original Forgotten Children. Parent-Child Relations from 1500 to 1900
   ISBN 968-16-3415-2

   1. Niño, Estudio del 2. Relaciones Interpersonales I. Bárcena, Agustín, tr. II Ser III. t

LC HQ767 .87 .P64 Dewey 158 P647n

Comentarios y sugerencias: editor@fce.com.mx
www.fondodeculturaeconomica.com
Tel. (55)5227-4672 Fax (55)5227-4694

Título original:
Forgotten Children. Parent-child relations from 1500 to 1900
© 1983, Cambridge University Press, Cambridge
ISBN 0-521-27133-9

D. R. © 1990, Fondo de Cultura Económica
Carretera Picacho-Ajusco 227; 14200 México, D. F.

ISBN 968-16-3415-2

Impreso en México • *Printed in Mexico*

A
IAIN

PREFACIO

La presentación del material puede parecer extraña a los historiadores, pero el método fue deliberado. La historia de la infancia es un área tan llena de errores, distorsión y malinterpretación, que consideré vital, si se pretende algún progreso, proporcionar una clara revisión de la información contenida en fuentes tales como diarios y autobiografías. Con este propósito, me he apoyado en copiosas citas, y he puesto por separado las secciones de evidencia e interpretación. De esta forma, espero que no haya confusión en los resultados.

Me gustaría aclarar que estoy interesada en el cuidado paterno, diferenciándolo de otros tipos de cuidado y tendencias de la sociedad. Creo que no hay razón para dar por hecho que el cuidado paterno debe variar de acuerdo con el desarrollo y los cambios de la sociedad como un todo. La historia de la infancia es un área dominada por mitos. En este trabajo espero demostrar que esos mitos no tienen fundamento, además de ofrecer elementos más firmes en los cuales puedan basarse más investigaciones sobre el tema. Puede ser que haga demasiado hincapié en la continuidad de la práctica de la crianza, pero soy de la opinión de que los cambios deben ser investigados junto con este fondo de continuidad. Es posible que, a lo largo de los siglos, hayan ocurrido cambios sutiles en el cuidado de los niños, cambios que hasta ahora permnanecen ocultos debido al interés prevaleciente de argumentar y descubrir transformaciones dramáticas.

Esta monografía está basada en mi tesis doctoral, financiada por una beca del Social Science Research Council y presentada a la Universidad de Saint Andrews en julio de 1981. Muchas han sido las personas que me han ayudado en la investigación y redacción de la misma. John McShane (London School of Economics) supervisó la tesis doctoral. Lo hizo con aplomo, y, aunque a veces sus comentarios y su crítica me acobardaron, no puedo dejar de mencionar su supervisión. Revisó una gran cantidad de manuscritos de manera incansable y esmerada, suprimió errores y me ofreció múltiples sugerencias para mejorarla. Continúo en deuda con él. Keith Wright (Universidad de Saint Andrews) soportó pacientemente una virtual avalancha de material, lo estudió y me proporcionó una ayuda invaluable, por encima de todo reconocimiento. Compartió conmigo sus conocimientos y, a través de su propio trabajo sobre la sociedad del siglo XVII, refutó la "Leyenda Negra" sobre la infancia. Espero que este libro le provea de más evidencia para apoyar su visión. Andy Whiten (Universidad de Saint Andrews) revisó una primera versión de la investigación cuando aún no me había graduado, y sigue interesándose en el adelanto y resultado de mis estudios. Alan Macfarlane, de la Universidad de Cambridge, y Peter Laslett, del Grupo SSRC de Cambridge, leyeron la versión final de mi tesis y me sugirieron la idea de que esa disertación se volviera libro. Peter Laslett, en particular, dedicó generosamente su tiempo a comentar el manuscrito y la calidad de mi prosa. Peter Smith, de la Universidad de Sheffield, amablemente me permitió ver su manuscrito acerca del cuidado de los niños antes de publicado. La señora Pat Carroll, de la Imprenta de la Universidad de Cambridge, fue una editora muy cuidadosa y encontró muchos detalles e incongruencias que se me habían escapado.

Mucho es lo que debo también a mi madre, que mecanografió la tesis y preparó el material para su publicación; agregó muchos toques de acabado al producto final. Por último, quiero agradecer a mi esposo, Iain, que no solamente soportó sin chistar cuatro años de la historia de la niñez, sino que también aguantó muchas noches y fines de semana solitarios, mientras yo revisaba el material para su publicación.

A todos ellos, mi gratitud más profunda.

RECONOCIMIENTOS

La autora desea expresar su agradecimiento a las siguientes personas físicas y morales por su autorización para utilizar material de sus publicaciones o colecciones:

George Allen & Unwin, por extractos de *The Years With Mother*, de Augustus Hare (1952), y *The Amberley Papers*, de Kate y John Russell (1966).

The British Library, por extractos del diario de Maurice Hewlett (Add. MSS 41075) y el diario de Peter Oliver (Egerton Collection 2674).

The Caxton Printers, por extractos de *Elkenah and Mary Walker*, de Clifford Drury (1940).

Essex Institute Historical Collections, por extractos del diario de Mary Orne Tucker (1941).

Evans Brothers, por extractos de *Queen Victoria: Dearest Child*, comp. Roger Fulford (1964).

The Guildhall Library, por extractos de MS 204 (Nehemieh Wallington).

Harper & Row Publishers, por extractos de *Nancy Shippen: her Journal Book*, comp. Ethel Armes (1935).

Hutchinson Publishing Group, por extractos de *Four and a Half Years*, de C. Addison (1934), y *A Quaker Journal*, de W. Lucas (1934).

Little, Brown & Company, por extractos de *The Journals of Bronson Alcott*, comp. Odell Shepard (1938).

Liveright Publishing Corporation, por extractos de *Two Quaker Sisters from the Original Diaries of Elizabeth Buffum Chace and Lucy Buffum Lovell*, comp. Malcolm Lovell (1937). Copyright renovado en 1964 por Malcolm R. Lovell.

John Murray (Editores) Ltd, por extractos de *Lady Charlotte Guest: Extracts from her Journal* (1950), *Lady Charlotte Schreiber (formerly Guest): Extracts from her Journal* (1952) y *The Private Diaries of Daisy Princess of Pless*, de Mary Hochberg (1950).

The Trustees of the National Library of Scotland, por extractos de Adv. MS 34.7.12 (diario de Andrew Rule) y MS 983 (diario de Amelia Steuart).

Oxford University Press, por extractos de *The Cowells in America*, comp. M. Willson Disher (1934), *The Journal of Gideon Mantell 1819-1852*, comp. E. Cecil Curwen (1940), *Thraliana: The Diary of Mrs. Hester Lynch Thrale*, comp. Katharine C. Balderston (1951),

11

Miss Weeton: Journal of a Governess 1807-1811, comp. Edward Hall (1936) y *The Wynne Diaries*, comp. Anne Fremantle (1935).

A. D. Peters & Co. Ltd y Weidenfel & Nicolson Ltd, por extractos de *The Diaries of Evelyn Waugh*, comp. Michael Davie (1976).

Sidgwick & Jackson Ltd, por extractos de *The Complete Marjorie Fleming*, comp. Frank Sidgwick (1934).

A. P. Watt Ltd, por extractos de *Excitement. An Impudent Autobiography*, de Sydney Horler (1933).

Dr. Williams' Library, por extractos del Diario MS de Elias Pledger (núm. 28.4).

L. B. Wright y M. Tinling, por extractos de *The Secret Diary of William Byrd of Westover*, comp. L. B. Wright y M. Tinling (1941).

Yale University y McGraw-Hill Book Company, por extractos de *The Private Papers of James Boswell from Malahide Castle, in the Collection of Lt.-Colonel Ralph Heyward Isham*, comp. Geoffrey Scott y Frederick A. Pottle. 18 vols. (1928-1934).

El entorno humano es ineludiblemente social. Desde el instante mismo de nuestro nacimiento, los humanos dependemos de los demás en cuanto a nuestra supervivencia biológica. Psicológicamente, nuestro desarrollo cognoscitivo, social y emocional se basa también en la interacción humana. La independencia y la autosuficiencia de los adultos se logra gradualmente a través de años de contacto y de interacción con los demás.

LEIDERMAN, TULKIN y ROSENFELD, 1977, p. 1.

I. LOS NIÑOS EN EL PASADO. BREVE RESEÑA DEL MATERIAL ESCRITO SOBRE LA HISTORIA DE LA NIÑEZ

EN NUESTROS días la niñez es un tema interesantísimo para antropólogos, sociólogos, psicólogos y otros muchos investigadores. Los niños desempeñan un papel central en casi todos los hogares y sus derechos están protegidos por el Estado. Los padres dedican mucho tiempo y energía al cuidado y crianza de sus hijos, y según parece es cosa que disfrutan. Pero ¿esto fue siempre así? Un buen número de historiadores, al ver las actitudes y el trato dado a los niños en el pasado, dirá que no. Desde hace relativamente poco tiempo la historia de la niñez se ha considerado terreno digno de investigación. La imagen dada hasta la fecha por la inmensa mayoría de los historiadores es increíblemente similar. Con uniformidad casi monótona, una y otra vez aparece la misma idea en el estudio de la historia de la niñez: de que en el pasado no hubo tal concepto de niñez (Ariès fue el primero en enunciarlo así explícitamente en 1960). Muchos autores dicen que no se apreciaron las necesidades de los niños y que por ello se les arrinconó; otros dicen que por sistema se les maltrató, tanto por sus padres como por el Estado. Se ha dicho que sólo hasta hace muy poco ha habido una comprensión gradual de que los niños son diferentes de los adultos y no nada más versiones pequeñas de ellos. Junto con esta comprensión se presentó un interés más y más grande por los niños, a veces una disciplina muy estricta, y luego una relación crecientemente más estrecha entre padres e hijos. La mayor parte de los investigadores en este campo parecen interesarse más en hallar otros elementos que apoyen el razonamiento que en valorarlo críticamente.

Hay, empero, unos cuantos autores que piensan de modo diferente. Para ellos la niñez y la adolescencia fueron reconocidas como etapas distintas en siglos pasados, aunque a los niños no se les vio por fuerza de igual modo que como se les ve hoy en día.

LA TESIS DE ARIÈS

La obra de Philippe Ariès, *L'Enfant et la Vie Familiale sous l'Ancien Règime*,[1] es la obra que ha tenido más influencia en esta mate-

---

[1] El sistema de referencia funciona así: a los autores estudiados en el texto se les cita por título, nombre y fecha en su primera mención en cada capítulo. Después de eso se emplea el

ria.[2] Aunque sus fuentes han sido principalmente la cultura y la sociedad francesas, no hay duda de que él cree que sus conclusiones son aplicables igualmente al resto de la sociedad occidental. De particular importancia es su conclusión de que durante la Edad Media no hubo *concepto* de niñez. Sugiere también que aunque en siglos anteriores no hubo percepción de la naturaleza de la niñez, esto no significa que a los niños se les tratara mal. Por otra parte, sostiene que en cuanto se percibió que los niños eran diferentes de los adultos se les sometió a métodos más estrictos de crianza y a castigos más severos. Aquí nos ocuparemos de estas dos facetas de su razonamiento, a saber: que la niñez como estado no existía y que a los niños se les disciplinó con dureza. Un tema que Ariès no examina, pero que aparece con frecuencia en escritos posteriores, concretamente el de la formalidad de la relación que existe entre padre e hijo en las sociedades del pasado, será también tema de nuestro estudio.

El concepto de niñez

Ariès sostiene que la sociedad *medieval* no percibió a la niñez —la sociedad antigua "supposaient une différence et un passage entre le monde des enfants et celui des adultes", en tanto que "La civilisation médiévale ne percevait pas cette différence" (463) (la sociedad antigua "presupuso una diferencia y una transición entre el mundo de los niños y el de los adultos" en tanto que "La civilización medieval no percibió esta diferencia") (411-412), pero no explica por qué razón los adultos dejaron de ver a los niños como niños. De pinturas (una fuente de información vital en su trabajo) deduce que en la Edad Media no existió la niñez, y afirma que hay tan pocas pinturas de niños porque no se les consideraba lo bastante importantes para merecer ser pintados. En cuanto el niño podía pasársela sin los cuidados de su madre o niñera, "peu d'années un tardif sevrage, à partir de sept ans environ" (462) ("no mucho después de un destete tardío (en otras palabras alrededor de los siete años)" (411), entraba en el mundo de los adultos.

sistema autor-fecha. Las referencias meramente ilustrativas se ofrecen únicamente por autor y fecha. Al final de la obra se presenta una bibliografía completa. En el caso de Stone, el trabajo al cual se hace referencia siempre es su texto de 1977. Las citas de Ariès y Badinter se transcriben primeramente en el lenguaje original y luego se da la traducción.

[2] Aun cuando el trabajo de Ariès fue el primero que llamó mucho la atención y el interés en la historia de la niñez, hay un buen número de estudios previos. En las obras de Bayne-Powell (1939), Findlay (1923) y Lynd (1942) se dice que en siglos anteriores se trató con crueldad a los niños. Opiniones diferentes se encontrarán en Crump (1929), Godfrey (1907), Lochead (1956), Morgan (1944) y Roe (1959). En Pollock (1981) se encontrará un examen de estas obras.

Aries afirma que en el siglo XVI los adultos empezaban a ver en los niños "une source d'amusement et de détente" (135) ("una fuente de diversión y distracción" (129)); se les vio únicamente como juguetes de los adultos, y todavía no se vio a la niñez como algo separado de la edad adulta. Dice Ariès que a lo largo del siglo XVII, aun cuando la gente gozaba "mimando" a sus hijos ("le mignotage"), gradualmente se iba percibiendo que los niños eran *diferentes* de los adultos y no nada más versiones menores de ellos. Los moralistas de esos tiempos los veían como seres inocentes aunque débiles. Por esta razón había que educarlos y corregir su conducta, pues eran "de fragiles créatures de Dieu qu'il fallait à la fais préserver et assagir" (141) ("frágiles criaturas de Dios a las que era necesario salvaguardar y reformar") (133). A lo largo del siglo XVIII cobraron realce estos dos elementos del concepto de niñez y además la salud física de los niños empezó a adquirir importancia. Ya para mediados de ese mismo siglo había aflorado el concepto moderno de niñez: "L'enfant a pris une place centrale dans la famille, et pas seulement l'avenir de l'enfant, son futur établissement, mais sa présence et son existence nue" (142) ("No sólo es motivo de atención el futuro del niño, sino también lo son su presencia y su existencia misma: el niño ha llegado a ocupar un lugar central en la familia") (133). Aunque Ariès no proporcione prueba alguna de hechos reales[3] de la niñez en apoyo de su tesis, la presentación de tal prueba corrió a cargo de la obra de Demos titulada *Family Life in a Plymouth Colony* (1970).

Demos centró su investigación en la colonia puritana de Plymouth, Massachusetts, en el decenio de 1630. Le interesó la reconstrucción de las experiencias de los niños, censuró a Ariès por no haberla hecho, y basó sus juicios en elementos físicos tales como tamaño de la casa, del mobiliario, tipo de ropa y de documentos —testamentos, inventarios y los registros oficiales de la colonia. A pesar de la gran diferencia de enfoque y de orientación teórica, Demos conviene con Ariès en que no hubo concepto de niñez. Él, de hecho, cree que ni siquiera en el siglo XVII surgió tal concepción, como cree Ariès, y arguye como pruebas que a los niños se les vestía igual que a los adultos. Zuckerman (1970) conviene con Demos en este punto. Demos sugiere que tal vez hubo cierto grado de reconocimiento de la infancia puesto que a los niños menores de siete años se les vestía de manera diferente a la de los adultos. Así y todo, declara: "La niñez como tal casi no fue reconocida a lo largo del periodo que duró la Colonia Plymouth. Hubo

---

[3] A Ariès le interesaron más bien las actitudes hacia los niños y por ello no se ocupa del estilo de vida de ellos.

un sentimiento casi rudimentario de que los niños debían constituir un grupo especial con sus necesidades, intereses y capacidades peculiares. En vez de esto, se les vio más bien como adultos en miniatura: el muchacho era un modelito de su padre, del mismo modo que la niña lo era de su madre" (57-58).

En *The Making of the Modern Family* (1976), Shorter destaca cómo ha cambiado nuestra actitud hacia los niños. Ya dejaron de pertenecer al nivel más bajo del estrato social y ahora son motivo de nuestra máxima preocupación. Casi implícito en este punto de vista está el concepto de que el trato que damos a los niños es perfecto y que ya no hay malos padres. Shorter da un paso más y llega a afirmar: "El buen trato por parte de la madre es un invento de la modernización" (168). Dice que a los niños se les tuvo en tan poca estima que ni siquiera se les vio como humanos. "Ni tampoco estas madres veían con frecuencia (no falta quien diga 'nunca') a sus hijos como humanos dotados de las mismas capacidades de sufrimiento y gozo que ellas" (169). Según Shorter, siempre ha habido un "afecto que es un residuo o sobrante" entre el padre y el hijo, es decir, "el producto de un vínculo biológico", pero afirma que el cambio habido en la prioridad que el hijo ocupó en la "jerarquía racional de valores" de la madre se presentó primeramente en las clases más altas del siglo XVI.

Investigadores de la talla de Firestone (1971), Hoyles (1979) e Illich (1973) sostienen también que en las sociedades del pasado no hubo concepto de niñez. Así, por ejemplo, Hoyles dice en "Childhood in historical perspective" que "la niñez es un convencionalismo social y no sólo un estado natural", y cree que "Tanto la niñez como la familia nuclear de nuestros días son inventos sociales comparativamente recientes" (2,16).

Otros autores se han preocupado no tanto con la existencia o inexistencia de un concepto de niñez como con actitudes hacia los niños a lo largo del tiempo.[4] La mayoría de estos autores dan por sentado que anteriormente a los niños se les tenía como situados en el fondo mismo de la escala social, en tanto que ahora son un componente esencial de la sociedad y de la vida familiar. Por ello describen las actitudes cambiantes hacia los niños (en favor de) a lo largo de los siglos y lo hacen independientemente de su interés en la investigación y en la orientación teórica: buscan describir la historia social; aplicar la teoría psicológica (Demos, 1970, 1973; Hunt, 1972; De Mause y casos prácticos, 1976; Trumbach, 1978); fundamentar las diversas teorías

---

[4] Ariès (1960) y Demos (1970) creen que sólo hasta el siglo XIX hubo un concepto de adolescencia. Un análisis de esta opinión se hallará en Beales (1975), Davis (1971) y Smith (1973).

sobre crianza de niños (Cleverley y Philips, 1976; Newson y Newson, 1974; Sears, 1975; Wishy, 1968); o seguir los pasos de la evolución de las normas públicas de política hacia los niños (Bremner, 1970-1973; Pinchbeck y Hewitt, 1969).

Vimos ya que Ariès sostiene que no se apreció la situación de los niños a lo largo de la Edad Media; los niños "no contaron". Lyman ("Barbarism and religion", 1976, al estudiar el periodo de 200 a 800 d.C. cree que hasta el siglo VIII los padres no tenían criterios definidos sobre su prole, a la cual consideraban tanto como un placer y parte integrante de la vida familiar, así como una "lata". Afirma que lo primero era el ideal, pero que, de hecho, lo último era lo real. Así y todo, en el siglo VII se solía describir como cosa natural el amor de los padres. "Sin embargo, la necesidad siempre presente de legislación así como algunos otros testimonios dispersos hacen pensar que la distancia entre ideales y realidad se había cerrado muy poco en ese medio milenio" (95). McLaughlin ("Survivors and surrogates", 1976) halló también que había "conflicto entre actitudes destructivas o de rechazo y de mimo" de parte de los padres hacia los hijos; esto en relación con el lapso situado entre los siglos IX y XIII. Hay, no obstante, a lo largo de los cuatro siglos estudiados "signos obvios, especialmente del siglo XII en adelante, de ternura hacia los niños de brazos y otros poco mayores, interés en las etapas de su desarrollo y percepción de su necesidad de amor" (117-118). En abierto contraste con Ariès, McLaughlin afirma que, al finalizar el siglo XII, al concepto de que el niño era la propiedad exclusiva de sus padres "se le había unido otro más favorable según el cual el niño era un ser por su propio derecho, sede de 'grandeza potencial', así como un sentido de niñez como una etapa de la vida diferenciada y formativa" (140). Los dos estudios anteriores contradicen la tesis de Ariès de que en la Edad Media no se percibió la naturaleza de la niñez.

En este terreno podemos decir que De Mause es el autor más extremo. En su "The evolution of childhood" (1976) declara su intención de proponer una "teoría psicogénica de la historia"; que la fuerza central del cambio son los cambios "psicogénicos" en la personalidad, los cuales ocurren debido a generaciones sucesivas de interacciones padres-hijos. En el curso de su exposición reconstruye un mundo oscuro y horrendo de la niñez en el pasado. Conviene con Ariès en que los padres del pasado estaban vinculados con sus hijos, pero al mismo tiempo afirma que eran incapaces de ver a su prole como seres separados. "Evidentemente, no es amor lo que les faltó a los padres del pasado, sino más bien la madurez emocional para ver al niño como una persona separada de sí mismos" (17). De Mause indica que a su juicio ha habido seis modos históricos sucesivos de relaciones padre-hijo, en las cuales a los niños se les vio como "llenos de malignidad" hasta el siglo XIII. Los padres pertenecientes a la forma más antigua, los infanticidas, "resolvían ordinariamente sus ansiedades de ocuparse de sus hijos matándolos". A partir del siglo IV "los padres empezaron a aceptar que los niños tenían alma", por cuya razón no podían matarlos y por ello recurrieron a abandonarlos (51). Durante los siglos XIV a XVII, el niño siguió siendo "un almacén de proyecciones peligrosas", aunque "se le permitió entrar en el seno de la vida emocional de sus padres". Según De Mause, "una enorme ambivalencia caracteriza este modo" (51-52).

Durante los primeros tiempos del periodo moderno hubo poca mejoría en la condición de los niños. Tucker concluye de su investigación sobre la Inglaterra de los siglos XV y XVI ("The child as begining and end", 1976) que a los niños se les tenía como indignos de confianza y que se les situaba en el "fondo de la escala social". De hecho, "la niñez era un estado que debía soportarse, no disfrutarse" (229-230). Tucker dice que los padres eran ambivalentes hacia sus descendientes: no estaban seguros de si verlos como buenos o como malos, así como respecto al momento de incluirlos en la sociedad adulta o bien de excluirlos de ella. Pero arguye que como durante este periodo las actitudes cambiaban, se atribuyó a los niños un "valor mayor", y que "se hace un esfuerzo mayor para complacerlos atendiendo a su bienestar físico y felicidad" (252). Tucker acaba decidiendo que al finalizar el siglo XVI "A más y más niños se les concedía la calidad de personas, con problemas de desarrollo diferentes a los de los adultos" (252).

Shorter y Stone afirman lo mismo que Tucker. Por su parte, Shorter halló que a partir del siglo XVI hubo más interés en los niños. Stone, en su obra *The Family, Sex and Marriage in England* (1977), afirma que, respecto al periodo entre 1450 y 1630, los intereses del grupo predominaron sobre los individuales, por cuya razón no se tomó en cuenta a los niños. La mayoría de los padres pertenecientes a las clases elevadas así como muchos de las porciones más bajas de la escala social consintieron a sus hijos, aun cuando a los padres en general les importaba muy poco la muerte de sus hijos pequeños. Así las cosas, entre 1540 y 1660, se produjo un mayor interés en la niñez como estado, de lo cual resultó "una mayor preocupación por la capacitación moral y académica de los niños" (193).

En su obra *Children in English Society* (1969), Pinchbeck y Hewitt ofrecen una gráfica sobre el desarrollo de la política pública hacia los niños ingleses a partir de la época Tudor. No distinguen entre el trato social y el paternal, pero opinan que el interés de los padres es influido por actitudes sociales y que se desenvuelve apegándose a las mismas líneas de política pública. Se ocupan de las actitudes sociales cambiantes y presentan pruebas de la creciente protección jurídica de los niños. Sostienen también que en la sociedad Tudor se veía a los niños como cosas sin importancia: "La infancia no era otra cosa que un preludio biológicamente necesario al mundo adulto y socialmente importantísimo de los negocios" (8). Aunque se amaba a los niños, se les tenía como "propiedad de sus padres" y como adultos en miniatura: "Eran adultos en pequeño y es ahí donde radica la esencia misma de la explicación de muchos factores que hoy día nos parecen inexplicables" (348).

En su obra *Parents and Children in History* (1972), Hunt procura fusionar la historia y la psicología con el fin de darnos claves para entender las ideas francesas de la niñez en el siglo XVII a partir del psicoanálisis. A diferencia de Demos (1970), a Hunt le interesan más conceptos que realidades: "Me interesa qué sentía la gente sobre la familia... las actitudes que al parecer tenían respecto a los deberes de la paternidad" (5). Su principal fuente es el diario del doctor Héroard sobre la crianza del delfín de Francia, de 1601 a 1610, el que sería Luis XIII; Hunt emplea afirmaciones tomadas de este texto para generalizar hacia el resto de la sociedad francesa, a pesar de la unicidad de la posición del chico. Afirma que a los niños se les veía como inferiores en relación con los adultos. Por ejemplo, pese "a los esfuerzos de médicos y moralistas", "el proceso de educar a los niños no fue tenido en mucho y no dio a la madre mucho lustre en cuanto a prestigio u honor" (102). Afirma que la estructura de la familia real consideró a Luis "como un niño algo inferior, un bien mueble que podría usarse en los complejos tratos recíprocos de los adultos" (99). Respecto a niños menores, es decir, de menos de siete años, "ser el sirviente del padre era el único papel que la sociedad le permitía asumir" (152). De los siete años en adelante, se suponía que los niños se comportarían como adultos, que dejarían de ser exclusivamente "consumidores" y que se volverían "aportadores".

En su obra *L'Amour en Plus* (1980), Badinter presenta un tipo similar de sociedad francesa. Esta autora escribe que antes de 1760 educadores, filósofos y teólogos consideraban que los niños eran "le mal ou le péché" (52) ("un ser malo o pecador" (39)) en tanto que para la gente común los niños eran "davantage, ressenti comme une gêne, voire comme un malheur" (52) ("considerados habitualmente como una molestia, o hasta como una desgracia" (39)). Más todavía, sostiene, incluso después de la publicación de la obra de Rousseau en 1762 sobre la educación, que destacó la importancia de la niñez, que "il fallut près de cent ans pour effacer la majeure part de l'égoïsm et de l'indifférence maternelle (194) ("se necesitó que transcurriera casi un siglo para atenuar la mayor parte del egoísmo e indiferencia de las madres" (168)).

No todos los autores aceptarían los puntos de vista anteriores sobre las actitudes predominantes en Francia respecto a los niños. La interpretación de Hunt del diario de Héroard está obviamente contrapuesta con la de un autor anterior, Crump (1929), según el cual se reconocieron y se atendieron debidamente las necesidades de Luis XIII. Por si fuera poco, los resultados que presenta Marvick en "Nature versus nurture" (1976) se contraponen a los de Badinter y Hunt. Marvick indica que a los padres les interesaba la sobrevivencia de sus bebés. Aunque "El solo hecho de haber nacido no prepara al niño con protección que pudiera llevar al máximo sus posibilidades de supervivencia", una vez "que se ha forjado un eslabón entre el niño y el mundo exterior, los adultos aportan sus poderosas fuerzas en su favor" (293). Esta autora agrega que, aunque a veces se tenía a los niños como "enfadosos y enojosos", no se les tuvo como un mal del cual no hubiera redención: capacitación y "manipulación" asegurarían conformidad.

Por su parte Illick (1976) llega a una conclusión casi idéntica a la de Marvick, pero en relación con la Inglaterra y los Estados Unidos del siglo XVII: "No tiene caso negar que los padres de la Inglaterra del siglo XVII estaban interesados en sus hijos, pero lo cierto es que ese interés adoptó la forma de controlar a los jovencitos —del mismo modo en que los adultos se frenaban a sí mismos— en vez de permitirles un desarrollo autónomo" (323).

Los padres norteamericanos de aquellos mismos días revelaban gran ansiedad ante la enfermedad de sus hijos y profundo pesar ante su muerte, aunque también les interesaba, y mucho, quebrantar la voluntad de sus hijos e hijas. Una opinión alterna la da Macfarlane en *The Family Life of Ralph Josselin* (1970). Fundó su investigación en el diario de un clérigo inglés del siglo XVII; describe una relación padre-hijo mucho más afectuosa. Macfarlane afirma que al parecer los hijos eran vehementemente bienvenidos por sus padres y tenidos en altísima estima, no nada más por el placer que daban, sino por la ayuda y comodidad que proporcionarían después. En el diario de Josselin hay muchas alusiones a su amor por su descendencia, en cuyo desarrollo puso mucho interés. La investigación de Wrightson (1982) en diarios del siglo XVII respalda los resultados de Macfarlane.

Podría pensarse que las ideas de Josselin están adelante de su tiempo, ya que, según la mayoría de los autores, sólo hubo un cambio marcado en la actitud hacia los niños hasta el siglo XVIII. Se afirma que en el periodo moderno posterior, los niños cobraron importancia creciente y que se convirtieron en el centro del interés y atención de los padres. En "The new world of children" (1975) Plumb sostiene que hasta fines del siglo XVII hubo hacia los niños una actitud "autocrática, indudablemente feroz". Se les tenía como saturados de "Pecado Original", en tanto que al finalizar el siglo XVII empezó "a cobrar forma una nueva actitud social hacia los niños" (65). Los padres adoptaron una "actitud más benevolente y más racional" hacia su prole; empezó a no vérseles como "ramas del viejo Adán cuyas voluntades debían ser quebradas" (70). Mas, a pesar de este nuevo modo de ver a los niños, Plumb no pretende que haya habido un concepto sobre la niñez en el siglo XVIII. Los niños eran vistos más como cosas que como gente: "En cierto sentido, se habían convertido en objetos de lujo en los cuales padres y madres deseaban invertir sumas de dinero más y más cuantiosas, no sólo para su educación, sino también para su entretenimiento y diversión. En cierto sentido, se habían convertido en mascotas superiores" (90). ¿Realmente? ¿En qué sentido?

Sears, en *Your Ancients Revisited* (1975), sostiene un punto de vista similar, aunque fecha la nueva posición hacia los niños *a fines* del siglo XVIII. Por esos días ya había "un incremento indudable en el *ethos* empático de la sociedad occidental" (3). Este espíritu empático recientemente despertado "dictó un cambio que partió desde lo punitivo y brutal a la bondad y a la compasión" en los métodos de crianza. Al igual que Sears, Trumbach en su obra *The Rise of the Egalitarian Family* (1978) opina que el siglo XVIII se caracterizó por un aumento en la "importancia de lo doméstico". Consiguientemente, los padres, pero muy en particular las madres, se vinculan mucho más a su descendencia —"Los padres del siglo XVIII empezaban a descubrir la niñez y aprendían a disfrutar de su inocencia" (262). También De Mause sostiene que hubo una "gran transición" en el siglo XVIII en las relaciones entre padres e hijos: apareció el modo intruso de atención a los niños. Ya el niño no estaba "preñado de proyecciones peligrosas" y, como ya había dejado de ser amenazador, "se hizo posible la verdadera empatía y fue así como nació la pediatría" (52). Otros autores como Stone y Shorter afirman lo mismo. Stone dice que entre 1660 y 1800 se produjo "un cambio notable" en las actitudes hacia los niños. La familia se orientó hacia ellos, llena de afecto, y plena de la aceptación de la calidad única de cada niño. Este tipo apareció primeramente en las clases terratenientes y profesionales que "pudieron darse el lujo de una preocupación sentimental" hacia los niños (405). Shorter agrega que los pobres siguieron siendo indiferentes a su descendencia cuando menos hasta fines del siglo XVIII, y en algunas partes mucho tiempo después.

Smith ("Autonomy and affection", 1977) y Walzer ("A period of ambivalence", 1976) estudiaron el territorio de los Estados Unidos durante el siglo XVIII. Smith tal vez convenga con la tesis de que hubo un punto de vista más humano en el siglo XVIII, aunque tal cosa la circunscribe a la región de Chesapeake. Empieza afirmando: "En las Virginia y Maryland del siglo XVIII la mayoría de los padres estaban vinculados profundamente a sus niños, por lo que estructuraron la vida familiar a su alrededor" (32). Más adelante dice: "Esto no podría afirmarse con la misma confianza respecto a la conducta de los padres en gran parte del Occidente preindustrial" (32). No parece sorprenderle que haya tal discrepancia entre la atención de los padres del territorio norteamericano y el resto de la sociedad occidental; más bien prefiere considerar a la colonia de Chesapeake como precursora de los nuevos métodos de atención a los niños que Occidente adoptaría algún día. Sin embargo, la discrepancia se explica con facilidad en cuanto nos enteramos de que Smith emplea fuentes primarias —principalmente diarios y cartas— en las que basa su investigación, aun cuando confía en los razonamientos y conclusiones de otros historiadores, por lo común De Mause, para pintar el resto de la sociedad occidental. Le da muchísimo gusto hacer esto, a pesar de que De Mause se vale principalmente de fuentes secundarias de información, llega a una conclusión opuesta sobre la atención de los padres, y también es visto por Smith como "obsesionado por descubrir maltrato a los niños u olvido de ellos en épocas pasadas" (32).

Dice Smith que a los niños en Europa no se les daba el pecho porque se les tenía por parásitos que sacaban la sustancia a la madre; este criterio lo deriva de los trabajos de Hunt. Así y todo, en Chesapeake, el amamantamiento por la madre era el método normal de alimentación. Los padres sentían inquietud por sus hijos, muy en particular durante etapas tales como el destete y el brote de los dientes. En sus cartas y diarios "sobran testimonios de ternura de los padres y de afecto hacia los niños" (39). Smith considera que la niñez había llegado a ser una fase distintiva del Chesapeake del siglo XVIII, lo cual, según el propio Smith, está en abierta oposición con los resultados de Walzer.

Según este último autor, las actitudes norteamericanas hacia los niños, a lo largo de este periodo, se pueden caracterizar por el deseo de los padres de retenerlos y al mismo tiempo de rechazarlos. Ofrece ejemplos de que, aun cuando los padres norteamericanos estaban genuinamente interesados en sus hijos, los seguían alejando de ellos, enviándolos a la escuela o a vivir con parientes. También opina que se había presentado un cambio en las actitudes de los progenitores a resultas del cual a los niños se les veía ya más como personas y se les trataba con indulgencia.

A lo largo del siglo XIX las cosas fueron mejorando, al menos para los niños de las clases media y alta. Ariès, Badinter, Pinchbeck y Hewitt, Shorter y Stone, todos insisten en que a los niños pobres los seguían explotando y no tomando en cuenta sus padres. En el caso del trabajo de los niños, por ejemplo, Pinchbeck y Hewitt sostienen que la indiferencia del padre y de la madre, y de la comunidad, ante el sufrimiento y explotación de los niños "fue uno de los obstáculos mayores que se interponían en la senda de quienes buscaban establecer sus derechos legales a ser protegidos" (355). En "Home as a nest" (1976), Robertson sostiene que ya en el siglo XIX, y en contraposición a lo ocurrido en siglos anteriores, los padres europeos empezaban a sentir gozo en la educación de sus hijos. Este adelanto se debió, según Robertson, a la influencia de Rousseau. Fue él quien, por vez primera en la historia, "logró que un buen número de personas creyeran que la niñez merecía la atención de los adultos inteligentes, lo que alentó el interés en el proceso del crecimiento, no nada más en el producto" (407). ¿Cómo fue que *un solo* escritor tuviera tal influencia? Robertson opina que también iba en aumento la responsabilidad hacia los niños: "Sin embargo, lo menos que se puede decir es que en el siglo XIX los organismos públicos empezaron a pensar en los niños como niños, con necesidades especiales propias de su indefensión y vulnerabilidad, no como adultos en pequeño con el derecho a alquilarse para trabajar 16 horas diarias o a ser propiedad de sus padres" (428).

Stone sostiene que después del periodo de benevolencia del siglo XVIII y por razón del auge del movimiento evangélico, las familias de principios del siglo XIX impusieron a los niños un régimen de disciplina estricta. A mediados de ese siglo reaparecieron actitudes humanas. De todo lo cual concluye que la evolución de la familia ha seguido una senda de cambio fluctuante, no una de desarrollo lineal, aunque "El único cambio lineal sostenido en los últimos cuatrocientos años parece haber sido un interés cada vez mayor por los niños, si bien su trato real ha oscilado cíclicamente entre lo permisivo y lo represivo" (683).

Bremner saca conclusiones similares a las de Stone. En su obra *Children and Youth in America* (1970-1973), manifiesta su intención de pasar revista a la historia de la política pública hacia los niños, y la contrapone a la política de los padres. Se trata de una diferenciación muy válida —y es uno de los contadísimos autores que la hacen—

puesto que no hay razón de que las políticas pública y privada sigan el mismo curso; por otra parte, no siempre se mantiene fiel a su intención. Sus escritos, en tres grandes volúmenes, cubren el lapso entre 1600 y 1937 y siguen el curso de la política del Estado en relación con los niños en materias tales como trabajo de los niños, salud, delincuencia, niños necesitados de atención o de protección, así como respecto a los deberes de los padres. Cree que ha habido, a partir del siglo XIX, una percepción creciente de la situación, de la presencia de los niños, que ha aumentado la estimación hacia ellos, y que la sensibilidad hacia sus necesidades y la importancia de la juventud también ha aumentado. Aunque admite que hubo cambios en cuanto a la forma en que se vio a los niños a través de los siglos, no por eso afirma que anteriormente se les viera como carentes de importancia; a este efecto señala el ejemplo de los puritanos, que emigraron a Nueva Inglaterra para beneficio de las almas de sus hijos. El volumen primero de su obra abarca de 1600 a 1864, el segundo de 1865 a 1932, y el tercero de 1933 a 1937. Estima que los lapsos más breves de los dos últimos tomos reflejan "la gran atención dada a los derechos de los niños y jóvenes durante el siglo pasado" (vii). Según Bremner, ya desde finales del siglo XIX se tenía el criterio de "que el aumento, extensión y protección de la niñez eran esenciales al progreso humano" (602).

Cleverley y Philips (1976), Newson y Newson (1974) y Wishy (1968) han examinado las diversas teorías sobre los niños y sobre el cuidado de ellos. En *Cultural Aspects of Child Rearing*, Newson y Newson aportan pruebas de las principales teorías en vigor desde el siglo XVIII al XX y sostienen que ha habido un gran cambio en nuestras actitudes hacia los niños y, consiguientemente, en el trato que les damos. Ya no sólo nos preocupamos por su supervivencia y su crecimiento moral sino que nos estamos responsabilizando de su salud mental y de su ajuste social y económico. Estos dos autores afirman que durante los siglos XVIII y XIX prevaleció una "moralidad religiosa" y que los partidarios del sistema insistían en que debía quebrarse la voluntad de los niños. En el decenio de 1920 apareció una "moral médica" conforme a la cual se destacó la importancia de formar hábitos regulares durante la infancia de modo que el niño aprendiera el autocontrol. Prosiguió el cambio de actitudes y, conforme avanzaba el siglo XX, un interés mayor en el desarrollo natural, intelectual y social del niño llevó a una mayor laxitud en la crianza de los niños. Hoy día predomina una "moralidad de diversión"; los consejos han dejado de ser autoritarios y se han vuelto paternales, los niños son mimados y se disfruta de su presencia.

Cleverley y Philips, en *From Locke to Spock*, examinan también varias teorías sobre el cuidado de los niños; se remontan al siglo XVII. Adoptan la postura evidentemente obvia de que "las pautas de crianza de los niños y las prácticas educativas de la sociedad son influidas por las teorías en boga sobre los niños" (vii). Consideran que las obras de teóricos tales como Locke, Rousseau y Freud se "centraron en facetas de los niños que otros habían pasado por alto, vieron a los niños conforme nuevos enfoques, de todo lo cual se produjeron nuevas formas de tratarlos" (5). Así, por ejemplo, según Cleverley y Philips, Locke pensó que la mente de los niños era como una pizarra en blanco la cual llenaría la experiencia; Rousseau describió a los niños como "seres amorales que acabarían distinguiendo entre el mal y el bien a medida que se presentara el desarrollo posterior de la razón" (27); y por su parte Freud atacó el concepto de la inocencia de la niñez. Wishy, en *The Child and the Republic,* estudió la forma en que las opiniones de los "expertos" sobre el cuidado de los niños cambiaron de 1830 a 1900. Arguye también que ha habido cierta progresión en sus creencias: "ideas de depravación en los niños fueron sustituidas por supuestos de su inocencia esencial" (i). Afirma que las imágenes modernas de la niñez empezaron hacia 1750, es decir, durante la Ilustración del siglo XVIII, y que a partir de 1850 "hubo ya una actitud menos hostil y menos represiva hacia la voluntad de los niños" (23).

Hay, pues, poco acuerdo general en cuanto a la fecha exacta en que afloró una actitud más humana hacia los niños; así, McLaughlin (1976) sugiere el final del siglo XII en tanto que Lynd (1942) se inclina por la parte media del XIX; la mayoría de los autores adoptan una fecha situada en cualquier lugar del siglo XVIII. Sea como fuere, lo cierto es que hay consenso en cuanto a que tal cambio existió. Por si fuera poco, en las diversas opiniones hay un elemento común: parece indudable que hacia el fin de cualquier lapso de tiempo que se estudie se presenta un cambio en la actitud (en favor) de los niños, así se trate de 1399 a 1603, como es el caso de Tucker (1976), o de 1500 a 1800 como es el de Stone (1977). Además, hay que destacar que los autores que consideran que los niños son valorados en el periodo moderno inicial son aquellos cuya investigación abarcó lapsos breves. Esta peculiaridad del material escrito estudiado hace pensar en que las llamadas nociones "ilustradas" de la niñez han sido siempre patrimonio de cuando menos una parte de la población.

En virtud de que se considera que estas actitudes hacia los niños están relacionadas con su tratamiento, examinaremos la atención que se les da, según se describe en el material escrito respectivo.

El trato a los niños

Independientemente de que un autor crea que la mayor atención que se dice se brindó a los niños desde alrededor del siglo XVII dio por resultado imponer una disciplina más severa a los jóvenes, o bien produjo una reducción en la brutalidad a la que habían estado sometidos, la mayoría de los autores insiste en que en tiempos pasados se trató con crueldad a casi todos los niños. Partidarios del primer punto de vista son Ariès, Hoyles y Stone.

Según Ariès, en la Edad Media no se maltrató a los niños sencillamente porque no hubo concepto de niñez. De hecho, distingue entre las dos cuestiones: "Le sentiment de l'enfance ne se confond pas avec l'affection des enfants: il correspond à une conscience de la particularité enfantine, cette particularité, qui distingue essentiellement l'enfant de l'adulte même jeune" (134) ("El concepto de infancia no debe confundirse con el cariño hacia los niños: equivale a tener cierta percepción de la naturaleza peculiar de la niñez, esa naturaleza que distingue al niño del adulto, inclusive del adulto joven" (128)). Indica que el interés cada vez mayor en los niños se presentó acompañado por una mayor dureza de la disciplina y por una supervisión constante. Esta nueva severidad se manifestó especialmente en las escuelas debido a que, como Ariès destaca, *los padres* consideraron que era necesaria para lograr una buena educación. En virtud de que en aquellos tiempos la educación no era ni obligatoria ni gratuita, sino que los padres pagaban por ella y la escogían voluntariamente, tenían una influencia mucho mayor en cuanto a la elección del tipo de escuela que consideraban apropiada. A los alumnos se les alentaba a espiar para el maestro, "le fouet prend un caractère avilissant, brutal, et devient de plus en plus fréquent" (286-287) ("la palmeta adquiere un carácter degradante y brutal y su empleo se generaliza más y más" (258)). Ya durante el siglo XVIII este sistema declinaba debido a "une nouvelle orientation du sentiment de l'enfance" (292) ("una nueva orientación del concepto de niñez" (264)). A los niños ya no se les consideró como a seres débiles que, por consiguiente, debían ser humillados, sino que más bien se les preparaba para la vida adulta mediante "soins et des étapes, une formation" (292) ("condicionamiento gradual y cuidadoso" (264)). Es decir, que al niño se le debía ir conformando. Ariès no sostiene que la tesis de la percepción creciente de la naturaleza especial de la niñez llevó por fuerza a crear un mundo mejor para los niños; en realidad, arguye lo contrario: que el desarrollo del concepto de niñez se presentó acompañado por más severos métodos de crianza. Concluye:

La famille et l'école ont ensemble retiré l'enfant de la société des adultes... La sollicitude de la famille, de l'Eglise, des moralistes et des administrateurs a privé l'enfant de la liberté dont il jouissait parmi les adultes. Elle lui a infligé le fouet, la prison, les corrections réservées aux condamnés des plus conditions. [465.] (Tanto la familia como la escuela arrancaron al niño de la sociedad adulta... Las atenciones de la familia, de la Iglesia y de moralistas y administradores le arrebataron la libertad que hasta entonces había disfrutado entre los adultos. Le hicieron conocer la vara de castigo y las celdas carcelarias, en una palabra, los castigos reservados generalmente a convictos provenientes de los más bajos estratos de la sociedad. [413.])

De un modo similar, Hoyles (1979) afirma que después de la aparición de la tesis de la debilidad de la infancia junto con el concepto de la responsabilidad moral de los maestros, todo lo cual se originó en el siglo XVII, "Es evidente que el concepto de niñez estaba vinculándose con la idea de subordinación o dependencia" (25). Afirma que, inclusive en este siglo, los niños son un grupo "oprimido" dentro de la sociedad.

Stone (1977) escribe que en los siglos XV y XVI los niños estuvieron sometidos a una disciplina estricta y que mediante procedimientos brutales se les obligaba a obedecer. A fines del siglo XVI y a lo largo del XVII, los castigos infringidos a los niños se hicieron aun más bárbaros. Afirma que este aumento se debió a los primeros resultados de la mayor atención prestada a los niños, "un producto secundario de un interés mayor en la capacitación moral y académica de los niños", y también de la doctrina del Pecado Original (193). Afirma que hay un gran acopio de pruebas que revelan la voluntad de quebrantar la firmeza de los niños, especialmente entre los puritanos, y que el castigo corporal fue el principal método usado para lograr este fin, tanto en el hogar como en la escuela. "No hay duda alguna de que los crueles azotes fueron un hecho normal y diario en las escuelas primarias de los siglos XVI y XVII" (164); "azotar fue el método normal de disciplina en los hogares de los siglos XVI y XVII" (167); quebrantar la voluntad del niño era "la meta primordial", y "el castigo físico el método usual para conseguirlo" (170). Los padres decidían las carreras de sus hijos y, en los peldaños superiores de la escala social, también los matrimonios de sus hijos e hijas. Dogmáticamente Stone concluye su reseña de este periodo con las siguientes palabras: "Esta imagen de una represión severa de la voluntad del niño, que inclusive abarcaba su elección de cónyuge, está respaldada por una amplia gama de pruebas incontestables" (193).

No obstante, una obra anterior de Morgan, titulada *The Puritan*

Family (1944), no va de acuerdo con esta opinión. Este autor sostiene que "no hay prueba alguna de que los padres del siglo XVII hayan empleado la vara con más frecuencia que los del siglo XX" (57). Y agrega: "Tomando en consideración sus propósitos y sus supuestos, es preciso reconocer que la educación puritana estuvo inteligentemente planeada, y que las relaciones entre padres e hijos que contempló no fueron de dureza y severidad, sino de ternura y simpatía" (61). Demos (1960) también defiende la tesis de que el sistema puritano de educación de los niños era represivo, sí, pero no ultrajante.

Inclusive una ojeada superficial al material escrito sobre la historia de la niñez deja la impresión de que a los niños se les trató con crueldad desde la Antigüedad hasta ya entrado el siglo XIX. Lyman (1976) sostiene que a los niños se les golpeó con frecuencia, que se les vendía y abandonaba durante los primeros años del periodo medieval, y afirma que también el infanticidio fue común. McLaughlin (1976) habla "del desamparo, de los malos tratos y del abandono de los niños" entre los siglos IX y XIII (123). En su investigación McLaughlin halló dos tipos de consejos sobre crianza y educación de niños. Según uno de ellos, no debía golpearse a los niños, y se destacaba su índole sensible. Según el otro, se resaltaba la importancia de la disciplina y de la corrección física, y a juicio de McLaughlin este segundo caso "proporciona una imagen más cercana de la conducta de los padres" (138). De Mause (1976) también está convencido de que la brutalidad hacia los niños fue algo inseparable de la crianza durante este periodo.

Pinchbeck y Hewitt (1969), así como Stone y Tucker (1976), afirman que la disciplina estricta fue la norma en la Inglaterra de los siglos XV y XVI. En el siglo siguiente fue poco lo que se adelantó. Illick (1976) habla de una disciplina estricta de los padres en Inglaterra y en su colonia norteamericana durante el siglo XVII; los padres norteamericanos estaban particularmente interesados en "romper la voluntad de" los niños (331). Cleverley y Philips (1976) afirman que los educadores puritanos de los siglos XVII y XVIII, que tanto insistieron en la "iniquidad y pecado inherentes al hombre" y en la disciplina estricta, crearon al "niño falto de libertad" (22). Plumb (1975) dice que a lo largo del siglo XVII "los niños sólo podían esperar una disciplina áspera, a menudo se les aterrorizaba deliberadamente y con frecuencia se abusaba de ellos sexualmente" (66). Aunque este autor admite que hubo excepciones, que algunos padres trataron bien a sus hijos, sostiene que éstos fueron casos contados.

Por su parte, Demos (1970) sostiene que a lo largo del siglo XVII los bebés puritanos fueron tratados con ternura: se les dio calor, se les amamantó y se les vistió con ropas no restrictivas, de suerte que "a partir más o menos de su primer año el bebé disfrutaba de una vida cómoda y tranquila" (134). Sin embargo, ya después del destete, o sea, durante el segundo año de su vida, el niño empezaba a expresar su propia voluntad, lo cual entrañaba un cambio radical hacia la disciplina severa. Demos afirma que la agresión, la acometividad, eran emociones que causaban preocupación, confusión y conflicto entre los puritanos, por cuya razón los niños que hacían valer su propia voluntad parecerían a los puritanos sinceros "ser una manifestación obvia del pecado original... Por ello, la única solución apropiada para los padres era la represión" (136). Según Demos, esta falta de tolerancia hacia cualquier manifestación de autonomía en el niño produciría en él, años después, una honda preocupación preñada de vergüenza, lo cual, afirma, fue un rasgo esencial del carácter puritano. Desarrolla esta tesis con más amplitud en un trabajo posterior titulado "Developmental perspectives on the history of childhood" (1973), en el cual describe el método puritano de crianza y dice que era funcionalmente apropiado a la cultura puritana en general. "Avergonzar fue una técnica disciplinaria muy usada, a grado tal que directamente acrecentó la sensibilidad prístina en estos campos" (136) Los niños puritanos que habían sido sometidos a este sistema de disciplina, como adultos estarían "condicionados para responder a aquellos signos que les garantizarían su bienestar práctico" en la sociedad puritana (137).

En su trabajo precursor, Demos sostiene que el modo puritano de educar a los vástagos no era desmesuradamente rudo, y en apoyo de su tesis señala las leyes de la colonia que prohibían a los padres ser crueles con sus hijos. Afirma que la relación padres-hijos era algo recíproco. El niño debía a los padres obediencia incesante y también respeto, pero los padres debían "tomar a su cargo ciertas necesidades básicas de [sus] hijos, atender a su bienestar y su salud física, su educación (en la acepción más amplia del término), y la propiedad que un día necesitarían para 'valerse por sí solos'", y había disposiciones legales contra los padres que no cumplían sus obligaciones (104).

Hunt (1972) considera por su parte que el pegar a los niños debió ser cosa común, sobre todo en las escuelas. Dado que el menor asomo de autonomía en el niño era visto con hostilidad, se buscaba quebrantar su voluntad. Además, los adultos se sentían amenazados por cualquier señal de independencia, y creían que si no la asfixiaban a tiempo, el niño acabaría controlando a sus mayores. El libro de Hunt, al igual que el de Badinter (1980), nos deja la clara impresión de que los niños eran vistos como un elemento no deseado y perturbador en la vida de los adultos.

El estudio de Macfarlane (1970) del diario de Josselin es uno de los muy contados trabajos publicados después del libro de Ariès, que no sostiene que los padres controlaban totalmente a sus hijos e hijas. Contrariamente, aquí se describe una relación recíproca padre-hijo. En sermones dirigidos a sus hijos "la tesis de Josselin se basó en la reciprocidad, más que en la superioridad y autoridad naturales de los padres" (125). Aunque tal vez Josselin haya sostenido el principio de que los padres disponían los matrimonios, en la práctica sus muchachos escogían a sus cónyuges. Macfarlane dice que "si lo que Josselin afirma es típico, entonces los padres puritanos eran menos austeros y menos capaces de ejercer control sobre sus hijos de lo que algunos historiadores nos quieren hacer creer" (125). Agrega que los historiadores han pintado "el ideal de deferencia y humildad de parte del niño, y que lo estricto equivalía a la autoridad absoluta en manos de los padres, pero sabemos sorprendentemente muy poco sobre si la situación real correspondía a tal cosa" (111).

En contraposición a la mayoría de los autores, Walzer (1976) subraya que los hijos estaban sujetos a castigos muy duros todavía en las colonias norteamericanas del siglo xviii. A los niños había que disciplinarlos desde muy temprano y someter sus voluntades: "Debía aprovecharse cualquier coyuntura para doblegar su voluntad y para enseñarlos a respetar y obedecer" (367). Este sistema de enseñanza no se basó en castigos físicos, sino en la técnica de despertar en el niño un sentimiento de vergüenza pero también jugando con sus temores. A pesar de la permanencia de lo estricto, Walzer deduce de las pruebas que esgrime que algún progreso se había realizado en el trato de los niños. Por ejemplo, un determinado castigo debía ser apropiado a la edad y temperamento del niño. Sus conclusiones están en abierta oposición con las de Bremner (1970-1973) y Smith (1977). El primero de estos autores dice que aunque los niños de mediados del siglo xviii eran disciplinados desde sus primeros años al grado de que cuando ya habían dejado atrás la edad propia para su castigo, seguirían obedeciendo a sus padres, la verdad es que no habían sido castigados con severidad excesiva. Su voluntad no debía quebrantarse del todo, pues se temía que los niños perdieran todo su vigor e industriosidad. Después de la Independencia de Estados Unidos cambió el trato dado a los niños debido a que a todo lo ancho del país la gente se esforzó por crear nuevas normas de educación apropiadas a los habitantes de una nación independiente y republicana. En consecuencia, dice Bremner, en el siglo xix los niños llegaron a estar mimados en demasía. La verdad es que no explica cómo fue que un cambio político pudo haber tenido tal efecto sobre la vida familiar.

Smith opina que el cuidado de los niños en el Chesapeake del siglo XVIII guarda "un parecido más estrecho con el de nuestra sociedad moderna" que el que practicaron los padres en siglos anteriores (32). A los padres les encantaba el nacimiento de un hijo y lo rodeaban con un medio cálido y afectuoso. También afirma que las fuentes de donde sacó su información indican que a los niños "no se les trataba como seres depravados cuya voluntad y sentido de autonomía debían ser aplastados desde los dos o tres años" (39). Padres y parientes querían a los niños, con frecuencia los disfrutaban y les deban amplia libertad. Había una relación estrecha entre padres e hijos, y según opinión de Smith la mayoría de los padres de Chesapeake, como Josselin, esperaba que sus hijos "les dieran gozo y satisfacción a cambio de su ternura y educación" (42). Aceptaron consejos de gente de la talla de Locke, aunque no a ciegas —por ejemplo, otorgando a sus hijos plena libertad para desenvolverse afuera—, pero acentuaron más el dar libertades de movimiento a sus hijos en desarrollo y un sentimiento de autonomía personal, sobre todo en los varones, que el infundir respeto y obediencia a la autoridad paterna.

La mayoría de los autores acepta que el siglo XVIII presenció también una transformación en la forma aceptada en Inglaterra de educar a los niños. Por ejemplo, Sears (1975) dice que hasta el siglo XVIII los niños estuvieron "sometidos a indignidades que hoy nos parecerían increíbles". Aunque ya desde 1690 Locke expresó la tesis de que a los niños no se les debía tratar con rudeza, dice Sears que este punto de vista estaba muy lejos de "ser popular entre los padres". Del mismo modo, Plumb sostiene que todavía a fines del siglo XVII el "destino ordinario [de los niños] era una disciplina paterna feroz" (65). Al mismo tiempo, afirma que a partir del siglo XVII empezó a cobrar forma una nueva actitud social hacia los niños. Durante el siglo XVIII se abrió "un nuevo mundo" para los niños: empezó a haber libros, juegos, ropas ideadas especialmente para niños, así como diversiones tales como museos, zoológicos y exposiciones, y se incrementaron los establecimientos educativos. Pero Plumb omite mencionar que al mismo tiempo también se iba abriendo "un nuevo mundo" para los adultos, los cuales tampoco habían gozado de delicias tales como exposiciones, zoológicos y novelas, cosas que cobraron vida precisamente en el siglo XVIII.

Tanto Plumb como Ariès no ven que este nuevo mundo que pintan para beneficio de los niños haya sido totalmente favorable. Los niños perdieron tanto como ganaron. Por ejemplo, el sexo se convirtió en un "mundo de terror para los niños", y sus vidas privadas se disciplinaron y vigilaron con mucho mayor rigor. Pero Plumb termina con más optimismo que Ariès, afirmando, en abierta contradicción con el resto de su trabajo, que "afortunadamente las imágenes que la sociedad crea de los niños rara vez reflejan la verdad de la vida real" (93). Concluye que, como los niños tenían más estímulos visuales y auditivos en el siglo XVIII, no cabía duda de que "habían entrado en un mundo mucho más rico" (93).[5]

Shorter y Stone afirman también que el siglo XVIII señaló la transición de métodos crueles a métodos benignos en la educación de los niños. Según Stone, después de mediar el siglo XVIII se adoptó un modo "tolerante" de crianza. Afirma que hubo una etapa intermedia entre la severidad del siglo XVII y la tolerancia de la última mitad del XVIII, "cuando los padres mostraron ternura hacia sus hijos, pero siguieron conservando un control rígido sobre ellos, aunque ahora por medios más bien psicológicos que físicos" (433). Stone dice que, durante este periodo, a los padres les interesó mucho dar ejemplo a sus hijos en vez de aplastarlos a golpes. Y a fines del siglo XVIII, dice Stone que había padres excesivamente indulgentes que criaban a sus hijos con un "afecto insensato". Este modo extremadamente tolerante de educar a los hijos provocó protestas públicas. "Hay un contraste extraordinario entre estas advertencias reiteradas del siglo XVIII y principios del XIX sobre una influencia materna excesiva y sobre afecto doméstico demasiado tierno, y las quejas oídas a fines del siglo XVII sobre la excesiva indiferencia y severidad de los padres. Es un contraste que sin la menor duda tuvo una base firme en la realidad" (439). ¿Cómo puede afirmar tal cosa? Stone cree que hubo grandes cambios en cuanto a la crianza de los niños, entre 1500 y 1800, y a su juicio el cambio fundamental fue la transición de "distancia, deferencia y patriarcado" a "individualismo afectuoso" (4). Sin embargo, aun en el siglo XVIII, dice Stone que los padres controlaban todavía, al parecer, la elección de carrera de sus hijos y que se daba por sentado que las hijas se adecuaran a la imagen ideal de feminidad: frágiles, pálidas, espigadas y tiesas; para lograr esto se les purgaba, se les daba poco de comer y se les ponían espaldares con cuellos de hierro.

A pesar del cambio general hacia la tolerancia que ocurrió en el siglo XVIII, Stone halla definidas diferencias de clase en los métodos con que se crió a los niños en ese periodo. He aquí estas diferencias:

a) Alta aristocracia de la corte: mostraban negligencia en la atención de los niños pues los ponían en manos de institutrices y maestros.
b) Clases altas: atendían a sus hijos pero creían en el castigo físico.

[5] En el capítulo II se estudiará el método de inferir la experiencia real de los niños con base en actitudes, que es tan característico de la literatura sobre el tema.

c) Terratenientes y profesionistas: crianza muy tolerante y llena de afecto.

d) Puritanos, burgueses no conformistas y artesanos de clase alta: mostraron interés y amor hacia sus hijos, y en lugar de golpes, emplearon oraciones, moralización y amenazas de condenación.

e) Artesanos de estratos inferiores: querían que sus hijos tuvieran una educación sólida, pese a lo cual, los trataban con brutalidad.

f) Pobres: eran brutales, explotadores e indiferentes hacia sus descendientes.

No está muy claro hasta qué punto estas tendencias de clase coincidieron con la realidad. Así, Stone da por sentado que los pobres, por el solo hecho de serlo, eran crueles con sus hijos. (Un análisis de Stone en cuanto a esto se hallará en Gillis, 1979; Macfarlane, 1979a; y Scott, 1979.)

De Mause supone también que en el siglo XVIII hubo un aumento en la empatía. Sostiene que en el pasado se maltrató sistemáticamente a los niños: "Mientras más nos remontamos en la historia, menor será el nivel de atención a los niños, y mayor será también la probabilidad de que los maten, abandonen, golpeen, aterroricen o abusen de ellos sexualmente" (1). Afirma que hasta el siglo XVIII, en que los padres se inclinaron más y más por encerrar a sus hijos en armarios oscuros en vez de pegarles, "siglo tras siglo los niños golpeados acabaron siendo adultos para a su vez golpear y maltratar a sus propios hijos" (41). De Mause sostiene que la interacción padre-hijo osciló entre "proyección" e "inversión". Los padres proyectan en el niño todos sus sentimientos inaceptables y por ello consideran que deben adoptarse medidas severas para mantenerlos bajo control. Fue también común el papel inverso, en el cual se suponía que el hijo debía "ser maternal" con sus padres: "Le queda a uno la impresión de que el niño perfecto sería aquel que literalmente da el pecho a su progenitor" (19). Ve "este continuo cambio entre proyección e inversión, entre el niño como diablo y como adulto" como productor de "una doble imagen", y piensa que a ello se debe gran parte de "la cualidad extraña que tuvo la niñez en el pasado" (21). Según él, este cambio fue una precondición del maltrato a los niños, porque los padres estaban asustados de sus propias madres, y que también "las reacciones proyectivas e inversas determinaron que no hubiera culpa alguna en las fenomenales golpizas que fueron tan frecuentes en el pasado" (8). Como los padres no tenían la madurez suficiente para ver a sus hijos como a seres separados, por eso los maltrataban. Ya vimos que De Mause postula seis modos sucesivos de relaciones padres-hijos. Ya describimos las modalidades de infanticidio, abandono, ambivalencia e intrusión que cubren el periodo que incluye hasta el siglo XVIII. La modalidad de socialización existió a lo largo del siglo XIX y la mitad del XX: al niño había que capacitarlo, enseñarlo, no conquistarlo, guiarlo por el camino apropiado y enseñarlo a conformarse. La modalidad de ayuda apareció a mediados del siglo XX: el niño sabe mejor que el padre qué necesita en cada etapa de la vida. Al niño no se le disciplina, ni se le golpea ni se le riñe, y el padre interactúa "continuamente con él... le responde, le sirve en vez de ser servido por él" (52). Aunque con grandes dudas, De Mause cree que los niños criados de este último modo serán "dóciles, sinceros, nunca humillados ni desalentados" (54)

En el otro extremo, Trumbach sostiene en *The Rise of the Egalitarian Family* (1978) que, aun cuando los padres aristócratas estaban más unidos a sus padres (en el siglo XVIII), la disciplina siguió siendo estricta. Describe por ello el mismo tipo de relaciones que Walzer. Debía "quebrantarse la voluntad del niño, había que obligarlo a obedecer a sus padres" (244). Poco se había adelantado aun cuando los golpes como forma de castigo habían ido desapareciendo después de 1750. Trumbach afirma que los padres temían echar a perder a sus hijos y que la meta de la disciplina paterna era preparar a los niños para soportar las frustraciones y desengaños del mundo de los adultos.

De la literatura se desprende que el siglo XVIII fue extremadamente ilustrado; en el siglo siguiente la inflexibilidad y la brutalidad fueron otra vez el método preferido de atención al niño. Sears describe el modo calvinista de educación de los niños en los primeros años del siglo XIX, conforme al cual, al igual que antes, la meta de la educación era quebrantar la obstinación de los niños y crear en ellos respeto a la autoridad. Esto debía hacerse no por medio del castigo físico como instrumento de control, sino negándole amor al niño. Pinchbeck y Hewitt afirman que la primera Ley para evitar la crueldad con los niños fue aprobada apenas en 1889 debido "a que en la sociedad había una aceptación constante de la violencia, la cual, en cuanto a los propios niños, fue cosa común no solamente respecto al trato que recibían de sus padres sino también de sus maestros" (303). Opinan que los padres y el Estado eran igualmente duros, y que la protección legal otorgada a los niños se logró "después de una pelea amarga y prolongada".

Robertson sostiene (1976) que "sólo hasta finales del siglo XIX los padres más cultos dejaron de valerse del castigo corporal en el hogar" (415-416). Robertson, recordando a McLaughlin, dice que hubo una controversia sobre si a los niños debía disciplinárseles con dureza o no: algunos insistían en los varazos, otros decían que al niño debía doblegársele pero sin quebrarlo, y otros más instaban a las madres inglesas a hacer sentir a sus hijos que el hogar es el lugar más feliz del mundo. Según Robertson, cuando menos en Inglaterra, esto último no fue más que un ideal, pues en la práctica las dos primeras opiniones eran más comunes. Por su parte, Stone halló que al finalizar el siglo XVIII y a lo largo del XIX, debido al auge del movimiento evangélico, hubo un aumento en la formalidad en las relaciones padres-hijos, renació la estricta supervisión de los hijos y volvieron los castigos severos. Dice que en estos años los golpes no fueron tan comunes; el dejarlos sin comer y el encerrarlos en armarios fueron los castigos más usuales.

Todavía en el siglo XX, el mundo no era un lugar completamente dichoso para los niños. En el decenio de 1920 prevaleció la "moralidad médica" (Newson y Newson, 1974) según la cual los niños debían aprender el autocontrol. En este periodo, los teóricos sostuvieron que a los niños no se les debía abrazar o besar; Newson y Newson opinan que este sistema de educación tan rudo causó graves sufrimientos tanto a las madres como a los niños. Ahora se considera que hemos alcanzado un buen nivel de "madurez" en nuestras relaciones con los niños. De Mause opina que debemos complacer todas las necesidades de nuestros hijos; Stone, que debemos "prodigar afecto profundo" a ellos; y Sears, que además de mostrar interés en el bienestar físico de la prole, hoy reconocemos otras dos necesidades: "Una de ellas es el derecho de todos los niños a la oportunidad de un desarrollo óptimo no nada más en el terreno de lo físico sino en el de lo intelectual, emocional y social. La otra es el derecho a ser tratados con la misma dignidad e igualdad de respeto a sus sentimientos de que disfrutan todos los adultos" (62).

La relación formal padre-hijo

Los autores que hablaron de la naturaleza de la relación entre padres e hijos la describieron como "formal": los padres eran seres distantes, inaccesibles, en tanto que los niños eran objetos inferiores, cuyas necesidades no debían tomarse en cuenta y, mucho menos, ser satisfechas. Se dice que, con el paso de los siglos, esta relación se ha ido haciendo más y más estrecha.

Pinchbeck y Hewitt aseveran que los padres se mantenían alejados de sus hijos. A los niños se les veía como propiedad de sus padres, su trabajo era explotado por los pobres y sus matrimonios convenidos por los ricos, en ambos casos para ventaja y provecho económico y social de los progenitores. Thompson en *Women in Stuart England and America* (1974) hace hincapié en la relación padre-hijo en la Inglaterra del siglo XVII. Esta situación fue particularmente acentuada en las familias pudientes, en las que, según dice, los niños (y a menudo ya adultos) se arrodillaban cuando se dirigían a sus padres.

Plumb nos dice que en el siglo XVII "padres e hijos compartían muy pocas tareas" (67). De Mause sostiene que "la historia de la niñez es una serie de acercamientos cada vez más estrechos entre los adultos y los niños" (3). Por su parte, Stone dice que en los siglos XVI y XVII se mantuvo la distancia entre padres e hijos, y da ejemplos de la deferencia extrema con que los hijos tratan a sus padres. Bremner asegura que la estrecha relación padre-hijo que se desarrolló en los Estados Unidos fue hija de la democracia: "Creo que conforme las costumbres y las leyes se hacían más democráticas, se tornaba más afectuosa e íntima la relación de padres e hijos" (349).

Como es usual, Macfarlane no está de acuerdo con estos autores. Hace ver que en el diario de Josselin no hay pruebas de una relación formal padre-hijo. Josselin estuvo en condiciones de ayudar a resolver problemas de sus hijos, y una vez que su prole dejó el hogar, se mantuvo en contacto constante con ella.

PRUEBAS EN APOYO DE LA TESIS

Las fuentes usadas para conocer la historia de la niñez son tremendamente secundarias: folletos moralistas y médicos, sermones religiosos. y las opiniones de "expertos" contemporáneos, en particular las de Locke. Por ejemplo, Tucker (1976) escribe: "Las fuentes usadas son más bien obras impresas antiguas, que hablan de niños, educación, pediatría y actitudes de los padres" (230). De Mause (1976), al estudiar la disciplina, empleó 200 consejos sobre cómo educar a los niños, que tomó del siglo XVIII, en tanto que Stone cita como pruebas varios centenares de estas fuentes. La imagen que dan las anteriores fuentes es complementada por pruebas sacadas de pinturas (muy usadas por Ariès); literatura novelesca (por ejemplo, Godfrey, 1907; Lyman, 1976); relatos de viajeros (por ejemplo, Marvick, 1976; Shorter); reportajes periodísticos (por ejemplo, Bremner, 1970-1973; Stone); biografías (por ejemplo, De Mause; MacLaughlin, 1976); legislación (por ejemplo, Demos, 1970; Morgan, 1944); y ciertas fuentes primarias tales como diarios, memorias y cartas. Cuando se emplean como pruebas fuentes primarias de información, tal como ocurre con Crump (1929), Lochead (1956), Macfarlane (1970), Smith (1977) y Trumbach (1978) se obtiene una imagen mucho menos represiva de la niñez. La única excepción a lo anterior es el libro de Hunt (1972), y ello se debe probablemente a la rareza del diario del doctor Héroard.[6] Admitimos que el siglo estudiado por Smith y Trumbach —el XVIII— es visto por los autores como más humano en actitudes y en el trato hacia los niños; sin embargo, los resultados obtenidos por Macfarlane sobre el siglo precedente están en abierta oposición con las conclusiones de otros historiadores. Los autores que se han valido de fuentes tales como diarios y autobiografías como suplemento, lo han hecho de un modo selectivo y anecdótico. Con frecuencia no toman en cuenta pruebas contenidas en el texto que contradicen sus argumentos; también ofrecen ejemplos no representativos como típicos de actitudes y conductas de los autores de los diarios.

Las pruebas presentadas en apoyo de la tesis de que en el pasado no hubo concepto de niñez y de que los padres fueron, en el mejor de los casos, indiferentes hacia sus hijos, y en el peor, crueles, son muy variadas. Que no hubo concepto de niñez es algo que se basa en la forma en que se pinta a los niños, en sus vestidos, en referirse a ellos en género neutro o sólo en masculino y en que los nombres de los niños muertos se daban a vástagos posteriores. La indiferencia y crueldad hacia los hijos se fundan en costumbres tales como el infanticidio, el abandono, el usar nodrizas, el fajamiento inmovilizador y el enviar a los hijos a otros lugares para que hicieran su aprendizaje. Se piensa también que el sistema educativo, la estructura de la familia, el concepto de Pecado Original, la política del Estado, las teorías sobre crianza de los niños y las elevadas tasas de mortalidad infantil llevaron al desapego emocional de los padres, a su descuido y a un sistema represivo de disciplina.

Ariès en particular se ha basado en cuadros y en pinturas de la niñez en el pasado, si bien otros autores como Demos, Plumb y Shorter se han referido a esta misma fuente. Para Ariès, los cuadros revelan las diferentes actitudes hacia los niños, y cree que también indican la percepción cada vez mayor de la niñez. Afirma que antes del siglo XII no hubo apreciación de la niñez; a los niños se les representaba como adultos en una escala menor; inclusive con músculos de adultos. Esto se debió según él no a que no se supiera cómo pintar niños, sino a que "il n'y avait pas de place pour l'enfance dans ce monde [médiéval]" (23) ("en el mundo medieval no había cabida para los niños" (33)). En el siglo XIII apareció ya en cuadros el Niño Jesús, y este tema de la Santa Infancia perduró a lo largo de los siglos XIV y XV. En el siglo XV se

---

[6] Véase Marvick (1974): "The character of Louis XIII: the rol of his physician in its formation".

introdujeron elementos nuevos en la representación de los niños: empezó a representarse a la niñez, y también niños desnudos. Hacia el siglo XVI se pintó a niños muertos y, finalmente, en el XVII se pensó que los niños eran lo bastante importantes como para ser representados solos.

La forma en que se vistió a los niños, tanto en relación con su representación en cuadros (digamos Ariès y Shorter) como en su vestimenta real (por ejemplo, Demos y Zuckerman), se ha usado como prueba de que se les veía como adultos en pequeño. Los niños de no más de siete años llevan un vestido largo y suelto abierto al frente. Después de los siete años adoptan estilos de vestir. Para Ariès, el tipo de vestido usado por los niños en cuadros fue solamente un rasgo de esta mezcolanza de elementos, en tanto que otros autores se han valido de estas pruebas para demostrar que en el pasado los niños no eran vistos como niños.

Demos afirma que "el hecho de que los niños vistieran como adultos implica una actitud mental completa" (139), y al respecto Zuckerman escribe: "si la ropa no hace al hombre, ciertamente marca diferencias sociales" (73).

Lyman, De Mause, McLaughlin y Tucker sostienen que en el pasado fueron comunes el infanticidio y el abandono de niños, y que prueban el poco interés por los niños de las sociedades antiguas. De Mause afirma que el infanticidio fue "un hecho aceptado y diario" en otros tiempos y que, hacia el siglo XVIII, "en todos los países de Europa hubo una elevada incidencia de infanticidios" (25, 29). Tucker afirma que en la Inglaterra de los siglos XV y XVI "El infanticidio fue terriblemente común" (244). De Mause agrega que "Una vez que los padres empezaron a aceptar que el niño tenía alma, el único modo por el cual podían escapar a los peligros de sus propias proyecciones era abandonándolos" (51). Shorter incluye también el abandono en su lista de pruebas para mostrar la indiferencia que los padres sentían por sus hijos durante el siglo XVII. Acepta, sin embargo, que para algunos padres la pobreza fue la causa del abandono y que la separación les fue dolorosa.

Badinter (1980), Hunt, De Mause, Shorter y Stone, entre otros autores, consideran que el uso de nodrizas era el modo por el que algunos padres se deshacían de sus hijos, sobre todo si se tiene en cuenta que en los bebés así criados la tasa de mortalidad era muy alta. Badinter afirma que el primer paso en la senda del rechazo del niño era esta negativa a darle el pecho e insiste en que "Pour nombre d'entre eux, il y eut, de la part de leurs parents, des choix à faire entre leurs intérêts et la vie de l'enfant. Ce fut bien souvent la mort qu'ils choisirent par négligence et égoïsme" (82-83) ("Muchos padres tenían que escoger entre sus propios intereses y los del niño, y con frecuencia debido a su negligencia o egoísmo puede decirse que escogieron la muerte del niño" (67)). Hunt afirma que las madres solían negarse a dar el pecho a sus hijos porque los veían como seres codiciosos, que sorbían un fluido vital del cuerpo de la madre ya de por sí debilitado por el embarazo y el parto. Así pues, a pesar de la elevada tasa de mortalidad debida a esta costumbre, a los bebés de las clases altas francesas se les ponía nodriza. Según Hunt, la prolongación de esta costumbre "se basó en un supuesto fundamental: los niños eran remplazables" (108). Como no fue fácil conseguir una buena nodriza para el delfín, con frecuencia pasó hambres. De este hecho, Hunt deduce que las nodrizas compartían la misma hostilidad que las madres hacia los niños: esto inhibía su producción de leche, y la consecuencia era que los niños no comían lo suficiente. Hunt también arguye que la alimentación por nodriza dio fuerza a la idea del niño de que no era querido, pues le indicaba que los pechos de su madre le estaban prohibidos, y que su padre no lo quería tener cerca.

El fajar demasiado apretadamente a los niños se ha esgrimido como otro ejemplo de descuido; así, Hunt cree que aunque este fajamiento o vendaje mantenía tibio al niño y lo protegía, también "operaba en un plano más general como modo de atender a los niños y al mismo tiempo de ahogar la ansiedad que los adultos experimentaban cuando se enfrentaban a la animalidad de los niños pequeños" (130). De Mause afirma que "Su utilidad para los adultos era enorme, puesto que ya fajado el niño raramente tenían que atenderlo" (37). Badinter sostiene que la costumbre de fajar permitía a las madres atender de un modo más conveniente sus ocupaciones, en tanto que Shorter opina que el fajado era un medio de evitar relaciones con el niño dado que éste no podía mover manos ni pies ni apoderarse de ningún objeto.

Una explicación del abandono y descuido hacia los niños en tiempos pasados se presenta con más frecuencia que en ninguna otra en la literatura respectiva: la elevada tasa de mortalidad infantil. (Al parecer, los autores llaman infantes a los niños de menos de cinco o seis años.) Como morían tantos niños, los padres hallaban muy doloroso vincularse emocionalmente con su prole. Ariès escribe que para los padres no era bueno eslabonarse emocionalmente con los hijos porque era más que probable que murieran; dice que nos sorprendería "La presencia temprana de la idea de niñez", ya que hasta bien entrado el siglo XIX los niños tenían pocas probabilidades de vida (39). Parece no haberse dado cuenta de que este mismo hecho pudo echar abajo su razonamiento. Si la elevada mortalidad infantil explica la indiferencia de los padres hacia su prole, ¿por qué esta indiferencia no se prolongó lo mismo que la elevada mortalidad infantil?

Hunt concluye que el repudio de los niños en la sociedad francesa fue "inducido por la conciencia atormentadora de que ellos, los padres, no podían sondear los secretos de esta etapa de la vida y porque, sin la menor duda, no eran capaces de evitar la muerte de sus hijos" (185-186). Pinchbeck y Hewitt opinan que la alta tasa de mortalidad infantil se debió al descuido de la nodriza, el cual "con frecuencia iba acompañado por la indiferencia de los padres, actitud punto menos que inevitable en aquellos días en que los padres tenían tantos hijos que perdían interés en cada uno de ellos, visto individualmente" (301). Afirman que muchas defunciones de niños se debieron a "descuido y crueldad culpables". También para Stone el elevado índice de mortalidad infantil es un factor decisivo para explicar la supuesta diferencia en las relaciones padres-hijos en el pasado. "La omnipresencia de la muerte tiñó las relaciones de afecto en todos los niveles de la sociedad, pues redujo el monto de capital emocional disponible para entregarse prudentemente a un solo individuo, especialmente a seres tan efímeros como los niños" (651-652). Por lo tanto, al olvidar y descuidar los padres a sus hijos este hecho redujo sus probabilidades de sobrevivencia y aumentó la indiferencia ante su muerte. Considera que hubo una gran reducción en el número de entierros de niños, de 60 por ciento (como una tasa de bautismo) de niños muertos antes de cumplir dos años durante el periodo de 1740 a 1749, a 23 por ciento respecto al periodo de 1810 a 1829 (477). Estas cifras no son posibles; ninguna población puede persistir con el 60 por ciento de su gente muriendo antes de cumplir dos años. Sin embargo, sigue diciendo que esta reducción no se debió nada más a adelantos médicos como la vacunación o a mejoras en la alimentación como la disponibilidad de leche de vaca, sino que refleja un "cambio en la actitud hacia los niños, un interés mayor en la preservación de sus vidas" (477). De todo esto concluye que como en nuestro siglo los niños ya no mueren con tanta frecuencia "bien vale la pena prodigarles un afecto profundo e invertir fuertemente en su educación" (680-681).

Badinter, Mitterauer y Sieder (1982), Porter (1982), Shorter y Trumbach, al igual que Stone, opinan que la ausencia de la atención y del amor maternales es el principal factor que explica la alta frecuencia de la muerte en los niños. Por su parte, Trumbach arguye que "innovaciones" tales como la alimentación materna de los lactantes y la vacunación ocurrieron *después* de la caída en el índice de muerte de niños entre la aristocracia, ocurrida en el siglo XVIII.

A su vez, Ariès sostiene que esto se debió al surgimiento del sistema educativo; en tanto que Plumb, Sears y Stone dicen que fue el concepto del Pecado Original; por su parte Pinchbeck y Hewitt dicen que fue la política del Estado lo que desembocó en la imposición de una disciplina estricta para los niños. Los educadores (y los padres) creían que a los niños se les debía pegar para enseñarles y que el concepto del Pecado Original autorizaba a tratar con aspereza a los niños para "curarlos" de su iniquidad inherente. Según estos últimos autores, como a finales del siglo XIX los niños cayeron bajo el peso de la ley y no tuvieron protección alguna en terrenos tales como el empleo, la atención de los padres fue similarmente ruda. Además, Ariès y Stone relacionan la disciplina estricta con la estructura familiar, aunque de modos diferentes. Ariès afirma que la familia extensa "sociable" de la Edad Media daba a los niños una buena dosis de libertad, pero que en la transición al núcleo familiar cerrado, los niños fueron limitados y disciplinados. En cambio, Stone titubea. Opina que la familia extensa, que colocó la lealtad a los antepasados sobre cualquier otra cosa, trató con rudeza a los niños, en tanto que la familia moderna constituida alrededor de un pequeño núcleo destaca métodos humanitarios de crianza de niños.

Finalmente, al sistema de aprendizaje se le ha achacado la falta de intimidad entre padres e hijos. Thompson (1974) afirma que esta formalidad se debió a la "antigua tradición de albergar a los niños de escuela en otros hogares.", lo cual "difícilmente alentaría la intimidad entre padres y adolescentes" (155). De Mause sostiene que el sistema evidencia también el descuido hacia los niños. Por su parte, Morgan (1944) y Macfarlane (1970) disienten. Macfarlane halló que aun cuando los niños de Josselin abandonaban el hogar entre los 10 y los 15 años, se mantenía el contacto con sus padres. Este autor sugiere que a los niños se les enviaba lejos para que ampliaran su experiencia, y también como medio de evitar fricciones y la posibilidad de incesto en hogares atestados. Morgan indica que entre los padres y los hijos seguía habiendo contacto aun cuando estos últimos estuvieran lejos del hogar. Afirma que se les enviaba lejos porque los padres temían malcriar a sus hijos.

La mayor parte del material se ha usado con el fin de relatar la historia social, aunque en algunos casos como los de Demos, Hunt, De Mause y Trumbach, se ha relacionado con la teoria psicológica. Los tres primeros autores se han valido de la teoría psicoanalítica para explicar sus resultados: Demos y Hunt se han atenido a la teoría de Erikson (1963), en tanto que De Mause se ha acogido a la teoría freudiana. Trumbach ha aplicado las opiniones de Bowlby (1966) sobre vinculación entre madre e hijo para apoyar sus resultados.

Demos, Hunt y De Mause quisieron relacionar la experiencia en la niñez con la formación de la personalidad adulta. Explícitamente (1973) Demos afirma que trataba de "hallar ciertos temas fundamentales en la experiencia de niños en cierta cultura o periodo con el fin de arrojar alguna luz sobre la formación de la personalidad posterior" (128). Sin embargo, en la teoría psicoanalítica hay graves problemas metodológicos. Las conclusiones de los autores antes mencionados se basan en el supuesto dudoso de que hay una correlación estrecha entre las experiencias de la niñez y el carácter adulto; que la personalidad adulta refleja cualquier interferencia de los adultos en el desenvolvimiento progresivo del niño. O sea, que no toman en cuenta la influencia de periodos de desarrollo posteriores a la primera niñez ni a la interacción de éstos con la cultura (Shore, 1979). Además, Clarke y Clarke, en *Early Experience. Myth and Evidence* (1976), dan detalles de cierto número de estudios que versan sobre niños que han sufrido alguna forma de privación, que desafían "la tesis de la irreversibilidad de afectos inducidos por la experiencia temprana" (11) y también la creencia de que "las experiencias tempranas ejercen una influencia desproporcionada sobre el desarrollo posterior" (19). Indican que los niños no son receptáculos pasivos de estímulos "sino más bien seres cada vez más dinámicos, que hasta cierto punto *son la causa* de sus propias experiencias de aprendizaje" (13). Para ellos "el aprendizaje temprano es principalmente importante debido a su carácter fundamental. Por sí mismo, y cuando no se repite a lo largo del tiempo, apenas sirve como eslabón en la cadena de desarrollo, dando forma a la conducta siguiente con un vigor cada vez menor conforme aumenta la edad" (18).

Es menor el material que proporciona pruebas sobre la transición de la relación padre-hijo. Según Ariès, el surgimiento de un concepto de niñez se puede ver en cosas tales como: que a los niños se les den ropas especiales, diferentes de las usadas por los adultos; que los niños tengan sus propios juegos y juguetes; que haya una tendencia creciente para expresar en el arte la personalidad de los niños. Stone anuncia de la siguiente manera las pruebas que apoyan la atención cada vez mayor dada a los niños: la aparición de libros para niños y de tiendas de juguetes a mediados del siglo XVIII; la aparición de retratos de niños sentados en el regazo de sus madres, lo que a juicio de Stone indica una relación amistosa con los padres; y la declinación del índice de mortalidad infantil. Por su parte, Shorter y Trumbach arguyen que la mortalidad infantil declinó porque las madres se interesaron más en el bienestar de su descendencia.

EXPLICACIONES DE LA TRANSICIÓN EN LA RELACIÓN PADRE-HIJO

Cuando los autores han tratado de explicar por qué surgió el concepto moderno de infancia, por qué disminuyó la crueldad hacia los niños, y por qué la relación padre-hijo se tornó menos formal, lo han hecho con referencia a los siguientes elementos:

a) el surgimiento de un sistema educativo (Ariès, 1960; Mitterauer y Sieder, 1982; Pinchbeck y Hewitt, 1969);
b) cambios en la estructura de la familia (Ariès; Shorter, 1976; Stone, 1977);
c) el auge del capitalismo (Hoyles, 1979; Shorter; Stone);
d) la mayor madurez de los padres (De Mause, 1976);
e) el surgimiento de un espíritu de benevolencia (Mitterauer y Sieder; Sears, 1975; Shorter; Stone; Trumbach, 1978).

a) Según Ariès, la alteración en las actitudes hacia los niños que significó dejar atrás el estado en que los niños no contaban y llegar a aquel en que se convirtieron en parte vital de la vida diaria, se debió a un resurgimiento del interés en la educación y también al desarrollo y evolución de la familia. Dice que en la sociedad medieval faltó la idea de educación; "avait ublié la *paideia* des anciens et elle ignorait encore l'education des modernes" (462-463) ("había alvidado la *paideia* de los antiguos y tampoco sabía nada de la educación moderna" (411)). Sin embargo, un grupo reducido de personas —clérigos, abogaoos y estudiosos— se interesaron en el siglo XVII en la reforma moral de la sociedad y reconocieron la importancia que tendría la educación para lograrla. Ariès estima que fue este grupo de personas el causante de la segregación de niños y adultos. Dice también que las escuelas influyeron en esta transformación puesto que retiraron a los niños de la sociedad adulta, amén de que ampliaron el periodo de la niñez; en realidad, crearon el mundo aparte de la niñez. En *Vom Patriarchat zur Partnerschaft*, Mitterauer y Snieder afirman: "Hay una conexión entre la intensificación de la enseñanza escolar de los jóvenes y la creciente atención a las necesidades y problemas de los jovencitos en sus familias de origen" (110). Pinchbeck y Hewitt convie· nen con Ariès en que este surgimiento de un sistema de educación fue el principal responsable de la aparición de un concepto de niñez: "el desarrollo y aceptación institucionales de la educación formal en las escuelas con el consiguiente aislamiento de los niños respecto a la sociedad adulta fue un prerrequisito del surgimiento de los conceptos sociológicos y psicológicos de niñez" (306-307).

b) Las conclusiones de Ariès están basadas en una interpretación particular de la vida medieval: la de su sociabilidad. Afirma que la evolución de la familia a partir de la forma abierta del siglo XVII al mundo exterior, de amigos y socios de negocios que se relacionaban con ella, a la forma nuclear actual en que padres e hijos son indiferentes al resto de la sociedad, en que se distancian de la multitud externa, tuvo consecuencias importantes que desembocaron en el desarrollo de un concepto de niñez. La familia moderna "se retranche du monde, et oppose à la société le group solitaire des parents et des enfants. Toute l'enérgie du group est dépensée pour la promotion des enfants, chacun en particulier, sans aucune ambition collective: les enfants, plutot que la famille" (457) ("se aísla del mundo y opone el grupo aislado de padres e hijos a la sociedad. Toda la energía del grupo se encauza a ayudar a los hijos a surgir en el mundo, individualmente y sin ninguna ambición colectiva: los niños, más que la familia" (404)). Ariès insiste en que es imposible separar el concepto de niñez del de familia: "L'intérêt porté a l'enfance... n'est qu'une forme, une expression particulière de ce sentiment plus général, le sentiment de la famille" (393) ("El interés en la niñez... no es más que una forma, una expresión particular de este concepto más general, el de la familia" (353)).

Para Shorter la familia tradicional "no es más que un mecanismo para trasmitir propiedad y posesión de una generación a otra", por cuyo motivo no se interesó en el bienestar individual (5). Se le vio "más como unidad productiva y reproductora que como unidad emocional" (5). Sin embargo, debido al "surgimiento de un sentimiento" (indefinido) en tres campos, la familia tradicional se interesó menos en su situación financiera, sus vínculos con el mundo externo se debilitaron, en tanto que se reforzaron los vínculos que mantenían unidos a los miembros de la familia. Shorter considera que el "surgimiento de un sentimiento" en los tres terrenos siguientes fue determinante en la edificación de la familia moderna; tuvo lugar en los siglos XVIII y XIX:

1. Galanteo: el amor romántico se sobrepuso a las consideraciones materiales en la concertación de matrimonios.

2. Relación madre-hijo: el bienestar del niño recibió la máxima consideración.

3. La familia: una línea limitadora se desarrolló entre ella y la comunidad, de modo que el afecto y el amor tomaron el lugar de consideraciones "instrumentales" en la regulación de los tratos de los miembros de la familia entre sí" (5).

Sin embargo, Shorter no está seguro de si estos cambios se debieron al "surgimiento de un sentimiento" o viceversa.

Por su parte, Stone relaciona también actitudes hacia la niñez con el desarrollo de la familia. Asocia métodos diferentes de crianza de niños con diferentes tipos de familia, a los cuales llama así:

Tipo a: 1450-1630: la familia de linaje abierto.

Tipo b: 1550-1700: la familia nuclear patriarcal restringida.

Tipo c: 1640-1800: la familia nuclear cerrada, centrada en el hogar.

La familia del tipo "a", dice Stone, colocó la lealtad a los antepasados y a los parientes vivos en lo más alto, y a los intereses del grupo sobre los del individuo. Por consiguiente, las relaciones entre marido y mujer, entre padres e hijos, no fueron muy estrechas. Los chicos tendían a no vivir con los padres durante mucho tiempo: primeramente se les amamantó fuera de la casa, luego tuvieron institutrices y tutores, y finalmente siendo aún pequeños dejaron el hogar para ir a la escuela o trabajar. La familia del tipo "b" fue mucho más cerrada respecto a influencias externas, y en ella el poder del marido sobre su esposa e hijos fue mayor. Respecto a esta forma de familia dice Stone que hay muchas pruebas que revelan el deseo de quebrantar la voluntad de los niños. Stone considera a la familia del tipo "c" como producto del "individualismo afectivo" (¿será esto el "surgimiento de un sentimiento" de Shorter?). En este tipo de familia predominó un estilo tolerante de educación de los hijos.

c) Hoyles afirma que "El otorgar a la niñez un estado separado coincide con la transición del feudalismo al capitalismo" más o menos alrededor del siglo XVI (3). Además, el deseo de la naciente burguesía de que sus hijos se educaran de un modo particular con el fin de prepararlos para su trabajo como adultos, así como para permitirles enfrentar el poder de la aristocracia, llevó al desarrollo del sistema escolar y del concepto moderno de niñez. En este terreno, Hoyles está en desacuerdo con Ariès por decir que las opiniones de una pequeña minoría de sacerdotes, moralistas y abogados fueron la causa del cambio. Cree que los agentes de este cambio fueron la burguesía naciente y los nuevos pensadores protestantes (que vivían en una sociedad capitalista que necesitaba trabajadores educados).

Shorter está de acuerdo también en que el capitalismo, aunque ahora respecto al siglo XIX, aumentó el valor de los niños: "Sostengo que la transformación de la atención de los niños *en el seno de la familia* fue un resultado directo del crecimiento económico que produjo el capitalismo del siglo XIX" (265). Stone afirma que el auge del "individualismo afectivo" (que llevó a la formación de la familia nuclear cerrada centrada en el hogar) fue posible merced al crecimiento y propagación del capitalismo comercial y también al surgimiento de una numerosa "clase media confiada en sí misma".

d) De Mause afirma que hubo una sucesión continua de modos de criar a los niños que fluctuaron entre el infanticidio y la ayuda. Según esta última modalidad, los padres muestran una atención en verdad empática, pues pueden darse cuenta y satisfacer las necesidades de sus hijos. Estas modalidades evolucionaron "a medida que una generación tras otra de padres se sobreponía a sus ansiedades y empezaba a desarrollar la capacidad para identificar y satisfacer las necesidades de sus niños" (51).

e) El "surgimiento de un sentimiento" de Shorter así como el "individualismo afectivo" de Stone son materias a las que ya nos hemos referido. Podrían verse como ejemplos de algún espíritu indefinible de humanidad que se presentó en la sociedad del siglo XVIII según Shorter, y según Stone, en la del siglo XVII. Mitterauer y Sieder, al igual que Shorter y Stone, creen que ha habido una evolución sostenida en la capacidad de sentir afecto. Escriben: "Hasta mediados del siglo XIX hubo, entre grandes sectores de la población, muy poca ternura e intimidad amorosa"; y afirman: "no hay duda de que la vida familiar ha ganado en sentimientos de afecto" (100, 61). Sears también considera que a fines del siglo XVIII se presentó un "incremento innegable en el *ethos* empático de la sociedad occidental" (3). Este espíritu empático recién despertado "impuso un cambio de la punición y brutalidad a la bondad y a la compasión" en los métodos de educación de los niños. Según Trumbach, el aumento en lo hogareño que ocurrió en la aristocracia durante el siglo XVIII se debió al movimiento igualitario conforme al cual todos los hombres son iguales. El ideal hogareño alentó a ambos padres a interesarse más en sus hijos. Trumbach no va de acuerdo con la opinión de Stone de que las relaciones afectuosas sólo son posibles en las familias nucleares. Dejando a un lado al siglo XVIII, todo parece indicar que la vida fue dolorosísima para los niños en tiempos pasados. Llama la atención la similitud de las opiniones expresadas por la mayoría de los autores: una y otra vez se ha afirmado, por ejemplo, que las sociedades pasadas tenían como cosa esencial quebrantar la voluntad de los niños. La tesis general es que ha habido un mejoramiento progresivo en la situación y trato dado a los niños.[7] En el capítulo siguiente evaluaremos la validez de esta tesis.

[7] Una excepción notable a esto es Greven (1977), que afirma que hay "continuidades de métodos de crianza de niños a lo largo de extensos periodos de tiempo" (que corresponden a tipos particulares de temperamentos religiosos) y no una evolución constante (16). En capítulos posteriores se hace referencia a su trabajo. Con todo, Greven es una excepción destacada. Inclusive trabajos recientes como el de Porter (1982) subrayan el gran cambio habido en la situación y trato de los niños en el siglo XVIII. (Porter sigue los mismos lineamientos que Stone [1977] y Trumbach [1978]).

II. REPLANTEAMIENTO DE LA TESIS.
ANÁLISIS CRÍTICO DE LA LITERATURA

A PESAR del desacuerdo existente sobre el momento en que ocurrieron los cambios en el trato a los niños, y sobre si el surgimiento de un concepto de niñez acrecentó o redujo la severidad de la disciplina impuesta a los niños, lo cierto es que el cuadro general que ofrecen quienes investigan la historia de la niñez varía muy poco. Con sólo algunas excepciones se afirma que los padres consideraron a sus hijos con indiferencia, que no se pensó que la niñez fuera un estado separado de la edad adulta, y que la disciplina severa era la suerte que normalmente esperaba a los niños; muchos autores afirman, ciertamente, que a los niños se les maltrataba por sistema. Desde un punto de vista funcional, hay varios problemas en esta tesis histórica. Por ejemplo, las siguientes interrogantes no se han contestado:

a) ¿Por qué la atención de los padres evolucionó en la forma que se ha sugerido: descuido y maltrato de la descendencia?

b) ¿Puede decirse que los padres descuidan o lastiman a sus hijos, por ejemplo, en las sociedades primarias o primitivas?

c) ¿La brutalidad persistente afecta adversamente el desarrollo del niño?[1]

Buscando responder a estas preguntas, se ha acudido a una diversidad de fuentes divergentes de información: teoría sociobiológica sobre la evolución de la atención de los padres; estudios de atención de los padres en los primates, tanto estudios de laboratorio como observaciones de tipo naturalista; pruebas sacadas de estudios antropológicos, y también de los efectos de la privación y maltrato en niños y en primates jóvenes. Por razones de espacio y por la naturaleza amplísima de las pruebas, la exposición que sigue debe ser muy concisa. (Una exposición más amplia de los temas antes dichos se encontrará en Pollock, "The forgotten children", 1981, Apéndice A.) Sin embargo, esperamos mostrar que habría sido difícil que las teorías prevalecientes sobre la historia de la la niñez hubieran sido practicadas por la mayoría de la población. Primeramente, se considerará la evolución de la atención de los padres, y luego su función en relación con los primates y el hombre.

---

[1] De Mause (1976) ha sostenido que en el pasado los niños fueron retardados en cuanto a su desarrollo porque se les trataba mal; pero los datos que usó para poner al descubierto el supuesto nivel de retardo (edad de aprender a andar) son inexactos (véase la página 225).

Aspectos funcionales y de evolución de los cuidados paternos

La teoría de la evolución dice que los seres vivos deben interesarse en la producción y crianza de su descendencia (Barash, *Sociobiology and Behavior*, 1977). Haciendo a un lado unas cuantas excepciones, tales como las abejas obreras que no se reproducen por sí mismas sino que cuidan la descendencia de su hermana (la reina), no parece haber la menor duda de que eso es lo que hacen los animales. La teoría sociobiológica predice que los animales deben invertir en su reproducción tanto como sea posible siempre y cuando sea congruente con la maximización de la adaptación inclusiva.[2]

La necesidad biológica de reproducirse es universalmente vigorosa porque a final de cuentas la descendencia representa la única forma de dejar representación genética en la siguiente generación. Los animales tienen a su alcance una gran diversidad de estrategias de inversión paternas; pero las opciones no son ilimitadas. Por ejemplo, si se tiene una descendencia numerosa, ésta tendrá relativamente poca atención de los padres, dado que éstos sólo pueden dedicar un tiempo limitado a sus crías. Y a la inversa, si los padres producen un número reducido de descendientes, entonces podrán hacerlos de mayor tamaño o dedicarles más tiempo a su cuidado y atención (Barash).

Hay, pues, dos estrategias básicas al alcance de los animales, dependiendo de su situación, para que puedan maximizar la sobrevivencia de sus crías. Cuando por causa de los depredadores hay una gran mortandad entre los descendientes, y si los padres no pueden hacer nada por detenerla, tiene más sentido producir más cantidad de descendientes con la esperanza de que algunos sobrevivan. Barash llama a la especie que escoge esta estrategia paterna, especie R-selecta. Por otra parte, si no abunda el alimento aun cuando la depredación no sea problema, los padres aumentarán el índice de sobrevivencia de su prole produciendo menor número de descendientes, de modo que cada uno de ellos tenga un inicio más favorable en la vida; por ejemplo, podría ser de mayor tamaño. Barash llama a las especies que se valen de esta estrategia especie K-selecta. La especie R-selecta tiene elevados índices de nacimientos y de mortalidad, en tanto que la K-selecta tiene índices bajos de nacimientos y de muertes, y esto tiende a mantener el tamaño de la población muy cerca del número de individuos que el medio puede sostener. Cuando las especies se adaptan a medios estables predecibles, la K-selecta tiende a prevalecer sobre la R-selecta, y provoca consecuencias demográficas que favorecen la evolución de la atención paterna (Wilson, *Sociobiology*, 1975).

[2] Inclusive la aptitud: descendencia adulta dejada en la generación siguiente (Wilson, 1975).

Wilson se vale de las teorías de escritores como Hamilton (1966), Lack (1954) y Trivers (1974) para indicar cómo y por qué evolucionaron los cuidados paternos. Como ya dijimos, un prerrequisito es la adaptación a un medio estable. En cuanto esto ocurre, el animal tenderá a vivir más, a crecer más y a reproducirse a intervalos (iteroparidad) en vez de todo de una sola vez. Además, si el hábitat está estructurado, el animal tenderá a ocupar un área de hogar o territorio o cuando menos egresará a determinados lugares para alimentarse y refugiarse (filopatria). Cada una de estas modificaciones se logra mejor produciendo un número relativamente pequeño de descendientes cuyas probabilidades de supervivencia serán mejores debido a la atención especial que se les dé durante el principio de su desarrollo. En el otro extremo, a veces las especies pueden penetrar medios nuevos que físicamente exigen esfuerzo, para lo cual desarrollan protecciones que incluyen la atención de la descendencia durante el periodo más vulnerable de su desarrollo. La especialización de fuentes de alimentos que es difícil hallar, explotar o retener contra competidores aumenta a veces merced a conducta territorial y a una defensa fortalecida de las fuentes de alimentos, todo ello cuando la descendencia está presente. Por último, la actividad de los depredadores puede prolongar la intervención paterna de protección de vida de su descendencia (Wilson). Este autor sostiene que los cuatro siguientes motores ambientales pueden actuar aisladamente o combinados para generar la evolución de la atención de los padres:

1. Medios estables y estructurados que llevan a la selección K.
2. Entornos físicos que suelen ser difíciles.
3. Oportunidades para lograr ciertos tipos de especialización de alimentos.
4. Presión de los depredadores (cuando los padres pueden proteger a su prole).

La esencia de esta teoría se presenta en la figura II.1.

Los sistemas sociales de los seleccionistas K tienden a estar relativamente bien desarrollados alrededor de complejas redes de parentesco, que contrastan con los seleccionistas R que tienden hacia una vida social o hacia enjambres aglutinados sueltamente, rebaños o parvadas (Barash). La atención de los padres se desarrolla mejor en el seno de las especies K-selectas, lo cual va de acuerdo con el acento dado a la calidad sobre la cantidad. Cuando se hace una inversión inicial importante como en el caso de un largo periodo de gestación o de una prolongada atención posnatal, suelen presentarse coadaptaciones, como una larga inmadurez y también una larga vida (Hamilton). Obviamente, el hombre pertenece al grupo K-selecto, pues tiene una

FIGURA II.1. *Motores ambientales primarios y adaptaciones biológicas intermedias que desembocan en una atención aumentada de los padres.*

larga inversión en su prole. Los humanos, aun cuando no estamos determinados genéticamente, cuando menos sí estamos influidos genéticamente, y, dado que la buena atención de los padres es adaptiva, tienen probabilidades de escogerla.

La teoría sociobiológica predice, pues, que los padres sacrificarán mucho, de acuerdo con la maximización de su propia adaptabilidad, para asegurar la sobrevivencia de sus hijos. Los padres deberán dar a su descendencia el cuidado necesario a fin de que cada miembro tenga buenas probabilidades de competir venturosamente como adulto, aun cuando esto signifique producir menos descendencia. Sin embargo, como Trivers ha demostrado en su trabajo titulado "Parent-offspring conflict", debido a que padres e hijos sólo comparten la mitad de sus genes por su ascendencia común, la teoría sociobiológica predice también una buena dosis de conflicto entre las necesidades de los padres y las de los hijos. Esto podría versar sobre el cese de cualquier inversión, digamos el destete, cuando al padre le resulta más provechoso invertir en otro hijo en tanto que a los intereses de la prole beneficia la alimentación por la madre. También puede haber peleas sobre el monto de la inversión de los padres en cierto periodo.

La teoría sociobiológica tiene, no hay duda, sus opositores, y es dudosa su aplicación a la sociedades modernas industrializadas y urbanas debido a que la teoría no toma en cuenta la cultura en sus predicciones. Ciertas características de conducta humana, especialmente en relación con sociedades contemporáneas, tal vez no se conformen con esperanzas sociobiológicas; pues como dice Smith en "Aspects of child care" (en prensa), no necesitan obrar en armonía la evolución y la trasmisión genéticas y culturales. Examina cuatro modelos "dobles de herencia": los de Campbell (1975), Durham (1976), Lumsden y Wilson (1891), y Richerson y Boyd (1978). Todos estos modelos consideran la interacción entre biología y cultura. De este examen, Smith concluye que en la sociedades anteriores al saber leer y escribir, la atención a los niños se avino en gran medida a las expectativas sociobiológicas, en tanto que en las sociedades complejas no fue así, por ejemplo, en cuestiones tales como el tamaño de la familia y la adopción de descendencia no emparentada. Esto hace dudar de la tesis de que, mientras más al pasado nos remontemos en la historia, hallaremos más niños golpeados y atacados. En este debate, la cuestión capital es determinar hasta qué punto pueden los humanos obrar en sentido opuesto a su herencia biológica. Por ejemplo, ¿podrían los factores socioeconómicos y religiosos no tomar en cuenta la herencia genética a tal grado que los padres no sólo desatendieran a sus descendientes, sino que menguaran su valor de supervivencia debido a sus maltratos y abandono?

Aunque, según la teoría sociobiológica, los padres se interesan en la inversión general en su prole, cosa que ha dejado en claro Trivers, eso no impide que haya choques de intereses entre determinados padres e hijos. O sea, que aun cuando la conducta de los padres obra para bien de los hijos, no siempre resulta la mejor para cada hijo en particular. Quizá haya circunstancias en que las normas conductuales funcionales no beneficien a ciertos descendientes, pues inclusive pueden llevar a la muerte de ellos como es el caso de los langures, los cuales cuando se hacen de un nuevo harén, matan a los pequeños para así poner a sus descendientes en lugar preponderante (Jay, 1965). Por otra parte, los organismos tal vez no vivan en medios a los que están adaptados, en cuyo caso, debido a que sus normas funcionales son inapropiadas, se producen conductas destructivas; esto ocurre entre muchos primates cuando viven enjaulados. Sin embargo, ¿es posible que en poblaciones humanas recientes haya prevalecido uno de estos dos tipos de circunstancias, que tal vez desembocaron en los niveles de ultraje a los niños sugeridos por muchos historiadores y psicólogos? No hay duda de que la teoría evolucionaria predice cierta dosis de conflicto padre-prole, pero tal cosa no parece llevar al extremo de que los padres dañen a los hijos de un modo consuetudinario. Es difícil rechazar la tesis histórica simplemente enunciando los beneficios de la atención paterna; una refutación alterna sería la existencia de consecuencias adversas para el desarrollo social, mental y físico de los niños derivadas de la falta de cuidados adecuados; de ello se tratará más adelante en este mismo capítulo. Pese a todo esto no cabe duda de que los cuidados de los padres desempeñan una función vital en el crecimiento y maduración de los hijos: "La conducta de vinculación, que obviamente contribuye a la supervivencia de la especie, surge así como una de las formas más fundamentales de adaptación social de los vertebrados superiores" (Goody, *The Character of Kinship*, 1973, p. 110).[3]

Sucede con frecuencia que las crías de las especies animales avanzadas nacen totalmente indefensas. Para su supervivencia dependen de la atención de los padres, al grado de que si no la tienen mueren. La conducta de los padres tiene una gran significación evolucionaria. Aquellos animales que cuidan de su prole, aunque sea apenas adecuadamente, no sólo aumentan las probabilidades de sobrevivencia de sus crías, sino también la de su propia raza. Por ello, la teoría de la evolución predice que los seres vivos deben atender la reproducción y cuidado de sus crías. Estudiando los cuidados que los animales dedican a sus descendientes, y también los de las diversas culturas humanas, es posible descubrir qué dosis de la teoría se pone en práctica.

Del estudio de los primates se deduce que cuando menos las hembras dan protección y cuidados adecuados a las crías (Carpenter, 1965; Chane y Jolly, 1970; Hall y Devore, 1965; Hinde, 1970; Jay, 1965; Van Lawick-Goodall, 1967; Rosenblum, 1968). Alimentan y, en la mayoría de las especies, acicalan a las crías, evitan que caigan de la madre y que se alejen demasiado en sus exploraciones cuando son muy pequeñas. Inclusive el mono ardilla, que es muy indiferente hacia sus crías, cambiará su conducta y ayudará a alguna de ellas que esté incapacitada. Excepto en algunos prosimios, la madre primate es un paraíso, un refugio y un punto fijo de orientación para cualquier movimiento independiente. Los monos y los antropoides pequeños se refugian en la seguridad de sus madres, no en la de la guarida (Chance y Jolly, 1970). Un cuidador humano o inclusive una jaula bien dotada pueden sustituir a la madre por lo que hace al crecimiento físico de las crías, pero, cuando los monos están adaptados a vivir socialmente, un humano o una jaula son malos sustitutos en lo que respecta al ajuste social saludable de las crías (Rowell, 1972).

En las sociedades de antropoides, las crías nacen a intervalos mayo-

---

[3] Éste es un ejemplo del error de sostener que la conducta de adaptación beneficia a la especie más que al individuo.

res, y la fase inmadura de la vida de estos animales constituye una proporción crecientemente mayor de la vida social de los primates. Por ello, las sociedades de antropoides muestran una atención paterna más flexible y compleja que las sociedades de monos. Las gorilas y las chimpancés perciben ciertas necesidades de sus hijos y alteran su conducta de modo tal que las atienden; es decir, no se limitan a responder a una situación conforme a un número fijo de normas (Chance y Jolly; Van Lawick-Goodall).[4] De los diversos estudios hechos sobre los primates, cabe deducir que en ellos se da atención paterna suficiente para asegurar que al menos algunas de las crías llegarán a la madurez y encajarán en la sociedad en que van a vivir. ¿En qué medida se aplica esto en las sociedades humanas?

Todos los niños nacen indefensos, dependen del cuidado de los adultos y de que les trasmitan la cultura de su sociedad. Para los adultos de todo el mundo, los niños representan algo indefenso y débil, algo que debe ser protegido, vigilado y educado, y también algo que es un elemento valioso de su sociedad (Mead y Wolfenstein, 1955). Culturas diferentes poseerán probablemente métodos diferentes de criar a sus hijos, si bien todas tendrán el mismo fin, que no es otro que llevar al niño desde sus primeros días hasta una etapa en que sea adulto independiente y responsable, capaz de participar plenamente en la sociedad. A pesar de las grandes diferencias entre las culturas, y aun cuando obviamente hay influencias culturales en el terreno de la atención a los niños, se han hallado muchísimas similitudes en las prácticas de cuidado de los niños (Ainsworth, 1967; Lewis y Ban, 1971).

LeVine ("Child rearing as a cultural adaptation", 1977) propone las siguientes metas universales que los padres tienen en relación con sus hijos:

a) La supervivencia física y la salud del niño.

b) El desarrollo de la capacidad conductual del niño para que en su madurez alcance el autosostenimiento económico.

c) El desarrollo de las capacidades conductuales del niño con el fin de maximizar otros valores culturales tales como moralidad, logro intelectual y piedad religiosa.

LeVine opina que entre estas metas hay alguna jerarquía: por ejemplo, en aquellas sociedades en que es muy elevada la tasa de mortalidad infantil, la meta "a" tendrá un lugar destacadísimo, al grado de que los padres demorarán el desarrollo social y cognoscitivo del niño

---

[4] Van Lawick-Goodall (1967) estudió con amplitud a los chimpancés en su ambiente natural, a lo largo de un periodo considerable. Su estudio revela lo sutil y complejo que es el desarrollo de los chimpancés jóvenes.

hasta que parezca asegurada su supervivencia. Esto significa que la función primaria del papel de los padres es la protección.

Muchos estudios antropológicos indican que los padres en general dan, cuando menos, una atención adecuada, y con frecuencia más que adecuada, a sus hijos. Estas investigaciones ponen de relieve que la protección y nutrición de los hijos son la preocupación primaria de casi todos los padres. Hay, por supuesto, variaciones en la forma en que esto se logra, pero la meta principal siempre es la misma: asegurar, en la medida de lo posible, la supervivencia de la cría (véase, por ejemplo, Brazelton, 1972, respecto a la cultura maya; el estudio de Draper, de 1976, de la tribu kung; la investigación de Goldberg, de 1972, en los niños zambianos; Kagan y Klein, 1976, sobre los indios San Marcos y el trabajo de Marvin y otros, de 1977, sobre los hausas). En cuanto se ve que es probable que el niño sobreviva, los padres podrán ya dedicarse a la tarea de asimilarlo a la sociedad; el proceso real de socialización estará influido por la cultura de esa sociedad (en Whiting, 1963, se hallarán casos prácticos).[5] Se ve, pues, que la atención de los niños es una parte en verdad fundamental de la vida humana.

El estudio de Newson y Newson, titulado *Seven Years Old in the Home Environment* (1976), revela la importancia del papel de los padres en las sociedades industrializadas modernas, particularmente en cuanto a la función de integrar al niño en el mundo social. Muestra que los padres son una fuerza única de atención en el desarrollo del niño, que su participación e intervención en su hijo no es comparable con la de nada o nadie. Actúan como amortiguadores de sus hijos, previniéndolos de sufrir las consecuencias naturales de sus actos hasta que alcanzan un nivel suficiente de competencia. Característica vital de la función de los padres es su parcialidad o inclinación hacia el niño, lo cual explica por qué ninguno de los demás elementos que se han ideado podrán ser tan satisfactorios como un buen progenitor. Cuando mucho, lo más que podrá ofrecer la comunidad es imparcialidad, justicia respecto a todos los niños bajo su cuidado, lo cual, sin embargo, no basta: toda personalidad en desarrollo necesita saber que para alguien es más importante que todos los demás niños, "que alguien recurrirá a medidas irrazonables, no nada más razonables, por su causa" (Newson y Newson, p. 405). Quizá este aspecto de la atención paterna sea el más importante de todos. En circunstancias nor-

---

[5] Aun cuando la economía de la sociedad dicte que los niños han de trabajar desde muy pequeños, esto no significa que se les viera como adultos. Los niños de los indios navajos tenían que ayudar para que la familia sobreviviera, pero eso era todo lo que se esperaba de los niños conforme su edad, pues seguían participando en actividades infantiles tales como jugar mientras trabajaban (Leighton y Kluckhohn, 1948).

males, ningún niño se ve sometido ni a desatenciones ni a malos tratos. Para que los padres se desentiendan o maltraten a sus hijos deberá presentarse un rompimiento social completo.

En *The Mountain People* (1973), Turnbull estudió la tribu ik de África durante una hambruna causada por la sequía. Descubrió indicios de que antes de la sequía los iks habían sido bondadosos, generosos y juguetones; pero al aumentar el hambre se volvieron despiadados y sólo les preocupó su propia supervivencia individual. El altruismo desapareció; todo aquel que ayudaba a algún otro era visto como tonto. Quienes sufrían servían de diversión a otros, especialmente si eran viejos o débiles. En estas circunstancias, los padres se desentendieron de sus hijos; desde los tres años los alejaron del hogar y los dejaron atenidos a sus propias fuerzas. Dice Turnbull que "nunca vio a algún padre que diera de comer a un niño, sólo a Kauar, o si el niño tenía menos de tres años. En realidad, rara vez se veía a algún padre con un niño en ninguna circunstancia, a menos que fuera accidental o incidental" (114). De las pruebas aducidas por Turnbull es entonces posible deducir que los padres se desentiendan de sus hijos, y que inclusive hagan mal uso de ellos; pero esto solamente ocurre en circunstancias en verdad excepcionales; de hecho los iks están muriéndose.[6]

La importancia de la atención paterna por lo que respecta al desarrollo normal se aprecia perfectamente cuando a los hijos se les cría sin padres, o bien, cuando se les maltrata. Harlow y Harlow ("A study of animal affection", 1963) separaron monitos rhesus de sus madres desde su nacimiento y los colocaron "al cuidado" de madres sustitutas. Cuando estos monitos llegaron a su madurez, resultaron notablemente anormales en cuanto a su conducta: no tenían ninguna capacidad social, y luego, cuando las hembras tenían hijos, los maltrataban fuertemente. La mayoría de los pequeños tuvieron que ser separados y criados por personal de laboratorio. Chimpancés aislados y privados de sus madres muestran un síndrome similar al de los monos rhesus (Mason, 1968; Menzel, Davenport y Rodgers, 1963). Los monitos sin madre habían sido privados de la interacción necesaria con ella y de la experiencia social indispensable, por cuya razón no podían reaccionar normalmente ante otro mono adulto (Jolly, 1972). La conducta de vinculación, que se ve tanto en los hombres como en los primates, es un aspecto importante, tal vez básico, de la relación madre-hijo. La atención materna requiere también una interacción recíproca, lo cual

---

[6] Esta conducta de los iks no es una respuesta inevitable al hambre; la obra de Turnbull ha caído en el descrédito en muchos puntos.

explica por qué las madres sustitutas inanimadas no sirven para evitar los malos efectos del aislamiento.

Son todavía más notables los efectos de la privación y del maltrato en los humanos. El gran número de estudios hechos (citados en Bowlby, 1966; véanse también Ferguson, 1966;[7] Flint, 1967; Franklin, 1977; y Spitz, 1945)[8] sobre la salud mental y el desarrollo de niños albergados en instituciones que no reaccionan ante ellos como niños e individuos, hacen ver que cuando un niño se encuentra privado de algún tipo de atención "maternal", su desarrollo suele retardarse, en lo físico, en lo intelectual y en lo social. En algunos casos, el daño puede durar toda la vida. Esto significa que para asegurar el desarrollo normal de los niños se requiere un nivel básico mínimo de atención por parte de alguna persona. Si los padres que vivieron en siglos anteriores fueron tan indiferentes hacia sus hijos como se ha dicho, entonces parecería razonable suponer, con base en las pruebas sacadas de los estudios anteriores, que sus hijos sufrieron daños y fueron adultos deficientes. Pocos autores, tal vez ninguno, están preparados para afirmar que las sociedades antiguas estuvieron compuestas principalmente de adultos menos que competentes.

El maltrato a los niños ocurre en todas las capas sociales, pero sólo en una minoría de la población. De ordinario, los padres que maltratan fueron maltratados y desatendidos en su niñez; éste es un factor que para muchos investigadores en esta materia es fundamental para entender la totalidad del problema (Kempe y Helfer, 1972; Kempe y Kempe, 1978; Martin, H., 1976; Martin, J., 1978). Los padres que maltratan temen echar a perder a sus hijos, creen en el valor del castigo y tienen percepciones deformadas del niño (Martin, J.). Suelen presentarse exigencias irreales de obediencia y también inversión de papeles, cuando los padres esperan que los hijos satisfagan sus necesidades (Davoren, 1968; Franklin, 1977). Stell y Pollock (1968) destacan la descomposición de "la atención materna" que lleva al maltrato hacia los niños. Los padres no ven al niño como persona, y son incapaces de responder a sus necesidades de un modo apropiado y sensato. Daly y Wilson (1981) estudian las razones del maltrato a los niños desde una perspectiva evolucionista. Indican que la probabilidad de que ocurran maltratos y descuidos aumenta "en circunstancias en que a los adultos se les demanda desempeñar el papel de padres de

---

[7] Ferguson (1966) observa que aun cuando a los niños que estudió se les había tratado con bondad y competencia, al salir de la institución su desempeño cayó considerablemente por debajo del nivel ordinario de los jóvenes.

[8] Véase, además, Clarke y Clarke (1976), que analizan algunos casos de aislamiento de niños y también de niños que fueron muy descuidados por sus padres.

niños que no son suyos, en que la vinculación madre-hijo no está presente o está rota... o cuando las capacidades y recursos de los padres están sobrecargados" (406). Todos los estudios anteriores demuestran que el maltrato hacia los niños no ocurre dentro de una relación normal padre-hijo, sino que se debe a que algo está faltando en esa relación.[9]

Que el maltrato a los niños es sin duda causa de inadaptación se evidencia por los efectos de ese maltrato en los niños. El aprendizaje ocurre en un mundo social, pero sucede que el medio del niño maltratado contiene factores que impiden o menguan la capacidad del niño para aprender y comprender (Martin, 1976). Suele suceder que estos niños estén aislados de sus padres y que sus madres no hablen o jueguen con ellos. Por esta razón, se demora mucho el habla (Blager y Martin, 1976). Además, el niño acaba inhibido y no sabe jugar. Cuando el maltrato ha sido grave, el niño sufre lo que se llama "observación inmóvil"; rehúsa participar en todo lo que ocurre a su alrededor (Roberts, 1978). El maltrato puede causar también daños a largo plazo: se corre un riesgo serio de que haya daños en el cerebro, en los ojos, o bien, que se presenten otros defectos físicos; desarrollo retardado y otros problemas emocionales, lo cual aumenta muchísimo la probabilidad de que estos niños maltraten a su vez a sus propios hijos (Carter, 1974; Franklin; Martin, H., 1972; National Society for the Prevention of Cruelty to Children, 1976; Skinner y Castle, 1969).

Las características de padres del pasado que han sido sugeridas como explicaciones de su crueldad hacia los niños (por ejemplo, por De Mause, 1976) son también propias de los padres contemporáneos que maltratan a sus hijos: el temor a echarlos a perder, exigencias de obediencia total y el anhelo de los niños para complacer las necesidades de los padres. Además, quienes maltratan a sus hijos fueron, muy probablemente, maltratados de niños, y entonces, como adultos, parecen no tener concepto de lo que es niñez: "El que se ensaña con los niños no es capaz de verlos como seres inmaduros que no tienen la capacidad de percepción y de pautas de conducta de los adultos" (Davoren, "The role of the social worker", p. 155). Por consiguiente, cabe concluir que una parte, pero sólo una parte muy pequeña de la tesis de los historiadores es correcta: algunos padres del pasado carecieron del concepto de niñez, y algunos fueron también crueles con sus hijos. Es posible que "siglos de niños maltratados hayan dado por resultado padres que maltrataban a sus hijos" (De Mause), pero parece

---

[9] Stern (1977) estudió la primera relación entre madre e hijo y halló que la falta de interacción recíproca que puede llevar al maltrato del niño se evidencia desde muy temprano.

ser imposible, si consideramos la evolución y función de los cuidados paternos para proteger la descendencia, que todos y ni siquiera la mayoría de los niños hayan sido "maltratados". Para justificar este supuesto, De Mause y otros tendrían que explicar cómo y por qué se presentó el maltrato; y por qué, si los padres hoy en día poseen un concepto de niñez, el maltrato de los hijos sigue estando presente en la sociedad del siglo xx. En las sociedades que tienen elevados índices de mortalidad, como las de los siglos pasados, resultaría más lógico entresacar un rasgo merced al cual se aumentaran las probabilidades de sobrevivencia de los niños, en vez de optar por la solución de que la crueldad hacia los niños las disminuye.

Todos los padres empiezan con niños que desean educar para llevarlos a una edad adulta en que sean independientes. De los elementos estudiados en esta sección, parece deducirse que no importa el camino que los padres escojan para realizar esta tarea, aunque con ciertas limitaciones tales como: los niños requieren cierta dosis de protección, afecto y enseñanza para alcanzar su desarrollo normal. El tipo de sociedad en que vivan los padres afectará la manera como críen y traten a los niños; pero de ningún modo alterará drásticamente la pauta básica. Por ejemplo, no se afectarán los aspectos cualitativos de la atención de los padres (protección, amor y socialización); pero tal vez varíen los aspectos cuantitativos (el tipo de atención y el tipo de enseñanza). La atención de los padres ha evolucionado y así ha ocurrido en las sociedades humanas y de antropoides, debido a que ese tipo de atención fue necesario. El que los cuidados de los padres hayan sido drásticamente diferentes en sociedades pasadas, como se ha sugerido, significaría que los padres han obrado en dirección opuesta a su herencia biológica. LeVine afirma que esto habría sido imposible:

La humanidad contemporánea está programada innatamente para la vinculación [entre padres e hijos], de modo que las costumbres de la educación de los hijos deberán avenirse, en todo el mundo, a esta tendencia universal. En este sentido, las costumbres de crianza reflejan las presiones ambientales que obraron sobre nuestros antepasados homínidos, y no las que los padres experimentan hoy día; culturalmente sólo pueden variar dentro de los límites establecidos en el pasado evolucionario distante, pero sin infringir daño al desarrollo y evolución del niño. [16.]

El bárbaro sistema de cuidar a los niños que según muchos autores fue propio de siglos anteriores, sería punto menos que único. La teoría del maltrato sistemático dominante de los niños es totalmente improbable. En la siguiente sección se examinarán las pruebas en favor de esa teoría, y luego vendrá una revaloración de la argumentación.[10]

PRUEBAS QUE APOYAN LA TESIS HISTÓRICA

Investigar la historia de la niñez entraña atenerse a fuentes extremadamente dudosas. La reconstrucción de la vida de los niños en el pasado es un terreno preñado de dificultades, la senda del estudioso está salpicada de obstáculos. Desgraciadamente, los relatos referentes a actitudes hacia los niños y hacia su trato revelan poca o ninguna percepción de los problemas en cuestión. Se han usado varios tipos de fuentes en esta búsqueda de materiales sobre la niñez en tiempos pasados (véase anteriormente la página 38). Examinemos algunas de estas fuentes y el empleo que de ellas se hace.

Material de orientación escrito sobre niños es la principal fuente de pruebas empleada en trabajos sobre la niñez en siglos anteriores. Sólo unos cuantos autores se han atenido principalmente a materiales primarios tales como autobiografías y diarios. Se toman citas de obras contemporáneas, así como de sermones y opúsculos morales del periodo estudiado y se usan no únicamente para demostrar qué teorías sobre la niñez predominaban, sino también para inferir las costumbres paternas. Mechling, en "Advice to historians on advice to mothers" (1975), ha estudiado la cuestión de si los padres prestan o no atención al material escrito sobre educación de los niños. Esta autora hace ver que los resultados de varias encuestas realizadas en los Estados Unidos en relación con material escrito de orientación, de principios del siglo XX (véase el Berkeley Growth Study, "Un estudio longitudinal en marcha sobre desarrollo y educación del niño", y la obra de Bronfenbrenner (1958) que ofrece un examen de tales estudios), muestran que las madres no toman en cuenta esta orientación. Al parecer los padres ingleses no prestan más atención a esta orientación. Newson y Newson (*Patterns of Infant Care*, 1965), en un estudio que realizaron en padres radicados en Nottingham con niños de un año, hallaron que los "libros contemporáneos sobre bebés son un indicio bastante pobre de lo que realmente ocurre en el hogar" (235). Con base en su estudio de niños de cuatro años, Newson y Newson (*Four Years Old in an Urban Community*, 1968) llegan a la conclusión de que "En Inglaterra las madres no parecen estar fuertemente orientadas hacia la opi-

[10] Esta sección fue preparada antes de la publicación de la obra de Ferdinand Mount, *The Subversive Family* (1982). En ella ofrece un excelente estudio del punto de vista prevaleciente sobre la vida de la familia, y luego sugiere una explicación de por qué los historiadores han pintado la vida de la familia en el pasado en la forma en que lo han hecho.

nión de los expertos por lo que hace a la educación y crianza de sus hijos; la mayoría espera hallar satisfacción en la maternidad, aun cuando para ello sea necesario rechazar los consejos más autoritarios" (556).

Mechling contempla el problema de usar este tipo de material escrito en la investigación histórica y da cuenta de cuatro dificultades metodológicas que presenta su empleo como fuente para inferir la conducta de los padres: el significado del consejo, el tipo de prejuicio de los textos, hasta qué punto los padres aprenden a ser padres leyendo libros de orientación, y la vinculación teórica entre conducta y valores. Afirma que hay dos clases de literatura de orientación: la que "refleja" la práctica corriente y la que es la "vanguardia" del cambio (46). Critica a los historiadores que no diferencian entre estos dos tipos de pruebas, pues tal diferenciación es importante para determinar lo que el consejo significa en su contexto. Por su parte, Murphey, en "The historical study of national character" (1965), expresa una opinión similar. Dice que los manuales de orientación no "describen la conducta real, sino que indican lo que debía ser" (150). Además, Brobeck ("Images of the family", 1976) se une a ellos y afirma que los manuales son escritos por gente que probablemente no es ni siquiera padre, por lo cual no tiene experiencia alguna en cuanto a crianza, y que probablemente tampoco ha percibido con precisión pautas conductuales y culturales. También cree que en virtud de que muchos teóricos tratan sin duda de reformar la conducta, es probable que recomienden métodos de crianza contrarios a los prevalecientes. Tanto Mechling como Murphey afirman que los manuales están muy predispuestos en favor de las clases alta y media, que son las porciones de la población que en las sociedades del pasado sabían leer y escribir, amén de que eran las únicas que podían darse el lujo de comprar estos libros. En consecuencia, es riesgoso generalizar con base en ello hacia toda la población.

Mechling fustiga también a los historiadores que suponen que los padres aprenden a ser padres leyendo tales libros. En vez de eso sugiere cuatro procesos por medio de los cuales los padres aprenden el arte de la paternidad: identificación, imitación, instrucción e invención. Cree que la gente "aprende el papel de padre y la amplísima gama de costumbres de crianza de niños asociadas con ese papel, primordialmente mediante la interacción con sus propios padres" (49). Arguye que, como ningún manual sobre crianza de niños pondrá jamás en peligro o en tela de juicio el "papel paterno internalizado originalmente", la literatura de orientación desempeña un papel bastante secundario en el proceso de aprendizaje (50).

En seguida Mechling señala que el vínculo entre conducta y valores es más complejo de lo que los historiadores han percibido. Cita estudios (Allport, 1935; Kluckhohn, 1951; Rokeach, 1968) según los cuales valores diferentes pueden producir la misma conducta, en tanto que los valores iguales producen conducta diferente en circunstancias diferentes. Por todo lo cual es imposible inferir conducta real de las opiniones expresadas en la literatura de orientación. Mechling llega incluso a afirmar que "los manuales sobre educación de los hijos son consecuencia no de valores derivados de la educación, sino de valores derivados de manuales escritos sobre educación", y por consiguiente ni siquiera un modelo adecuado de inferencia sacado de la conducta ayudará a esos historiadores que esgrimen manuales sobre educación de los hijos como pruebas de valores de educación de los hijos (53).

La literatura de orientación de la que se toman citas suele ser del tipo autoritario; en realidad, la mayoría de los autores dan la impresión de que no hay otra. Lo cierto es que, a pesar de todo, no todas las teorías sobre educación de los hijos fueron duras. McLaughlin (1976) halló dos tipos de literatura de orientación, uno que destacaba la importancia de la disciplina estricta y otro que decía que no se debe pegar a los niños. Esta autora cree que el primer tipo fue el que los padres usaban. Bremner (1970-1973) da el ejemplo de dos clases diferentes de consejo tomadas de la literatura de principios del siglo XIX: una de ellas aboga porque se quebrante la voluntad del niño, lo cual no es otra cosa que el punto de vista calvinista, en tanto que la otra aboga por un método más benigno de crianza. Murphey halló estos dos mismos tipos de orientación para el siglo XIX, así como teorías de orientación que estaban a medio camino entre ambas; las influenciadas por Locke, según las cuales a los niños se les debía criar estrictamente a fin de que no los corrompiera la sociedad. Murphey sostiene que el criterio calvinista de crianza de los niños sería seguido únicamente por padres calvinistas; no hay razón alguna para suponer que otros lo aceptaran. También señala que hubo teóricos calvinistas que defendieron un enfoque similar al método benigno de crianza. Al estudiar la literatura sobre orientación, Ryerson (1961), enfrentando a la mayoría de los autores, concluyó que los manuales de orientación de entre 1550 y 1750 estaban en favor de un estilo menos severo de educación de los niños que los manuales escritos después de 1750.[11] De

[11] Ha habido pocos análisis sistemáticos de la literatura de orientación sobre la crianza de los niños; en verdad esta falla ha sido común a todas las fuentes de pruebas. Lo que se necesita es una comparación del *predominio* de los diversos tipos de la literatura de orientación a lo largo de los siglos. Esto podría compararse después con análisis similares de otras fuentes de pruebas tales como diarios, ya que es posible que se puedan hallar paralelos de cambio.

esto cabe deducir que las teorías de crianza áspera de los niños no fueron tan generalizadas como han supuesto muchos autores. Por si fuera poco, Newson y Newson (1974) hallaron que aquellas madres que sí aplicaron el consejo de teóricos del siglo xx al estilo de Watson (1928) y King (1937), de que a los niños no se les debía abrazar o besar, y de que los hábitos regulares debían formarse desde los primeros años, acabaron descubriendo que este método era angustioso. Newson y Newson afirman que tales teorías no toman suficientemente en cuenta las necesidades de los padres, y que merced a ellas, tanto los padres como los hijos sufren por esos métodos de crianza.

La mayoría de los historiadores de la niñez aceptaron las opiniones expresadas en la literatura sobre crianza de niños como representativas de esa sociedad y como aceptadas por los padres. Se concentran en aquellas obras y sermones que recomiendan disciplina áspera y que pasan por alto cualquier opinión alterna. Dado que se ha visto que la mayoría de los padres del siglo xx no hace caso de la literatura de orientación y que aquellos que siguieron el método estricto de crianza lo hallaron demasiado desconcertante para seguir apegándose a él, cualesquier conclusiones basadas en la literatura de orientación sobre niños deben ser tenidas por sospechosas. Muchos historiadores parecen suponer que los padres son naves vacías, que están prestos a aceptar cualquier teoría sobre crianza de niños que esté en boga en ese momento. Sin embargo, los padres aportan sus propias opiniones, expectativas y experiencias a la tarea de educar a sus hijos. A veces actúan y a veces se abstienen de obrar en forma que pueda ser congruente con la literatura de orientación, pero no porque algunas secciones de la orientación se lleven a la práctica cabe deducir, como han hecho algunos autores, que el resto de tal literatura es aplicada. No es posible inferir la conducta de los padres con base en manuales de orientación.

Las descripciones sobre crianza y educación de niños que ofrecen diversos viajeros han sido empleadas por autores tan diferentes como Ariès; Hoyles; Hunt; Marvick, 1976; Pinchbeck y Hewitt; Robertson; Shorter; Stone; Thompson, 1974; Tucker, 1976. Estos relatos suelen usarse para revelar la indiferencia de los padres ingleses y la benignidad de los padres norteamericanos durante los siglos xviii y xix. Es probable que los relatos de viajeros sean más descriptivos de costumbres reales que la literatura de orientación, pero también hay que decir que están prejuiciados por diferencias culturales. Como señala Brobeck: "Los juicios sobre si los niños norteamericanos obran autónoma y acometedoramente, por ejemplo, reflejan las definiciones de autonomía y acometividad según la cultura de los visitantes" (94).

Murphey censura el prejuicio de clase de los informes: los viajeros "más bien se ocuparon de las clases urbanas superiores, y en el mejor de los casos las vieron fugazmente" (150).

Es igualmente objetable el empleo de pinturas y grabados como índice de actitudes hacia los niños, que es lo que muy en particular hace Ariès. De estas pinturas y grabados, deduce que los adultos percibieron más y más la presencia de los niños conforme pasaban los siglos. Esta interpretación tiene sus dificultades. Por ejemplo, ¿hasta qué punto las pinturas representan la realidad? —no hay ninguna razón que diga que debe haber alguna conexión entre la representación y lo que es representado. Muy probablemente hubo adelantos técnicos por los que, por ejemplo, los pintores aprendieron a pintar en tres dimensiones y también a representar cosas tales como las proporciones del cuerpo de un niño. Los tipos diferentes de niñez representados en las pinturas a lo largo de los siglos están probablemente más relacionados con cambios en el arte mismo que con cambios en el modo en que se veía a los niños. En "An appraisal of Philippe Ariès" (1980), Wilson señala que los artistas "descubrieron" la niñez imitando obras de escultura y de pintura griegas y particularmente romanas, durante el Renacimiento. O sea, que según esto, la niñez "fue descubierta por los artistas no de un modo aislado, sino como parte de un cambio cultural generalizado, en cuyo seno puede decirse que la representación de los niños fue algo que apenas se rozó" (145). A esto agrega Wilson que, debido a que Ariès cree que el trabajo de los historiadores consiste en extraer la historia de las fuentes, se limita a reproducir la prueba iconográfica en vez de analizarla (147). También Brobeck, Cohen (sin fecha) y Fuller (1979) critican las conclusiones de Ariès sacadas de su estudio de pinturas.

Brobeck estudió los retratos norteamericanos de entre 1730 y 1860, e indica que hay más retratos de adultos que de niños, no porque la niñez fuera vista como una fase muy poco importante y que por eso no merecía ser registrada, sino porque es difícil hacer que los niños posen suficiente tiempo, y porque los adultos querían que tanto ellos como sus hijos fueran recordados como adultos por las siguientes generaciones. Cohen, en "Palatable children", habla de 158 retratos de niños y de 379 de adultos hechos entre 1670 y 1860 en lo que después serían los Estados Unidos. Conviene en que, en las pinturas antiguas de niños, éstos se ven tiesos y de dos dimensiones, lo cual tiende a dar cuerpo a la idea de que para los puritanos los niños eran adultos en miniatura; pero arguye que "buena parte de la significación de estos cuadros" se haya oculta bajo sus superficies planas y estilizadas (2). Dice que aunque los habitantes del país, del siglo XVII, no tenían una idea muy clara de los grupos por edades, sí distinguían entre personas de edades diferentes. El estudio de Cohen revela que los primeros pintores emplearon ciertas técnicas que revelaron que sí percibieron la niñez: "cualquier pintor que no conociera la técnica de tres dimensiones y que quisiera retratar una persona 'típica' y a la vez individual, se vería obligado a atenerse a cierta clase de símbolo literal para proporcionar la información que su técnica visual no trasmitía" (2). Por eso aquellos pintores ponían la edad del modelo, a veces con precisión de meses. Otras técnicas indicaban que la pintura era de un niño; las siguientes son diferencias significativas entre pinturas de niños y adultos:

1. El niño está de pie junto a una silla, lo cual daría idea de su estatura.
2. El niño está descalzo.
3. El niño es pintado cuan largo es.
4. Al niño se le pinta con animales.
5. A partir del siglo XIX al niño se le pinta con juguetes o jugando.

De lo anterior, Cohen concluye que "desde el principio los habitantes de esta región reconocieron la diferenciación de niñez" (13), aunque descubre algunos cambios en actitudes hacia los niños; ya al finalizar el siglo XVIII, los niños muestran su edad, en parte debido a la aplicación de mejores técnicas y en parte a la necesidad ya presente de mostrar a los niños como niños. Por ello, dice Cohen, a los niños se les pintaba con juguetes y/o jugando, cosas que normalmente los adultos no tienen o no hacen. De su estudio de pinturas Cohen concluye que su examen de éstas "indica que los primeros colonos pensaban que los niños eran diferentes de los adultos aun cuando consideraban que la niñez era el comienzo de una marcha ininterrumpida hacia la edad adulta" (26).

Por su parte, Fuller, en "Uncovering Childhood", investigó también cómo se representaba en Europa artísticamente a la niñez. No está conforme con la tesis de que la niñez es un producto de la historia, de que en siglos pasados no se vio a los niños como diferentes de los adultos. Explica que muchos retratos de niños en que parecen "adultos en miniatura" se usaron como "factores de concertación en las negociaciones de matrimonios políticos", por cuya razón presentaban al niño con las joyas y ropas propias de su estado. Aun cuando tuvieran alguna otra función, los retratos "tenían por fin expresar lo que los padres del niño esperaban que llegaría a ser" (78). Fuller señala que aún hoy en día a los niños se les pinta como adultos en miniatura, por ejemplo en tarjetas de felicitación. Afirma que "En el arte del Renacimiento, cuando el niño no era el principal tema de la pintura, la reproducción de su apariencia no debía hacerse de modo tal que satisficiera inmediatamente a determinados adultos. Los pintores perceptivos solían colocar niños gráficamente contingentes *dentro del espacio de la niñez*" (80). Fuller da como ejemplo un detalle de una pintura de Crivelli del siglo XV, en la cual una niñita está vestida como adulta aunque sus proporciones físicas y sus características faciales son de niña.

Fuller acepta que ha habido un aumento en "la percepción y el reconocimiento de la niñez", pero encuentra difícil aceptar que en una civilización en que fue dominante la ética cristiana, una civilización que "en su mismísimo centro tiene la idea de la *calidad de especial* de un niño ordinario, de su diferenciación, de su distinción respecto a los adultos, que lo rodean" (85), "*no* había percepción de los niños como diferentes de los adultos" (86). Concluye que "no fue la niñez, como tal, lo que se transformó a lo largo de la historia", sino que hubo cambios profundos en las condiciones sociales en que se vivía la niñez (88-89).

Se ha hecho ver que el estilo adulto en que se vestía a los niños ejemplifica el hecho de que no había percepción alguna de la niñez (Ariès; Demos, 1970; Zuckerman). Aunque a los niños mayores de siete años se les vestía con ropas de adultos, eso no debe interpretarse como que por ello entraban en la edad adulta. En su trabajo titulado "Childrearing among the lower classes" (1977), Hanawalt indica que el estudio de accidentes de niños de siete años, basado en un análisis de los registros del forense, indica que los niños, más que trabajar, jugaban. Macfarlane dice, en *The Family Life of Ralph Josselin* (1970), que muy probablemente a los niños se les vestía diferentemente a partir de los siete años porque se consideraba que ésa era la edad apropiada para establecer la diferenciación entre los sexos; antes de esa edad, a los niños se les vestía con ropas de mujer. Stone (*The Family, Sex and Marriage in England*, 1977) también cree que la ropa para niños dependía más "de caprichos y modas que de cambios psicológicos arraigados en la actitud hacia los niños" (410). Brobeck considera que a los niños se les representaba con ropas de adultos porque para un retrato debían ponerse vestidos más formales que para ir a la escuela o a jugar. Stannard (1974) dice que a los niños se les vestía de un modo similar al de los adultos; pero esto, a su juicio, no significa que se les viera como adultos:

afirmar sin tomar en cuenta otros datos que la *ausencia* de un modo de vestir distintivo para los niños es indicio de que se les veía como adultos en miniatura, no es más que deformación histórica (en el mejor de los casos); con igual vehemencia podría argüirse, a falta de otros datos, que el que los hombres no gasten barba en una cultura o que hombres y mujeres tengan el pelo igualmente corto, es señal de que en tal cultura no se distingue cabalmente entre hombres y mujeres. [457.]

El infanticidio, el abandono de los niños, el ponerlos en manos de nodrizas y el fajarlos ha sido señalado por algunos autores como demostración no nada más del descuido hacia los niños (en el pasado), sino también de la indiferencia general hacia ellos. Hunt, McLaughlin, De Mause y Tucker afirman que el infanticidio fue común en otros siglos, pero las indagaciones de Hanawalt, Helmholtz (1975) y Wrightson (1975) han demostrado que el infanticidio al parecer fue un hecho relativamente raro. Inclusive, estudios antropológicos muestran que aun habiendo infanticidios, a los niños sobrevivientes se les atendía bien. Por ejemplo, Konnor ("Infancy among the Kalahari Desert San", 1977) descubrió que los bosquimanos de Kalahari sí practicaban el infanticidio, todavía en tiempos recientes, como medio de control de la población y para eliminar niños mal formados. A pesar de esto, con los bebés sobrevivientes, hubo niveles de sonrisas e interés, entre madres kalaharis y sus hijos, similares a los niveles de la sociedad occidental moderna (citado en Smith, 1977). Este tipo de datos no autoriza a inferir, por la presencia del infanticidio, que a los niños que sobrevivían se les tratara mal. "Es muy probable" que el infanticidio y el abandono "hayan sido medidas adoptadas con gran dolor por los padres para limitar así el tamaño de la familia, tomadas muy poco después del nacimiento antes de que se forjaran vínculos fuertes (Smith). Fueron medidas heroicas para hacer frente a una familia demasiado numerosa, en una época en que no había anticonceptivos de fiar ni un Estado protector.[12]

El poner a los niños en manos de nodrizas se ha interpretado como signo del abandono generalizado de los niños (Badinter, 1980; Flandrin, 1979; Hunt; De Mause; Shorter; Stone; entre otros). Esto es poco probable, a pesar de que el empleo de nodrizas fue cosa común tanto en Inglaterra como en el territorio de Estados Unidos. En general, estuvo restringido a las clases altas que podían pagarlas, amén de que, como dice Wrightson (*English Society*, 1982), se ponía especial cuidado en su selección. Wrightson sugiere que las interpretaciones de la significación del empleo de nodrizas han sido influidas por la horrenda conducta de muchas nodrizas hacia niños pobres. El insensible abandono de estas nodrizas estremeció a muchos contemporáneos, y eso

---

[12] En el siglo XIX se generalizaron medidas anticonceptivas eficaces y aceptables; el Estado benefactor cobró vida a mediados del siglo XX.

mismo sucede en nuestros días. Parece ser que la razón principal del empleo de nodrizas fue la presión de los maridos por reanudar las relaciones sexuales con sus esposas: era creencia general que éstas coagularían la leche de la madre, por lo que no debía haberlas mientras la madre amamantara. En las clases altas, tan necesitadas de herederos a quienes dejar sus propiedades, ante la falta de alimentos alternos o sustitutos para los bebés, las madres no tenían más opción que enviar a sus hijos con nodrizas. La sola existencia de la crianza por nodrizas no debe ser interpretada como prueba de que a los niños en general se les desatendía. Schnucker (1974) demuestra que la persistencia de la costumbre es más bien prueba de inercia social, no de indiferencia o crueldad.

A los recién nacidos se les vendaba en los primeros meses de vida. De Mause afirma que esto era convenientísimo para los padres, que de ese modo podían desentenderse del bebé. A esto contesta Eyerson diciendo que "el bebé fajado de pies a cabeza necesitaba atención constante; no podía siquiera espantarse una mosca de la cara" (313). Además, el fajar a los niños no parece ser un buen ejemplo de descuido. Marvick (1976) y Trumbach (1978) dicen que el fajamiento fue un procedimiento razonable, dadas las ideas y creencias de aquellos tiempos. Tenía por objeto mantener estirados los miembros del bebé, protegerlo y mantenerlo tibio. Estudios antropológicos, digamos el de Brazelton (1972) sobre los indios mayas, revelan que el fajado se usa como medida de protección. En la sociedad maya hay pocos adultos que pueden encargarse de vigilar a los niños pequeños, y por ello se les venda para reducir sus exploraciones locomotoras, hasta que el niño sea más capaz y pueda reconocer los peligros físicos. O sea, que fajar o vendar es más un indicador de preocupación que de descuido. Es probable que conforme el medio físico del niño se torne más seguro, por ejemplo evitando lumbres abiertas y sin protección, el fajamiento perderá terreno. Es decir, que las sociedades de Occidente no dejaron de fajar a sus hijos porque estuvieran más interesadas en ellos, sino porque ya no era necesario protegerlos de esa manera.

La mayoría de los autores conviene en que la alta mortalidad infantil fue el factor que explica casi por completo la indiferencia de los padres hacia sus hijos. Los padres no querían mostrar afecto a su prole, a menudo la descuidaban y por eso mismo aumentaba la tasa de mortalidad; no les afectaba mucho la muerte de un niño por la sencilla razón de que muchos morían. La tasa de la mortalidad infantil ha sido muy exagerada. En Inglaterra pocas veces fue de más de 150/1 000, y en Francia casi nunca pasó de 200/1 000. Si alrededor de 80 a 85 por ciento de todos los bebés sobrevivían, al menos por unos cuantos años, habría sido imposible que las madres no se vincularan a sus hijos. Además, la argumentación de la indiferencia de los padres se contrapone con otros tipos de prueba. Estos autores están afirmando que hay un vínculo entre demografía y emoción, sólo que, como dice Macfarlane (1979a), no hay correlación entre índices de mortalidad y el supuesto desarrollo del afecto; estos autores tampoco citan estudios que muestren que la gente conscientemente crea las esperanzas de sus descendientes y "ajusta sus vidas emocionales de acuerdo con ello" (107). Además, pruebas sacadas de investigaciones antropológicas en sociedades primitivas con muy elevada mortalidad infantil no respaldan la tesis de que los padres fueran indiferentes y desapegados de sus hijos a fin de protegerse contra fuertes angustias emocionales (Aisworth, 1967; Draper, 1976; Goldberg, 1972; LeVine, 1977; Marvin y otros, 1977). Los padres que viven en culturas donde es muy posible que mueran los niños, no "hacen a un lado" a sus hijos, pero sí adaptan sus métodos de crianza de modo tal que se maximicen las probabilidades de supervivencia de sus descendientes. LeVine opina que en estas sociedades se presentará *un nivel mayor*, no menor, de respuesta a las necesidades del niño. Al niño se le proporciona una niñera de planta, sus lloros se atienden en seguida, y el darle de comer es una respuesta frecuente al lloro. Marvin y otros hallaron la misma pauta de resultados en su estudio de los hausa de Nigeria: los que atienden a los niños están casi continuamente en contacto con ellos y hacen mucho caso de sus señales. La mayoría de los autores dicen que a lo largo de la historia ni madres ni padres sintieron muchísimo la muerte de algún hijo porque eran muchos los que morían, lo cual es una falsedad; a los padres les afectaba muy profundamente la pérdida de un hijo. El estudio de MacDonald (1981) de las notas del caso de Richard Napier, la obra clásica de Le Roy Ladurie sobre la aldea de Montaillou (1978), y el reciente análisis de Wrightson (1982) de textos del siglo XVII ponen al descubierto la angustia de muchos padres. En el capítulo IV se pueden ver también los resultados de este estudio. Macfarlane (1979) censura a Stone por interpretar mal las pruebas sobre este tema; por ejemplo, este último, con base en libros de cuentas, que se ocupan de ingresos y gastos más que de expresión de emociones, deduce que a los padres no les afectaba en absoluto la muerte de un hijo.[13]

---

[13] Wrigley (1968) ha demostrado que las tasas de mortalidad de adultos y niños fluctuaron en el pasado. O sea, que aun cuando Trumbach (1978) sostiene que después de 1750 bajó la mortalidad infantil, la investigación de Wrigley revela que el índice no hizo otra cosa que regresar a su nivel anterior.

Argumentos de la tesis histórica

Las fuentes en que se basó la tesis que estamos impugnando son poco confiables y ciertamente no son una base lo suficientemente sólida para fundar las ostentosas teorías que se han derivado de ellas. Ciertos aspectos de esa tesis, en especial la afirmación de que no hubo concepto de niñez, han resultado totalmente injustificados a la luz de investigaciones posteriores.

Kroll, en "The concept of childhood in the middle ages" (1977), se opone a la opinión de que en la Edad Media no se reconoció la naturaleza de la niñez. Escribe: "Es más probable que a los niños se les viera de un modo diferente a como se les ve ahora, pero de todos modos, se les veía como niños" (384). Esgrimiendo testimonios tomados de la medicina, el derecho y la Iglesia, Kroll demuestra que "hubo una realidad y un acomodamiento a la especialidad de la niñez, derivada de, y congruente con, las opiniones generales de la gente del Medievo" (385). Halla que los textos y la enseñanza de la medicina apreciaron la naturaleza especial de los recién nacidos y de los niños pequeños, destacando que por razón de su vulnerabilidad y fragilidad necesitaban cuidados tiernos.

El derecho también proveyó en cuanto a la situación minoritaria de los niños, por lo que hubo disposiciones específicas que protegían sus vidas, propiedad y bienestar, en particular en los territorios donde la Corona era fuerte. Por otra parte, los conceptos de premeditación y responsabilidad no se aplicaban a los niños. Los escritos eclesiásticos contienen pruebas de que había percepción de la niñez; así Kroll da como ejemplo las reglas de Lanfranc, en el siglo XI, sobre la regulación de la vida monástica, que contenían disposiciones especiales para los niños; por ejemplo, no se les escogería para administrar castigos ni para lavar o vestir el cuerpo de un hermano muerto. Kroll está de acuerdo en que la Iglesia era ambivalente en cuanto a los niños: los consideraba inocentes y además cargando sobre sí el peso del Pecado Original. Concluye que, a pesar de que no había teorías sobre el desarrollo de la individualidad en el niño ni periodos de desarrollo complejo, "en el nivel pragmático se percibió su pequeñez, vulnerabilidad, irracionalidad, responsabilidad limitada, fragilidad médica y potencialidad del niño, que claramente indicaban la unicidad y la especialidad de la niñez" (391).

Stannard ("Death and the Puritan child", 1974) habla de que los puritanos veían a sus hijos como adultos en miniatura en el siglo XVII, y afirma que "no había confusión o ambigüedad en la mente de los puritanos adultos en cuanto a diferencias entre sus hijos y ellos mismos" (457). Dice que abundan las pruebas en apoyo de esto; por ejemplo, la ley distinguía entre conducta aceptable y castigo apropiado de los niños, jóvenes posadolescentes y adultos. Sin embargo, cree que aunque los habitantes de Nueva Inglaterra sí tenían en el siglo XVII algún concepto de niñez, era diferente del de los padres del siglo XX. Por ejemplo, los padres puritanos se preocupaban muchísimo por la salvación de sus hijos, por más que fuera imposible saber quiénes habían sido elegidos y quiénes no. Se consideraba que tanto los adultos como los niños estaban contaminados, y ante la alternativa de educar a sus hijos para la salvación o de aceptarlos como criaturas depravadas y pecadoras, condenadas a arder en el Infierno, "nada tiene de extraño que los padres puritanos instilaran con vigor en sus descendientes una precocidad religiosa que algunos historiadores han interpretado como equivalente a una edad adulta prematura" (461). Estos padres no eran crueles: "Cuando el padre puritano apremiaba en sus hijos lo que podríamos considerar una percepción temprana y dolorosa del pecado y de la muerte, era porque el bienestar de los niños y el de la comunidad *requería* este reconocimiento temprano de tales cosas" (475). Los padres puritanos se preocupaban sinceramente por sus hijos —tal vez fueran seres contaminados, pero también eran "Corderos del Rebaño" y eran amados profundamente. Stannard afirma que se esperaba que los niños temieran a la muerte y que los adultos vieran con buenos ojos sus temores, no que los ridiculizaran.

Beales, en su obra "In search of the historical child" (1975), usando fuentes de la Nueva Inglaterra colonial, ataca también la tesis de Demos (1970) de que los puritanos no tenían un concepto de niñez: "Aunque este ensayo no sugiere que los colonos norteamericanos trataran a sus hijos como tratamos a los nuestros, concluye que ideas tales, como 'adultos en miniatura' y la ausencia de adolescencia en la Nueva Inglaterra colonial son, en el mejor de los casos, exageraciones" (379). Beales afirma que el lenguaje, el derecho, el pensamiento y la práctica religiosas, todo ello sugiere que los habitantes de Nueva Inglaterra reconocían la inmadurez de los niños. Tenían el concepto de las "edades del hombre", entre las que figuraban la vejez, la madurez, la juventud, la niñez y a veces la infancia. También afirma que hubo diferentes edades de responsabilidad legal. En estos conceptos había muchos pensamientos y prácticas religiosos; por ejemplo, los puritanos comprendían que era difícil que los niños entendieran las complejidades de su religión. Por ello en las clases de catecismo en las iglesias se les dividía conforme a su edad; para los varones esto significaba grupos de 7 a 12 años y de 13 a 28. Los predicadores pasaban apuros para comunicar la "Verdad" de modo tal que los niños la entendieran. Halló también que los puritanos no creían que los niños tuvieran el suficiente grado de conocimiento para recibir la comunión; aunque no había una edad fija para ello, debía juzgarse que el niño había alcanzado suficiente nivel de madurez, y en la práctica tal cosa ocurría a los 14 años. Beales concluye que "el concepto de 'adultez en miniatura' debe ser visto no como descripción de la realidad social, sino como capítulo breve en la historia del pensamiento social'' (398). Considera que fue una creencia errónea que tal vez se debió a la represión de la sexualidad adolescente a lo largo del siglo XIX. Quizá esto allanó el camino para un "descubrimiento" de la adolescencia a fines del siglo XIX y también de la idea de que anteriores generaciones habían tratado a los niños como adultos en pequeño.

Los autores individuales tampoco se han librado de escrutinios y críticas. La interpretación de Ariès (1960) de su prueba se basa en su creencia en la sociabilidad de la vida medieval. Es uno de los muchos autores que creen que antes de la industrialización la familia era muy amplia, se componía de varias generaciones que vivían juntas y estaba abierta al mundo exterior, con la consecuencia de que los niños se mezclaban con los adultos desde sus primeros años. Este supuesto ha sido cuestionado por autores como Macfarlane (1979b), que destaca el predominio de la familia nuclear en los comienzos de la Inglaterra de nuestros días. Hanawalt (1977), con base en su investigación de los registros de los forenses, halló que aunque en la Edad Media la familia amplia ya existía, fue más común el tipo nuclear. Los descubrimientos de esta autora están corroborados por el trabajo de Le Roy Ladurie (1978). Sin embargo, ha sido la colección de trabajos de *Household and Family in Past Time,* compilados por Laslett y Wall (1972), lo que ha venido a demostrar contundentemente que, hasta donde llegan nuestros registros, la familia simple fue la situación normal. Esto significa que la tesis de Ariès sólo es correcta parcialmente, y tal vez ni eso, ya que el descubrimiento de que la familia nuclear fue el tipo que más prevaleció arroja dudas sobre toda su tesis. También sostiene que desde los siete años los niños fueron económicamente productivos. Los registros de los forenses revelan, sin embargo, que las cosas no ocurrieron así —"su índice de accidentes indica que hacían muy pocos trabajos" (Hanawalt, p. 18). Ariès afirma que los niños salían del hogar entre los ocho y los doce años, en tanto que la información contenida en los registros muestra que estos niños seguían viviendo en el hogar, aunque se les capacitaba para el trabajo que realizarían más adelante como adultos.

Hunt (*Parents and Children in History*, 1972) y Wilson ("The infancy of the history of childhood", 1980) hacen ver algunas incongruencias en el razonamiento de Ariès. Por ejemplo, Hunt observa que Ariès afirma que a los niños se les separaba del mundo de los adultos porque "no contaban", y de este modo se les pasaba por alto. En seguida Ariès dice que, debido a las cambiantes actitudes hacia los niños, el niño acabó separado del mundo de los adultos. Sin embargo, siguiendo el cauce del razonamiento de Ariès, parece más lógico que las actitudes cambiantes, que según él ocurrieron, debieron aumentar la integración del niño en el mundo de los adultos en vez de aumentar su separación de él; esto último entraña que el niño "contaría" todavía menos.

El principal interés de Ariès era el campo de la educación, y por lo tanto prácticamente ignoró a los niños menores de siete años. Pero parece muy poco probable que la sociedad viera con indiferencia total a los niños durante siete largos años, como sostiene Ariès, o que los niños fueran destetados a los siete años. Si fuera verdad que los padres se desentendieron por completo de sus hijos, éstos habrían muerto; los niños dependen totalmente del cuidado y de la protección de los adultos. Hunt censura a Ariès por no tomar en cuenta "las realidades del crecimiento biológico": que es imposible que el niño indefenso y dependiente dure así siete años y que los niños pueden comunicar y mantener una relación compleja con los adultos desde mucho antes de que cumplan siete años. Debido a que el interés de Ariès se centra en la educación, y por consiguiente en niños de más de siete años, sus conclusiones sobre niños pequeños no son de fiar. Se ha limitado a suponer que a los niños pequeños se les veía con indiferencia; no ha buscado pruebas que indiquen cómo se les veía en realidad.

En todo lo cual está de acuerdo Wilson, que a su vez censura a Ariès por escribir conscientemente desde "un punto de vista 'presente'", porque Ariès se centra en el presente y por lo tanto investiga el material medieval y del comienzo de los tiempos modernos en busca de las nociones modernas de lo que es un niño (136). Y cuando no encuentra tales actitudes afirma que la niñez no existió. Dice Wilson, además, que Ariès se ha limitado a registrar la ausencia de la percepción moderna de la niñez, pero que no ha investigado cómo se veía a los niños. Hay pruebas que indican que la niñez sí fue reconocida. Por ejemplo, Hanawalt (1977) arguye que el material contenido en los registros de los forenses, sobre accidentes mortales de niños, deja bien en claro que los pequeños "que crecían en el hogar medieval vivieron etapas de desarrollo muy compatibles con las descritas por Erikson" (19).

Los accidentes ocurridos a los niños en sus primeros dos años sucedían casi siempre en la cuna, especialmente morían quemados. Entre los dos y los tres años, al entrar en la segunda fase del desarrollo, "la recepción de estímulos externos", la pauta de accidentes indica que los niños exploraban su medio; ahora los pozos eran más mortales que los incendios en las cunas (15). Entre los cuatro y los siete años cae casi verticalmente el número de accidentes. Según Hanawalt, esto se debe a que los niños ya tenían la suficiente movilidad como para convivir con los adultos. De los ocho a los doce años ya eran independientes de los adultos y tenían a su cargo tareas específicas. Aunque los niños de más de siete años se hayan mezclado con adultos en las sociedades tradicionales, "esto no excluyó la diferenciación social en grupos estructurados por la edad y que tenían a su cargo funciones concretas" (Wilson, p. 142). Al igual que con los niños de pocos años, todo lo que Ariès ha descubierto es una ausencia —la ausencia de escuelas en donde se segregaba por causa de la edad. En las culturas tradicionales el aprendizaje se ve como una opción frente a la escuela (Wilson, p. 143). Es probable que los niños hayan tenido siempre una función y un papel bien distintivo en la sociedad.

El estudio de Hunt se ocupó de la crianza de los niños en la Francia del siglo XVIII. Como ya explicamos, las opiniones de Hunt sobre los métodos de atención al niño en vigor durante este periodo han sido derivadas de una sola fuente, el diario del doctor Héroard, médico y mentor del delfín de Francia. Ariès también confió en este texto. Hunt admite que el diario de Héroard no es representativo de toda la sociedad, pese a lo cual en seguida arguye que es posible generalizar partiendo de la educación del delfín hacia todos los padres e hijos del siglo XVII. O sea, se vale de un ejemplo particular, el más "especial" que pudo hallar, como prueba aplicable al resto de la sociedad. Por ejemplo, hubo dificultades para hallar una nodriza apropiada para el delfín, por cuya razón el niño tuvo problemas por no tener suficiente comida. Afirma: "Aquí, como en otras partes, la experiencia del niño más preciado del reino nos permite imaginar las circunstancias mucho más sombrías de sus semejantes menos afortunados" (116), y luego dice que en general los niños no tenían suficiente alimentación. El que al delfín le hayan pegado de niño nos permite imaginar que aquella costumbre era casi universal, y que predominó una insistencia "unánime y enfática en la obediencia de los niños como elemento indispensable para la supervivencia de la sociedad" (134, 149). Van de Walle (1973) es de opinión diferente, y señala que hay testimonios de que existía un modo más benigno y flexible en la educación en ese mismo periodo.

En "The character of Louis XIII" (1974), Marvick censura no sólo a Ariès, sino también a Hunt por "restarle importancia" a la situación peculiarísima del delfín. Era el primer heredero legítimo después de casi 80 años y fue también el primer heredero de una nueva dinastía: por consiguiente, "era la encarnación del futuro de la dinastía de los Borbones" (351). El interés exagerado que se mostró en el desarrollo sexual de Luis se debió, por ejemplo, al hecho "de que su potencial de desempeño era, literalmente, una cuestión de Estado" y no, como Ariès y Hunt han sugerido, una norma de toda la sociedad (352). Hunt afirma que a Luis se le tuvo en un hogar separado porque los padres del siglo XVII tenían celos de una relación madre-hijo potencialmente estrecha. Por su parte, Marvick afirma que fue criado así por necesidades políticas. Su madre era la segunda esposa del rey; de la primera se había divorciado por haber resultado infecunda. La posición de la reina estaba en peligro mientras no mostrara ser capaz de producir herederos, y con la creencia en boga de que las madres que daban el pecho a los hijos no debían reanudar sus relaciones sexuales, se consideró indicado enviar a Luis con una niñera. Debe observarse, no obstante, que debido a que enviar a los bebés con niñeras fue una costumbre social generalizada entre la aristocracia francesa del siglo XVII, Luis habría sido alimentado por una niñera, y no por su madre, aun cuando no se hubieran necesitado más herederos.

Para Marvick, el diario es un documento parcial en extremo. El doctor Héroard era muy ambicioso y su papel no sólo era médico sino también político; buscaba minar la influencia del rey ganándose la amistad del delfín y de la reina. Mantuvo un contacto constante y prolongado con Luis, y Marvick piensa que influyó muchísimo en el delfín, que conformó su carácter y que se aseguró de que en lo futuro el delfín dependería de él. Por tanto, el diario de Héroard no es un recuento de métodos normales de crianza de niños en vigor en el siglo XVII; más bien es el relato de un niño educado en circunstancias poco comunes, y manipulado por un mentor políticamente ambicioso.

De Mause ("The evolution of childhood") es el más extremista de todos los autores. Parece que lo que escribe es una historia de maltrato a los niños, no de la niñez. Algunas de las razones que da para explicar el maltrato de los niños en el pasado, tales como la inversión de papeles y la proyección paterna de sus sentimientos inaceptables en sus propios hijos, son características de quienes hoy en día maltratan a los niños (véanse Martin, H., 1976; Martin, J., 1978); este punto lo hace notar el propio De Mause, pero en seguida se desentiende de él. Implacablemente, busca pruebas de su razonamiento, pero (al igual que otros muchos autores) no ofrece un análisis sistemático de sus fuentes. En *Family Life and Illicit Love* (1977), Laslett censura con particularidad a De Mause por su

> patente ansiedad para derivar de una masa difícil y variada de hechos, hechos a medias y no hechos (informes falsos, representaciones falsas) un estudio histórico coherente y dramático sobre la niñez y sobre el modo en que ha cambiado a lo largo del tiempo. Todo esto lo hace con poco o ningún análisis de parte del editor de que el material escrito en sí está sujeto a modas y cambios. [19.]

De Mause postula una serie de modalidades en las relaciones padre-hijo, que van desde el infanticidio hasta la modalidad de ayuda, la cual, según él, aparece en el siglo xx.

Afirma que los padres que pertenecen a la modalidad de ayuda trabajan para satisfacer las crecientes necesidades del niño; que no hacen el menor esfuerzo por disciplinarlo y que continuamente reaccionan "siendo sus servidores, no lo contrario" (52). Según De Mause, los jóvenes que hayan sido educados de este modo serán dóciles, sinceros, nunca estarán deprimidos, nunca serán imitativos u orientados hacia el grupo, tendrán fuerza de voluntad y no se intimidarán por la autoridad" (54). Sin embargo, según dice Shore en "The psychogenic theory of history" (1979), más probablemente serán "monstruos narcisistas con autoestima precariamente regulada, relaciones con los demás basadas en razones narcisistas y con pobre capacidad para enfrentar las múltiples frustraciones de la realidad" (522). De Mause es uno de los muchos autores que afirman que finalmente los padres han madurado, que ahora ya son capaces de tratar a su prole con amor y con bondad en vez de con brutalidad. Lo malo es que la vida no es así de perfecta; no todos los niños del siglo xx reciben de sus padres ternura y consideración. Cualquier informe de la Sociedad Nacional para la Prevención de la Crueldad hacia los Niños ofrece información de sobra que indica que horrendos maltratos siguen siendo infringidos a los niños por sus padres. Es un error proclamar un "final feliz" (Lynd, 1942) a la historia de la niñez, como también lo es el afirmar que el comienzo de la historia fue una "pesadilla" (De Mause, 1976).

La obra de Stone está cargada con tal número de problemas de pruebas, de metodología y de lógica que ha inducido a cuando menos dos críticos a preguntarse cómo fue posible que un historiador tan eminente haya escrito tal "desastre" (Macfarlane, 1979a; Thompson, 1977). Como dice Macfarlane, las ideas de Stone están basadas en una teoría general del desarrollo de la sociedad inglesa moderna a partir de un grupo tradicional dominado por el parentesco hasta llegar al sistema capitalista moderno; es decir, ha habido un aumento gradual del individualismo. Por desgracia, la descripción que hace Stone de una cultura fría, sin afectos, a menudo brutal, en la cual el individuo está dominado por el grupo, se parece muy poco a la sociedad que nos revelan muchos historiadores de la época (Macfarlane, 1979a y b; Wrightson, 1982).

Macfarlane (1979a) critica a Stone por suponer que el afecto estuvo vinculado a la demografía, por interpretar una falta de pruebas como prueba de una falta de sentimientos, y por su creencia de que ha habido una evolución gradual desde los periodos más atrasados de la historia hasta la llamada Ilustración del presente. Stone no pudo sustituir ninguna porción de su capacitación en la historia política institucional, lo cual lo llevó a esperar una progresión gradual de la sociedad apegándose a ciertas líneas prescritas. Estaba convencido de que antes del siglo XVIII era imposible que existiera una sociedad cariñosa y preocupada, lo cual lo obligó a forzar las pruebas a fin de que encajaran en su teoría: presenta una deformación del pasado. Por su parte, Macfarlane dice que Stone "desconoce o desecha pruebas adversas, interpreta equivocadamente pruebas ambiguas, no aprovecha pruebas pertinentes, para llenar huecos importa pruebas de otros países y enmaraña la cronología" (113). Consiguientemente, la síntesis espectacular y dogmática de Stone no tiene lógica de peso ni pruebas persuasivas que la apoyen.

La mayoría de los autores han tratado de relacionar la historia de la niñez con la historia y la evolución de otras tendencias en la sociedad: Ariès la relaciona con la educación, Bremner con la democracia, Pinchbeck y Hewitt con la política pública hacia los niños, y Stone con el crecimiento del individualismo. Como dice Saveth en "The problem of American family history" (1969), "La gran teoría sobre la familia norteamericana se centra en el supuesto de que la estructura familiar es una variable de alguna circunstancia condicionadora mayor, política, social o económica" (316). Bremner, en su exposición sobre la niñez en el pasado (*Children and Youth in America*, 1970-1973), da por sentado que hubo un equiparamiento entre la sociedad y la familia en el cual ésta refleja sin deformación ese triunfo de la libertad y de la democracia que ha transformado otras instituciones. En otras palabras, la historia del niño es la historia de la liberación. Sin embargo, como señala Rothman (1973), Bremner ha sobresimplificado las cosas, pues debe haber habido tanto pérdidas como ganancias.

El relato de Stone de la historia de la niñez gira alrededor de una gran transición en la vida social que a su juicio ocurre entre los siglos XV y XVI. Macfarlane (1979b) revela que este cambio de una sociedad "tradicional" a una sociedad "moderna" nunca existió. Ha hallado que en la Inglaterra del siglo xv no hubo amplios grupos de parentesco y que el individuo no estaba subordinado a grandes estructuras familiares. Por consiguiente, el razonamiento de Stone descansa en un error de hecho histórico, así como en una tesis histórica errada.

El método de asociar la atención de los padres con la atención y la política públicas es otro terreno cargado de peligro. Pinchbeck y Hewit dicen en *Children in English Society:* "La dureza del padre era similar a la del Estado" (351). En *The Prevention of Cruelty to Children* (1955), dice Housden: "Al abandono de los padres los niños solían agregar en su suma de miserias abandono por el Estado", y "La actitud general de los adultos hacia los niños se reflejó en el trato de los niños de los hogares pobres en los talleres y fábricas" (28, 30). Robertson ("Home as a nest", 1976) afirma que el siglo xix "fue una época en que los organismos públicos empezaron a pensar en los niños como niños, con necesidades especiales" (428). El punto de vista prevaleciente es que la importancia de los niños ha crecido a partir del siglo xvii, han sido tratados mejor por los padres y por el Estado, y que, con la aparición de las leyes de protección a la infancia en el siglo xix, se les protegió jurídicamente contra el maltrato. En este razonamiento hay dos supuestos. Uno de ellos es que el trato paterno y el trato social de los jóvenes están conectados, y que ambos se han desarrollado siguiendo lineamientos similares. El otro es que la aparición de la legislación de protección a los niños es un ejemplo de la creciente percepción hacia ellos y hacia sus necesidades especiales. Aunque la atención de los padres y la política pública hacia los niños son dos entidades diferentes, rara vez han sido diferenciadas con claridad en obras sobre la historia de la niñez. Es importante darse cuenta de que aunque el Estado no tenga a veces normas y leyes para la protección de los niños, y a pesar de que en ocasiones sancione cosas tales como su empleo, esto no necesariamente significa que los padres también maltraten y exploten a sus descendientes. Esto sería tan absurdo como afirmar que una vez salvaguardados por la ley los derechos de los niños, ya nunca más se les volverá a maltratar. Antes del siglo xix las leyes de protección a los niños —si es que las había— se centraban en los pobres, en los huérfanos o en los hijos ilegítimos, y tenían como finalidad enseñarles algunos medios de ganarse la vida. La ausencia de leyes que salvaguardaran a los niños se debió no a un desdén hacia los niños, sino a la organización de la sociedad en forma predominantemente *rural*. En una sociedad así, los procedimientos eran informales y la legislación no era necesaria. Ciertamente, había muy pocas posibilidades de hacer cumplir tales leyes.

La Revolución Industrial, que empezó hacia 1750, obligó a la sociedad a alterar sus formas básicas de organización administrativa y
jurídica para poder hacer frente a los cambios producidos por la
industrialización. Trajo también consigo una mayor opulencia e hizo
que fueran posibles muchas clases de legislación humanitaria (Birch,
1974; Briggs, 1959; Perkin, 1969; Roebuck, 1973; Ryder y Silver, 1970).
En esta conmoción generalizada, los niños no eran otra cosa más que
un caso particular.[14]

El efecto de la industrialización debe valorarse si se quiere entender
el surgimiento de la legislación de protección a los niños; esta legislación humanitaria fue casi totalmente una respuesta a las condiciones
cambiantes forjadas por la Revolución Industrial. A los niños debe
vérseles en su contexto; es un error aislarlos del resto de la sociedad.
Fueron y siguen siendo hijos de su lugar, de su clase y de su tiempo,
sujetos a las mismas condiciones de vida que los adultos de su sociedad. A corto plazo, la Revolución Industrial trajo miseria a los adultos
y niños de la *clase trabajadora* en ciertas industrias. Fue precisamente
su explotación lo que se trató de evitar por medio de la legislación de
protección. Aunque los hijos de los pobres siempre habían trabajado
(Laslett, 1971), la industrialización trajo consigo condiciones de trabajo muy diferentes: con la llegada de las máquinas su trabajo acabó
siendo con frecuencia sinónimo de esclavitud (Helfer y Kempe, 1968).

La industrialización trajo también nuevas funciones para los niños
en ciertas industrias. La tecnología modificada y más poderosa que
produjo la Revolución Industrial aminoró y en unos cuantos casos
borró la diferencia en cuanto a fuerza entre adultos y niños (McKendrick, 1974). Durante el siglo XVIII, el carbón se transportó bajo tierra
por medio de trineos que los niños no podían arrastrar. Pero la introducción del vagón de ruedas y del cable aéreo aligeró la tarea y la puso
al alcance de las fuerzas de los niños. Mejoras en la ventilación acre-
centaron la demanda del trabajo de los niños: niños de cinco o seis
años se podían emplear para abrir y cerrar las puertas usadas para
controlar el abasto de aire (Ashton y Sykes, 1964). Estos autores afirman explícitamente en su obra *The Cool Industry of the Eighteenth
Century:* "Es importante observar que fue en los campos carboníferos
donde el progreso técnico fue más acentuado y en donde fue mayor
esta extensión del trabajo de los niños" (73-74). Esto significa que no
sólo la Revolución Industrial transformó el medio de trabajo de los
niños, sino que también creó tipos nuevos de empleos para ellos.

La industrialización con sus fábricas, hilanderías y su rápida expan-

---

[14] Un estudio más detallado de los efectos de la industrialización y de la respuesta a ella se
encontrará en Pollock (1981), capítulo 3.

sión urbana concentró la miseria de los pobres. Poblados y ciudades ocultaron del resto de la sociedad las pruebas de la pobreza e injusticia. En los poblados pequeños, el caballero, aun cuando no estaba en términos amistosos con los aldeanos, cuando menos tenía algún contacto con ellos, y tendría también cierto conocimiento de las condiciones en que vivían. Sucedió, empero, que la creciente segregación y diferenciación social, que fueron resultado de la industrialización, hicieron que buena parte de las clases media y superior desconocieran totalmente las condiciones de vida de los pobres y que inclusive interpretaran erróneamente lo que veían (Middleton, 1971; Perkin, 1969; Wrightson, 1982). Cuando la existencia de tal miseria y desamparo llegó a conocerse merced a los trabajos de investigadores resueltos de la talla de Chadwick y Engels, y de la publicación de libros azules del Parlamento en el decenio de 1830 que revelaron la condición desesperada de las clases trabajadoras, lo repentino del descubrimiento hizo que la sacudida fuera más aguda. La transferencia de trabajadores de sus hogares o campos a las fábricas trajo consigo las terribles condiciones de trabajo, en particular del trabajo de los niños. En una visita a una sola fábrica se podía ver más miseria y sufrimiento que en un recorrido por el campo (Altick, 1973; Briggs, 1972; Bruce, 1968; Perkin, 1969).

Los niños pobres de la Revolución Industrial fueron víctimas de las circunstancias producidas por el cambio social y económico. El uso y abuso de los niños en las fábricas, hilanderías y minas ocurrió antes de que la conciencia pública se enterara del problema o de que pudiera dar los pasos necesarios para hacer que las condiciones en que vivían y trabajaban alcanzaran un nivel tolerable (Heywood, 1978). La ignorancia de, y en algunos casos la indiferencia hacia, la situación de algunos niños por la sociedad, no se circunscribe al siglo XIX, sino que también aparece en el XX. La evacuación en 1940 de los niños de las ciudades permitió que gran número de personas conociera la mala salud y las adversas condiciones en que vivía la clase trabajadora más baja (Bruce, 1968; Ryder y Silver, 1970). Pero en este ejemplo es más interesante aún que hacia 1940 el gobierno pensaba que había ayudado a los niños de la clase trabajadora: en 1906 se habían introducido los alimentos en la escuela y en 1921 la leche gratuita. Sin embargo, el programa de evacuación reveló que dar ayuda únicamente a los niños de escuela era insuficiente, pues los de menor edad también necesitaban ayuda. Por ello, se promulgó una legislación para ayuda a los niños, por ejemplo el sistema de Ayuda a la Familia (1945), no porque hubiera una súbita asimilación del concepto de "infancia", sino porque el gobierno reconoció que ciertas secciones de la sociedad necesitaban especialmente su intervención y ayuda. Además, el trabajo de Spitz titulado "Hospitalism" (1945) describe la forma aterradora en que a los niños huérfanos se les criaba en instituciones en pleno siglo XX y los desastrosos efectos que eso tenía en su desarrrollo.[15]

No pareció haber un cambio fundamental en las actitudes de los padres hacia los hijos, a pesar de la gran transformación que trajo la industrialización. Pinchbeck y Hewitt, y otros autores, han afirmado que los niños que trabajaron durante la Revolución Industrial sufrieron tan terrible destino porque estaban sujetos a la explotación económica por sus padres. Es difícil darnos cuenta de cómo consideraron los padres de la clase trabajadora el trabajo de sus hijos a lo largo del siglo XIX debido a que la gran mayoría no sabían ni leer ni escribir. Sin embargo, es posible descubrir lo que algunos padres pensaron, examinando los registros de las Comisiones de Empleo de los Niños instituidas en la primera parte del siglo XIX con el fin de estudiar las condiciones en que trabajaban los niños. Analizaremos aquí el informe de uno de tales comités.

El comité correspondiente a los años 1831-1832 fue constituido por el Parlamento para investigar la clase de empleo que realizaban los niños, la forma en que eran empleados y el efecto que esto tenía en ellos, todo eso en relación con un proyecto de ley de jornada de diez horas, y también para prohibir el empleo de los niños menores de diez años. Al expresarse contra el sistema en vigor de empleo de los niños, los padres entrevistados corrieron el peligro de perder sus trabajos y de ser clasificados como buscabullas, y consiguientemente sin derecho a ayuda para los pobres. Se entrevistó a muchos tipos de personas: a quienes trabajaban o habían trabajado en fábricas, padres o hijos que trabajaban, dueños de hilanderías, y médicos.

De los dieciocho padres entrevistados, todos afirmaron que la necesidad los orilló a permitir que sus hijos trabajaran, todos consideraron que las jornadas largas (a menudo de dieciséis o diecisiete horas diarias) iban contra la salud, y todos se mostraron en favor del proyecto de ley. Aun cuando una jornada menor significaría una reducción en los salarios, se supuso que reduciendo la jornada de los niños los dueños de las fábricas ya no preferirían emplearlos, en cuyo caso emplearían adultos en vez de niños. A los padres los desesperaba la situación dolorosa de sus hijos, pero nada podían hacer al respecto. Aun cuando les disgustaba que sus hijos trabajaran, el sistema social

---

[15] No debe pensarse que los padres del mismo periodo trataron a sus hijos del mismo modo, sino que cuando menos les ofrecieron atención mental, emocional y psíquica adecuada. O sea, que el trato de los niños por parte de la sociedad no es forzosamente paralelo al trato de los padres.

de esos días no les ofrecía otra opción. La ayuda a los pobres no se daba por lo general a ninguna familia en la que hubiera niños capaces de trabajar. Cuando un funcionario de ayuda parroquial fue interrogado por el comité en los siguientes términos:

¿Suponiendo que los padres que soliciten ayuda para sus hijos se nieguen a permitirles trabajar en hilanderías o fábricas debido a que crean y sepan que este trabajo será perjudicial a su salud, y probablemente destructor de sus vidas, tendrían en el ínterin, alguna ayuda de parte del Comité de la casa de trabajo, o de usted como supervisor, simplemente con base en que los niños no soportarían el trabajo?

la respuesta fue: "Desde luego que no" (464).

Es evidente que los padres entrevistados por este comité estaban profundamente preocupados por el efecto que las largas jornadas de trabajo tenían sobre sus hijos. William Kershaw, cuyos hijos trabajaban, dijo: "si hubiera estado en mis manos impedir que fueran, nunca habrían ido. Infinidad de veces mi esposa me echó en cara permitir que trabajaran, pero así y todo pensé que era mejor dejarlos trabajar que morir todos de hambre por falta de pan" (47). Joshua Drake creía: "Respecto a su larga jornada, opino que siempre les hizo daño y que siempre dañará a los niños; afecta su salud" (39). Dice John Allen que sus hijos "tenían mucho sueño... he pensado que casi preferiría verlos morir de hambre, que ser explotados de tal manera" (108). Por su parte, William Bennet consideró que la jornada era demasiado larga: "En la mañana siguiente, cuando tienen que levantarse, están dormidos tan profundamente que debo subir al piso superior para sacarlos en vilo de la cama; los he oído llorar por los sentimientos de su padre; todo ello me ha afectado muchísimo" (102). A las fábricas se las veía como dañinas para la moral, salud y capacidad de instrucción de los niños. La mayoría de los pobres querían que sus hijos fueran educados para que así pudieran mejorar su nivel de vida. Había escuelas dominicales, pero los padres no querían obligar a sus agotados hijos a levantarse para asistir a ellas. Todos aquellos a quienes se entrevistó consideraron que diez horas diarias era demasiado para niños de diez años o más. Esto fue muy diferente a lo dicho por la mayoría de los dueños de hilanderías, los cuales informaron al comité que una jornada de doce horas no dañaría a niños de ocho años.

Los padres del siglo XIX se horrorizaban ante las condiciones en que sus hijos se esforzaban; lo mismo ocurriría con los padres de nuestros días. Es muy posible que los padres y las madres hayan tenido siempre el concepto de niñez, aunque los que tenían en sus manos el poder no necesitaban aprender realmente lo que es un niño, sino que su indefensión podía ser explotada por la sociedad y por consiguiente requería la protección del Estado. Los padres siempre se han esforzado por hacer aquello que es mejor para sus hijos, dentro del contexto de su cultura. No necesariamente es cruel que un niño ayude, desde su más tierna edad, en la granja o en una industria doméstica propiedad de sus padres. En una sociedad en que había poca o ninguna posibilidad de elegir empleo así como muy poca o ninguna ayuda para los pobres, aprender las aptitudes esenciales en los primeros años fue probablemente lo mejor para ese tipo de niños.

El material escrito hace pensar que esos autores que han tratado de relacionar la historia de la niñez con otras tendencias históricas no se han preocupado del problema de hasta qué punto *los padres* son influidos por estos acontecimientos.[16] Simplemente han supuesto que si la sociedad misma se ha alterado a lo largo de los siglos, entonces, las actitudes hacia los niños y el trato que se les dé, deben también haber cambiado, de conformidad con tales tendencias. La mayor parte de los autores han buscado *cambios* en las percepciones de la niñez, pero no han conservado un sentimiento de proporción, es decir, no han relacionado el monto del cambio con el monto de lo que no ha cambiado. El propio Ariès comenta en la introducción de la primera edición de su obra que "dentro de los grandes tipos familiares, monógamos y polígamos, las diferencias históricas tienen poca importancia en comparación con la masa enorme de lo que no ha cambiado" (7). Hasta el momento, la literatura existente sobre la historia de la niñez deja la impresión clara de que todo ha cambiado, que el modo en que los jóvenes son vistos y educados varía según el periodo en que viven los niños. Es igualmente posible y tal vez probable que aunque los padres estén influidos por las diferentes circunstancias sociales, y aunque se adapten a ellas, tal cosa no ocurra con la magnitud suficiente para que drásticamente cambien sus métodos de crianza de sus hijos.

Una fuerte censura aplicable a los autores de obras de esta clase es que han usado las actitudes hacia los niños, principalmente las expresadas en sermones religiosos y en manuales de consejos, para inferir el trato que se les daba. Al respecto, Plumb (1975) afirma que las imágenes que la sociedad crea en relación con los niños muy rara vez reflejan la realidad, a pesar de lo cual siente estar preparado para deducir de las opiniones de teóricos como Locke cómo se trató a los

---

[16] Sobre este punto véase también Anderson (1980).

niños en el pasado. En "Documents in search of a historian" (1973) Rothman dice que los *conceptos* de niñez y adolescencia pueden haber cambiado, pero que ello no indica que la experiencia real de los jóvenes se haya alterado. Las opiniones de los teóricos sobre los niños y los métodos de criar a los niños sí cambian a lo largo del tiempo. Sin embargo, ya vimos que los padres no prestan mucha atención al consejo de los "expertos", y que, por consiguiente, no hay razón para suponer que sus modos de criar a sus hijos hayan sufrido una transformación tan espectacular como se ha sugerido. Sin duda los cambios son importantes, pero "Acentuar el fenómeno del cambio desatiende lo que es permanente en la estructura de la familia" (Saveth, 1969, p. 323). ¿No será verdad que también son dignas de estudio las similitudes, lo que ha permanecido inalterado a lo largo de los siglos?

A pesar de interesarse en los cambios en la situación de la niñez, los escritores hacen poco por explicarlos. Afirmaciones sentenciosas tales como "el surgimiento del sentimiento" de Shorter o "el auge del individualismo afectivo" de Stone no sirven de mucho para aclarar los cambios que según los autores han ocurrido. Afirman que hemos dejado de ver a los niños con "indiferencia" y como "artículos de nuestra propiedad" y que ahora nos preocupamos por su bienestar y que los vemos con afecto, aunque hay un desacuerdo general en cuanto al momento en que ocurrieron tales cambios. Esta tesis sólo tendría validez si pudiera mostrarse *por qué* los padres y la sociedad vieron con indiferencia a los niños (¿habrán sido diferentes los niños en el pasado?) y *por qué* han cambiado sus actitudes. Relacionar los supuestos cambios en la crianza de los niños con cambios en la sociedad, y salpicar la literatura con varias expresiones nominalistas no es explicación suficiente. Siempre ha habido diferentes tipos de padres que los autores han hallado en diferentes periodos. La gente varía de acuerdo con modo en que educa a sus hijos.

¿ES POSIBLE UNA HISTORIA DE LA NIÑEZ?

Algunos autores consideran que las fuentes de que se dispone para conocer la historia de la niñez son tan problemáticas, que se trata de un tema que no es posible estudiar. Por ejemplo, Laslett (1977) prefirió centrarse en el tamaño y composición de los hogares del pasado en vez de en las realidades de la vida de los niños "ya que es bien conocido el hecho de lo dificilísimo que puede ser el estudio de un conjunto de documentos así (literatura de orientación, cartas, diarios, autobiografías), desarreglados, contradictorios en sus dogmas y doctrinas, caprichosos e impredecibles en cuanto a lo que preservan y a lo que desechan" (18). Brobeck (1976) también considera que documentos personales tales como cartas y diarios no son de gran ayuda: "Suelen ocuparse de cuestiones de negocios o del Estado [y dejan fuera] los detalles más íntimos de la vida de la familia o aquellos que podrían resultar embarazosos. En muchos casos, deliberadamente se esfuerzan por crear una imagen favorable de la familia del propio autor" (94). Stone es de la misma opinión. Cree que la interpretación de diarios y autobiografías es difícil, debido a que la información que contienen casi nunca se puede comprobar en una fuente independiente, amén de que es afectada por la personalidad del que escribe. De lo cual concluye que "Se les debe examinar en conjunto" (12). Desgraciadamente, esto es sólo la mitad de la respuesta. No hay duda de que Stone se ha valido de muchas fuentes primarias de pruebas, pero no hay ningún método disponible para examinarlas.

Cuando algún autor se ha valido de documentos personales en su investigación de la historia de la niñez, es sólo en un sentido anecdótico, para ilustrar algún punto de la literatura de orientación. Hay muy pocos trabajos como el de Macfarlane (1970) que se centren en documentos primarios y que los investiguen de un modo sistemático. Sin embargo, a menos que se haya analizado todo el documento, será imposible determinar si alguna acción, actitud o afirmación de la persona fue típica de ella. La interacción padre-hijo es un proceso ininterrumpido, no una serie de hechos aislados, a pesar del interés particular de la literatura en el castigo. Tomemos un ejemplo de este método anecdótico y selectivo. La afirmación de Samuel Sewall de que "vapuleaba" a su hijo Joseph "con gran elegancia" suele usarse para ilustrar la disciplina estricta del siglo XVII. Es ése el único caso en que, a lo largo de su extenso diario, menciona castigar físicamente a su hijo. Si se examinan las circustancias que llevaron a ese incidente, el vapuleo más parece ser la respuesta de un padre exasperado que el acto de un educador severo. Joseph había estado jugando durante el rezo y había comido durante "la acción de gracias", conducta que sin duda molestaría a un padre puritano. Finalmente arrojó a su hermana un pedazo de latón que la lastimó y le abrió la frente. El pasaje del diario que relata estos hechos da la impresión de que Joseph había estado irritando a su padre todo el santo día, y que el haber arrojado algo a su hermana fue la gota que derramó el vaso. Sewall perdió los estribos.

Este uso selectivo del material no se circunscribe a los documentos personales sino que se aplica a todas las fuentes de pruebas. Un autor defiende una tesis y en seguida la ilustra con una variedad de fuentes. Este método lo único que muestra es que algunas personas en cierto punto y momento convinieron con la afirmación o tesis del autor; no significa que todo el mundo haya pensado así. No se da margen a diferencias individuales, amén de que casi no se hace un análisis sistemático de las diversas fuentes de pruebas. Si, por ejemplo, se analizaran por separado todas las fuentes disponibles, destacando claramente los problemas propios de cada fuente, y en su totalidad, entonces se pondrían al descubierto la prevalencia de actitudes diversas hacia los niños y los diversos métodos de crianza usados a lo largo de los siglos. Una vez hecho esto, se examinarían en su conjunto todas las fuentes, se buscaría una síntesis de ellas, y de ese modo se podría escribir una historia de la niñez mejor que las que se han escrito hasta hoy. Como están las cosas, lo cierto es que aún no sabemos mucho sobre cómo, *en verdad, los padres educaron* a sus hijos.

III. CUESTIONES RELACIONADAS CON LAS PRUEBAS

> Ningún documento nos puede decir más de lo que tuvo en mente su autor, lo que pensó que había pasado, lo que creyó que debió pasar o que pudo pasar, o quizá solamente lo que quiso que otros creyeran que había pensado, o, inclusive, solamente lo que él creyó que había pensado.
>
> CARR, *What is History?*, 1961, p. 10

ES DIFÍCIL la reconstrucción de la historia de la familia; hay solamente unos cuantos hechos, y muy poco que se pueda probar. Hay una diversidad de fuentes de pruebas, ninguna de las cuales da una historia completa de la niñez, amén de que todas presentan infinidad de problemas. Ante esta situación, lo único que queda es conjuntar todas las pruebas, digamos casi como armar un rompecabezas, luego determinar qué tipo de imagen general nos dan, y en seguida emplearlas como base para llenar los inevitables huecos. Para lograr esto con cierto grado de exactitud, es necesario hacer un análisis sistemático de todas las fuentes disponibles. Por desgracia no se ha hecho todavía tal análisis, pues aunque algunos autores han investigado las teorías sobre crianza y educación de los hijos a lo largo de los siglos, han tendido a concentrarse en lo que consideran teorías capitales, por lo que no hacen análisis o los hacen muy superficiales de otras teorías que coexistieron con las suyas. Por lo que hace a la atención de los niños en el pasado, las fuentes usadas hasta la fecha no han sido de gran ayuda: han quedado demasiados vacíos, falta información sobre la vida familiar real, y algunas de las fuentes usadas (por ejemplo, literatura de orientación sobre crianza de los niños) no mejoran nuestro saber de cómo los padres criaron a sus hijos en el pasado. Son como piezas de otro rompecabezas: cómo las opiniones de los "expertos" en crianza de niños cambiaron en el curso de los siglos.

Este estudio proporciona un análisis detallado de tres tipos de pruebas, en un esfuerzo por iluminar nuestro saber sobre costumbres de crianza de niños en siglos pasados:

a) diarios, tanto de padres como de niños;

b) autobiografías;

c) noticias periodísticas de casos ventilados en los tribunales sobre maltrato de niños, *anteriores* a la promulgación en 1889 de la Ley de Prevención de la Crueldad y de Protección a los Niños.

FUENTES PRIMARIAS

Son documentos personales: diarios, autobiografías, cartas y testamentos. Los dos últimos no se incluyen en este estudio a menos que formen parte de un diario o de una autobiografía. Las cartas y los testamentos comparten las mismas desventajas que los diarios, pero tienen otras ventajas. Por ejemplo, las cartas se escriben teniendo en mente a otra persona, lo cual afectará al tipo de hechos que se relaten y la forma en que se relacionen. Los testamentos son útiles en cuanto a estudios de herencias, pero contienen poco sobre cuidado de los niños.

Para esta obra se leyeron 496 diarios y autobiografías publicados, de los cuales 80 no contuvieron ninguna información útil sobre la niñez. Los 416 restantes fueron 144 diarios norteamericanos, 236 ingleses y sólo 36 autobiografías (es decir, autobiografías que no estaban vinculadas con un diario o que, si se incluían en un diario, la parte del diario no tenía información alguna sobre cuidado de los niños). De los diarios, 98 fueron obra de niños, o fueron iniciados en la niñez de los autores. Todos los textos norteamericanos se distinguen por medio de un asterisco. Los diarios tuvieron desde unas cuantas páginas, los más breves, hasta nueve volúmenes, los más extensos, y su utilidad varió. Además se consultaron 27 manuscritos ingleses no publicados. De éstos, diez se descartaron porque no fueron legibles o porque no eran útiles. Casi todos los textos se hallaron en las bibliografías de Matthews (*American Diaries,* 1945; *British Diaries,* 1950). El diario de Blundell está citado en Macfarlane (*The family Life of Ralph Josselin,* 1970) y los diarios de *J. Bayard, *Bissell, *Bowers, *Chace, *Hazard, Smith y *Wister fueron descubiertos por casualidad al buscar en el catálogo de la British Library. Los textos publicados después de 1950 se descubrieron en el catálogo de la National Bibliography. En el apéndice está la lista de los textos usados en este estudio.

El empleo de diarios como fuente principal de testimonios presenta cierto número de problemas metodológicos:[1]

a) el de la representación: ¿qué tipo de personas escribieron los diarios y por qué los escribieron?;

b) el de la censura: ¿hay detalles importantes omitidos por el autor o por el editor?; y

---

[1] Los diarios fueron el tipo principal de fuente, por cuya razón el análisis metodológico versa casi únicamente sobre ellos, aunque mucho de este análisis es aplicable también a las autobiografías. En "The wrong way through the telescope" (1976), Laslett examina el problema que significa usar fuentes literarias como pruebas del pasado y pone como ejemplo el caso de una sociología literaria más avanzada. Véanse también las secciones relativas en *Household and Family in Past Time* (1972) y *Family Life and Illicit Love* (1977).

c) el de la generalización: ¿es posible inferir de los diarios conductas de otros sectores de la sociedad?

La relación entre actitudes y conducta tiene también sus problemas y debe ser considerada. Examinémoslos uno a uno.

Representación

Los diarios más antiguos datan del siglo XVI; no se ha hallado ninguno escrito antes de esa fecha; hubo poquísima literatura autoexpresiva. La corriente principal en el siglo XVII provino de los puritanos que sentían el impulso inoxorable de poner por escrito sus pensamientos como medio de cultivar la vida santa por medio de las técnicas del autoexamen y de la autorrevelación. Obviamente, los diarios y las autobiografías sólo representan a la porción que sabía leer y escribir de la sociedad; pero dentro de esta limitación, los textos estudiados cubren un amplio estrato: desde una reina de Inglaterra hasta un pobre labriego. En el cuadro III.1 se presenta la ocupación de los autores y en el III.2 su religión.

Por lo que toca a las clases más bajas, una parte importante del criterio de que sus vidas eran brutales y sin afectos, que se encuentra, por ejemplo, en *The Making of the Modern Family,* de Shorter (1976) y *The Family, Sex and Marriage in England* (1977), de Stone, se debe a falta de pruebas. Se ha supuesto que los padres pobres eran padres malos; se equiparó a la pobreza con la brutalidad. Aun cuando es difícil hallar información sobre las clases inferiores, investigaciones recientes indican que el criterio anterior no tiene fundamento. La obra *Montaillou* (1978) de Le Roy Ladurie así como los artículos de Gillis (1979) y Scott (1979) adoptan la tesis de que los pobres llevaban una forma de vida en que no había amor, alegría ni calor. El estudio que hace Hanawalt ("Childrearing among the lower classes", 1977) de los archivos de los forenses muestra que los niños de las clases trabajadoras de las sociedades antiguas sí vivieron y pasaron por etapas de desarrollo similares a las de los niños modernos. La obra de MacDonald (*Mystical Bedlam,* 1981), que es un análisis de los cuadernos de notas de Richard Napier, pone al descubierto el profundo afecto de muchas madres pobres por sus hijos y la angustia que les causaba la muerte de un hijo. Información de padres que vivían en la pobreza y cuyos hijos debían trabajar para sobrevivir (véanse los testimonios tomados de las comisiones parlamentarias que se describe en las pp. 82-83; las descripción de Anderson (1971) del Lancashire del siglo XIX; y también los resultados de estudios antropológicos tales como los de Leighton y

Kluckhohn, 1948) revela que esos padres seguían siendo capaces de amar a sus hijos y de seguir viéndolos como tales. Es más, Newson y Newson (1965, 1968 y 1976) han descubierto, basándose en sus indagaciones sobre costumbres de crianza de niños en el siglo xx, que aun cuando hay diferencias debidas a clases y aunque los padres de las clases trabajadoras les pegan con más frecuencia a sus hijos que los padres de clase media, el castigo físico empleado por las clases inferiores no se aproxima ni remotamente al nivel de crueldad que muchos autores afirman que privó entre los padres de las clases trabajadoras. Es decir, no hay razón para suponer que en otros tiempos los padres pobres fueron brutales con sus hijos y los explotaban.

Para determinar hasta qué punto los autores de los diarios son representativos de su sociedad, es necesario descubrir hasta qué punto fue común la costumbre de llevar un diario. Nuestro estudio se basará únicamente en lo que Matthews (1950) llama el diario "doméstico". Hay muchas otras clases de diarios: de guerra, de viajes, políticos, puramente religiosos y de relatos o narraciones. Podría pensarse que se escribieron diarios de muchas clases. Matthews habla de 363 diarios entre 1490 y 1699, en tanto que para los siglos XVIII y XIX hay muchos cientos más. En la bibliografía de Matthews no aparecen todos los diarios; por ejemplo, está omitido el diario detallado de Nicholas Blundell y, por supuesto, no pudo incluir ningún diario descubierto después de 1950. Es de pensarse que en los desvanes y sótanos haya muchos diarios que están en espera de ser descubiertos (MacFarlane, 1970). Estos textos son simplemente los registros sobrevivientes de una cantidad mucho mayor. Además, hubo libros de consejos sobre la función de los diarios y sobre cómo escribirlos, publicados en el decenio de 1650 (citado por Macfarlane). Esto hace pensar que escribir un diario era cosa común. Algunos autores de diarios hablan de que leyeron el diario de alguna otra persona o de que alguien les aconsejó llevar un diario. Por ejemplo, William Jones (1775-1821) cita al comienzo del suyo las orientaciones de un ministro sobre cómo llevar un diario: "Compile una historia de su corazón & conducta. Reste importancia a sus pecados de omisión. Registre aquellas faltas secretas que sólo son conocidas de su conciencia. Contémplese con frecuencia en este espejo fiel" (xiii). *Aldolphus Sterne (1801-1852) dice: "Habiendo leído hace algún tiempo los consejos de Cobbets, visto el Diario de mi difunto amigo Jas Ogilvy, y percibido su utilidad, me hice el propósito de llevar el mío, sobre cosas que pudieran ser útiles, o interesantes, de modo que aquí va" (vol. 30, 1927, p. 63).[2] Hester

---

[2] En este y en todos aquellos casos en que partes de un manuscrito se publicaron en fechas diferentes, se da la fecha de publicación pertinente.

CUADRO III.1. *División porcentual de fuentes por razón de la ocupación (si se conoce)**

						Ocupación					
Nacionalidad	Iglesia	Artes/ Ciencia	Política	Negocio/ Ocupación	Derecho	Agricultura	Medicina	Armada/ Ejército	Educación	Otros	No se sabe*
Norteamericana n = 154	21	4	8	8	3	10	3	6	10	3‡	24
Inglesa n = 279	15	11	7	6	5	5	5	4	3	10§	29
TODAS n = 433	17	9	7	7	4	7	4	5	5	7	28

* Los campos de empleo mencionados cubren una amplia gama de ocupaciones. Por ejemplo, la Iglesia abarca de los predicadores viajeros a los arzobispos. Los negocios y el comercio cubren de los propietarios de tiendas y talleres a los dueños o socios de grandes empresas. La agricultura abarca de los agricultores en pequeño a los grandes hacendados. La Armada y el Ejército cubren desde soldados/marineros a mayores y almirantes. En el apéndice se da la ocupación específica de los autores de diarios y autobiografías.

† De los escritores cuya ocupación se desconoce, uno norteamericano y 23 ingleses (8% de la muestra inglesa) fueron aristócratas con título. De la muestra total, 2% de los escritores norteamericanos fueron o poseedores de algún título, o dueños prósperos de plantaciones; 17% de los ingleses fueron aristócratas con título. De las 433 fuentes, 11% pertenece a miembros de las clases más altas.

‡ Éstos fueron: 2 empleados de oficina; 1 antologista; 1 cazador de pieles; y un diácono.

§ Éstos fueron: 2 aprendices; 2 cerveceros; 2 empleados de oficina; 2 ingenieros; 2 damas de compañía; 2 sastres; 3 labradores ricos; 1 concejal; 1 anticuario; 1 panadero; un librero; 1 empleado del servicio civil; 1 funcionario del gobierno; 1 niñera; 1 peltrero; 1 empleado de tienda; 1 peletero y guantero; 1 agrimensor; 1 tornero y 1 relojero.

CUADRO III.2. *División porcentual de fuentes por creencias religiosas*

			Creencia religiosa			
Nacionalidad	Puritano	Cuáquero	Ortodoxo*	Secta disidente	Religión no especificada	Religión no mencionada/ practicada
Norteamericanos n = 154	18	10	1	20	33	20
Ingleses n = 279	6	13	17	14	34	16
TODOS n = 433	10	12	11	16	34	18

Nota: Cabe observar que las categorías por religión están basadas en las autodescripciones de los autores de diarios y no por fuerza se excluyen mutuamente.
* La sección ortodoxa consta de:
Norteamericanos: 1 Iglesia de Inglaterra; 1 protestante.
Ingleses: 21 Iglesia de Inglaterra; 11 católicos; 8 protestantes; 3 Iglesia de Escocia; 3 judíos.
† Las sectas disidentes comprendían:
Norteamericanos: 9 episcopales; 7 presbiterianos; 5 metodistas; 2 bautistas; 2 mormones; 2 unitarios; 1 calvinista; 1 librepensador; 1 tractario.
Ingleses: 12 metodistas; 7 presbiterianos; 5 bautistas; 3 evangélicos; 2 episcopales; 1 calvinista; 1 ciencia cristiano; 1 moravo y 7 disidentes no especificados.

Lynch Thrale (1741-1821) escribió: "Hace ya muchos años que el Doctor Samuel Johnson me aconsejó hacerme de un pequeño libro, y escribir en él todas las pequeñas anécdotas que llegara yo a conocer, todas las observaciones que pudiera hacer u oír; todos los versos que difícilmente serán publicados alguna vez y, en general, todas las cosas bellas que pudieran llegar a mi conocimiento" (1). Aquí se ve que llevar un diario era una costumbre bastante común; quienes llevaban el suyo no se consideran como muy diferentes del resto de la sociedad. Sin embargo, es preciso admitir que, como clase, quienes llevaban su diario deben ser vistos como excepciones, no como representantes de la sociedad en general.

Vimos ya que los diarios sólo se encuentran después del siglo XVI. Esto requiere alguna explicación. La historia de escribir diarios está relacionada con el desarrollo de la autopercepción. Los siglos de una Iglesia universal y de una cultura internacional no se prestaban a la expresión de la individualidad en ninguna de sus formas. Fueron el Renacimiento y la Reforma (siglo XVI), que trajeron consigo la libertad de pensamiento y de conciencia, lo que allanó el camino a las autobiografías de toda índole (Spalding, 1949).

Macfarlane (1970) enuncia tres clases de motivos para llevar un diario. Algunos diarios no son otra cosa que libros de cuentas en los que se anotan compras y cargos; otros tienen por fin ayudar al autor a recordar ciertos hechos; y otros más son inducidos por consideraciones religiosas: buscan examinar el alma y corregir la conducta. Spalding, en *Self-Harvest*, considera el diario "puro" que consistiría en "el fluir del impulso espontáneo para registrar y conservar la experiencia como fue y preservarla" (21). Dice Spalding que los mejores diarios son aquellos en que no hay motivo aparente (a los ojos de quien los lee) de por qué se escribió el diario; seguramente su autor no daría ninguno. Por ejemplo, Francis Kilvert (1840-1879) escribió:

> ¿Por qué llevo este voluminoso diario? Ni yo mismo podría decirlo. En parte porque la vida me parece una cosa tan curiosa y maravillosa que creo que sería una lástima que aun una vida tan humilde y tan tranquila y uniforme como la mía se desvaneciera totalmente sin dejar huella, y en parte también porque creo que lo que diga divertirá e interesará a algunos que vengan después de mí. [Spalding, 1949, p. 21].

Dado que los diarios son influidos por la personalidad de sus autores, es importante considerar por qué los autores citados en este estudio escribieron diarios. Casi la cuarta parte de los autores de diarios (24 por ciento) dicen con claridad por qué escriben su diario. De entre éstos, la mayoría lo hace por su propio disfrute o mejoramiento: "Esta noche, sentado ante la chimenea, me vino a la mente el pensamiento de escribir unas líneas todos los días, sobre el clima que hayamos tenido, sobre si salimos a la calle o no, sobre quién vino a visitarnos y sobre en qué se nos fue el tiempo durante el invierno y el verano" (*Sarah Eve, 1749-1774, p. 22). "[Este diario] será en cierto sentido un registro de mi vida, estudios y opiniones" (Benjamín Newton, 1762-1830, p. 1). "Lo encuentro [el diario] tan útil y tan entretenido que he resuelto continuarlo el resto de mi vida" (Emily Shore, 1819-1839, p. 138). Para otros el diario fue un confidente: "Tener un relato de mis pensamientos, modos, conocidos y actos... es la razón que me induce a llevar un Diario —un Diario en el cual, debo confesar *todos* mis pensamientos— en el cual debo volcar todo mi corazón... con la confianza más ilimitada, la sinceridad más incansable, ¡hasta el fin de mi vida!" (Fanny Burney, 1752-1840, vol. 1, pp. 24-25). "Este libro es como un amigo íntimo de mi corazón; es como comunicar mis pensamientos a otra persona" (Elizabeth Fry, 1780-1845, p. 14). "¡Tesoro de mis pensamientos! ¡Amado compañero de horas solitarias!... Aquí inscribiré el fluir de mi alma secreta" (*Anna May, 1840?-?, p. 1).

Algunos escribieron diarios por motivos religiosos; en particular los primeros diarios: "He decidido perpetuar, para provecho de mis hijos y de mis nietos, un recuerdo de la bondad de Dios" (John Townsend, 1757-1826, p. 139). "Considerando que mi progreso por la senda cristiana puede mejorar mediante la costumbre de anotar el estado de mi alma, y algunos hechos que ocurren a mi alrededor, me siento alentado a comenzar un diario" (Edwin Tregelles, 1806-1884, p. 10). "Dejé por escrito constancia de estas mercedes de Dios" (Nehemian Walington, 1598-1658, p. xxvii).

Los autores de otros diarios quisieron dejar un recuerdo a sus hijos: "[El diario es] únicamente para el uso particular de aquellos hijos míos que me sobrevivan, merced a lo cual y por Gracia de Dios, tal vez aprendan a escapar de los muchos errores que he cometido y evitar muchos de los males en que he caído" (James Clegg, 1679-1755, p. 16). "A mi amada y pequeña Marianne 'dedicaré' este libro, el cual si no puedo entregárselo en persona, confío en que se le guarde como prueba del amor de su Madre" (Elizabeth Gaskell, 1810-1865, p. 5). "La intención de este [diario] es que lo hojeen unos cuantos, en particular, mis hijos... Es principalmente por mi pequeña Mary que lo escribo" (Ellen Weeton, 1776-1850, vol. 1, p. 3).

Unos cuantos escribieron sus diarios de modo que pudieran evocar posteriormente algunos hechos: "[El diario] es un breviario que debo tener al día para que ayude a mi memoria sobre muchas cosas y en todas las ocasiones" (Walter Powell, 1581-1656, p. xi). "Toda mi vida he lamentado no haber llevado un Diario regular. He olvidado muchas cosas que fueron interesantes" (Walter Scott, 1771-1832, vol. 1, p. 1). "He escrito estas líneas para que en la otra vida, en caso de que perdure mi vida, tenga yo oportunidad de compararme conmigo misma, y de evocar muchos hechos que podrían olvidarse" (*Mary Walker, 1814-1897, p. 13).

Algunos diarios se empezaron como respuesta a algún suceso especial, digamos una visita a los amigos (por ejemplo, *Lucinda Orr, 1764?-?); un viaje al extranjero (por ejemplo, Mary Damer, 1809?-1840); o el matrimonio: "He llegado a la conclusión de llevar un diario de mi vida pues he empezado con malos augurios —hoy es el día de mi boda. Me he casado en lo privado ya que todo el mundo se ha opuesto a mi matrimonio" (*Caroline Phelps, 1810?-?, p. 209). Unos pocos de los niños que llevaron un diario lo hicieron porque así se les ordenó: su maestro le impuso a Marjorie Fleming la tarea de llevar un diario en el cual luego le corregía las palabras mal escritas; Frederic Post (1819-1835) escribió su diario a indicación de su padre, en tanto que John Scott (1792-1862) empezó a "llevar un diario bajo la guía de mi amada madre" (23).

Pero la mayoría de quienes escriben diarios no dan razón alguna de ello. Muchos diarios parecen ser ejercicios espirituales; un modo de acercarse a Dios y de acrecentar la fe del autor; pero la mayoría de los diarios, en particular los mejores, los más detallados, parecen haber sido escritos en respuesta a un impulso interno a guardar memoria de las cosas, por la única razón de que habían ocurrido. "No viviré más de lo que pueda anotar, del mismo modo que no debemos cultivar más maíz del que podamos cosechar. Habrá un desperdicio de cosas buenas si no se les preserva" (James Boswell, 1740-1795).[3] "En ocasiones, después de que nuestra gente se ha ido a la Cama, tomo la pluma porque no puedo evitar escribir algo" (*Jemina Condict, 1754-1779, p. 41). "Durante algunos años he llevado una especie de diario, que por cierto pensaba descontinuar y convertirlo en un libro de recuerdos, pero al ver una fina nevada esta mañana y acostumbrada a hacer observaciones sobre el tiempo, di principio a este primer día del año del modo acostumbrado" (*Elizabeth Drinker, 1734-1807, p. 337).

La mayor parte de los diarios son documentos muy privados, que contienen muchísimos hechos triviales y detalles personales que sin duda no fueron escritos para conocimiento público. De los 433 textos estudiados, sólo 26 autores consideraron la posibilidad de la publicación de su trabajo (6 por ciento), y de ellos, sólo 10 iniciaron sus diarios con el propósito expreso de publicarlos después. (En general, fueron los que escribieron en el siglo xx.) Seguramente otros muchos diarios se escribieron teniendo en mente su posible publicación, pero sus autores no lo admiten. Esto es particularmente probable en aquellos textos que versan sobre hechos públicos o sobre el trabajo autobiográfico del autor —7 por ciento más del tamaño de la muestra total. Los destellos de la vida familiar que se encuentran en estos textos son más sospechosos que los contenidos en diarios cuya publicación no se contempló; en casos así, el autor debió suprimir deliberadamente todo aquello que a su juicio desaprobara la sociedad o que lo sitúe en una posición poco favorable. Así y todo, en los diarios estudiados aquí no se ve ninguna diferencia significativa entre los que se pensó que se publicarían y aquellos en los que no se pensó tal cosa. Arthur Hutchinson (1880-?), que sí pensó en que su diario se publicaría, escribió que los diarios tienen una "limitación particular —la verdad. En todos los demás estilos [literarios] uno puede inventar lo que no es verdad o suprimir lo que es. No así en el diario. Si no está escrito dentro de los límites de la verdad más estricta, no valió la pena escribirlo" (134).

---

[3] Esta cita fue escrita en una carta de Boswell y es citada en Spalding (1949), p. 1.

Y ahora, viendo un aspecto de la relación padre-hijo —el de la disciplina—, aquellos autores que cuando menos contemplaron la publicación de su obra y que hablaron de disciplina, describen la misma gama de experiencias que las que se hallan en el resto de los textos. Así, Anthony Cooper (1801-1885) describe el cruel trato que recibió en su niñez, tanto en el hogar como en la escuela; en tanto que Sydney Owenson (1780?-1859) recuerda haber recibido únicamente bondad en su niñez. John Mill (1712-1805), Jones (1755-1821) y John Skinner (1772-1839) hablan de los problemas que les causaron algunos de sus hijos, por lo que la vida hogareña que pintan está muy lejos de ser ideal.

Es del todo lógico que cualquier autor de un diario que lo conserve durante un buen lapso no contemple la posibilidad de que otros lo lean. Lo cierto es que la mayoría de quienes escriben diarios gozan pensando en la naturaleza íntima de su diario. La intimidad parece ser la esencia misma de los diarios; un lugar en que la gente pueda relatar sus pesares, esperanzas y ensueños sin temor al ridículo o al reproche. La mayoría de los autores de los diarios estudiados consideraron que sus diarios eran algo así como relicarios confidenciales de sus pensamientos y que si alguien leyera sus diarios sería una intromisión. La madre de Priscilla Johnston quiso ver el diario de su hija; su hija escribió la siguiente entrada: "No creo que deba permitírselo, porque mostrarlo a quienquiera que sea creo que arrebataría a mi diario su goce y su valor" (Johnston, 1808-1852, p. 3). "Mi diario es de tal naturaleza que sólo se lo confiaría a mi otro yo" (William Steadman, 1764-1837, p. 43).

> No puedo evitar pensar que mucha información delicada *no* está escrita para ser publicada. No debo pensar que *mi* diario está hecho para ser publicado; pero probablemente Evelyn o Burton pensaron lo mismo... Pero si mi diario fuera descubierto en el siglo xx e impreso, ofrecería al lector algunas observaciones:
>
> 1. En este libro hay muchos sentimientos que, ahora, tal vez desaprobaría.
> 2. En este diario, las realidades son realidades.
> 3. Este diario es estrictamente privado; detalla sentimientos privados; y sentimientos que, probablemente, debieron ser frenados en muchas ocasiones.
> 4. Sea clemente en sus juicios. [Post, 1819-1835, pp. 192-193.]

Censura

Los autores de diarios (y de autobiografías) escogen la información que quieren anotar. Es posible, por ello, que información significati-

va sobre la historia de la niñez no aparezca en los textos. Por ejemplo, disciplinar a los niños pudo verse como un terreno muy emotivo. Tal vez no se dé información sobre castigos físicos si:
  i) El autor del diario la omitió porque:

  a) el castigo físico era algo tan común que no se pensó que valiera la pena mencionarlo;
  b) el autor del diario consideró que el castigo físico era demasiado vergonzoso para ser relatado;
  c) el autor del diario creyó que la sociedad lo consideraría vergonzoso.

  ii) En el texto publicado, el editor omitió algunos detalles sobre castigos físicos que sí estaban en el manuscrito original.
  iii) No había castigos físicos.
  Tómese todo esto en su orden.

El autor del diario. El castigo, físico o verbal, es un hecho destacado. Por lo general aflige tanto al que lo da como al que lo recibe (Newson y Newson, 1976). No parece ser muy probable, por lo tanto, que el castigo no se mencione porque sea un hecho demasiado ordinario —particularmente si se toma en consideración que los diarios sí contienen mucha información trivial, digamos lo que se comió o cómo era la ropa que se llevaba un día determinado, y también informes sobre los métodos para disciplinar a los niños.
  Si los autores de diarios no mencionan el castigo físico porque se avergonzaran de infligirlo, entonces, en el mejor de los casos, los autores de diarios se oponían a lo que se había presentado en el pasado como actitudes de la sociedad hacia los niños. Los autores de diarios no pasan por alto la disciplina, antes bien, es uno de los temas recurrentes de los diarios. A los padres les preocupaba el modo en que educaban a sus hijos: no echarlos a perder; pero no por eso reprimirlos. Ciertamente, no se desentendían de sus hijos. Con frecuencia los diarios contienen amplios pasajes sobre el castigo apropiado a cualquier travesura infantil. Entre estos castigos figuran sermonearlos, reprocharles su conducta, enviarlos a la cama o fuera del cuarto, y multarlos. Algún tipo de castigo físico, desde una nalgada a un "vapuleo", se menciona en 27 autores (6 por ciento). Los azotes se citan rarísimamente, por lo general sólo una o dos veces y parecen ser el último recurso. La forma en que este hecho (el castigo físico) se describe en los diarios no sugiere que los autores se hayan avergonzado de haber infligido el castigo; más bien lo consideran como justificado

ante las circunstancias. Por ejemplo, Boswell (1740-1795) "pegó" a su hijo por decir una mentira; *William Byrd (1674-1744) vapuleó "excesivamente" a su sobrino por orinarse en la cama; y *Samuel Seall (1652-1730) zurró a uno de sus hijos por hacer novillos. Como las zurras se mencionan cuando ocurre alguna, es de pensar que no eran cosa frecuente. Algunos padres, digamos Adam Martindale (1623-1686) y John Bright (1811-1889) se quejan de que a su hijo le pegaron en la escuela, en tanto que *Lester Ward (1841-1931), cuando fue maestro de escuela, tuvo que disculparse con los padres por pegar con demasiada fuerza a sus alumnos en la mano. Esto hace pensar en un rechazo general del castigo físico.

Si la sociedad consideraba que el pegar a los niños era perfectamente aceptable, como lo han sugerido algunos historiadores, entonces no habría la menor razón para que los autores de diarios lo ocultaran.[4] Dado que la mayoría de tales autores no comtemplaron la publicación de sus escritos, es muy poco probable que las actitudes de la sociedad en general hayan influido en lo que escribieron. Si fuera cierto que los autores de diarios suprimieron las pruebas de maltrato porque pensaron que la sociedad lo condenaría, en tal caso esto representaría un serio obstáculo a la tesis de que el maltrato a los niños del pasado fue el método normal de crianza. Los autores relatan detalles de castigos cuando ocurrieron, lo cual hace pensar que los autores de los diarios se limitaron a mencionar el castigo como habrían hecho con cualquier otro suceso del día.

Tratando de valorar la "honestidad" de los autores de los diarios, tal vez será posible determinar cuánto del contenido de los diarios es confiable. Los autores de diarios incluyeron en ellos actos o pensamientos de los cuales se arrepintieron. En particular, los puritanos y los metodistas usaron sus diarios como medios de lograr el mejoramiento espiritual, por lo que casi con seguridad debieron anotar lo que a su juicio eran sus puntos buenos y sus faltas del día. Si, por ejemplo, consideraban que tenían la obligación de pegar a sus hijos, entonces registrarían en sus diarios su mortificación por no haberlos golpeado o su satisfacción por haber hecho su deber. Otros autores de diarios incluyeron en su diario sus penas y arrepentimientos. Unos pocos ejemplos son: jugar juegos de azar, no ver por su mujer e hijos,

---

[4] No hubo una aprobación total del castigo físico de los niños. A lo largo de los siglos hubo teóricos que hablaron contra esa disciplina, particularmente en las escuelas. Por ejemplo, Platón, 400 a.C., Plutarco, 1000 d.C., Asham e Ingeland en el siglo XVI, y Locke y L'estrage en el XVII se opusieron al castigo físico (Helfer y Kempe, 1968). (Esto parece ser un debate inacabable: hoy en día, el castigo corporal en las escuelas es visto como necesario y es condenado por diversos sectores de la sociedad.)

desoír el consejo del padre, negarse a ir a Eton, perder la paciencia y perder el control con los hijos. No hay duda de que los autores de diarios dan detalles que querrían no publicar. Boswell (1740-1975) fue adúltero muchas veces, y todas las anota en su diario. Su mujer encontró el diario, lo leyó y se contrarió muchísimo al enterarse, a tal grado que Boswell pensó que "Tal vez no debo poner estas cosas en mi Diario" (vol. 13, p. 12). Sin embargo, la vez siguiente que fue infiel, también aparece en su diario. Parece como si quien escribe su diario sintiera la necesidad abrumadora de escribir lo que en verdad ocurre, pues de otra suerte el diario perdería todo su valor.

Elizabeth Holland (1770-1845) también escribió en su diario detalles de un incidente que con toda seguridad no ha de haber querido que se conociera. Quería divorciarse de su marido para volver a casarse. Las leyes de esos días (fines del siglo XVIII) daban al padre la custodia de los hijos. Lady Holland deseaba conservar en particular a su hija menor, Harriet, por lo que escribió a su esposo, que se hallaba en un viaje de negocios, que la niña había muerto. En seguida la escondió. Si la maquinación se hubiera descubierto, tanto Holland como su nuevo marido habrían ido a prisión, algo que no era cosa sin importancia en el siglo XVIII. De un modo similar, Thrale (1741-1821) y Charlotter Guest (1812-?) hablan en sus diarios de su amor avasallador hacia un hombre del que sabían que era totalmente inaceptable para sus hijos y para sus amigos. Clever Morris (1659-1727) admite haber recibido varias veces vino francés de contrabando. Dice, por ejemplo: "Me levanté para dejar entrar a Amey Rogers con 4 galones & 6 pintas y media de vino blanco francés" (100).

Los autores de diarios incluyen detalles de su conducta que reprobaban, y a menudo deploran los incidentes. Véanse, por ejemplo, los diarios de Boswell (1740-1795), de *Byrd (1674-1744) y de Dudley Ryder (1691-1756) que describen sus aventuras sexuales, a menudo con prostitutas, y sus actitudes indecisas y arrepentimientos posteriores por su conducta. James Erskine (1679-1754) —miembro del tribunal de justicia— dice en términos parecidos: "Bebí, me prostituí y me entregué a placeres sensuales" —a tal grado que contrajo una enfermedad venérea que apaciguó algo de su entusiasmo (78). John Byron (1692-1763), Thomas Smith y Thomas Turner se lamentan de que tienen el hábito de beber. "A tal grado me venció el licor y me puso en tan mal estado, que no supe lo que hice y que fue tan malo que no me atrevo a mencionarlo; agradezco sinceramente a mi Creador y Preservador, y firmemente prometo no caer más en tan bestial maldad" (Smith, 1673-1723, p. 187). "Llegué a casa borracho ¡Oh! con qué horrores se llena mi corazón, pensar que soy culpable de haberlo hecho, y para colmo ¡en domingo! Que nunca vuelva yo a ser culpable de semejante cosa" (Turner, 1729-1789 [1925], p. xiv). Por desgracia para la tranquilidad mental de Turner, muchas fueron las veces en que fue "culpable de lo mismo".

A los autores de diarios les interesaba vivamente registrar la verdad tal como la veían. Obviamente, escogían qué registraban; pero no pareció que falsearan deliberadamente los hechos: "No puedo menos que destacar aquí que sé y me consta que en todo se ha prestado estricta atención a la verdad" (John Taylor, 1743-1819, p. 2). "Lo único que me atrevo a decir aquí es que todo lo que escribo es la verdad lisa y llana" (Weeton, 1776-1850, vol. 1, p. 3). Algunos autores de diarios se dieron cuenta de lo difícil que era registrar únicamente la verdad exacta. Uno de ellos, por ejemplo, tuvo miedo de que alguien pudiera pensar que era muy pecador, y escribió: "Al imaginar que mi *Diario* pueda caer en manos de amigos o de otras personas, descubro en mí que a pesar de todo me valgo de un estudiado cuidado para no representar indebidamente la Verdad, a la vez que evito ponerla en tonos *deslumbrantes*" (Jones, 1755-1821, p. 14). Otros, al echar una ojeada a sus diarios, pensaban que los textos revelaban más fallas del autor que logros: "El diario lo tienta a uno a ser cínico: el individuo se revela como mal profeta o como constructor precipitado. Al hojear el mío me doy cuenta de la debilidad de muchas esperanzas" (Maurice Hewlett, 1861-1923, fo. 35); "es una verdad amarga e innegable que un examen exacto y honrado de la vida no se puede llevar a cabo sin percibir con gran claridad la debilidad, vanidad e imperfecciones de nuestros esfuerzos, por denodados que sean" (Thomas Sopwith, 1903-1979, p. 16).

Los autores de diarios fueron honestos en cuanto a sus sentimientos: cuatro escritoras, que ya habían tenido varios hijos, esperaban no volver a quedar encintas, o admitieron que no les había gustado quedar embarazadas; Fry (1780-1845) y *Elizabeth Prentiss (1818-1878) padecieron depresiones posnatales a causa del nacimiento de sus hijos, en tanto que Frances Boscawen (1719-1805) se aterrorizaba ante los partos. Isabel Gurney (1851-1932), al nacer su primer hijo, decidió contestar todas las preguntas de sus hijos. Siete hijos después tuvo que admitir que esto había sido una de las cosas más "difíciles" que había sufrido.

El editor. Hay problemas en cuanto al empleo de textos publicados. El que un manuscrito se publique depende de que alguien lo considere digno de publicarse. La mayoría de los manuscritos publicados fueron acortados, por lo que es innegable que muchos detalles significativos se omitieron porque se consideraron demasiado personales, o, en el siglo XIX, carentes de interés para el público. Después de todo, la investigación en este campo deberá concentrarse en los manuscritos originales, aunque por desgracia ya muchos no existen. Respecto a nuestro estudio, resultó imposible estudiar gran número de fuentes manuscritas entre otras cosas por su poca legibilidad, aun cuando debemos confesar que hicimos el intento de leer algunas. Esperamos que el gran número de textos equilibre la ausencia de un criterio definido en la política editorial. Debido a que la gran mayoría de las fuentes se usó en su forma publicada, es esencial conocer las políticas editoriales para determinar así la confiabilidad de los resultados.

Según parece es la naturaleza misma —privada— de los diarios lo que significó un problema para los editores. Algunos de ellos se mostraron renuentes a "desnudar el alma del autor". "Este diario se introduce con mucha minuciosidad en los detalles de su diario vivir, y toca demasiado estrechamente los secretos de su vida anterior, al grado de que es mejor no darlos al mundo" (diario de Alexander Ewing, pub. 1877, p. 26). "En los diarios hay referencias casi diarias [a los hijos de Macready], pero son en general demasiado íntimas para citarlas. Sus faltas así como sus méritos se registran imparcialmente, pero inclusive el más severo desagrado [de Macready] rara vez dejó de ser mitigado con pruebas de afecto hondo y lleno de ansiedad" (diario de William Macready, pub. 1912, vol. 1, p. 4).

> No hay oficio más difícil que el que corresponde al editor de un Diario... La reserva, sin embargo, tiene mucho más que ver con la procedencia o no de esta publicación que con la forma en que se lleva a cabo. Los Diarios son particularmente interesantes porque retratan sentimientos que no son descubribles por ningún otro medio... En el Diario del Obispo Sandford, se han suprimido muchos pasajes, que aunque deliciosos en extremo para sus amistades más cercanas, se consideraron muy sagrados e impropios para su publicación. [Diario de Daniel Sandford, pub. 1830, vol. 1, p. 110.]

Sin embargo, parece ser que en la mayoría de los casos, aun cuando se suprimieron detalles privados, a los editores les interesó publicar una muestra representativa del manuscrito original. Con frecuencia, presentaban una lista de lo que han omitido: esta lista incluye libros leídos o sermones escuchados, visitas repetitivas, observaciones reiteradas sobre el tiempo, y cualquier elemento que pueda causar perjuicio a personas que aún vivían en el momento de la publicación.

> Podemos afirmar que no se ha omitido nada de importancia. El diario exigió condensación; porque Glenvervie solía repetirse, a veces caía en el tedio tratándose de movimientos políticos de segunda importancia que

habían perdido todo interés, se entregaba a reflexiones, morales o literarias, que más bien eran perogrulladas o pleonasmos, y a veces se entregaba a vuelos de imaginación carentes de ingenio. [Diario de Sylvester Douglas, pub. 1928, vol. 1, p. viii.]

Al hacer esta condensación he procurado preservar el interés esencial del Diario, a la vez que he omitido detalles tales como lista de corresponsales, o de visitas hechas y recibidas, presentación escueta de hechos ordinarios, y otras características repetitivas poco interesantes. [Diario de Gideon Mantell, pub. 1940, p. vi.]

Dado que fue absolutamente necesario poner un límite [a los extractos], se adoptó como guía atenerse al criterio de exhibir el carácter individual en la medida de lo posible, sin violar lo que, aun a esta distancia en tiempo, se puede considerar como intimidades sagradas del alma o bien como intrusión en personalidades ajenas. Se ha omitido mucho de lo que es interesante y característico, especialmente de las notas casi diarias sobre sus estudios y observaciones de historia natural. Sin embargo, nada de lo suprimido podrá dar una idea diferente de su carácter. [Diario de Shore, pub. 1898, p. viii.]

Algunos editores incluyeron también en su versión publicada ciertos temas con los que no estaban de acuerdo. Así, Hannah Rethbone menciona "zurrar" a su hijo porque llora. El editor, en una nota, observa que, aunque este acto no parecía muy favorable o común, se presenta en el diario. Otros editores publicaron detalles que ciertamente el autor del diario habría preferido que no se revelaran. Por ejemplo, Mary Gladstone había preparado algunos extractos de su diario para su publicación, pero murió antes de que el diario fuera publicado. Por su parte, el editor del diario consideró que esos extractos eran "excesivos", y por ello los pasó por alto y publicó el manuscrito original tal cual. En su diario, Mill tachó una observación desfavorable sobre el carácter de su hija;[5] pero como seguía siendo legible, el editor la incluyó en el texto publicado.

Para descubrir si algo pertinente a la historia de la niñez se omitió, comparamos una muestra de manuscritos con el texto publicado. Los manuscritos norteamericanos están enunciados en Matthews (1974) y los ingleses en Matthews (1950). Las bibliotecas norteamericanas en cuyo poder estaban los manuscritos hicieron una microfilmación o una copia del texto. La comparación de los manuscritos ingleses se circunscribió a aquellos manuscritos que estaban disponibles para su estudio en bibliotecas de Londres. Los diarios norteamericanos

---

[5] Mill observó que su hija "aventajaba mucho en redacción a los jóvenes" (52).

e ingleses se consideraron separadamente, y fueron divididos en grupos conforme a la fecha de publicación. Los diarios norteamericanos tuvieron fechas de publicación que fluctuaron entre 1760 y 1951. No se pudieron conseguir los manuscritos de los diarios publicados antes de 1825 (dos) y del único diario publicado después de 1950. Esto dejó una gama de fechas de publicación que abarcó de 1825 a 1950, lo cual nos da cinco lapsos de 25 años. Para cada uno de estos periodos se estudiaron dos manuscritos, excepto para el de 1925 a 1950, pues en ése sólo hubo un manuscrito disponible. Este proceso dio un total de nueve manuscritos. Las fechas de publicación de los diarios ingleses fluctuaron de 1750 a 1967. Ya no existen manuscritos de los diarios publicados antes de 1825 (seis) y de aquellos publicados después de 1950 (siete). Para cada uno de los periodos de 25 años entre 1825 y 1950 se leyeron dos manuscritos, y tres para el periodo de 1900 a 1925, lo cual nos da un total de once manuscritos. En el cuadro III.3 aparece una relación de estos manuscritos.

a) Textualmente
He aquí los manuscritos que fueron reproducidos textualmente (o casi): *Byrd, Henry Hyde, *Cotton Mather, *Timoth Newell, *John

CUADRO III.3. *Manuscritos usados en el estudio de comparación*

	Periodo				
Nacionalidad	*1825-1850*	*1850-1875*	*1875-1900*	*1900-1925*	*1925-1950*
Norteamericanos	Elias Hicks	Samuel Dexter	Increase Mather	Landon Carter	William Byrd
	John Pemberton	Timothy Newell	Ann Warder	Cotton Mather	
Ingleses	Henry Hyde	Sarah Fox	Walter Calverley	Susanna Day	John Skinner
	Mary Rich	Nehemiah Wallington	Caroline Powys	Abiah Darby	Richard Rogers
				John Thomlinson	

Pemberton, Mary Rich y John Thomlinson. En el caso de *Pemberton el editor omitió unas cuantas entradas, pero dio un buen resumen de ellas de modo que, de hecho, en la versión publicada no se excluyó nada del manuscrito. El editor del diario de Thomlinson omitió unas cuantas entradas religiosas al principio del diario, pero el resto fue textual. El editor del diario de *Newell no omitió nada del manuscrito, pero de vez en cuando modificó ligeramente una palabra u orden de palabras.

b) Omitido menos de 25 por ciento.
Los editores de los diarios de Calverley, *Hicks y Rogers omitieron menos del 25 por ciento del manuscrito original.

Walter Calverley: El editor omitió alrededor de 10 por ciento del manuscrito; detalles de cuentas; asiento ocasional de deudas y de visitas de amigos y parientes. Ningún detalle familiar se omitió.

*Elias Hicks: El editor omitió alrededor de 10 por ciento: relatos de sueños, detalles de algunas reuniones religiosas a las que *Hicks asistió, asientos en que lamenta su pobreza. El único detalle familiar excluido fue la entrada en que describe el envío de dos de las hijas de *Hicks a un internado. En ocasiones el editor parafrasea lo que escribió el autor, pero sin alterar el sentido.

Richard Rogers: El editor omitió alrededor de 10 por ciento: las frecuentes quejas de Rogers por descuidar sus estudios, un asiento en que considera si contratar o no a un maestro para la familia, y un asiento en que Rogers habla de que dedica mucho tiempo a halagar a su familia en vez de dedicarlo a apreciar a Dios.

c) Omitido 25-50 por ciento.
Los diarios de Day, *I. Mather, Powys, Wallington y *Warder caen en esta categoría.

Susana Day: El editor del diario de Day se interesó principalmente en las experiencias religiosas de la autora, por cuyo motivo omitió la mayoría de los detalles familiares (alrededor de 30 por ciento del diario), detalles sobre enfermedades de sus hijos, asientos que revelan la preocupación de Day por la salud de éstos, un asiento en que describe cómo llevó "a la pequeña y amada Agatha a la escuela", diversos asientos sobre la visita de esta hija a la escuela, y notas sobre las visitas que Day recibió de sus hijos casados y de sus nietos.

*Increasse Mather: El editor omitió más o menos la mitad del diario de *Mather; en su mayoría fueron detalles religiosos: numerosos asientos sobre las juntas a que asistió, sus luchas con su fe, y detalles de sermones. Además, se excluyeron del texto los años comprendidos entre 1688-1697, que cubrían una parte considerable de la vida familiar de *Mather. Posiblemente esto se debe al hecho de que el manuscrito correspondiente a éstos pertenece a una biblioteca diferente. La copia de este periodo resultó punto menos que imposible de descifrar.

Caroline Powys: El editor omitió más o menos la mitad del manuscrito: porciones de cartas, descripciones frecuentes de casas y lugares que visitó en sus viajes, su razón para escribir el diario, y entradas en que habla de la gente. También se excluyó alguna referencia ocasional a sus hijos: su decisión de hacerle un nuevo traje a sus hijos y su congoja ante la muerte de una niña de brazos.

Wallington: El editor omitió más o menos la mitad del manuscrito: la descripción de un periodo de hambruna, el recuerdo de que él y su hermano robaron alguna cosa a su padre dos veces, y muchos asientos religiosos. Además, el editor omitió muchas de las referencias a los hijos de Wallington, aun cuando están condensadas con cierta extensión en un prefacio al diario. Estas omisiones fueron: asientos sobre las dificultades de su esposa con el amamantamiento, referencias a las enfermedades de sus hijos, una descripción de cuando su hija estuvo perdida durante unas horas, abortos de su esposa, y algunos pequeños detalles de Wallington sobre el disfrute de la compañía de su hija y de su hijo, "alegres... y juguetones".

*Ann Warder: El editor omitió más o menos la mitad del diario: la descripción del viaje de *Warder a Filadelfia, detalles de lo que comía, muchas descripciones del mobiliario de las casas que visitaba y de la gente que encontraba, asientos referentes a las cartas que escribía a su hogar y otros sobre sus actividades diarias tales como coser y remendar. Algunas referencias a sus hijos fueron también excluidas: un asiento en que afirma que espera que su "prole tierna y amadísima" sea feliz mientras la autora está lejos de sus hijos, la descripción de su deleite al verlos de nuevo y al haberlos llevado a varios lugares del país; un asiento sobre un hijo que no quería irse a la cama, al cual se encontró dormido en otra parte y que al llevarlo a la cama dio un "grito nada natural". Sin embargo, *Warder dice que cuando se dio cuenta de que su hijo no sabía que ella lo había oído, y como no quería provocar la "inevitable fricción" si "lo corregía", no lo hizo. También se omitieron sus sentimientos ante la muerte de una hija joven; la autora lo llama "aflicción"; y también asientos en los que se refiere a los niños norteamericanos como echados a perder pues a su juicio eran demasiado rudos con sus padres y tenían demasiada libertad.

d) Omitido más de 50 por ciento.
En esta categoría caen los diarios de *Carter, Darby, *Dexter y Skinner.

*Landon Carter: El editor dejó fuera alrededor de 75 por ciento de los asientos: asientos casi siempre largos sobre deudas que tenían con él o cuentas por pagar. Su estado de salud, observaciones sobre el clima, sus creencias religiosas y el manejo de su plantación. Muy pocas entradas sobre la familia se omitieron: algunas sobre visitas familiares, una sobre las opiniones del autor sobre el efecto anticonceptivo de dar el pecho y dos incidentes de discordia con sus hijos; en el texto publicado se incluyen asientos similares respecto a otras ocasiones.

Abiah Darby: El editor omitió alrededor del 75 por ciento del manuscrito: la razón de Darby por haber llevado un diario, descripciones de sus padres y hermanos, cartas frecuentes de y para sus amigos descritos en el manuscrito, descripciones prolijas de las muchas reuniones cuáqueras a las que Darby asistió, así como muchas descripciones de sus experiencias religiosas. Se excluyeron también unos cuantos detalles familiares: las dificultades que tuvo la autora para amamantar a sus hijos, asientos sobre enfermedades y educación de los mismos, y notas sobre cuando ellos iban a alcanzar a su madre cuando ésta regresaba de sus reuniones religiosas.

*Samuel Dexter: El editor recortó como 75 por ciento del manuscrito: la razón de *Dexter para llevar un diario, frecuentes detalles de prédicas, su pena por no haber escrito todos los días en el diario, muchos relatos de sus luchas religiosas, y de las desertaciones religiosas y conferencias a las que asistía, y una lista de lo que consideraba sus faltas. Se excluyeron muy pocos asientos familiares: el relativo a la pena de *Dexter ante la muerte de su hija y de su hijo —"un trago amargo"— y su opinión según la cual los hijos son regalo de Dios.

Skinner: El manuscrito del diario de Skinner se compone de 98 largos volúmenes, que se publicaron condensados en uno solo. Casi se omiten por completo los primeros años del diario, que revelan el afecto del autor por sus hijos y lo mucho que disfrutaba de su compañía. La mayor parte de los últimos volúmenes versan sobre la creciente desilusión de Skinner con la vida y su discordia con sus feligreses e hijos. Un ejemplo representativo de este material se incluye en el texto.

Respecto a esta muestra casi la mitad de los editores (ocho) omitieron 50 por ciento o más del manuscrito en el texto publicado. Esto parece importar muchísimo; pero como se ha visto por los resultados, no afectó significativamente los asientos sobre la vida familiar, a pesar de que en los manuscritos hay muchas referencias a los niños. (El diario publicado de Sarah Fox no tenía referencia alguna a los niños; pero después de examinar el manuscrito me enteré de que no había tenido hijos.) Tal vez parezca que se omiten en los textos publicados muchos detalles incidentales: descripciones de lugares y casas visitadas, arreglos financieros, reuniones religiosas y asientos repetitivos. Los editores se esforzaron por proporcionar una seleccción representativa, de modo que las omisiones, aun cuando fueran muchas, no alteran la impresión general que proporciona el texto publicado. Las omisiones no alteran las conclusiones, antes al contrario, proporcionan pruebas adicionales que las refuerzan. Es particularmente interesante que Macfarlane (1970), en su estudio del diario de Josselin, haya llegado a pensar que estaba usando una transcripción completa del diario. Sin embargo, con el tiempo descubrió que esta transcripción era incompleta, aun cuando al leer la versión completa halló que las omisiones no afectaban sus conclusiones sobre la vida familiar de Josselin. Al contrario, esos asientos contenían detalles adicionales que apoyaban su razonamiento.

No hubo maltrato. En el capítulo ii estudiamos la función de la atención de los padres y los efectos del descuido o del maltrato en los niños. De tales pruebas se concluye que es muy poco probable que haya habido grave maltrato en gran escala. O sea, parece razonable aceptar que en los diarios no se encuentran detalles de fuertes castigos físicos, por la sencilla razón de que no hubo tales castigos. El maltrato desorbitado de los niños ocurre en todos los grupos socioeconómicos, aun cuando hay una tendencia a su mayor ocurrencia en el extremo inferior de la escala. Dado que todos los autores de diarios sabían leer y escribir, entonces, particularmente para los diarios más antiguos cuando leer y escribir era el sello de una elevada educación, quizás no se debiera esperar que maltrataran a sus hijos en gran escala.

Generalización

La mayoría de los autores de diarios pertenecen a las clases medias; en las clases bajas hay pocos diarios o autobiografías. Los autores de diarios dejan abierta la puerta a la posibilidad de que ciertos segmentos de la población maltrataran excesivamente a sus hijos, cosa que no estamos poniendo en duda. Sin embargo, tales autores representan una amplia clase de personas que no maltrató a sus hijos, y que han sido pasados casi totalmente por alto en relatos sobre la historia de la niñez.

La mayoría de quienes escribieron diarios no fue gente excepcional sino más bien ordinaria que vivía en el anonimato. No todos fueron felices; mencionemos a unos cuantos: Boswell (1740-1795) y Clarissa Trant (1800-1844) acabaron profundamente deprimidos; Elizabeth Freke (1641-1714) y su marido pelearon continuamente; Skinner (1772-1839) estuvo en desacuerdo constante con sus hijos mayores y sus feligreses; Weeton (1776-1850) fue golpeada por su marido, el cual no le permitía ver a su hijo, en tanto que Thrale (1741-1821) fue rechazada por sus hijos y por la sociedad después de su segundo matrimonio. Estas obras no pintan ni con mucho niños idealizados; algunos autores admiten que a veces el cuidado de los hijos les significó una carga; además, la mayoría se dio cuenta de las fallas y limitaciones de sus hijos. No ofrecen, ni con mucho, un cuadro de perfección. Algunos autores recuerdan que los maltrataron durante su infancia; por ejemplo, a Cooper (1801-1885) lo maltrataron los criados; a Simon Forman (1552-1601), su madre y hermanos; a Elizabeth Grant (1797-?) y a Augustus Hare (1834-1903), sus padres; y a John Stedman (1744-1797), su tío. Otros muchos hablan de la disciplina estricta de la escuela. Freke (1641-1714) y Kate Russell (1842-1874) hablan del descuido de su hijo por parte de la niñera; en ambos casos, la niñera fue cambiada. Veintiséis autores (6 por ciento) hablan del maltrato de los hijos en la sociedad, digamos en hospicios, el infanticidio y el descuido. Henry Newcome (1627-1695) se hizo cargo de su nieto porque no podía tolerar el "vergonzoso maltrato" que su hijo daba al niño.

Los diarios sí reflejan cambio social: los diarios del siglo XVIII hablan de la introducción de la inoculación o vacuna contra la viruela, en tanto que los padres debatían si aceptaban o no el riesgo de vacunar a sus hijos. Los diarios del siglo XIX son muy diferentes de los anteriores, puesto que el mundo que pintan es mucho más amplio y tecnológico. Por ejemplo, los autores hablan de viajes en tren, de nuevas formas de diversión como exposiciones y museos, y de nuevos juguetes y libros. Si los diarios percibieron estos cambios, entonces cuando menos es posible que hayan percibido los cambios drásticos en el concepto de niñez, en caso de haber ocurrido éstos.

Un modo de valorar la posibilidad de generalizar con base en los diarios sería comprobar hasta qué punto los diarios del siglo XX son representativos de las costumbres actuales, según se presentan en estudios como los de Newson y Newson (1965, 1968, 1976).

Los diarios no proporcionan todos los testimonios necesarios para reconstruir la vida de los niños en el pasado. Hay, por ejemplo, falta de datos sobre bebés. Sin embargo, tienen un buen número de ventajas cuando se usan como fuente primaria de pruebas. Ofrecen una imagen más personal e íntima que brinda destellos sobre lo ocurrido en los hogares. Revelan a los niños en su contexto, como partes de una sociedad con adultos, en vez de aislarlos de esa sociedad. Hasta cierto punto, revelan *realidades* de la niñez en vez de actitudes hacia ella. Los diarios de los niños presentan el punto de vista del niño, como *niño*, no como adulto que mira hacia atrás. Los diarios son el elemento más íntimo de que disponemos para observar directamente la interacción padre-hijo; son, pues, una fuente muy valiosa de pruebas.

No es posible probar de un modo concluyente que los diarios sólo contengan la verdad exacta; pero ante todas las pruebas, hay más justificación para aceptar lo que dicen que para rechazarlo. Los diarios no prueban que la crianza de los niños haya sido más benigna o más cruel en el pasado; pero lo que sí indican es que un gran sector de la población se valió de métodos de crianza que no son más duros que los actuales. En obras anteriores sobre la historia de la niñez se ha omitido esta sección, debido a que a la mayoría de los autores les ha interesado más hallar pruebas que apoyen la tesis de que a los niños no se les apreció en el pasado, en vez de examinar la prevalencia de actitudes diferentes en tiempos diferentes.

Leímos un total de 120 autobiografías (veintisiete norteamericanas y noventa y tres inglesas). De ellas, sólo veintisiete fueron exclusivamente autobiografías; las otras fueron escritas como introducción a un diario. Las autobiografías presentan también los mismos problemas que los diarios y también plantean otros problemas. Están escritas en retrospectiva, y generalmente pensando en su publicación. Por ello, es probable que sean más selectivas que los diarios en cuanto a su contenido. Dependen de cómo el autor ve los hechos desde su muy particular punto de vista, y es probable que trate de hacerse ver en su mejor ángulo. Dependen también de lo que el autor recuerde, y por ello, independientemente del hecho de que la memoria es muy selectiva, es probable que contengan muy poca información sobre la infancia. Lo que interesa es ver cuánta similitud hay en los relatos de niñez contenidos en autobiografías, diarios de niños y diarios de padres.

Relaciones entre actitudes y conducta

Muchos autores han dado por sentado que hay una relación predecible entre una determinada actitud y una conducta. Stone (1977), por ejemplo, supone que como los puritanos creían que sus hijos eran innatamente malos, debían someterlos a un régimen disciplinario estricto. Es decir, que el que el padre tuviera el concepto del Pecado

Original desembocaba en la aplicación de castigos físicos. Sin embargo, investigaciones psicológicas sobre actitudes y conductas (véase Fishbein y Ajzen, *Belief, Attitude, Intention and Behaviour*, 1975, donde se hallará un examen de esta indagación) revelan que no hay relación sistemática entre la actitud de una persona y una conducta particular. Tampoco hay una relación necesaria entre actitudes e intenciones; estos autores definen la intención conductual como aquella que "habla de una probabilidad subjetiva de que una persona determinada ejecute cierta conducta" (288). Así y todo, se ha descubierto que la intención es un buen indicador de conducta futura, en particular cuando la acción cae bajo el control voluntario de una persona. Una actitud puede desembocar en conductas diferentes, y también la misma conducta puede ser resultado de actitudes diferentes. Esto significa que para determinar cómo criaron los padres a sus hijos en tiempos pasados, es vital descubrir sus actos actuales y enfrentarlos a sus actitudes y conceptos.

Pruebas

El estudio principal se centró en un análisis sistemático de la información sobre niñez contenida en fuentes primarias. Entre los siglos XVI y XIX incluso se usaron cuatro fuentes de pruebas, a saber: diarios publicados de adultos, diarios y autobiografías de niños, y manuscritos no publicados. Algunos textos contienen más de un tipo de fuente, digamos una autobiografía y un diario.[6] Cuando esto ocurre, se contemplan por separado las dos fuentes. Los diarios de niños incluyen material escrito por descendientes mayores, aunque todavía sometidos a la autoridad paterna. Las autobiografías describen la niñez del autor (la mayoría) o evocan su vida posterior como padre. Los textos se dividieron en siglos tomando como base la fecha de nacimiento del autor. Se decidió adoptar este criterio en vez de clasificarlos por categorías conforme a las fechas, o al texto, o a la fecha del asiento específico, porque se consideró que adoptar la vida útil de un autor lo colocaría mejor en un contexto.[7] En el Apéndice se encontrarán detalles de las diversas fuentes en los textos así como información sobre las fechas de éstos.

Se estudiaron fuentes norteamericanas e inglesas, aun cuando sólo

---

[6] La muestra manuscrita fue pequeña y por ello cuando un manuscrito que se refiera a un punto pertinente sea incluido en la sección de diario o autobiografía, se aclarará que el texto en cuestión es MS.

[7] Por razones de conveniencia, el diario de Machyn (que nació en 1498) fue considerado entre las fuentes del siglo XVI, y los diarios de Cole (que nació en 1916) y Waugh (que nació en 1903) se incluyeron con los datos del siglo XIX.

se leyeron los manuscritos norteamericanos empleados en el estudio de comparación (descritos en el capítulo III). Los datos de los textos norteamericanos e ingleses se estudian por separado. La mayoría de los autores británicos eran ingleses y la mayoría de los norteamericanos provenían de la Nueva Inglaterra (véase el cuadro III.4). El cuadro III.5 presenta el tamaño de la muestra de cada fuente respecto a cada nacionalidad y siglo.

La muestra de mayor tamaño es la correspondiente al siglo XVIII, que además es el periodo en que hay diarios más detallados, introspectivos y analíticos. Relativamente, hay pocos textos del siglo XVI, y por desgracia los asientos de los diarios en esos textos son breves y casi sólo versan sobre hechos. Los manuscritos no publicados, aparte del de Stewart, contienen también testimonios de poca utilidad. Dentro de cada tema analizado, se citan primero los datos norteamericanos. Cuando la muestra es pequeña, por ejemplo, tratándose de textos del siglo XVI, se analiza toda la información. Cuando se dispone de una muestra mayor se da, si es posible, una selección representativa de citas que abarquen el siglo en cuestión. Los autores de diarios que recalcaron el mismo punto pero que no son citados, se enuncian en el texto, o en caso de que la lista contenga más de diez autores se les menciona en las notas. Por consiguiente, las pruebas se observan y analizan, pero no se escogen, ni mucho menos se deforman para

CUADRO III.4. *División porcentual por textos norteamericanos por lugar de residencia (cuando se sabe)*

Siglos	Lugar de residencia					
	Nueva Inglaterra	Pensylvania	Nueva York	Virginia	Nueva Jersey	Otros
XVI n = 1	100	0	0	0	0	0
XVII n = 15	93	0	0	7	0	0
XVIII n = 87	58	13	9	8	6	3*
XIX n = 51	39	4	10	2	2	37†
TODOS n = 154	55	9	8	5	4	14

* Un escritor provino de Illinois, uno de Missouri, uno de Carolina del Norte.
† Seis escritores provinieron de Illinois, tres de Ohio, dos de Wisconsin, uno de Kentucky, uno de Missouri, uno de Carolina del Sur, uno de Tennessee, uno de Texas, uno de Toronto, uno de Washington.

CUADRO III.5. *División del tamaño de la muestra por nacionalidad, siglo y fuente*

Nacionalidad	Siglo	Texto				
		Diario de adulto	Diario de niño	Autobiografía	Manuscrito	Total
Norteamericanos	XVI	1	0	1	—	2
	XVII	13	2	0	—	15
	XVIII	60	25	13	—	98
	XIX	31	20	14	—	65
Total		105	47	28	—	180
Ingleses	XVI	15	2	5	0	22
	XVII	39	5	14	7*	65
	XVIII	83	14	43	7	147
	XIX	57	31	31	4†	123
Total		194	52	93	18	357
TODOS		299	99	121	18	537

* La muestra incluye seis diarios y una autobiografía.
† La muestra incluye tres diarios de niños y un diario de adulto.

hacerlas embonar en una teoría. El objeto primordial de este estudio es conjuntar un cuerpo de materiales que facilite un estudio detallado de la historia de la niñez (merced a un conocimiento mayor). De momento, sólo son posibles los primeros pasos en cuanto a interpretación.

INFORMES PERIODÍSTICOS

todavía a fines del siglo XIX, tanto el Parlamento como la prensa de la nación no se ocupaban gran cosa de la forma en que los padres trataban a sus hijos, y consideraban que aun la crueldad más bárbara estaba fuera de todo comentario e intervención pública, pues a los niños no se les miraba como ciudadanos por derecho propio. [Pinchbeck y Hewitt, *Children in English Society*, 1969, p. 611.]

Al ocuparse de esta cuestión, Pinchbeck y Hewitt refieren el caso de una mujer que le arrancó los ojos a un niño que estaba a su cuidado para que consiguiera dinero limosneando. Afirman que, únicamente porque a la mujer la empleaba el párroco para cuidar niños, su crueldad fue perseguida y sancionada, pero que si hubiera sido la madre del niño, nadie se hubiera molestado en intervenir porque se aceptaba que los padres podían tratar a sus hijos como mejor les pareciera. Es así como de un caso particular infieren la actitud de toda la sociedad de los siglos XVIII y XIX en cuanto al maltrato a los niños.

El capítulo II se ocupó de la promulgación de leyes protectoras de la infancia, y vimos que fue parte de una respuesta general del Estado a una crisis nacional. El que esta legislación haya existido a partir del siglo XIX no significa necesariamente que la gente aceptara el maltrato de los niños. A fin de probar la afirmación de Pinchbeck y Hewitt de que no se daba cuenta de los casos de crueldad con los niños, leímos ejemplares de *The Times* de 1785 a 1860 (excluyendo los años de 1788 a 1790 respecto a los cuales no había índices disponibles en el tiempo en que se hizo el estudio).

Los reportajes periodísticos sobre casos de maltrato a niños se hallaron buscando en los índices del periódico *The Times* de las secciones de Policía y Tribunales Penales, y luego buscando en el ejemplar apropiado. En total, se hallaron trescientos ochenta y cinco casos de descuido a niños y de ultraje sexual (19 casos fueron de incesto) en el periodo comprendido de 1785 a 1860.[8] De entre estos casos, 7 por ciento se fallaron como de no culpabilidad, y 24 por ciento se enviaron a un tribunal superior. Los casos en que el fallo fue absolutorio no pertenecían, como podía esperarse, a la primera parte del periodo estudiado, sino que ocurrieron entre 1806 y 1860, típicamente un caso cada pocos años. Todavía hasta 1862, ni la policía ni los magistrados de los tribunales podían imponer una pena mayor de 5 libras esterlinas o dos meses de arresto en la Casa Correccional, por cuyo motivo remitieron muchos casos de crueldad a los tribunales centrales que tenían competencia para imponer sanciones más elevadas. En unos cuantos casos (11 por ciento) se juzgó a aprendices; el caso más antiguo de crueldad hacia un niño por parte de un padre apareció publicado en 1787.

La forma en que los casos son presentados por el periódico nos indica las actitudes de la época respectiva en cuanto a la crueldad con los niños. El hecho de que la mayoría de los acusados fueron hallados culpables significa que tanto el derecho como la sociedad condenaban el maltrato a los niños desde mucho antes de 1889, en que fue promulgada la Ley para Evitar la Crueldad hacia los Niños. Por lo general, los padres que maltrataban a sus vástagos eran tenidos como "desnaturalizados", y a la crueldad se la consideraba como "horrenda" o

---

[8] El año de 1785 es la fecha más antigua de un índice de periódico.

"bárbara". Los 14 casos que siguen fueron escogidos como ejemplos representativos de las actitudes hacia el maltrato de los niños durante el periodo estudiado.

En diciembre de 1787 *The Times* presenta un caso de crueldad de un guardián contra un niño. La noticia ocupó toda una página del periódico, y tanto el juez como el tribunal opinaron que el caso era "muy raro" en cuanto al grado de crueldad. Al niño, de tres años, se le maltrató y se le abandonó a tal grado que acabó deformado físicamente, y su presencia en el tribunal "arrancó lágrimas a casi todos". El caso es descrito como uno "de los hechos más salvajes" conocidos por el tribunal (11 de diciembre de 1787, p. 3).

En 1809 se describe un "caso de una barbarie sin paralelo". A William Marlborough y a su esposa se les acusó por privar de comida a su hijita de seis años hasta hacerla desfallecer, "además de haberla sometido a una serie de crueldades atroces que difícilmente se pueden igualar". La niña dormía en un sótano sobre un montón de basura y se le daba muy poco de comer; "pero esto, por muy horrible que sea relatarlo, no fue lo peor de su sufrimiento", dado que también la azotaban con un látigo de cuero en cuyo extremo había trozos de alambre de hierro. Según sus padres, la habían castigado por decir mentiras, a pesar de lo cual "El Magistrado, sin embargo... expresó una indignación extrema ante conducta tan brutal" (10 de octubre de 1809, p. 3c).

Un año después fue acusada una madre por "golpear bárbaramente y maltratar a su hija" —una niñita de cuatro años. Cuando la madre fue sacada del tribunal después del juicio, "con grandes dificultades se le pudo proteger de la furia de las mujeres que estaban afuera" (28 de mayo de 1810, p. 3e).

Elizabeth Bruce fue acusada de "privar de comida cruelmente, de golpearlo sin piedad, y de en todos sentidos tratar a su hijo del modo más inhumano" Se dice que en el juicio se "exhibió un dibujo que conmovió hasta las últimas fibras de los asistentes" (28 de octubre de 1812, p. 3e).

Se da cuenta de un caso de "inhumanidad escandalosa" en 1817. A Benjamin Turner se le acusó de "golpear despiadadamente, de privar de comida y de maltratar de otras muchas formas a sus tres hijos". A los niños los azotaba hasta que les salía sangre y en ese momento les frotaba sal en las heridas. Por si fuera poco, a dos de sus hijas las tenía en agua. El magistrado "expresó su gran indignación ante la conducta del acusado" (17 de diciembre de 1877, p. 3e).

Al señor y a la señora Cayzer se les acusó de crueldad hacia sus hijos, "ahogando cualquier sentimiento humanitario, se emborrachaban, y entonces empezaban una escena de crueldad bárbara, cuya descripción cimbró a cuantos estaban en el tribunal; en algunos casos llegó a extremos tales que no nos atrevemos a describirla a nuestros lectores". Por su parte, los magistrados "reprobaron vigorosamente crueldad tan inhumana" y, al llevar a los acusados a la cárcel, los oficiales pasaron grandes trabajos para protegerlos "de la furia de una inmensa multitud que se había congregado" (7 de abril de 1824, p. 4c).

Patrick Sheen golpeó a su hijo de ocho años hasta sacarle sangre porque el niño no dejaba de llorar y entonces lo arrojó al fuego de tal modo que la parrilla quemó la espalda del niño. Sheen afirmó que el niño era perverso y obstinado "agregando que él pensaba que todos los padres tienen derecho a hacer lo que se les antoje con sus propios hijos, y que no veía qué derecho tenía nadie para intervenir". El magistrado replicó que "la ley debe enseñar al acusado que su modo de entender era totalmente erróneo" (17 de noviembre de 1824, p. 3c).

James McDougal y su esposa fueron acusados de descuidar y golpear a sus tres hijos. Dijo el presidente

> que habían sido hallados culpables del delito más atroz, y que por razones de respeto a la naturaleza humana confiaba en que jamás se presentaría otro ejemplo así de crueldad diabólica contra un niño indefenso e inocente, e incapaz de protegerse... Dijo no poder concebir cómo podrían conciliar con sus conciencias una conducta tan inhumana; juzgó que eran totalmente insensibles a cualquier sentimiento de humanidad. [6 de junio de 1829, p. 4a.]

N. Weston ató a su hijita de 11 años al poste de la cama y la golpeó con un cinturón y su hebilla hasta que le abrió la piel. El magistrado opinó que la espalda de esa niña "era la cosa más terrible que había visto en su vida; aunque es deber de los padres corregir a los hijos desobedientes, no por eso deben infligir castigos bárbaros", y declaró a Weston indigno de ocuparse de la niña (26 de mayo de 1834, p. 6f).

En 1837 se describió la "conducta antinatural de una madre" que había abandonado a sus mellizos de dos meses de edad. El presidente del tribunal le dijo: "Su conducta ha sido antinatural y de lo más cruel, sin igual en cuanto he conocido. El tribunal mostrará carecer de los sentimientos de humanidad más comunes si no se pronuncia por aplicarle el castigo más severo" (6 de abril de 1837, p. 6d).

M. Noed golpeó a su hijo de 14 años con una vara que tenía seis cuerdas atadas al extremo. El magistrado dijo: "En toda mi experiencia no he visto un caso de mayor crueldad" (25 de mayo de 1844, p. 8e).

Los padres de una niña de dos años la golpearon con un látigo con nudos de modo tal que quedó gravemente herida y marcada. Sus padres creían que era una niña terca que necesitaba mucho castigo. Por su parte, el juez opinó que "Esas personas no tenían la menor razón para suponer que mejorarían la disposición de una niñita mediante un tratamiento tan brutal como el que al parecer le aplicaron" (30 de marzo de 1848, p. 7a).

E. Butterfield infligió cuatro cortadas en las nalgas de su hijita de siete años porque la niña rehusó ir a la escuela. El magistrado dijo: "la ofensa fue de tal atrocidad y de descripción tan fuera de lo común que nos costó trabajo concebir como había entrado en el corazón de una madre cometer semejante infamia" (23 de julio de 1850, p. 8b).

E. y P.Hennessey descuidaron a tal grado a su hijito de dos años y medio que quedaría baldado de por vida si sobrevivía. El juez aplicó las sentencias máximas (dos años de prisión para la madre y uno para el padre), "pero consideró que la sentencia que estaba por imponer a la mujer podía muy bien considerarse inadecuada a su atroz conducta" (21 de septiembre de 1853, p. 9c).

Los reportajes de los periódicos deben ser vistos como una fuente de pruebas bastante confiable. Los reportajes son relatos de conducta real, y la forma en que se da cuenta de los hechos indica cómo la sociedad ve el acto en cuestión. Es decir, que aunque los periódicos no sean observadores completamente "neutrales", no hay duda de que reflejan las actitudes de la época.

Los reportajes que hemos dado aquí, además de refutar totalmente la afirmación de Pinchbeck y Hewitt, muestran el sentimiento de indignación que provocó la crueldad hacia los niños. Magistrados, testigos y el público en general (respecto a este último, véanse en particular los reportajes de 1810 y 1824) se horrorizaron ante padres que podían ser tan crueles con sus hijos, y hallaron totalmente inexplicable que hubiera padres así. A estos padres se les vio como "inhumanos", como aberraciones de la norma, no como típicos. Esto contradice los argumentos de muchos historiadores de que los adultos eran indiferentes hacia los niños y que la crueldad hacia estos últimos era algo común; el caso de 1824, en particular, revela que los padres *no podían* tratar a sus hijos como les viniera en gana, aun cuando no hubiera ninguna ley específica que protegiera a los niños.

IV. ACTITUDES HACIA LOS NIÑOS

l'enfance n'était qu'un passage sans importance,
qu'il n'y avait pas lieu de fixer dans le souvenir.

On ne pensait pas que cet enfant contenait déjà
toute une personne d'home, comme nous croyons
communément aujourd'hui. Il en mourait trop...
Cette indifférence était une conséquence directe et
inévitable de la démographie de l'epoque. [29, 30.]

(la niñez no era más que una fase sin importancia de
la cual no era necesario guardar recuerdo alguno.

Nadie pensaba, como es común en nuestros días,
que todos los niños llevaban en sí la personalidad de
un hombre. Muchos de ellos morían... Esta indiferencia fue una consecuencia directa e inevitable de
la demografía de aquellos tiempos.)
ARIÈS, 1960, pp. 38, 39

La niñez como tal apenas fue reconocida en el periodo que abarcó la Colonia Plymouth.
DEMOS, 1970, p. 57

La omnipresencia de la muerte teñía las relaciones
afectivas en todos los niveles de la sociedad, pues
reducía el monto de capital emocional invertible
prudentemente en un solo individuo, en especial en
seres tan efímeros como los niños pequeños.
STONE, 1977, pp. 651-652

EL CONCEPTO DE NIÑEZ

En *L'Enfant el la vie Familiale sous l'Ancien Régime*, Ariès afirma
que sólo a partir del siglo XVII hubo concepto de niñez. Define el
concepto de niñez como "une conscience de la particularité enfantine,
cette particularité, qui distingue essentiellement l'enfant de l'adulte"
(134) ("una percepción de la naturaleza particular de la niñez, esa
naturaleza particular que distingue al niño del adulto" (128)). Por
desgracia, la mismísima vaguedad de la definición de Ariès anula todo

su razonamiento: sería imposible no darse cuenta de que los niños son diferentes de los adultos, de que obviamente dependen del cuidado y de la protección de los adultos. De haber alguna apreciación de la inmadurez del niño, sea en lo físico (por ejemplo, una percepción de etapas de desarrollo tales como la dentición y la adquisición del lenguaje) o en lo mental (por ejemplo, la necesidad de socializar a un niño por medio de la disciplina y la educación), entonces, todo aquel que tenga esta apreciación posee un concepto de niñez, no importa cuán básico o limitado sea. La cuestión por determinar no es si en el pasado hubo algún concepto de niñez, sino si este concepto se ha vuelto más complejo o si ha cambiado con el curso de siglos.

Relacionado con lo anterior está el problema de la socialización, el proceso por medio del cual a un individuo relativamente egocéntrico se le hace miembro participante de la sociedad adulta. Hasta qué punto, en el mejor de los casos, se preocuparon los padres por esta meta y de qué metodos se valieron para lograrla son preguntas que aún no han sido adecuadamente contestadas. Un modo de estudiar el problema sería examinar no sólo cómo los padres veían a sus hijos, sino también cómo veían la función paterna: por ejemplo, preguntando hasta qué punto los padres se ocupaban de las necesidades de su descendencia y si sus métodos de socialización diferían en cuanto a la edad del niño.

Cómo veían 'los padres a sus hijos[1]

El siglo xvi. Las fuentes del siglo xvi disponibles presentan grandes dificultades al historiador, pues contienen pocos detalles y requieren ser leídas con gran cuidado para poder sacar alguna información útil de ellas. Aun así, los textos estudiados revelan que en ese siglo ya había un concepto de niñez. En los diarios se ve a los niños como organismos en desarrollo: Anne Clifford, John Dee y Wallington hablan de cosas tales como destete, dentición y primeras palabras. Los niños también jugaban.

Dee, *William Jefferay y Wallington incluyen entradas sobre juego en sus diarios. Se percibió que los niños necesitaban ser guiados. Dee, Thomas Hope, *Jefferay y Powell escribieron sobre la disciplina; Richard Boyle, Dee, Hope, Humphrey Mildmay, John Oglander, Powell, Rogers y John Winthrop aconsejaron a sus hijos; H. Mildmay resolvía los problemas escolares de su hijo, en tanto que Boyle arregló

---

[1] En los dos capítulos siguientes se presentará el tipo de cuidado proporcionado al niño por los padres. A fin de evitar repeticiones de citas, en esta sección sólo daremos las relacionadas con las actitudes.

los matrimonios de sus hijos e hijas. Los niños eran también seres que debían protegerse y cuidarse. Clifford, Dee, Hope, *Jefferay, H. Mildmay, Powell y Wallington cuidaron a sus hijos en sus enfermedades; Clifford dice que dejaba niñeras para su hija de tres años cuando iba de visita; Wallington iba en busca de su hija cuando no regresaba de jugar; y Oglander envió a sus hijos a la Europa continental cuando hubo problemas en Inglaterra. Finalmente, los hijos dependían económicamente y debía sostenérseles: Boyle, Hope, *Jefferay, Powell y Winthrop dicen haber dado a sus hijos apoyo económico para ayudarlos a independizarse.

Hubo cierta ambivalencia en este siglo XVI en las actitudes de los padres hacia sus hijos. Cierto es que los hijos traían alegría y compañía, pero también irritación y ansiedades. A los padres les agradaba el nacimiento de sus hijos y luego se deleitaban con su compañía (por ejemplo, Clifford y Wallington gozaban hablando de sus jóvenes hijos, a Dee le divertían los juegos de su prole y *Jefferay veía a sus hijos como un "descanso"). Pero también los padres se sentían a disgusto con su prole, como se ve en los diarios de Clifford, Hope, H. Mildmay, Powell y Winthrop. Además, eran fuente de ansiedad, particularmente por razón de enfermedades, pero también respecto a otras cuestiones; por ejemplo, H. Mildmay estaba preocupado por la conducta de su segundo hijo en la escuela, y Wallington cuando su hija se perdió durante un tiempo.

Pocas autobiografías del siglo XVI dicen cómo los padres consideraban a su descendencia, si bien Grace Mildmay (1552-1620) aprecia la susceptibilidad de los jóvenes a las influencias externas: "No hay duda de que hay razones y fundamentos para temer muchos y graves peligros cuando la nobleza y los grandes personajes no se fijan en quiénes ponen como preceptores de sus hijos, ni en los sirvientes que destinan a su cuidado y atención" (127).

Análisis. Estas fuentes revelan que los niños eran vistos como:
1. Organismos que pasan por periodos de desarrollo.
2. Organismos que se entregan a los juegos.
3. Organismos que necesitan cuidado y protección.
4. Organismos que requieren guía, por ejemplo por medio de la educación y de la disciplina.
5. Organismos a los que hay que ayudar pecuniariamente.
Estas facetas de un concepto de niñez reaparecen en cada siglo y por consiguiente no deben ser tratadas con gran detalle respecto a los siglos XVII a XIX, pero destacaremos el cambio en cada tipo de actitud.

De los textos del siglo XVI se colige que estos autores sí tenían un concepto de niñez; no nada más sabían que los niños eran diferentes de los adultos, sino que también apreciaban en qué formas los niños eran diferentes. Estos padres reconocieron que los hijos eran física y mentalmente inmaduros y que por ello requerían la protección y guía de los adultos. En cambio, es más difícil descubrir si los hijos eran vistos como situados en la porción más baja de la escala social, como han sostenido algunos historiadores (véanse, por ejemplo, Pinchbeck y Hewitt, 1969; Shorter, 1976; y Tucker, 1976). Es significativo que estos padres estuvieran dispuestos a gastar dinero en sus descendientes para educarlos, para comprar plazas de aprendices y para establecerlos en hogares independientes. El deseo de G. Mildmay, de que los padres escogieran con cuidado a los criados que atendieran a sus hijos, significa que consideraba que los niños eran valiosos. Clifford (1590-1676) también observa que en el quinto cumpleaños de su hija "el Señor ordenó que brindáramos por toda la casa a su salud" (105), lo cual contradice la idea de la indiferencia de los padres, en particular del padre. No hay duda de que los autores de diarios estaban vinculados a su descendencia, que sufrían grandes ansiedades cuando sus hijos enfermaban y que también se esforzaban por ayudarlos cuando era necesario.

Al parecer no hubo una relación padre-hijo muy formal: a Clifford le gustaba que su joven hija durmiera con ella, *Jefferay da prolijos detalles de las excursiones de historia natural que disfrutaba muchísimo en compañía de sus hijos, en tanto que las cartas de Winthrop a su hijo en la escuela superior están llenas de consejos amistosos y llenos de afecto. Además, el hecho de que algunos adolescentes se opusieran continuamente a los deseos de sus padres indica que cuando menos esos hijos no guardaban hacia sus padres un temor reverencial (véase Pollock, 1981, cap. 8).

El siglo xvii. Los autores norteamericanos de diarios de este periodo se refieren también a las etapas de desarrollo de sus hijos, así como a sus juegos (véanse *Byrd, *Joseph Green, *C. Mather y *Sewall). Pero además de interesarse en la disciplina y educación de su prole, los escritores de diarios más desenvueltos nos dan información sobre las esperanzas que tenían en sus hijos en sus diferentes edades. *Byrd (1674-1744) se encantó cuando llevó a su hijita, de unos cuatro años, a una boda en la cual "se portó muy comedidamente" (1941, p. 495). *C. Mather (1663-1728) escribió que su hijo de 11 años, de nombre Increase, "ha alcanzado la edad para saber el significado de *Considera-ción*" (vol. 8, p. 49). *Mather consideró que a los 13 años, Increase ya tenía edad para "explicarle los documentos de piedad, y de discreción, que consideré convenientes para su edad" (vol. 8, p. 151). Cuando otro de sus hijos, Samuel, llegó a la edad de 11 años, *Mather consideraba *"¿Con qué voy a enriquecer su mente ahora?"* (vol. 8, p. 435). Unos meses después, *Mather decidió "Llenar las horas libres de *Sammy* con los primeros rudimentos de Geografía y Astronomía, así como de Historia; y colocar su inteligencia por encima de las tontas diversiones de la niñez" (vol. 8, p. 473). *C. Mather creía, no obstante, que sus hijos tenían una naturaleza inherentemente pecadora.

El orgullo fue otra emoción que en los padres despertaron sus descendientes. *Byrd escribió sobre su segunda hija que "sus logros, si un padre puede ser juez de ellos, fueron comparables a los de cualquier dama de esta parte del mundo" (1942, p. 5). *Sewal (1652-1730) estaba igualmente orgulloso de uno de sus hijos, "un ministro valioso" (vol. 6, p. 418). En estos diarios de norteamericanos no hay ninguna relación formal padre-hijo: los padres disfrutaban la compañía de sus hijos; *Green (1675-1715), por ejemplo, dice que con frecuencia "iba a pescar" con sus tres hijos (95) y *Sarah Knight (1666-1722) describe a su hija recibiendo a su madre "con los brazos abiertos" al regreso de un viaje (12). Sin embargo, no todo era dulzura con los niños. Los escritores de diarios del siglo XVII, como los de otros tiempos, describen también la gran ansiedad de los padres cuando uno de sus hijos estaba enfermo; *Byrd y *C. Mather tuvieron algún conflicto cuando menos con uno de sus hijos adolescentes, y *Sewall acabó inmiscuido en los problemas de su hijo mayor.

Volviendo ahora a los autores ingleses de diarios, Nicholas, Blundell, Byrom, J. Erskine, John Evelyn, Ralph Josselin y Newcome percibieron con claridad el incremento de las aptitudes de sus hijos. Por ejemplo, Evelyn (1620-1706) dijo a uno de sus hijos de casi cinco años de edad que le resultaría muy difícil leer un libro. Esto es particularmente interesante dado que este niño había alcanzado un alto nivel de instrucción a los cinco años y había sido puesto como ejemplo de la precocidad que los padres del siglo XVII forzaban en sus hijos (véase, por ejemplo, Illick, 1976). Sin embargo, Evelyn, sin duda consideró que su hijo era una excepción entre los niños normales: habla de la "extraña pasión" de su hijo por el griego, de su "extraña aptitud... para aplicar ingeniosamente las fábulas", de su "pasmoso conocimiento de las Escrituras", y concluye diciendo que las dotes de su hijo estaban muy por encima de "su edad y experiencia... nunca vi un niño así" (vol. 2, p. 96). Que Evelyn considerara que ciertos libros eran muy difíciles para su hijo indica que no estaba forzando sus capacidades. Los padres no esperaban que sus hijos se portaran como adultos: J. Erskine pensó que su hijo de siete años "tenía una picardía similar a los de su propia edad" (72), y Newcome decidió leer a sus hijos pasajes de autoridades de la Escritura en cuanto llegaron a cierta edad, pues "ahora ya son más capaces" (43).

Al igual que los escritores norteamericanos de diarios, no se revela ninguna relación formal padre-hijo. Estos padres estaban muy vinculados con sus hijos, disfrutaban de su compañía, decidían lo relativo a su educación y resolvían sus problemas. Josselin (1616-1683) describió a sus hijos como "consuelos" y como "retoños" que crecen (12, 123). Alexander Brodie (1617-1680) también se refiere a sus hijos llamándolos "dulces" y "consuelos terrenales" (209). "Consuelo" parece ser el modo usual de describir a los niños en estos diarios; es el término más empleado. Por ejemplo, Morris (1659-1727) quiso que su hija mostrara sus adelantos en francés en ocasión de haber recibido unas visitas, en tanto que Martindale (1623-1686) describe cómo su hijo, que aún no había cumplido dos años, golpeó a un ternero que a veces perseguía niños: "No creo que un niño entre 100 de esta edad, haga tal cosa" (154). Cuando menos algunos padres veían a sus hijos como esperanzas para el futuro (A. Brodie, Byrom, Josselin, Martindale, Newcome y Slingsby). Por ejemplo, Slingsby (1601-1658) vio a sus hijos como "preciosas promesas en las que he atesorado todas mis inferiores esperanzas; después de la salvación de mi alma, son lo que más me importa" (200).

En su relación con sus hijos, los padres eran, en ocasiones, ambivalentes: la crianza de los hijos no era considerada tarea fácil. Byrom (1692-1763) escribió: "Estoy preocupado por la salud y conducta de los niños, cuya felicidad tanto me importa, y cuya vida está expuesta a peligros tales que no es posible prevenir por completo" (vol. 40, p. 240). A Newcome (1627-1695) le preocupaba que su prole fuera rebelde:

Conozco las penas que sufren los padres por sus hijos. Ruego a Dios, que si ésa es su voluntad, me libre de tales aflicciones, y que permita: 1. Que mis hijos tengan salud y que no padezcan tristezas y pesares. 2. Que no mueran precozmente, si así lo quiere Dios, especialmente, de muerte súbita. 3. Que no mueran sus almas mientras viven; ni que sean una cruz o calvario para nosotros, debido a su indocilidad rebelde. [105.]

Newcome no vio cumplido su último deseo; constantemente le preocupó la conducta de uno de sus hijos (en su diario se ve que le preocupó el problema de los hijos rebeldes). Otro padre, Richard Newdigate (1644-1710), logró mostrarse "agradable con los niños", aun cuando estaba "muy cansado" (214), y Rule (1695-?) habla de la frustración que le causó su hijo y la llama "La Mayor aflicción externa que me ha ocurrido este año" (MS, fo. 37v). Muchos de estos autores de diarios sufrieron mortificaciones por causa de su prole (véase Pollock, 1981, cap. 8).

Dos autores ingleses de diarios hablan de la naturaleza pecaminosa que a su juicio tenían los niños. Oliver Heywood (1630-1702) escribió sobre sus hijos: "Me inclino a amarlos en demasía, pero su deformidad interna me impide mantener con ellos las proporciones debidas y la belleza que sería deseable" (vol. 1, p. 146). La señora Housman (1680?-1735) trató de hacer ver a su hijita de ocho años "su pecaminosidad y su miseria, por naturaleza y por práctica"; pero cuando la niña se trastornó, la señora suavizó su actitud (81).

Dos autobiografías nos dan más información sobre el concepto de niñez. Walter Pringle (1625-1667) percibió la inmadurez de un niño, pues dejó una carta de consejos a su hijo más joven "porque no sé si viviré cuando llegue a la edad de comprender" (24). Rich (1624-1678), aun cuando quería algunos niños, no quería una familia numerosa: "cuando me casé, y me hallé con dos hijos tan repentinamente, temía tener muchos hijos tan pronto". Temía que demasiados niños arruinaran su figura, en tanto que su esposo pensaba que no tenían ingresos suficientes para sostener una familia numerosa: "y en cierta medida, mi esposo cojeaba del mismo pie, porque aun cuando quería mucho a los hijos que ya tenía, como habría hecho cualquier otro padre, lo cierto es que en cuanto nacieron los dos primeros decía con frecuencia que temía tener tantos que se perjudicaran unos a otros" (32-33).

Análisis. Tanto los textos norteamericanos como los ingleses (de este siglo) revelan una clara apreciación por los padres de las capacidades de sus hijos, y sus esfuerzos para lograr que la educación y orientación dadas a ellos fueran apropiadas a su nivel de comprensión. No hay duda de que a la niñez se la reconoció y fue motivo de gozo, aun cuando, como dice *C. Mather, los pasatiempos de los niños no siempre contaban con la aprobación de los padres. Los padres se interesaban mucho en sus hijos y se enorgullecían de su conducta y cualidades, pues decían que los hijos eran las esperanzas del futuro. Debido a que los padres participaban en la vida de sus hijos era inevitable que les dedicaran mucho tiempo. Los textos contienen pruebas sobre la ambivalencia de los padres hacia los niños, porque los padres se preocupaban mucho por ellos y temían que finalmente no estuvieran a la altura de sus esperanzas.

Tres autores de diarios se refieren a la naturaleza pecadora de los niños (7 por ciento de los diarios del siglo XVII). Fueron puritanos, y cabe recordar que para los puritanos no sólo los niños eran pecaminosos; para ellos, adultos y niños eran pecaminosos. Por ello no alardeaban de la superioridad de los adultos, simplemente procuraban que su prole aceptara lo que para los puritanos era un hecho desagradable e inevitable de la vida. Estos autores de diarios no eran crueles; el Pecado Original era parte integrante de su doctrina, por cuya razón consideraban deber suyo hacer que su prole tuviera conciencia de este hecho (Powell, 1917; Schücking, 1969). Los padres puritanos se condolían del problema de sus hijos, pero como revela el diario de Heywood, no lograron considerar a sus hijos tan pecaminosos como lo demandaba su religión. Greven (*The Protestant Temperament*, 1977) descubrió que entre el siglo XVII y el XIX coexistieron tres modalidades de crianza de niños, a saber: la "evangélica", la "moderada" y la "gentil". Greven caracteriza al tipo evangélico como urgido por su religión para considerar a los niños como depravados y, por consiguiente, preocupado por quebrantar su voluntad. En esta modalidad incluye a *C. Mather. Sin embargo, Greven halló "que las verdades surgidas de los sentimientos de muchos padres evangélicos no siempre se conforman con las verdades enseñadas por la Biblia ni con las doctrinas en que creían y conforme a las cuales obraban" (31). Esta conclusión está apoyada ampliamente por los textos del siglo XVII que hemos estudiado aquí.

Las imágenes de niños que estos textos del siglo XVII nos ofrecen no corresponden a las dadas por muchos historiadores. Por ejemplo, Hunt (*Parents and Children in History*, 1972) afirma que a los niños ni se les quería ni se les valoraba, sino que eran vistos como algo que debía ser controlado, pero no disfrutado. Stone (*The Family, Sex and Marriage in England,* 1977) indica que los puritanos del siglo XVII estaban tan preocupados por el concepto del Pecado Original que se centraron en quebrantar la voluntad de los niños. Sin embargo, de los textos estudiados aquí (cuando menos quince de los cuales fueron escritos por puritanos) sólo 4 por ciento hablan del concepto del Pecado Original y ninguno de quebrantar la voluntad del niño. Mi interpretación de fuentes del siglo XVII tales como los diarios de Josselin y Martindale es marcadamente diferente de la de Stone, entre otros. Sin embargo, indagaciones recientes confirman mi punto de vista (Greven, 1977; MacDonald, 1981; Macfarlane, 1979a; Wrightson, 1982). MacDonald sostiene con base en su estudio de los manuscritos de Napier que los niños fueron amados y apreciados; el caso de Napier proporciona informes sobre la grandísima pena de las mujeres incapaces de tener hijos. En *English Society,* Wrightson analiza varios diarios del siglo XVII, y llega a la conclusión de que los niños eran "indudablemente deseados", que los padres "hallaban en sus hijos una fuente de satisfacción emocional" (104, 114). Otro autor, Badinter

(*L'Amour en Plus*, 1980), sostiene que el interés de los padres en los hijos es un fenómeno del siglo XX, y que aun cuando los padres de los siglos XVI y XVII tal vez no participaron activamente en el cuidado de los niños,[2] no hay base para negar la profundidad de su vinculación con su descendencia, ni tampoco la ansiedad que los padres del siglo XVII sintieron por el futuro de sus hijos, ni la cantidad de placer que a estos padres produjeron sus niños.

El siglo xviii. Los autores norteamericanos de diarios vieron a los niños como fuentes de gozo. *Amos Bronson Alcott (1799-1888) vio en sus hijos "objetos de gran deleite", y agrega: "Sin duda son el encanto de mi vida hogareña. Mantienen vivo y vívido el sentimiento de humanidad, y son manifestaciones vivientes de las teorías de mi intelecto; son los modelos de nuestra naturaleza común, con base en los cuales estas teorías se delinean y se encuadran" (55). *Benjamin Silliman (1799-1864) dice que su joven hijo "sólo da deleite" a sus padres (vol. 1, p. 276). Entre padres e hijos hubo una gran corriente de interacción afectuosa. Por ejemplo, *Martha Bayard (1769-?) describe el regreso a casa después de visitar a unos amigos:

> Como nos esperaban, tenían al niño muy bien arreglado; junto con su papá llegó corriendo a la puerta para saludarnos. Nunca jamás mi corazón experimentó sentimientos más vivaces de afecto materno y de alegría que en el momento en que lo apreté contra mi regazo —no pude hablar—; la criaturita, al observar mis emociones, soltó el llanto, y con sus bracitos me rodeó el cuello, me pidió que no llorara ahora que estaba con él. [59-60.]

*Ezra Siles (1727-1795) gozaba debatiendo con su prole, apreciaba "un pensamiento ingenioso y nuevo" de una de sus hijas con relación a las Escrituras (vol. 1, p. 341). Respecto a su hija adoptiva, *Mary Tucker (1775-1806), escribió diciendo que "este pequeño objeto crece día con día más cerca de mi corazón... su comprensión está mucho más allá de sus años; su memoria es retentiva, su sensibilidad exquisita" (315).

En estos diarios, además de ansiedad y discordia, se presentan más pruebas sobre las actitudes ambivalentes de los padres hacia su prole. *Manasseh Cutler (1742-1823) decía que sus hijos debían hospedarse con "familias moderadas" cuando se les enviaba lejos de casa a la escuela en vez de vivir solos en cuartos, ya que "su edad inmadura es una objeción insuperable que impide que tengan la dirección de sí

---

[2] Como veremos en el capítulo VI, algunos padres sí tomaron parte activa en el cuidado físico de sus hijos.

mismos" (vol. 2, p. 255). *Carter, *Ebenezer Parkman y *William Sewall hablan de lo que cuestan los niños en tanto que *Huntington y *Jean Lowry mencionan el mucho tiempo y atención que requiere el cuidado de los niños. *Susan Huntington (1791-1823) escribe, por ejemplo, lo siguiente: "La verdad es que no es posible gobernar bien una familia de niños sin dedicar a la tarea mucha reflexión, y sin padecer lo que el mundo llama problemas" (135). También se lamentó de ser impaciente con su descendencia: "[mi] desigualdad de carácter, que me hace perder la paciencia ante los pequeños defectos diarios de mis niños, tales como descuidos, o ser ruidosos o inatentos, &c."[3] (326).

Por su parte, la mayoría de los autores ingleses de diarios vieron también a sus hijos como "encantadores". Por ejemplo, Jones (1775-1821) escribió sobre sus hijos: "¡Ojalá siempre gocen conmigo cuando yo gozo, y que nunca lloren cuando yo lloro! ¡Ojalá su espíritu alegre dure así muchos años!... Que ninguna impaciencia o ansiedad debidas a mis dolorosos sentimientos enturbie jamás sus dulces sonrisas o se interponga en su inocente alegría. ¡Ojalá nunca envidie yo la felicidad de que disfrutan!" (102). Macready (1793-1873) se consideró indigno de sus hijos: "Cuando veo a mis hijos pienso en lo poco que he merecido las bendiciones que han llovido sobre mí —quisiera merecerlas" (vol. 1, pp. 50-51). A Sandford (1766-1830) le produjeron gran alegría sus hijas: "S———me divierte y me agrada muchísimo: es muy vivaz y, como su querida hermana, siempre está alegre" (vol. 1, p. 368).

Fry, Catherine Stanley y Arthur Young vieron en sus hijos satisfacciones futuras. Por ejemplo, Stanley (1792-1862) escribió: "nuestros hijos nos son dados para que vean por nosotros, para que obren por nosotros, y para que podamos volver a vivir en ellos cuando ya hayamos hecho la parte de la vida que nos corresponde" (324). Igualmente, los padres tendían a enorgullecerse de sus hijos: W. Scott (1771-1832) dijo: "Mucho me conforta el aspecto actual de mi familia. Mi hijo mayor, independiente en cuanto a fortuna, está unido a una esposa cariñosa, además de que tiene buenas esperanzas en cuanto a su profesión. El segundo, con gran talento... Anne, jovencita honesta, cabal y buena escocesa, en la cual quisiera moderar una tendencia a la sátira" (vol. 1, p. 39). Stedman (1744-1797) escribió lo siguiente sobre su hijo: "Mi maravilloso Johnny fue en un tiempo el compañero de Mamá, luego se esforzó en ser mi compañero, y finalmente fue la compañía de su hermano George" (306).

---

[3] &c = etcétera.

Elizabeth Mascall, Tathbone, Thrale y Margaret Woods analizaron cuánto tiempo dedicaban a su prole. Por ejemplo, Thrale (1741-1821) observa que sus amigos le reprocharon no haber anotado todos los dichos del doctor Johnson, y agrega:

> poco es lo que saben o sienten estos hombres sabios de que el llanto de un niñito, o la perversidad de uno mayor, o el peligro, por insignificante que sea, de otro, pronto harán que una madre se distraiga de una conversación sobre ingenio, ciencia o sentimiento, por muy impresionada que pueda estar con todo ello en el momento: además de que para una *Mère de Famille* es más necesario & conveniente hacer algo que oír cualquier cosa; y si uno quiere oír todas las noches y escribir toda la mañana lo que haya oído, ¿de dónde sacar el tiempo para vigilar, acariciar, o lo que es todavía más útil, para tener a nuestros propios hijos cerca? Por ello achaco todo mi descuido a mi más pequeño. [158.]

Unos cuantos diarios (los de Boswell, Jones y Skinner) contienen pruebas del elevado costo de la crianza de los niños y de la ansiedad que producía un ingreso insuficiente. Algunos autores de diarios describen la impaciencia que les causaban sus hijos: Macready (1793-1873), por ejemplo, "se impacientaba y hablaba con rudeza" cuando trataba de enseñar a su hijo, a pesar de que continuamente se arrepentía de su impaciencia (vol. 1, p. 166). Amelia Steuart (1770?-1808) habría simpatizado con esta opinión. Habla de la exasperación que sus hijos le causaban, los halla "molestos cuando están en la casa" durante el mal tiempo (102), y también escribe: "A veces los niños me sacan de quicio cuando no atienden a sus lecciones; es un ejemplo que les causa disgusto, el sólo pensar que lo deben seguir" (MS, fo. 133v). El diario de Absalom Watkin contiene pruebas similares. Otros autores pensaron que sus hijos les colmaban la medida a veces. Fry (1780-1845) escribió: "A veces me siento demasiado coaccionado por la conducta de mis amados hijos. Sus mentes inquietas me incomodan" (145), y también: "estando con mis pequeñuelos suelo sentirme una mala madre" (151). Woods (1748-1821) describe así sus sentimientos con relación a sus hijos: "No hay duda de que en muchos sentidos merecen ser vistos como bendiciones inciertas, sus vidas son precarias y su conducta futura no menos dudosa. Con frecuencia veo al futuro con ansiedad, y los más ardientes deseos de su bienestar, en un estado de felicidad permanente" (85). Podría pensarse que la actitud de Thomas Turner (1793-1873) es representativa de casi todos los autores de diarios del siglo XVIII. Escribió a su hija con motivo del nacimiento de su primer hijo: "Mi querida niña, ahora que ya eres madre de un bebé (¡¡y vaya bebé!!) debes esperar que la ansiedad te visite con más frecuencia que nunca, y que las amarguras y las dulzuras se alternen" (1875, p. 208).

Dos autobiografías nos ofrecen más información. *Abigail Bailey (1746-1815) describe a su prole como "abrazada a mi corazón" (109), en tanto que *Hicks habla de las preocupaciones que los hijos puedan causar. Todos sus hijos fueron inválidos y murieron antes de cumplir 20 años. Sin embargo, *Hicks (1748-1830) recuerda:

> Pero, a pesar de ser así de desvalidos, la inocencia de sus vidas y la alegría resignada de su carácter a la suerte que les había tocado hicieron que la tarea y el esfuerzo de cuidar de ellos resultaran agradables y gratos... Y cuando observo la ansiedad y aflicción de muchos padres con sus hijos desobligados, que gozan de buena salud, en especial con los varones, me doy cuenta de que son muy pocos cuyos problemas y tribulaciones sean menores que los nuestros. [14.]

Análisis. En los textos del siglo XVIII se encuentran conceptos más abstractos de niñez, aunque sólo en una minoría de ellos. Se ha considerado al siglo XVIII como el siglo en que aparecieron actitudes más humanas hacia los niños; no hay duda de que las citas anteriores revelan un gran afecto, pero también ambivalencia hacia los descendientes. Hay, sin embargo, un problema con estos casos del siglo XVIII: los autores son mucho más ordenados y tienen más capacidad de analizar sus sentimientos. En los textos introspectivos, se someten a escrutinio detallado todas las facetas de la vida, no solamente la niñez. Los escritores del siglo XVIII describieron emociones, no nada más hechos. Los padres de siglos anteriores tal vez no compartieron las actitudes de los escritores del siglo XVIII, o probablemente no pudieron expresar tales sentimientos.

Comparando las citas de los siglos XVII y XVIII veremos que los textos del siglo XVIII no se refieren a aspectos diferentes de la niñez (aparte de la inocencia), sino que se ocupan de los mismos aspectos de un modo más elocuente. Por ejemplo, tanto *Knight como *Bayard describieron la bienvenida de su hijo con los brazos abiertos. *Knight (1666-1727) necesita sólo un renglón para ello, en tanto que *Bayard (1769-?) necesitó todo un párrafo; véase también lo dicho por Newcome (1627-1695) y Woods (1748-1821), los cuales se refieren al cuidado de la descendencia. Sin embargo, desde el primer momento se dice que los niños son "inocentes" (*Hicks y Jones). Es posible que esto, en una edad que no se distinguió por su fervor religioso, fuera una reacción al concepto de los niños como depravados; sólo un escritor de diarios (Mascall, nacido en 1702) de la amplia muestra de este siglo se refirió a la doctrina del Pecado Original. Es también posible que el surgimiento del concepto de inocencia se debiera a las ideas de Locke (1694) y de Rosseau (1763). Locke atacó explícitamente la doctrina del Pecado Original, en tanto que Rosseau se refirió explícitamente a los niños como seres inocentes.[4]

Los padres de los siglos XVII y XVIII reflexionaron y se preocuparon por la conducta de su descendencia, y algunos llegaron a estar inseguros en cuanto a su aptitud para regular a la larga la conducta de sus hijos (por ejemplo, Newcome en el siglo XVII, y Woods en el XVIII). Esto sugiere que, lejos de ver a sus hijos como seres a los que había que reprimir, los padres, aun cuando deseaban que sus hijos fueran obedientes, se dieron cuenta de que tenían mentes propias y que no siempre estaban dispuestos a conformarse a las esperanzas de los padres en cuanto a su conducta.

El siglo xix. Los autores de diarios de este siglo siguieron sintiendo placer por sus hijos, al igual que los del siglo XVIII, en particular por las primeras manifestaciones de razonamiento y de su deseo de vivir. *Rutherford Hayes (1822-1893), por ejemplo, trató de explicar la muerte a su hijito de cuatro años diciendo que Dios se llevaba al Cielo a los buenos. Se rió cuando Birchie le preguntó: "¿Los sube con una cuerda?" (vol. 1, p. 52). *Henry Longfellow (1807-1882) escribió sobre su descendencia: "El interés que les causan las cosas más comunes es encantador" (176). Vuelve a observarse la "inocencia" de la niñez. *Miriam Colt (1817-?) habla de la "Niñez inocente y confiada; que sorbe el goce como las abejas, dondequiera que esté" (78), y *Ward (1841-1931) habló de su bebé diciendo que era "inocente" (186). Unos cuantos autores expresaron cierta pena cuando sus hijos llegaron a la madurez. *Amos Lawrence (1814-1886) escribe: "Lo que más me afecta es la rapidez con que nuestros hijos llegaron y se fueron" (255). *Prentiss (1818-1878) describe así sus actitudes hacia sus hijos: "No puedo expresar la felicidad que me causa el simple sentido de posesión. Lamento que deban crecer y que deba perderlos, o bien que deba cambiarlos, pues se convertirán en muchachos y muchachas" (217).

*John Burroughs, *Lucy Lovell, *Prentiss, *John Todd y *M. Wal-

---

[4] No hay todavía un estudio adecuado de la literatura de orientación sobre niños; sólo se pasa revista a los principales teóricos; en particular a Locke, Rousseau y a los trabajos de una secta calvinista; hay poco análisis de otros teóricos del mismo periodo. Como las obras de Locke y Rousseau estaban muy generalizadas y como fueron republicadas varias veces, es muy probable que mucha gente las haya leído. Parece que algunos de los textos estudiados reflejan las ideas de estos dos teóricos, y por ello decidimos, por carecer de fuentes alternas, concentrarnos en ellos. (Es muy necesario un análisis sistemático de la literatura de orientación sobre niños.) Por supuesto, es igualmente probable que los padres estudiados aquí no hayan sido afectados por las opiniones de estos teóricos.

ker muestran sentimientos encontrados hacia sus hijos. *Burroughs (1837-1921) habla de la "alegría" que experimentó al tener hijos, pero al compararlos con los perros escribió que estos últimos "no le piden a uno nada, como hacen los niños; no piden atención, no interrumpen, no se entrometen" (84). *Prentiss (1818-1878) escribió cuando su hija apenas tenía unas cuantas semanas: "Siento que atenderla es cansado, y he llorado muchísimas veces de pura fatiga y ansiedad, pero ahora me siento un poco mejor y empieza a pagarme todo lo que hago por ella" (102). Para *Todd (1800-1873) el cuidado de su hijita le resultó muy cansado. Cuando apenas tenía tres meses y medio escribió: "Llora más que cualquier niño que haya yo conocido. Hay veces en que no pasa una hora de la noche sin que nos perturbe y sin que tengamos que levantarnos para calmarla... A veces nos desalienta muchísimo y nos fatiga" (209-210). *Todd observaría más tarde que Mary, a los 16 meses, "crece bien, y aprende a hablar con rapidez, y *nos* parece interesante; pero, ¡vaya niña! Nunca quiere dormir o descansar. Parece como si nunca fuera a tener una noche de descanso y ni siquiera a estar libre de jaqueca o de fatiga" (213).

Los autores ingleses de diarios, del siglo XIX, vieron también a sus hijos con placer y afecto.[5] Algunos describen imágenes diferentes de la niñez. Henry Alford y Cooper vieron en sus descendientes esperanzas para el futuro. Así, Cooper (1801-1885) escribió sobre uno de sus hijos: "Con cuánta frecuencia he meditado sobre su ayuda futura y su simpatía en todos mis pensamientos e intenciones en busca del bienestar de la humanidad" (vol. 2, p. 283). Gurney (1851-1932) quería tratar a los niños como adultos: "Quise tratarlos como si fueran gente 'mayor', no como niños, y no hay duda de que se pusieron al nivel de la confianza que les di, y sus opiniones indicaron el poderío de sus mentes y el crecimiento de sus cuerpos" (39). Theodore Powys (1882-?) escribió lo siguiente cuando nació su hijo: "es un buen chico, y en su porte muestra al viejo animal y al hombre niño, a veces también empieza a despertar, y en ese pensamiento está escondida la vida" (77).

Hannah Allen, Mary Brabazon y Victoria Hanover (la reina Victoria) describen sus preocupaciones al crecer sus hijos. Brabazon (1848-1918), por ejemplo, escribió que "[Éste] fue un día muy triste, ya que Normy [de 13 años] por primera vez se puso ropa de hombre, lo cual hizo que me diera cuenta de que el tiempo había pasado, y de que muy pronto tendré que decirle adiós. Es triste sentir que su niñez está

---

[5] Véanse también los textos siguientes: Addison, Bailey, Bright, C. Brown, Cobden-Sanderson, Collier, Collins, Dawson, Ewing, E. Gaskell, Guest, Head, Hewlett, Hochberg, Hutchinson, Jeune, Johnston, Kitto, Müller, Owen, Palgrave, F. Russell, J. Russell, K. Russell, Sopwith, Traherne, Tregelles, Wilberforce y Wood.

yéndose" (vol. 1, p. 56). Hanover (1819-1901) observó que su hija de tres años "estaba ¡ay! dejando de ser bebé, se estaba volviendo esbelta, y pernilarga" (1964, p. 273).

Lo que es particularmente notable en los autores ingleses de diarios del siglo XIX es el aumento en sus referencias a sentimientos encontrados por los padres en relación con sus hijos. En dieciocho diarios[6] (32 por ciento) (aunque quizá no es muy correcto considerar que Evelyn Waugh fue ambivalente respecto a sus hijos, pues indudablemente le disgustaban) se encuentra información sobre este tema. Hanover escribió: "No siento ternura hacia ellos sino hasta que se han vuelto un poco humanos; los bebés feos son objetos repugnantes, y los más bonitos dan miedo desvestidos, todo ello dura más o menos los primeros cuatro meses; en pocas palabras, mientras tienen un gran cuerpo y miembros cortos, y esos movimientos terriblemente ranescos" (1964, p. 191). También escribió lo siguiente sobre sus hijos: "Reconozco por completo que unos niños buenos y amables son una alegría y una bendición, aunque también son una plaga terrible, y con mucha frecuencia muestran muy poca gratitud por todo esto" (1964, p. 94). Johnston (1808-1852) observó, una vez que sus hijos se alejaron por un tiempo: "En ausencia de tan preciosa campañía... he tenido tiempo de contemplarlos; y veo que me he dejado llevar demasiado por atenciones y cuidados hacia ellos, a grado tal que las flores de los deleites, amor y compañía diarias han sido ahogadas en cierta medida" (169). T. Powys (1882-?) escribió lo siguiente sobre sus dos hijos pequeños:

Los bebés están bien, aunque hay muchas influencias pequeñas pero perturbadoras que atormentan, distraen y ofenden. Creo que las mujeres tienen una carga durísima, que no es otra que ocuparse de los bebés, que es mucho más difícil que tenerlos. Creo, sin embargo, que se gana mucho desentendiéndose de una misma, para atender a los juegos del bebé y cepillar, peinar y asear a estos pequeños capullos de vida. ¿Hasta qué punto es necesario que ocupen nuestro tiempo? [164.]

Waugh (1903-1966) escribió lo siguiente sobre sus hijos: "Mis hijos me cansan. Para mí no son otra cosa que adultos a los que les falta algo; fútiles, destructores, frívolos, sensuales, sin sentido del humor" (1976, p. 640).[7]

---

[6] Véanse también los textos siguientes: Allen, Bonar, Cobden-Sanderson, Dawson, Ewing, E. Gaskell, Gurney, Hochberg, Palgrave, Lady de Rothschild, F. Russell, Trant, Tregelles y Wood.

[7] Waugh fue un *poseur* notorio que escribió sabiendo que sería leído. Aunque es debatible cuánto de lo que escribió puede ser visto como representativo de su verdadero sentir con respecto

Una autobiografía, la de William Lucas (1804-1861), contiene pruebas de las actitudes hacia los niños. Muestra actitudes encontradas con
respecto a su descendencia y dudas sobre su capacidad como padre:

> A veces me siento muy deprimido por considerar que no soy compañía
> suficientemente buena para mis hijos. Nunca tuve el arte de ganarme a los
> niños o de sentirme en libertad con ellos y hoy no creo que pueda esperar
> lograr tal cosa. Es tan difícil avenirse con su extrema vivacidad, tan difícil
> recordar que en un tiempo tuvimos su edad, y tomar en cuenta tales cosas.
> La humildad cristiana y el control del temperamento son grandes requisi-
> tos y cualidades muy difíciles. Cuando veo a mis siete hijos siento una
> ansiedad inexpresable respecto a su porvenir y siento cuánto dependen de
> mi propio ejemplo y carácter. [395]

Análisis. Los textos del siglo XIX contienen dos características distinti-
vas: la presencia de la nostalgia por la niñez y un aumento en la
proporción de textos (especialmente en la muestra inglesa) que describen actitudes encontradas. Quizá esto esté relacionado con los tremen-
dos cambios sociales que ocurrieron en el siglo XIX. Quizá el deseo de
retener la niñez se vinculó al de volver hacia una sociedad tecnológica
y urbana. También es posible que el trastorno causado por la Revolución Industrial, la Revolución francesa y (en cuanto a Inglaterra) las
guerras con Francia, todo lo cual afectó profundamente la sociedad,
haya influido en las actitudes de los padres hacia los hijos. Los autores estudiados provienen predominantemente de las clases medias a
las cuales perturbó lo que consideraron un estado pecaminoso de la
sociedad. En su empeño por contrarrestarlo, quizá se ocuparon más de
la conducta de sus descendientes. Tres autores de diarios, Allen, *Lovell y *M. Walker, pensaron que sus hijos tenían "corazones depravados". Esto viene a confirmar la hipótesis de Greven (1977) de que en
cierto tiempo hubo actitudes diferentes hacia los niños, y va contra los
razonamientos de autores tales como Stone (1977) de que el concepto
del Pecado Original desapareció con los puritanos del siglo XVII. *Lovell fue cuáquero y *M. Walker misionero metodista.

En total, hay que decir que hacia el siglo XVI ya había un concepto
de niñez, aunque parece ser que hubo algunos cambios en las actitudes hacia los niños. Durante los siglos XVIII y XIX, algunos padres
parecieron preocuparse ostensiblemente más por el estado de la niñez.
Ante la disección minuciosa que muchos autores del siglo XVIII aplicaron a sus vidas, resulta demasiado fácil acusar a los autores de aque-

---

a sus hijos, parece que puso en práctica sus teorías. Vivió en Londres, vio poco a sus hijos en su
infancia y luego, como fueron internados, tampoco los vio mucho.

llos tiempos de "indiferencia", cosa del todo injusta. Aunque no hay la transformación espectacular en actitudes hacia los niños que se ha afirmado que hubo (de padres que veían a los hijos situados en lo más profundo de la escala social a padres preocupados con todas las necesidades de sus descendientes), hay más análisis de conceptos abstractos de niñez, que aparecen primeramente en los puritanos del siglo XVII. Este fenómeno se presentó acompañado por un análisis más extenso de los aspectos indeseables de la niñez, la cantidad de tiempo, de incomodidades y de dinero necesarias para criar a los niños.

Si estudiamos los nombres con que se designaba a los niños, descubriremos que corresponden a las diferencias en actitudes y que también revelan el creciente poderío literario de los escritores. En el siglo XVI la gente se refería a los niños llamándolos mi hijo o mi hija, o, en el caso de Cliford, "el niño". Cuando se empleó un término más abstracto, fue "consuelo", "beneficio", o "bendición". En el siglo siguiente los niños siguieron siendo "consuelos" y "bendiciones" y también "plantas", "aves", "ovejas", "flores" y "obligaciones". En el siglo XVIII los niños fueron "capullos", "fruta", "gozos", "deleite", "placeres", "estimulantes", "cuidados" y "estorbos", además de "flores", "bendiciones", "ovejas" y "plantas". En el siglo XIX a los niños se les llamó "ovejas" y "bolas de amor", "botones", "pollitos", "regalos", "mascotas", "tesoros", "ranitas", "una plaga" y "exigentes". En inglés se usó la palabra neutra *"it"* para designar a los niños en cuando menos un texto en cada siglo: el de Wallington en el XVI; el de Josselin en el XVII; el de Oliver en el XVIII; y los de T. Powys, K. Russell y *Sterne en el XIX. O sea, que como este *it* se presenta a lo largo de los siglos, no por eso cabe colegir que eso sea signo de indiferencia hacia los niños antes del siglo XVIII como ha afirmado Shorter (1976). Parece más bien que el término se usó respecto a niños menores, aparte de la hija de Josselin, a la cual aun a los ocho años siempre se le designó con el neutro *it;* los demás niños tenían menos de cinco años. Además, Clifford habló de su hija como "él". Parece que a los niños pequeños se les veía más bien como carentes de sexo que como carentes de valor.

La cuestión vital es saber hasta qué punto estos cambios en actitudes desembocan a, o reflejan, cambios en la conducta hacia los niños. Por ejemplo, ¿los padres del siglo XVIII trataron a sus hijos de modo diferente porque les interesaba analizar la naturaleza de la niñez? ¿Los padres que consideraban depravados a sus hijos los sometían a un sistema de crianza marcadamente diferente del de aquellos padres que veían a los niños como inocentes? De estas preguntas nos ocuparemos en los capítulos V y VI.

Cómo veían los padres su papel de padres

Poquísimos fueron los padres que formularon conceptos abstractos de atención paterna (sólo 6 por ciento de la muestra total). Es decir, que para tener algún concepto de cómo veían la paternidad, se infirieron sus actividades de la conducta que registraban, aunque nos damos cuenta de que una conducta concreta podía ser resultado de actitudes

CUADRO IV.1. *División porcentual de funciones paternas según están descritas en los diarios*

Función*	Siglo							
	XVI		XVII		XVIII		XIX	
	A	B	A	B	A	B	A	B
n =	1	15	13	39	60	83	31	57
Educadora	100	54	31	65	46	45	42	59
Protectora	100	54	62	53	41	59	48	49
De disciplina	100	31	31	23	10	23	13	22
Proveedora	100	39	23	28	19	21	13	13
Consejera	0	69	8	35	9	18	10	5
De enseñanzas	0	0	15	8	18	19	16	14
De ayuda	0	7	14	33	17	6	7	2

* Las funciones fueron definidas de la siguiente manera:

Educadora: Los propios padres enseñaron a sus hijos, o dan señales que indican que creían que la educación debía ser materia que atendieran los padres. Por ejemplo, Heywood (1630-1702) quiso mudarse de casa para que sus hijos recibieran mejor educación, y Smith (1673-1723) destaca "la gran circunspección" con que escogió al instructor de su hijo.

Protectora: Los padres vieron por sus hijos durante sus enfermedades, o bien, indican que es necesario evitar daños a los hijos. Por ejemplo, Clifford (1590-1676) dice haber empleado niñeras para que atendieran a su hija cuando iba de visita.

De disciplina: Los padres hablan de haber aplicado algún tipo de castigo a sus hijos.

Proveedora: A los padres preocupó la responsabilidad económica de sus hijos. Por ejemplo, Jones (1755-1821) lamentó haber firmado una fianza diciendo, "Soy un esposo, —¡Soy un padre! ¡He robado a mi esposa y a mis hijos! *Dolorosamente siento* no haber tenido otra opción".

Consejera: Los padres dieron consejos a sus hijos. Por ejemplo, Evelyn (1620-1706) escribe: "Di a mi hijo un oficio y le dije cómo manejar su juventud. Ruego a Dios que le dé la gracia de saber usarla como es debido."

De enseñanza: De un modo explícito los padres afirmaron que, como les interesaba la socialización de sus hijos, los enseñaban o los moldeaban. Por ejemplo, J. Taylor (1743-1819) dice: "había pensado en un trato según el cual 'enseñaría a un niño cómo conducirse'". *Huntington (1791-1823) pensó que las madres debían "moldear el carácter del hombre del futuro, dándole tal forma que hiciera de él un instrumento del bien en el mundo, o una plaga en el regazo de la sociedad".

De ayuda: Los padres dieron a sus hijos e hijas toda la ayuda que necesitaron. Por ejemplo, pagaron sus deudas, les dieron un hogar, les resolvieron problemas de empleo o les dieron su apoyo moral en tiempos de crisis.

Las categorías anteriores no se excluyen mutuamente. Lo ideal sería que una selección de diarios fuera leída por otra persona para determinar la confiabilidad de las categorías.

diferentes. El cuadro IV.1 condensa los que parecen haber sido considerados los aspectos más importantes del papel de los padres, conforme las pruebas contenidas en los diarios. Los manuscritos y las autobiografías fueron una muestra demasiado pequeña para de ahí deducir categorías. En el cuadro IV.1 analizaremos las pruebas que contienen en relación con este punto.

La función protectora del cuidado de los padres conserva un nivel casi constante entre los autores ingleses de diarios, pero es mucho más elevado en los primeros autores norteamericanos de diarios. Esto se debe probablemente al hecho de que esos padres vivían en una tierra recientemente colonizada preñada de riesgos para la salud, y por ello tendían a mostrar más protección hacia sus descendientes. Los autores norteamericanos de diarios también parecen interesarse menos en la disciplina a partir del siglo XVIII. Esto corresponde a la imagen usual del niño norteamericano según la cual está menos restringido y es más precoz que el niño inglés (Bremner, 1970-1973; Smith, 1977; Thompson, 1974). También es posible que después de la Revolución norteamericana, cuando el país se declaró independiente de Inglaterra (en 1776), los padres cortaran también vínculos con la modalidad inglesa de criar a sus hijos y se lanzaran a crear un niño más independiente —como sugiere Bremner. Por otra parte, la muestra norteamericana sobre los siglos XVIII y XIX tal vez contenga más de lo que Greven (1977) llama el padre "moderado". Greven sostiene que a estos padres les interesaba menos disciplinar a sus hijos.

Igualmente, los escritores norteamericanos de diarios parecen preocuparse menos por dar orientación a sus descendientes que los autores ingleses. Aquí también esto está relacionado probablemente con su situación social: como inmigrantes a una tierra nueva tendrían menos posibilidades de ayudar a sus hijos, y tal vez eso les hizo desear que fueran independientes. El elevado porcentaje de autores ingleses de diarios que en el siglo XVI orientaron a sus hijos es resultado de su mayor intervención en los matrimonios y en la elección de la carrera de ellos. Lo que es de interés particular es el auge del aspecto de capacitación de la atención paterna, que no fue otra cosa que moldear al hijo para darle forma. Podría decirse que en el siglo XVI no existió y que en el XVIII llegó a su máximo. El siguiente análisis de los textos se ocupará principalmente de los aspectos de provisión y capacitación de la atención paterna; los otros aspectos serán vistos en capítulos posteriores.

El siglo xvi. Ninguno de los antiguos diarios describe cómo se sintió el autor en relación con la crianza de sus hijos, ni sus actitudes hacia la función paterna. Se limitaron a observar la educación y la disciplina de sus hijos, a cuidarlos en sus enfermedades y a darles una mayor supervisión. Sin embargo, en su autobiografía G. Mildmay (1552-1620) sí habla de la responsabilidad de los padres hacia sus hijos: "Los padres tendrán que responder ante Dios cuando descuiden su deber de criar a sus hijos, o cuando den más importancia a cualquier atención, trabajo o deleite del mundo anteponiéndolo a ese empleo natural y necesarísimo" (128). Esta autora creía en la educación religiosa y académica para los niños, creía que los padres debían esforzarse por "hacer que sus hijos fueran buenos" (128), y también que se debía cuidar el medio en que vivían los niños.

El siglo xvii. *C. Mather (1663-1728) en su diario es el único autor del siglo que ofrece pruebas directas sobre cómo modelar a los niños. Fue preocupación constante suya la educación religiosa de sus niños desde sus más tiernos años, y se esforzó en avenirlos con la "condición pecaminosa y temible" de su "Naturaleza". Pensó que en cumplimiento de sus deberes como padre, así como para favorecer la creación de escuelas en el vecindario, debía "lograr que mi conversación fuera más fructífera, con mis pajarillos, y alimentarlos con lecciones más frecuentes y encantadoras, de Religión" (vol. 7, p. 304). En cuanto un niño cumplía 11 años, o un poco menos, *Mather aumentaba su atención hacia su situación religiosa y también sus exhortaciones para que luchara por la salvación religiosa. Por otra parte, estaba preparado para adaptar su capacitación religiosa al temperamento de cada niño, "Yo observaba con cuidado los berrinches de cada uno de mis hijos. Por principio de cuentas, les advertía contra las indiscreciones peculiares y tentaciones igualmente peculiares a que se verían expuestos al hacer rabietas. En seguida veía si podía aplacar sus rabietas con motivos que pudieran animar y alentar su piedad" (vol. 8, página 9).

Otro autor puritano de diarios, *Sewall (1652-1730), se preocupó menos que *C. Mather respecto a la socialización de su linaje. En una ocasión trató de que su hijo de 10 años percibiera lo repentino de la muerte, pero luego se calmó y consoló al niño cuando éste mostró angustia. Evidentemente, sus hijos habían asimilado los preceptos de la religión puritana aun cuando su diario no aclara si esto se debió a las enseñanzas de *Sewall o a los sermones de otros predicadores puritanos.

Betty [hija de 14 años] se me presenta casi en seguida de haberme levantado y me cuenta la inquietud que tuvo al despertar; me dijo que sintió miedo de ir al Infierno, como la espira, no elegida. Al preguntarle por qué debía yo orar me contestó que Dios le perdonaría su pecado y le daría un nuevo corazón. Respondí a sus lágrimas lo mejor que pude, y oramos con muchas lágrimas de los dos; espero que Dios nos haya oído. [Vol. 5, p. 422.]

Tal vez *Sewall no fue tan asiduo como debió serlo en la enseñanza de sus descendientes: "Anoche soñé que todos mis hijos estaban muertos excepto Sarah; lo cual me causó una profunda desolación y me hizo reflexionar sobre mi omisión respecto a mis deberes hacia ellos, así como por romper con frecuencia las esperanzas que tengo puestas en ellos. El Señor me ayude a disfrutar de mis hijos con gratitud y provecho" (vol. 5, p. 399).

*Green, *C. Mather y *Sewall hablan de haber dado ayuda económica a sus hijos. *C. Mather parece estar obsesionado con la idea de su propia y temprana muerte, y le interesa que sus hijos sean atendidos después de ella, y por ello escribe (muchos años antes de su muerte): "Ahora me estoy ocupando de dar *patrones* a mis hijos para cuando queden en la *orfandad*" (vol. 8, p. 95).

Heywood y Housman, los dos puritanos ingleses, se esforzaron también por lograr que sus hijos se dieran cuenta de la pecaminosidad de su naturaleza. En particular Housman (1680?-1735) se ocupó de inculcar principios religiosos en su hija, digamos, por ejemplo, las consecuencias perniciosas del Pecado; su propia y original depravación y la necesidad de aceptar a Cristo para poder ser salvada. Byrom (1692-1763) se interesó en la enseñanza religiosa de sus hijos, aun cuando ésta no fue tan dura como la de Heywood y Housman:

Creo que ellos [los niños] son hijos de Dios, el cual los creó y los ama y me da a mí consuelo. Aprovechemos todas las ocasiones que se nos presenten para inducir en ellos el amor y los pensamientos hacia Él; a mirar por sí mismos, por su salud y pensamientos así como por sus oficios, sin perder de vista complacer a Dios en todas las cosas que hagan, vean u oigan, &c. [Vol. 40, p. 240.]

Por su parte, Byrom se preocupó también por la salud de sus vástagos. Por ejemplo, se preguntó:

¿No estarán los niños demasiado desabrigados en el cuello y por eso sufrirán toses y pasarán fríos? Estoy seguro de que plantas, raíces y frutas en sazón, buen pan hecho en casa, potajas, lecha fresca, &c, son el alimento más apropiado para ellos, y que por lo que hace a bebida, agua y leche, y vino, cerveza, *posset,** o cualquier licor que esté en su pureza natural o

---

* *Posset:* Bebida caliente de leche cortada con vino o cerveza (que se usaba como remedio contra los resfriados, etc.). [E.]

artificial, en todas las ocasiones en que tengan la menor necesidad de ellos. [Vol. 34, p. 389.]

Otros autores se preocuparon más por contar con dinero suficiente para sus hijos que por su educación religiosa. Mary Cowper (1685-1724), por ejemplo, dice: "Mi norma fue el deber, no la inclinación, y habiendo tenido cuatro hijos, nadie podrá pensar mal de mí si en atención a ellos quise ahorrar mi dinero" (14). El hijo de Freke (1671-1714) "dispuso de sólo 200 libras al año, pero gracias a la bendición de Dios y a mi industria, después de mi muerte tendrá más de 2 000 libras al año" (50). A veces la necesidad de contar con dinero para los descendientes causó en los padres muchísima ansiedad. Newcome (1627-1695) constantemente decía: "No se me debe reprochar no proporcionar bienes a mi familia (ya que ahora mi constante temor es morir y no dejar nada a mi esposa e hijos)" (135).

Dos autobiografías nos proporcionan más detalles. Pringle (1625-1667) se veía a sí mismo como un consejero de sus hijos, y Rich (1627-1678) pedía educar a sus hijos "religiosamente, de modo que fueran buenos, o hicieran el bien posteriomente, en su generación" (21).

Análisis. De los textos se deduce que, a partir del siglo XVI, los padres estaban preparados para aceptar la responsabilidad de los hijos que habían tenido y que consideraban su crianza como un deber esencial. (Newson y Newson, 1976, indican que tal cosa es fundamental en la función de los padres.) Al menos algunos puritanos desearon cerciorarse de que sus hijos crecieran siendo fieles a su fe. Probablemente seguían el consejo de obras de conducta puritanas,[8] tales como la de Gouge (*Of Domesticall Duties*, 1622), de la cual se hicieron ocho ediciones. Gouge destacó el deber de los padres de dar a sus hijos instrucción religiosa y aconsejó que esta instrucción se adaptara tanto al hogar como al temperamento de cada niño. Aquellos padres interesados en la educación religiosa quisieron enseñar a sus hijos a fin de aumentar sus posibilidades de salvación. Autores posteriores de diarios se preocuparon más por lograr que el niño encajara en la sociedad. Greven (1977) afirma que muchos puritanos consideraban la relación entre padre e hijo como una batalla de voluntades. Sin embargo, en la práctica, parece que los padres estaban dispuestos a acep-

---

[8] Los libros sobre conducta puritana aconsejaban a los puritanos en todos los aspectos de sus vidas, en particular, sobre sus relaciones familiares. En Powell (1917) se hallará un examen de estos libros de conducta. Pero, como Mechling (1975) ha dicho (véase el capítulo II), la literatura de orientación deberá usarse con cautela. Sin embargo, es razonable suponer que la literatura propia de sectas religiosas fuera leída cuando menos por los miembros de esa secta.

tar una avenencia y a adaptar su programa de enseñanza al carácter de cada niño; véase en particular la declaración de *C. Mather.

Illick, en "Child-rearing in England and America" (1976), sostiene que los norteamericanos del siglo XVII se preocupaban por quebrantar la voluntad del niño, siguiendo el consejo de Locke. Sus fuentes provienen solamente de la Nueva Inglaterra. En los textos estudiados para esta obra, ningún padre trató de quebrantar la voluntad del hijo, ni siquiera *C. Mather, a pesar de su preocupación por la educación religiosa. Si toma uno como base otro tipo de textos, digamos el diario de *Byrd, que fue dueño de una plantación de Virginia, nos hallamos con que no presentan la menor prueba que apoye la tesis de que los padres del siglo XVII querían quebrantar la voluntad de los niños. *Byrd, por ejemplo, se incomodaba cuando su esposa trataba de obligar a su hija a comer contra su voluntad. *Byrd es un ejemplo del tipo de padre que Greven llama "gentil", es decir, de padre que no deseaba quebrantar o doblegar el espíritu de sus hijos.

El siglo xviii. Los diarios pertenecientes a este siglo revelan un interés creciente en la formación del carácter del niño, aunque ahora no forzosamente por motivos religiosos. A los padres les preocupaba la "capacitación del niño". *John Adams (1767-1848) afirmaba que respecto a los niños hay un "deber no menos sagrado que el de darles el pan de cada día... que no es otro que enseñarles el modo de avanzar" (16). *John Griffith (1713-1776), después de la muerte de su esposa, colocó a sus hijos "donde se les podía enseñar el camino de la verdad" (59). *Tucker (1775-1806) escribió que el cuidado de los niños "es una carga agradablemente opresiva a mi mente, nada menos que enseñar a un pequeño heredero de la inmortalidad" (319).

El diario de *Huntington (1791-1823) nos da una buena dosis de información sobre cómo una madre contemplaba su función. Al nacer su primer hijo, estaba

> Muy impresionada ante el sentimiento de la inmensa importancia de los deberes de una madre, y el efecto perdurable de las impresiones de los jóvenes, este día tomo la resolución de esmerarme en todo momento, para que por medio de mis preceptos y mi ejemplo, inspire a mis hijos ideas justas de lo que es bueno y de lo que es malo, de lo que debe evitarse y de lo que debe buscarse, y de lo que desde un punto de vista sagrado debe merecerse y de lo que debe despreciarse sin reserva alguna. [77.]

Quince meses después escribió:

> Difícilmente encuentro alguna cosa que me preocupe y me cause más ansiedad que la educación apropiada de mis hijos... Toda persona que se

echa a cuestas la obligación de *formar* la mente de los niños, de cortar los brotes y renuevos deformados y de dirigir y dar forma a aquellos que, a su debido tiempo, llegarán a ser ramas fructíferas y bellas, debe poseer un conocimiento profundo y exacto de la naturaleza humana. [88.]

Y seis meses después de escribir lo anterior, dijo:

Legisladores y gobernantes deben promulgar leyes y obligar a los hombres a observarlas; las madres deben implantar los principios, y cultivar las disposiciones que por sí mismas basten para hacer súbditos y ciudadanos buenos. Los primeros deben ejercer su autoridad sobre caracteres ya formados; y las segundas deberán *moldear* el carácter de los hombres del futuro, darle una forma que haga de él un instrumento de bien para el mundo o una plaga en el regazo de la sociedad. ¡Y pensar que ese sentimiento constante de la importancia y responsabilidad de esta etapa puede caer sobre mis hombros! ojalá se me conceda la gracia de desahogar fielmente tales dificultades. [100.]

Ésta es la primera referencia explícita, en los textos estudiados, a la socialización del niño, contrapuesta a la preocupación por su salvación futura. Los diarios de *Alcott, *Drinker, *James Fenimore-Cooper, *Elisha Mitchell, *Nancy Shippen y *Silliman contienen también indicaciones sobre cómo enseñar a los niños.

Siguió causando ansiedad la función del padre como proveedor de las necesidades del niño. Por ejemplo, *Alcott (1799-1888), que sufrió muchos desastres financieros, escribió que quería, por el amor a su esposa y a sus hijos, "haber tenido un par de manos provechosas e ingenio comercializable" (362). *Henry Hull (1765-1824) quería trabajar tan duramente como fuera necesario para proveer a su esposa e hijos: "para aquellos cuya comodidad deseo tanto, estoy dispuesto a ejercer mi vigor para trabajar por su subsistencia, día y noche, si fuera necesario" (270). *W. Sewall (1797-1846) se dio cuenta de que su granja no proporcionaba ingresos suficientes para satisfacer las necesidades de su familia; y en consecuencia, decidió poner una escuela: "A caballo visité a la mayoría de mis vecinos en relación con mi proyecto para establecer una escuela que funcionaría hasta el tiempo de la cosecha. Me veo obligado a hacer esto para atender a mis propios hijos" (244).

Muchos autores ingleses de diarios escribieron de un modo similar en relación con la "enseñanza" de sus niños.[9] Thomas Moore (1779-1852), al referirse a la "índole amante y amable" de su hija, sintió

---

[9] Véanse también H. Backhouse, Boscawen, Boswell, Calvert, Fry, Harrower, Lettsom, Macready, Skinner, Thrale y Wesley.

"cuán halagador y satisfactorio sería el manejo de una criatura así, cuando llegue el caso de que sus afectos salgan a la luz con más fuerza" (vol. 2, p. 245). J. Taylor (1743-1819) había "pensado muchísimo en "cómo indicar a un niño el camino que debe seguir" (118). Melesina Trench (1768-1837) pensaba que "el objeto primordial de la educación es forjar un alma inmortal" (1837, p. 7). Woods (1748-1821) escribió lo siguiente sobre sus hijos: "Los alentaré a mantener abiertos sus corazoncitos, y a que expresen libremente sus pensamientos; pues considero que de ese modo tendré el mejor medio de corregir sus ideas y de rectificar cualquier cosa equivocada" (427).

La única diarista de ese siglo que creyó que los padres debían hacer que su descendencia conociera su natural inclinación al pecado fue Mascall (1702-1794), que dijo que se había esforzado "hasta el extremo por convencer a mis hijos de su condición innata de pecadores, & de la necesidad de un Salvador & de enseñarles a creer y a practicar todo aquello por medio de lo cual serían salvados" (13).

Al igual que en los siglos XVI y XVII, en los diarios de este siglo se habla de los aspectos financieros de la atención de los padres. Así, Jones (1755-1821) se lamenta de haber firmado un compromiso como "marido, siendo ¡padre! He robado a mi esposa y a mis hijos. *Con dolor* admito que no debí haberlo hecho" (197). Por su parte Mantall (1790-1852), que había tenido poco éxito en su empleo, se preguntaba si cambiarse o no: "Mis pequeñines me obligan a detenerme antes de dar un paso de tal importancia para ellos; me encuentro en un estado de indecisión tan cargado de ansiedad que creo que nada puede ser más desagradable" (47). Y Macready (1793-1873) quiso asegurarse de que sus hijos estuvieran en mejor situación que él: "mi propia experiencia de lo doloroso que es batallar sin ayuda a lo largo de la vida me llena de ansiedad, pues quisiera dar a mis queridos hijos algún apoyo por pequeño que sea en su viaje por la vida, del cual quiero que sea lleno de actividad y de industriosidad" (vol. 1, p. 135).

Los diarios ingleses del siglo XVIII contienen información complementaria sobre la atención de los padres. Boscawen (1719-1805) escribió a su marido, que se hallaba en el mar: "No sientas ansiedad por los niños. Ten la seguridad de que ellos serán mi única preocupación y estudio, y que mi principal meta y actividad en la vida será cuidar de ellos y procurarles una mente sana en un cuerpo lleno de salud. ¡Qué Dios me ayude!" (1940, p. 54). El manuscrito de Steuart (1770?-1808) revela que para esta autora la crianza de los niños era una "carga sagrada" (MS, fo. 95). En cambio, el marido de Elizabeth Wynne (1778-1857) se inquietó porque su esposa se preocupaba demasiado por sus niños. Le escribió, estando también en el mar:

Si hay alguna cuestión que me inquiete, es que tu bondad y afecto hacia los niños te harán preocuparte demasiado por ellos; créeme que nada ayuda más a la salud que el ejercicio y el aire, de modo que mientras más estén fuera de la casa mejor... Considera todo lo que deben padecer antes de llegar a la edad adulta, y estoy seguro de que convendrás conmigo en que no tiene nada de bueno criarlos con demasiada ternura. [Vol. 3, p. 96.]

Maria Fox (1793-1844) pensó que la niñez debía ser un periodo de felicidad; que a los niños había que envolverlos en una atmósfera de bondad y amor, aunque con algunas restricciones:

Los amados niños siempre tienen una pretensión, lo cual exige el freno juicioso y la dirección de la disciplina paterna. Quieren estar con nosotros, y el disfrute de su compañía nos induce a permitirles todo, yendo quizá más allá de lo que es apropiado; aunque siempre hemos temido debilitar, mediante restricciones indebidas, la absoluta confianza que tienen en nosotros. Cuán difícil es mantener, en todas las cosas, el punto medio de oro. [309.]

Estaba también preparada para pasar buena parte de su tiempo con sus hijos: "Con frecuencia pensé, cuando era niña, que a las madres las absorbían de tal modo sus hijos, que a veces nada les interesaba más. Hoy, me causa asombro una madre que prefiere desentenderse de ellos" (250).

Hannah Backhouse y Fry no sabían a ciencia cierta cómo educar a su prole. H. Backhouse (1787-1850), por ejemplo, escribió que "los niños y su educación, es una cuestión que me angustia mucho. Demasiado sensibles, tal vez de la pereza y de la torpeza; demasiado anhelantes y dando demasiado valor al cultivo de la inteligencia, de la facilidad de movimientos y decoro en la conducta" (50). Finalmente, Townsend (1757-1826) habla de los padres y dice que "son afectuosos y llenos de ansiedad, que han sacrificado su tranquilidad, su descanso, sus bienes mundanos, su salud, todo. en aras de la comodidad y prosperidad de su descendencia; quizá, incluso por hijos desobedientes, sí, incluso crueles" (34-35).

De las autobiografías del siglo XVIII son pocas las que dan información sobre la atención de los padres, pero una madre, *Bailey (1746-1815), se preocupó de proteger a sus hijos de las tropelías de su padre. (Él era muy duro con sus hijos y tuvo relaciones incestuosas con cuando menos una de sus hijas. *Bailey obtuvo finalmente su divorcio.) William Carvosso (1750-1834) deseó que sus hijos fueran religiosos, pero como el menor de ellos no se convertía, escribió: "Me siento profundamente embargado por el deber de aprovechar la primera oportunidad de abrirle mi mente y de hablar con él íntimamente de las cosas eternas" (46).

Análisis. En los textos del siglo XVIII se encuentran las primeras referencias específicas a la "capacitación" o "enseñanza" de los niños. Estos padres creyeron que a los niños se les podía modelar. Hubo también, sobre todo en los diarios de autores ingleses, pruebas de la creciente inseguridad respecto a la capacidad de los padres para criar apropiadamente a sus hijos; predominaron sentimientos de incompetencia. El siglo XVIII es el primero en el cual hubo mujeres que escribieron diarios de cierta extensión de los cuales se coligen funciones diferentes atribuidas a la madre en comparación con el padre. A la primera le concierne la educación, y al segundo aportar dinero suficiente a la familia. Muchas de las madres del siglo XVIII dedicaban todos sus momentos de vigilia al cuidado de sus hijos. Greven afirma que los padres "moderados" se interesaban en el proceso de desarrollo de sus hijos, que deseaban modelar su carácter, como fue el caso de *Huntington. Es decir, creían que los niños no eran depravados sino moldeables, y que su deber como padres era conformar la voluntad del niño de modo tal que sin represión tuviera respeto y obediencia.

En general, se pone al siglo XVIII como ejemplo de modalidades humanitarias e ilustradas de educación, diferentes a las de los siglos anteriores; a pesar de esto, De Mause (*The Evolution of Childhood*, 1976) sugiere también que los padres del siglo XVIII querían conquistar las mentes de sus hijos "para controlar sus interioridades". Pero desde el punto de vista de los niños es cuestionable si en verdad el siglo XVIII fue más humano; en él, una minoría de niños se vio sujeta a un procedimiento riguroso de educación cuyo fin era producir ciudadanos modelo. Se diría que estos padres desplegaban lo que Ariès (1960) llama "amor obsesivo" y que claramente estaban inquietos en cuanto a su nueva función, aunque con respecto a sus actitudes hacia los niños tenían una conciencia más clara de sus deberes como padres. Esta percepción articulada de la función paterna se debió quizá más a la influencia de Locke (1694) que a la de Rousseau (1763). Locke destaca la medida en que el padre era responsable del desarrollo del niño y el daño que podía causarle una crianza incorrecta. Por su parte, Rousseau afirmó que a los niños se les debía permitir desarrollarse sin intervención de los adultos. Fue también Locke el que sostuvo que a los niños no se les debía "criar ent.. minos"; se les debía inducir a bañarse en agua fría y a jugar fuera de la casa en cualquier clima. El esposo de Wynne fue influido al parecer por las opiniones de Locke, y esperaba que su esposa no educara a sus hijos con demasiada lenidad.

La cita tomada del diario de Wynne forma un contraste marcado con el de Byrom —del siglo xvii—, al que preocuparon los efectos del clima frío sobre la salud de sus hijos.

El siglo xix. Los autores norteamericanos de diarios que registran en ellos sus empeños por modelar al niño parecen preocuparse todavía más que los padres del siglo xviii por hacer que el niño se someta a la voluntad de los padres (*Elizabeth Duncan, *Lovell, *Prentiss, *Todd y *M. Walker). Por ejemplo, cuando la hija de *Lovell (1809?-?) de sólo cinco años se negó a dar los "Buenos días" a una visita, la castigaron enviándola a su cuarto, luego le pegaron, luego le soltaron un sermón y finalmente la amenazaron con un garrote, ante lo cual la niña cedió. Para *Lovell este desafío fue como "si el enemigo se hubiera apoderado por completo de ella, como si estuviera tratando de destruirla", y también un ejemplo "del depravado estado de su corazón impenitente" (89). *Lovell quería que su hija fuera obediente: "Queríamos inculcarle el hábito del cumplimiento estricto de nuestras instrucciones, y por este motivo con frecuencia tuvimos necesidad de corregirla del mejor modo que a nuestro juicio nos ayudara a conseguir este objeto" (84). He aquí cómo describe *Todd (1800-1873) su opinión sobre cómo criar niños.

Lo primero que necesita un muchacho es tener una constitución firme y vigorosa, de modo tal que con posterioridad pueda resistir grandes fatigas y trabajos. En seguida necesita un control firme y decidido sobre sí mismo, lo cual celebraremos sin reserva alguna, y además con alegría. Por último (aunque en realidad es lo primero en importancia) debe tener piedad, o sea, un corazón sumiso y obediente ante Dios. [285.]

Otros padres, sin embargo, no se interesaron a tal grado en la capacitación de su prole. *Hayes (1822-1893) escribió: "Preferiría que tuvieran una salud excelente por haber vagabundeado en los campos en lugar de enterarme de que fueron los mejores estudiantes de su edad en todo Ohio" (vol. 2, p. 437). En cambio, *Emily Judson (1817-1854) quería a sus hijos tal como eran: "Los amo por ellos mismos; porque nunca antes hubo criaturitas tan encantadoras; capullos más brillantes y más bellos nunca florecieron en la fría atmósfera de este mundo" (230).

La idea del sacrificio de los padres reaparece en el diario de *Samuel Howe (1801-1876) (véase Townsen en siglo xviii): "Debemos amarlos y tenemos que entregarles todo nuestro corazón; amarlos más que a nosotros mismos y estar prontos a sacrificar nuestros sentimientos e inclinaciones en aras de su bien" (295).

Por otra parte, el aspecto pecuniario de la atención de los padres parece preocupar menos en el siglo xix, si bien interesó a los escritores de diarios que hablaron de él. *Lawrence (1814-1886) escribió, por ejemplo: "Mi principal cuidado y ambición en este mundo se centra hoy día en el bienestar de mis hijos" (165). A cada uno de sus hijos les dio un patrimonio en cuanto llegaron a la mayoría de edad, es decir, a los veintiún años, para que se independizaran económicamente.

Los autores ingleses de diarios de este periodo se interesaron también en la formación del carácter de los niños (Allen, Cobden-Sanderson, E. Gaskell, Gurney, Hanover, Francis Palgrave, F. Russel y Tregelles). Thomas Cobden-Sanderson (1840-1922) enseñó a su hijo de 19 meses a dormirse en cuanto se le ponía en su cuna, en vez de llorar: "Ahora va a la cama al mediodía y por la noche se duerme sin llorar. Si esto puede hacerse, ¿cuánto más no podrá lograrse? ¡Vaya responsabilidad! ¡Qué instrumento tan soberbio, qué gimnasta de la virtud y de la conducta hermosa puede ser un hombre en los comienzos de la vida!" (vol. 1, p. 247). Fue uno de los contados autores de diarios que se refirió a puntos de vista de un teórico sobre crianza de niños: "Nuestra ansiedad por su futuro nos hace tener mucho cuidado en cuanto a quitarle malas costumbres y hacer su voluntad 'flexible', como dice Locke, a quien ahora estamos leyendo" (vol. 1, p. 246). E. Gaskell (1810-1865), que también leía a Locke, cosa que también hacía *Huntington (1791-1823), habla de su "ansiedad extrema por la formación del carácter de su hijita", y anhela enseñar a Marianne el autocontrol tan pronto como sea posible. Así, por ejemplo, la niña a los 13 meses le cogió ojeriza al baño: "estos dos últimos días ha hecho lo posible por no llorar, solloza y se ezfuerza por aceptarlo. ¡Oh! ojalá éste sea el comienzo de su autogobierno" (16). A los tres años y medio enviaron a Marianne a una escuela matutina de niños: "no para hacerla adelantar rápidamente en ninguna rama del saber sino para perfeccionar sus hábitos de obediencia, para darle una idea de cómo conquistar dificultades mediante la perseverancia y para hacerla aplicarse con continuidad durante un lapso breve" (34). En verdad, Gaskell confió en que su hija no fuera "afectada adversamente" ni por la escuela ni por los demás alumnos.

Frances Russell (1815-1898) se fijó una meta concreta en la crianza de sus hijos. Abrigó la esperanza de que (nos recuerda a G. Mildmay en el siglo xvi y a Rich en el xvii): "cada uno de mis hijos agregue un rayo de luz por pensamiento, palabra y obra para ayudar a despejar las tinieblas del error, del pecado y del crimen en esta tierra y en todas las demás" (227). Por su parte, T. Powys (1882-?) afirmó que los niños recompensaban los cuidados de sus padres: "Los bebés recompensan todo nuestro trabajo, por las noches sentimos el premio, la sensación de ser padre que aumenta, que nos despojamos de un poco de nosotros y se lo damos al niño" (164). Hewlett (1861-1923), que escribió lo siguiente sobre sus hijos, indica estar satisfecho de su papel de padre: "Nunca están fuera de mis pensamientos, y no puedo reprocharme ni lo más mínimo en relación con ellos" (MS, fo. 79).

Vuelve a mencionarse la obligación de los padres de ver por sus descendientes. Así, John Kitto (1804-1854), cuando convalecía, recibió de su médico la orden de caminar nueve kilómetros diarios y se negaba a obedecer: "Sin embargo, al ver que había tantos pequeñines cuyo bienestar inmediato parece depender de mi propia existencia", decidió caminar (625). Igualmente, Tregelles (1806-1864) sentía la necesidad de mirar por su prole: "Asegurando mi vida e invirtiendo cuidadosamente los pagos que recibo por mi intervención en los negocios, he logrado dar a mi familia un apoyo apropiado. Esto me ha costado mucho esfuerzo e incluso ansiedades; pero he obrado con base en un deseo sincero de hacer lo correcto, y no por amor al atesoramiento" (118).

Las autobiografías contienen información similar. Henry Dawson (1811-1878) se preocupaba cuando no ayudaba suficientemente a sus hijos a cumplir sus aficiones: " Cierto es que quisieron poner un taller en una parte de su cuarto, y me dio tristeza ver lo poco que pudieron poner en práctica sus deseos ante tales dificultades" (82). Lucas (1804-1861), por su parte, percibió con claridad los temperamentos diferentes de cada uno de sus nueve hijos; en su autobiografía los describe individualmente. No se tuvo en gran estima como padre; por ejemplo, no estaba de acuerdo con el castigo corporal, aunque a veces recurrió a él: "porque después de todo qué hay más importante que el buen ejemplo de los padres, cuando éstos tratan de ganarse el afecto de sus hijos y no sistemas, reglas o convenciones sobre educación" (174). Tiempo después escribió: "con frecuencia rezo por tener más habilidad para guiar e influir en las bellas disposiciones de nuestros amados hijos" (241).

Análisis. Al igual que los del siglo XVIII, los padres que escribieron sobre los cuidados paternos se interesaron en la formación activa del carácter de sus hijos. Podría pensarse que en los escritores norteamericanos de diarios hay una mengua de este deseo; véanse por ejemplo *Hayes y *Judson —¿fue esto una respuesta a Rousseau? Por su parte, los escritores ingleses parecen seguir apegándose al consejo de Locke: Cobden-Sanderson y Gaskell dicen que estaban leyendo sus obras. Locke da muchos consejos sobre cómo "extirpar" "las faltas" de los niños para que los padres puedan "plantar los hábitos que deseen". Estos padres, empero, son una minoría, otros no están tan preocupados por la formación activa del carácter de los niños. En pocas palabras, muchos aspectos de la atención de los padres han cambiado muy poco. Sin embargo, la cantidad de injerencia paterna en el desarrollo de los hijos parecería que aumenta durante el siglo XVIII. En el XVII un número muy reducido de escritores de diarios quiso asegurarse de que sus hijos fueran buenos puritanos. Esta educación adoptó la forma, siguiendo los preceptos de las religiones no conformistas, de hacer que el niño percibiera su índole inherentemente pecaminosa, con lo cual se allanaba el camino a su salvación. Para lograr la permanencia de estas nuevas fes habría sido necesario que los niños se empaparan de los principios religiosos para que se pudieran conducir como adultos. Sólo hasta el siglo XVIII algunos padres se interesan ya no en formar a los niños para asegurar su salvación, sino en formarlos para que la sociedad los acepte. En este terreno, las nuevas actitudes de estos escritores de diarios del siglo XVIII están vinculadas con su diferente método de crianza, aunque no está muy claro si estas actitudes reflejaron su conducta o la produjeron. Estos padres vieron a sus hijos como "deleites"; pero como deleites imperfectos, por cuya razón educaron a sus hijos de modo tal que "extirparon" (Locke) estas imperfecciones.

En todos los siglos, los padres hablaron del aspecto económico de los niños. A estos padres no solamente les preocupó tener ingresos suficientes para criar a sus hijos adecuadamente, sino también dejarles dinero suficiente para el caso de que murieran (véase, por ejemplo, Newcome, *Hull y Tregelles). En momentos en que el Estado daba poca ayuda económica a las familias, el gasto de criar a los hijos debe haber sido importante, y en las familias menos pudientes una causa de preocupación.

Stone (1977) presenta de un modo muy poco favorable las costumbres de crianza de los niños de la aristocracia inglesa. A estos padres los ve como indiferentes, a menudo crueles, y sin ningún interés en la atención de sus hijos. Los textos sobre la aristocracia estudiados aquí no apoyan la tesis de Stone. Muchos padres consideraron que la crianza de sus hijos era su obligación, se interesaron muchísimo en el bienestar de ellos y gozaron de la compañía de su prole, como se ve en los textos de Clifford y G. Mildway, en el siglo XVI, y de Blundell, Rich y Slingsby en el XVII. Algunos padres aristócratas se preocupaban tanto por el gasto de sus hijos, y estaban tan persuadidos de la necesidad de otorgarles apoyo económico como los padres no acaudalados (por ejemplo, Cowper, Freke y Rich).

ENFERMEDADES Y MUERTE

En general se acepta que los padres del pasado eran, en el mejor de los casos, indiferentes al bienestar de sus hijos, y en el peor, que de hecho los dañaban por medio del descuido y del maltrato. Los padres anteriores al siglo XVIII, se afirma, no se alteraban ante la enfermedad de un hijo y tampoco les conmovía su muerte. Un análisis de las fuentes primarias nos muestra algo del todo diferente y revela la ansiedad y las angustias que la mayoría de los padres de los siglos XVI y XVII experimentó, emociones que muchos autores han afirmado que fueron incapaces de sentir.

El siglo xvi. El único escritor norteamericano de diarios de este periodo, *Jefferay (1591-1675), envió por el médico "a causa de una ligera enfermedad de uno de mis hijos" (71). Aunque no da ningún indicio de sus sentimientos, el hecho de enviar por el médico indica preocupación por el bienestar del niño y deseo de que sane.

De entre los escritores ingleses de diarios, Dee, Oglander y Powell se limitan a decir que sus hijos estaban enfermos, en tanto que Powell sí visitó a sus hijos casados cuando enfermaban. Dee (1527-1608) observó cuando enfermó su hijo de seis meses: "Arthur cayó enfermo, se llenó de flemas, no pudo dormir, y no quiso ni comer ni beber como lo había hecho antes" (7). Es decir, que conocía lo bastante bien a su bebé como para saber cuáles eran sus pautas normales de conducta. En otro pasaje, Dee observa que su hijo mayor, de 8 años, "durmió bien" después de que una astilla traspasó accidentalmente su párpado izquierdo. Esto indica que Dee estaba lo suficientemente preocupado para, una de dos: cuidar a su hijo de noche, o cuando menos preguntar al día siguiente cómo había dormido. Dee esperó también que "Dios acelere el resto de la cura", lo cual contradice la tesis de la indiferencia de los padres (125). Otros autores de diarios describen sus ansiedades, Clifford (1590-1676) escribió lo siguiente cuando su hijita de 2 años 8 meses se enfermó: "La niña tuvo un nuevo y fuerte ataque de fiebre, y eso me preocupó tanto que casi no dormí en toda la noche; por eso supliqué a DIOS Todopoderoso que tuviera piedad de mí y que salvara su vida" (54). Hope (1585?-1646) habla de la enfermedad de uno de sus hijos mayores: "Los síntomas de la enfermedad de mi querido hijo se acentuaron... Que el Señor se apiade y le salve la vida, si ésa es su sagrada voluntad" (194). El diario de H. Mildmay (1592-1667) contiene muchas referencias a su hijo Charles (de unos 11 años) con motivo de su enfermedad, por la que Mildmay se preocupaba muchísimo: "Mi pobre Charles muy desarreglado y enfermo;

que el Señor lo ayude y lo consuele, socorra y auxilie". Al día siguiente escribió: "Fue una triste noche con el pobre Charles y todos nosotros rogando a Dios por él" (66). El hijo de Winthrop (1587-?) cayó enfermo estando en la universidad. Su madre le escribió: "Estoy muy apenada por tu enfermedad y día y noche ruego a Dios que te alivie, cosa que deseo con el más profundo afecto de mi corazón, y quiera estar presente junto a ti" (280).

El siglo xvii. De los 29 autores de diarios que hablan de la enfermedad de un niño, sólo tres (*Samuel Danforth, J. Erskine y *John Pike) no muestran preocupación. Los demás se preocuparon muchísimo.[10] Byrd (1674-1744) escribió lo siguiente cuando un bebé varón y una hijita se enfermaron: "Me levanté a las cinco de la mañana y envié excusas al coronel Hill por no acompañarlo a visitar al coronel Harrison, pues nuestros dos hijos estaban enfermos. El caso es que nos vinieron a visitar para acompañarnos en nuestra pena" (1941, p. 181). Cuando, meses después, enfermó la hija de *Byrd, éste escribió: "No desayuné, así de preocupado estaba por mi hija" (1941, p. 231). *I. Mather (1639-1723) dice: "pasé la noche en vela sentado en una silla junto a Nath, que seguía enferma". Al día siguiente "Nath seguía enferma", dice *Mather, y agrega que eso "estorbó mucho en mis estudios" (341). Al otro día añade que ha tenido "muchas interrupciones en los estudios por la enfermedad de Nath... Poco saben los niños el afecto que les guardan los padres en su corazón" (341). *Mather creía que la enfermedad de su hijo era resultado de los propios pecados de *Mather. Por otra parte, *C. Mather (1663-1728), hijo del anterior, creía también que sus pecados causaron la enfermedad y muerte de sus hijos y que debía conformarse con la voluntad de Dios. Este último punto no significa, sin embargo, que no se preocupara cuando sus hijos se enfermaban; todo lo contrario, en su diario hay mucha información sobre su ansiedad cuando se enfermaba alguno de sus hijos. Así, sobre alguna de sus hijas escribió: "mi pequeña y mi única *Katharin,* se enfermó de tal gravedad, que pocas fueron las esperanzas que tuvimos sobre su vida. En mi angustia, viendo que el Señor era así conmigo, *aplastando ese mi gran cariño* y arrancándome a quien había vivido en mí y arrebatándome lo que me había sido tan caro, *mi hija,* me arrojé a los pies de su Santísima Soberanía" (vol. 7, p. 179). *Mather "entregó" a su hija a Dios, pero a la vez suplicó su alivio. De otra hija, que se había quemado hacía poco de un modo accidental, y que en esos días tenía fiebre, *Mather dijo: "Mi alma se sintió *herida* de

---

[10] Véanse también Bagshawe, Blundell, W. Bulkeley, Byrom, Clegg, E. Erskine, *Green, Hay, Heywood, Josselin, Martindale, Morris, *Sewall y T. Smith.

muchos modos ante el deplorable estado de esta *avecilla*, que había sufrido ya tantas calamidades" (vol. 7, p. 303). *Mather mostró esta misma ansiedad cuando cualquiera de sus vástagos se enfermaba, pese a lo cual Stone asienta: "En los diarios de Mather hay pocas muestras de que estuviera profundamente preocupado por cualquiera de sus hijos" (214).

Los escritores ingleses de diarios dan pruebas de una preocupación similar. Cuando Freke (1641-1714) se enteró de que su hijo adulto estaba muy enfermo, "me aterroricé y asusté tanto que no conocí el descanso" (46). Housman (1680?-1735) escribió durante la enfermedad de su hija de cuatro años: "Dios nos ha estado tocando en un lugar muy sensible. Nos ha amenazado con arrebatarnos el deleite de nuestros ojos, la alegría de nuestros corazones de un solo golpe. Pero tuvo piedad de nosotros y en su misericordia consideró la clemencia" (62). Newcome (1627-1695) pensó también que sus actos pudieron causar la enfermedad de uno de sus hijos. Por ejemplo, cuando su joven hija se enfermó, escribió: "Me angustié muchísimo por el temor de que el Señor quisiera mostrar de este modo su desagrado por mudarme [de casa]" (173). Tiempo después, enviaron a esta niña al campo buscando así que se curara de su raquitismo. Cuando Newcome la visitó: "Nos recibió de pie, lo cual nos causó gran placer" (93). Después de que uno de sus hijos se alivió de una fiebre, Newcome escribió: "durante una noche la pasé muy mal, pero en la mañana vino la alegría" (97). Estando en la escuela un hijo de Mary Woodforde (1638-1730) recibió una cortada peligrosa de un dedo, y ella escribió : "Está muy lejos de nosotros y de todas sus relaciones, pero oh, mi amado Señor, llévale todo nuestro amor y atención y bríndale tu protección especial" (19). Los manuscritos de Andrew Rule (1695-?), Owen Stockton (1630-1680) y de la señora Stockton (?) nos ofrecen una imagen similar de ansiedades paternas. El único niño que escribió diarios en este siglo, y que habla de enfermedades, fue James Fretwell (1699-1772), el cual dice que estando indispuesto cuando aún no cumplía dieciocho años, "mi amada madre se sentó a mi lado hasta las tres o cuatro de la mañana" (195).

Un padre se ve menos angustiado por la enfermedad de su prole. Se trata de Elias Pledger (1665-?), cuya hija tenía tuberculosis en tanto que su padre se preocupaba porque él y su esposa se interesaran más en la fragilidad de la chica que en su estado espiritual: "Me temo que la hemos amado desmedidamente y que no hemos entregado nuestra voluntad a Dios, tal vez nos hayamos interesado más por la vida de su cuerpo que por la de su alma" (MS, fo. 63). Aunque Pledger sí oró por la salud de sus hijos, parece estar más dispuesto que los demás escritores de diarios a devolvérselos a Dios. Cuando su hijo de tres años se enfermó, Pledger escribió que "no deseamos que se quede en el mundo para su propio bien, más bien estamos dispuestos a renunciar a él que a que viva para deshonra de Dios" (MS, fo. 74). Pero ni en este caso sería justo acusar a Pledger de ser completamente indiferente a la salud de sus hijos.

Dos autobiógrafos hablan de las enfermedades de sus propios hijos. Pringle (1625-1667) recuerda que cuando su hijo mayor enfermó, él (Pringle) "se sometió" a la voluntad de Dios y su hijo se restableció. Rich (1624-1678) pensó que la mala salud de su hijo era resultado de su propia mala conducta, porque amaba demasiado a su hijo. Rich había estado esforzándose, sin resultado, por ser más religioso; pero ahora ofreció a Dios mejorar su fe si mejoraba la salud de su hijo, cosa que ocurrió. Cuando este mismo hijo enfermó de viruela a los diecinueve años, Rich escribió: "Me encerré con él e hice cuanto pude por su cuerpo y por su alma" (29).

Análisis. Se ha vuelto cosa común afirmar que antes del siglo XVIII los padres no se ocupaban gran cosa del bienestar de sus hijos debido a lo elevada que era la tasa de mortalidad infantil. A fin de protegerse contra fuertes tiempos emocionales, los padres guardaban cierta distancia entre ellos y su prole. Lo cierto es que los resultados sacados de textos de los siglos XVI y XVII no apoyan este razonamiento; la mayoría de los padres estaban muy preocupados cuando alguno de sus hijos tenía mala salud. Parece, más bien, que la elevada tasa de mortalidad infantil aumentaba sus ansiedades. Dado que los padres percibían la frecuencia con que morían los niños, un simple catarro o bronquitis bastaban para llevarlos a un paroxismo de pánico. Wrightson (1982) concluye de su examen de los diarios de Josselin, Martindale y Newcome, que el elevado índice de mortalidad infantil "no llevaba a la indiferencia sino a una ansiedad persistente por sus hijos debida a los azares de la enfermedad y de los accidentes" (109). En MacDonald (1981) se hallarán más pruebas de la intranquilidad de los padres, que a veces fue muy aguda. Las noches sin dormir de muchos padres de los siglos XVI y XVII y el deseo de la mayoría de cuidar ellos mismos a sus hijos, que llegó al extremo de velarlos noches enteras (véanse, por ejemplo, los diarios de *Byrd, Clifford e *I. Mather), atestiguan la profunda vinculación emocional entre padres e hijos, y en este punto cabe hacer notar que tanto los padres como las madres pasaban iguales ansiedades.

La edad del niño no tenía que ver con la intensidad de las preocupaciones paternas; los padres que no mencionan sufrir inquietud alguna cuando uno de sus hijos pequeños estaba enfermo, tampoco mencionaban ansiedades por los hijos ya mayores. En el siglo XVI, Clifford, Dee y Powell hablan de la enfermedad de un hijo menor de cinco años. De los tres, Clifford es el único que muestra algo de angustia. Sin embargo, Dee y Powell hablan de las enfermedades de sus hijos mayores con la misma brevedad con que hablan de las enfermedades de sus hijos menores. De entre los textos del siglo XVII, 56 por ciento contienen información sobre enfermedades de niños menores de cinco años. Todos los padres estaban preocupados, excepto *Danforth y *Pike, que tampoco mencionan preocupación alguna ante la enfermedad de un hijo mayor. Los autores religiosos de diarios parecen templar su ansiedad mediante su fe religiosa. Parece, sin embargo, que sus sentimientos eran diferentes de los que trataban de expresar en términos de fortaleza religiosa: para la mayoría de los padres resultaba difícil resignarse a la voluntad de Dios (Ebenezer Erskine, Housman, *C. e *I. Mather y Pledger). Es decir, tenemos padres cuyas sólidas convicciones religiosas les aconsejaban no sentir ninguna ansiedad, pero que encontraban imposible conservar un estado de resignación cristina para arrostrar las enfermedades de sus propios hijos.

El siglo xviii. Ocho diarios (12 por ciento) de los que hablan de enfermedades se limitan a decir que el niño estaba enfermo, sin dar indicio alguno de los sentimientos de los autores (*Carter, *Silas, *Constant, Goff, *Jacob Hiltzheimer, Mascall, *James Parker, *Ebenezer Parkman y *Stiles). Los dos ingleses parecen no estar preocupados por la enfermadad de alguno de sus hijos. Por ejemplo, Elizabeth Goff (1730?-?) no regresó a casa después de hacer una visita a pesar de que sabía que una de sus hijas estaba muy enferma y que su hijo menor tenía sarampión o tos ferina. Cuando uno de los hijo de Mascall (1702-1794) enfermó, su madre se limitó a desear que la enfermedad hubiera mejorado su alma. Los demás autores de diarios mostraron ansiedad evidente.[11] Así, *Alcott (1799-1888) escribe que pasó la noche con su hija Elizabeth. Cinco años después, cuando Louisa enfermó de fiebre tifoidea (trabajaba lejos del hogar), *Alcott fue de inmediato a recogerla, y los dos cónyuges la atendieron día y noche hasta que se restableció. *James Gordon (1713-1768) escribió lo si-

---

[11] Véanse también: *M. Bayard, Bishop, Braithwaite, Calvert, Cooke, A. Darby, H. Darby, *Dexter, Douglas, *Drinker, Gisborne, F. Gray, Hardy, *Hazard (1756-1845), *Hicks, Holland, *E. Holyoke, M. Holyoke, *Huntington, Jones, Kilham, *Lynde, Macready, Mantell, *May, Moore, Newton, Pease, T. Powys, Rathbone, Reynolds, Roe, Rowntree, Sandford, *W. Sewall, M. Shelley, Skinner, Southey, Stedman, Steuart, D. Taylor, J. Taylor, Thrale, Turner, *White, Elizabeth Wynne y Young.

guiente cuando su hijita de meses enfermó: "Mucha gente hay aquí, lo
cual es más bien desagradable, debido a que la niña está bastante
mal" (232). Al enfermar otra de sus hijas, apuntó: "Aunque tanía el
deseo de ir a Richmond, no fui por no dejar sola a mi pequeña" (233).
Una madre joven describe el estado de su mente durante la enfermedad de su hijita, de apenas meses; *Shippen (1763-1841) anota:

> Gracias a Dios que mi bebé está casi bien. Estos últimos seis días estuvo
> tan enferma que casi la desahuciamos. La cuidé con todas mis fuerzas,
> nunca la dejé sola más de una hora —¡oh! cuánto sufrí durante las mu-
> chas horas en que pensé que estaba muriéndose— lo que sentí es algo que
> no puedo describir —yo también he estado muy enferma de cansancio y
> de falta de sueño. También mamá ha sufrido mucho y quiso aliviar mi
> dolor, pero no lo permitiría. [151.]

*Huntington (1791-1823) nos describe sus sentimientos ante la enfer-
medad de su bebé: "Ayer mi hijito estaba muy enfermo. Lo velé casi
toda la noche y temí que tuviera una de dos enfermedades, una resultado de una mala caída, la otra efecto de haber estado expuesto a una enfermedad infecciosa... Creo que me hundiría ante el dolor de separarme de mi hijo" (80). Los norteamericanos autores de diarios que
hablan de enfermedades describen también cuidados y atenciones paternas; ellos son *James Gallatin (1797-1876) y *Anna Winslow (1759-
1779). Gallatin cree que su madre se alteraba demasiado cuando estaba
enfermo.
Los padres ingleses muestran una ansiedad similar. Por ejemplo,
Boscawen (1719-1805) dice:

> Los tres niños han estado enfermos a la vez. Las dos niñas tienen toses y
> fiebres debidas a los dientes, que brotaron inmediatamente. El niño tuvo
> una tos violenta y constante... Es fácil imaginar el estado en que me
> encontraba. Por la pobre Fanny yo temblaba, su aliento y sus pulmones
> estaban ya tan oprimidos que daba dolor oírla, y la puerca [sic] no podía
> beber nada, aunque estaba muriéndose de sed. Quise darle todo tipo de
> licores... Por lo que hace al niño amado, a veces tomaba cualquier cosa
> que yo le daba; pero luego temía alguna hemorragia, un sangrado, que
> hubiera sido necesario para el sarampión. No dudé de que podía persua-
> dirlo para dejárselo hacer, e inclusive ya tenía su promesa. Pero yo descon-
> fiaba de mí misma. Dudaba de poder permanecer en el cuarto; el menor
> signo de mi temor habría inspirado y justificado el suyo. [1940, p. 74.]

A Boswell (1740-1795) lo "torturó la aprensión" cuando pensó que su
hijita de dos años y medio tenía sarampión (vol. 10, p. 255). Mary
Fletcher (1739-1814) escribió lo siguiente cuando su hija, ya adulta,

enfermó: "Sentí como si tuviera un cuchillo en el corazón. Ella es todo para mí" (186). A Fox (1793-1844) "la destrozó" ver el sufrimiento de su bebé cuando enfermó (191). Fry (1780-1845) quedó "sin aliento y llena de ansiedad porque nuestra hijita estaba inquieta y parecía sufrir mucho. Repentinamente se puso en verdad mal, y yo deseé que mi corazón no dependiera tanto de ella, o de su salud" (98). Por lo demás, se sometió a la voluntad de Dios: "Con respecto a mis amadas ovejas, deseo estar lista a renunciar a ellas; porque ahora no sabemos qué es lo mejor para ellas; y creo que debemos esforzarnos en mirar por ellas, como trabajos encomendados a nuestra atención, pero no como propiedad nuestra" (124). A pesar de todo, en el terreno de los hechos, vio que no era fácil obrar conforme a esta creencia y siguió sintiéndose trastornada cuando alguno de sus hijos se enfermaba. W. Scott (1771-1832) dice respecto a su hija adulta: "Anne amaneció enferma. ¡Que Dios nos ayude! Si resulta algo grave, como sé que ha ocurrido en casos similares, ¿dónde hallaré valor o consuelo?" (94). Otro padre, Peter Oliver (1741-1823), ensayó todo lo que se le ocurrió para ayudar a su hija enferma que parecía sufrir tuberculosis incipiente. La llevó a la playa, "con frecuencia le di baños fríos, pero sin ningún resultado", y también la envió al campo" (MS, fo. 18).

Grant (1797-?) es el único autobiógrafo que incluye algunos detalles de enfermedades. Esto tal vez se deba a que la atención amorosa y llena de bondad que Grant y sus hermanos recibieron cuando se enfermaron fue muy diferente al modo áspero usual con que se les trataba. Este ejemplo indica la complejidad de las actitudes de la atención de los padres. Conforme a normas modernas, los padres de Grant eran crueles, aunque se angustiaban cuando enfermaba uno de sus hijos, ellos mismos lo atendían y hacían cuanto estaba en su mano para darle comodidad.

Análisis. Ha habido muy poco cambio en el tipo de reacción de los padres ante las indisposiciones de sus hijos. La edad de los niños no tuvo nada que ver con la preocupación de los padres durante la enfermedad. Los autores de diarios que no describen preocupación alguna cuando sus hijos se enfermaban no lo hacían ni cuando se trataba de bebés o de hijos mayores. Si consideramos los diarios de Goff y Mascall, veremos que en algunos padres del siglo XVIII aparece una despreocupación definida. Aunque el hecho de que el autor del diario no declare preocupación no se puede considerar como que no la experimente, el hecho de que Goff no volvió a casa cuando estaba de visita en otra parte y su hijo estaba muy enfermo, indica que no sufrió gran ansiedad.

La fortaleza religiosa que se revela en los textos del siglo XVII reaparece en algunos textos del siglo siguiente (*Bayard, A. Darby, Fry, Faith, Gray, *Huntington, Jones, Hannah Kilham, Macready, Rathbone, Elizabeth Rowntree, Sandford, Dan Taylor). Estos padres descubrieron también que entraban en conflicto sus creencias religiosas y sus emociones como padres, pues aunque creían firmemente que debían someterse a la voluntad de Dios, hallaron muy difícil y hasta imposible hacer tal cosa.

También parece que era muy poco lo que podía hacerse para ayudar a niños enfermos. Pocos padres llamaban al médico, pues más bien ensayaban remedios recomendados por amigos y parientes; si se hallaba un remedio que diera resultado, los padres corrían la voz (MacDonald, 1981, Wrightson, 1982). Los padres de los siglos XVI a XVIII creyeron que los aires del campo eran benéficos y con frecuencia los empleaban para vigorizar a sus hijos enfermos (por ejemplo, *Huntington, Newcome, Oliver, Rathbone y Wallington).

El siglo xix. De los cuarenta y ocho diarios en que se habla de enfermedades, sólo los de Thomas Acland y Waugh se limitan a observar que sus hijos estaban enfermos. Waugh (1903-1966) parece haber sido indiferente, pues escribió, por ejemplo: "Creo que en la casa de cuna hay epidemia de tos ferina" (1976, p. 667). Los otros autores de diarios no fueron tan indiferentes.[12] *Home (1801-1876) estaba por iniciar un viaje, pero demoró su visita porque su hijita de siete años estaba enferma: "su enfermedad, aunque mucha gente me dice que no es nada, me parece alarmante... En cuanto mejore de modo que ya no sienta yo ansiedad y me angustie el pensamiento de que la pobrecita está preguntando por Papá, marcharé" (369). *Prentiss (1818-1878) expresaba gran ansiedad cuando alguno de sus vástagos enfermaba. Por ejemplo, veló toda la noche a su hijita de dos años: "Allí sentados hora tras hora mirábamos las alternaciones de su color en su carita purpurina y oíamos ese terrible jadeo, ese sonido de asfixia... ¡Oh, sólo Dios sabe, sólo Él, qué noche terrible fue ésa! Hasta qué punto me ha llegado a castigar por medio de esta criatura, es cosa que Él sabe perfectamente" (144). La hijita de catorce meses de *Todd (1800-1873) enfermó gravemente:

> Me acerco a la orilla de su cama, la veo y escucho sus breves quejidos, mientras puedo estar a su lado, pero luego debo alejarme a llorar. ¡Vaya cosa! crear y sembrar en el corazón humano esa pasión maravillosa que

---

[12] Véanse también: Alford, Allen, Bailey, Benson, Bright, Cobden-Sanderson, Collins, *Colt, Cowell, Cunningham, Dawson, *Duncan, Ewing, Gladstone, Guest, Hanover, Head, *Jackson, Jeune, *Longfellow, *Otey, Palgrave, *Phelps, *Philips, *Sterne, Tregelles, *Walker, *Ward y Wood.

llamamos *paternal*. Cuando voy de un lado para otro en la casa (¡esta sensación se vuelve agonía!) veo su sillita, su ropa, sus cosas; aquí se sentaba, allí cantaba, desde allí me lanzaba sus dulces miradas; todo está asociado con el pasado y con el temor. [241.]

*Todd no quería perder a su hija: "Sé que no debemos negarnos a entregar a nuestro amor, a esta dulce niña, a devolverla a su Hacedor y Creador: con Él estará mejor que con nosotros; pero ¡oh, qué agonía romper las cuerdas del corazón" (241).

En los autores ingleses de diarios aparece esta misma preocupación. Por ejemplo, a Christopher Addison (1869-?) le preocupó la salud de sus hijos durante la primera Guerra Mundial: "es doloroso y evidente que su vigor ha sido seriamente afectado por la dieta de guerra... Creo que la limitación del azúcar en una u otra forma es en gran medida responsable de su estado" (422). Tiempo después sus hijos enfermaron de sarampión, y el más pequeño "estuvo gravemente enfermo... al grado de que hoy en la mañana me sentí dominado por la ansiedad" (485). La esposa de Addison dijo a su marido

que si sobrevivimos a estos tiempos horribles cree que uno de sus recuerdos más vívidos será de un ataque aéreo nocturno, su esfuerzo por tomar en brazos a Michael, de sólo tres años y medio, y de hacerlo dormir junto a su lecho cantando monótamente una canción de cuna; todo estaba a oscuras, había un terrible rugir de fuego antiaéreo y de bombas, toda la casa se sacudía y se mecía mientras el niño murmuraba, febrilmente entre dientes, "mécheme, Mami, mécheme". [492.]

En el diario de Andrew Bonar (1810-1892) encontramos información sobre el conflicto al que nos hemos referido, entre creencias religiosas y sentimientos paternales. Cuando el hijo de Bonar, de sólo dos años, enfermó, no pudo resignarse a aceptar la voluntad de Dios: "estos dos días me han dado pruebas terribles de la frialdad de mi corazón. Me he sentido terriblemente incapaz de despertar un amor de gratitud. A veces me he sentido enfermo al descubrir el egoísmo de mi corazón" (207). Y cuando su hija de veintidós meses de edad enfermó, E. Gaskell (1810-1865) escribió: "Me esforcé cuanto pude por resignarme, pero no puedo expresar cuánto sufrió mi corazón ante el pensamiento de no volver a verla más" (11). El niñito de apenas cinco años de Mary Hochberg (1873-1950?) debía sufrir una operación:

Se portó tan bien y valientemente, pero lloró, lleno de angustia, cuando despertó del cloroformo. Lo vi cuando todavía estaba bajo los efectos de él, inmóvil con su carita pálida y sus ojos cargados: sentí una gran tristeza por él y me di cuenta más que nunca de cuánto lo adoro, fue un gran dolor sentir que se aferraba a mí por sus sufrimientos, pobre cosita mía. [128.]

Diez niños autores de diarios mencionan algún malestar, y todos hablan de la preocupación de los padres (Bruce Cummings, Hanover, Johnston, *May, Ann Palmer, Llewellyn Powys, *Richards, Shore, *Frank Smith y *Webb). Por ejemplo, *Caroline Richards (1842-1913) dice que, como tuvo una fuerte tos, su abuela se preocupó y envió por el médico, pero que no estuvo de acuerdo con su modo de examinar: "Me sentó en una silla, me golpeó los pulmones y la espalda y oyó mi respiración mientras mi abuela se sentaba cerca y observaba en silencio, pero finalmente dijo, 'Caroline no está acostumbrada a que la golpeen'" (194). A *Catherine Webb (1801-1900) la enviaron a una escuela de internas, pero "siendo yo una muchacha muy delicada y como hacía mucho frío, mi Madre temió por mí" (148). Shore (1819-1839) sucumbía gradualmente ante la tuberculosis. A los diecinueve años ya estaba muy enferma: "Es doloroso, no obstante, ser el objeto de tan constantes cuidados y ansiedades por parte de mis padres, especialmente de mi pobre padre que tiene tantos problemas en su pesada profesión sin tomar en cuenta el que yo (inocentemente) le he agregado. Es imposible describir cómo me observa y cómo, aun cuando me esté quieta, percibe con una simple ojeada si he mejorado" (265).

De las tres autobiografías que informan de enfermedades durante la niñez (*Elizabeth Chace (1806-?), Hare (1834-1903) y *Judson (1817-1854), sólo Hare no recuerda ninguna atención de sus padres. La austeridad con que fue criado lo enfermó, pero durante este periodo no se le hizo ninguna concesión, de modo que siguió con sus lecciones diarias. Kitto (1804-1854) habla del sufrimiento que pasó cuando un médico le dijo que el golpe que su hijita había recibido en la cabeza podía ser fatal.

Análisis. Los textos del siglo XIX contienen las mismas pruebas que los de los siglos XVII y XVIII; la edad del niño no afectó la preocupación de los padres; también se describe el conflicto entre la ansiedad de los padres y las creencias religiosas, si bien en un porcentaje menor de escritores de diarios (Bonar, Gaskell y *Todd).

En términos generales, los resultados revelan que casi todos los padres se preocupaban muchísimo cuando algunos de sus hijos enfermaban, independientemente de en qué siglo hayan vivido. Parece como si la profunda vinculación emocional que la mayoría de los padres tenían con sus descendientes les causara siempre desaliento y ansiedad. Además, casi todos los padres atendieron directamente a sus hijos, y no los dejaron cuando enfermaron, ni siquiera tratándose de ausencias breves. O sea, que consideraron que atender a sus hijos enfermos era su responsabilidad. Estos resultados contradicen el punto de vista de que los padres estaban desvinculados emocionalmente y que sus hijos les eran indiferentes. Tampoco se ve ninguna diferencia significativa por razón de la clase social en cuanto a la ansiedad experimentada o al cuidado que brindaban los padres. Los aristócratas se preocupaban y atendían tanto a sus hijos como las clases medias (por ejemplo, véanse Clifford respecto al siglo XVI, *Byrd y Rich respecto al XVII, y Boscawen, Grant y *Shippen en el XVIII).

A los padres los angustiaba tanto la enfermedad de cualquiera de sus hijos, no importa cuán ligera fuera, porque con mucha facilidad podía ser mortal. Estudios hechos sobre la mortalidad en Inglaterra indican la frecuencia relativamente elevada de la mortalidad entre bebés y niños pequeños en aquellos siglos. Fildes (1980) afirma que, respecto al periodo de 1680-1875, moría un promedio de 169 niños por cada mil nacimientos. Los demógrafos Wrigley y Schofield han establecido que aproximadamente la cuarta parte de los niños morían antes de cumplir diez años (citado en Wrightson, 1982, p. 105). Es muy posible que el índice de mortalidad entre los norteamericanos haya sido más elevado. Cuando una enfermedad resultaba fatal, la angustia de los padres, así como su pena, se ahondaban. No eran "indiferentes" a la muerte de un hijo porque muchos murieran, como han afirmado algunos autores. El conflicto entre creencias religiosas y amor paterno, del que hablamos al ocuparnos de las enfermedades, reaparece en citas sobre la muerte. En teoría, los padres religiosos creían que los hijos les habían sido dados en préstamo y que por consiguiente no tenían derecho alguno a objetar que se les llamara, mediante la muerte, ante el trono de Dios. A pesar de esto, cuando en realidad experimentaban la muerte de un niño les resultaba dificilísimo, y a veces imposible, conciliar su fe con el dolor que les causaba la pérdida de un hijo. Estos pasajes son los más dolorosos de los diarios; a veces los padres están completamente desalentados. No pueden aceptar la muerte de un hijo, ni tampoco pueden aceptar su inadaptabilidad hacia ella, pues creían que no solamente habían perdido un hijo, sino también su fe.

Como se ha afirmado que los padres eran particularmente indiferentes a la muerte de sus hijos pequeños, la información que presentaremos sobre la muerte se relacionará principalmente con niños menores de seis años.

El siglo xvi. Los hijos de cinco escritores de diarios murieron muy pequeños.[13] Dos escritores no revelaron ninguna emoción; ellos son

---

[13] Dos autores de diarios del siglo XVI perdieron a un hijo mayor, Hope y H. Mildmay; este último no guardó mucho luto a la muerte de su hijo adolescente, pues apenas dos semanas después de la muerte tuvo una fiesta.

Nicholas Assheton, y Powell. Sin embargo, aun cuando Assheton no parece estar trastornado por la muerte de su hijo muy poco después de su nacimiento, no sólo fue al entierro (Shorter en *The Making of the Modern Family* (1976) arguye que la indiferencia de los padres hacia los hijos anterior al siglo XVIII podía verse en cosas tales como que los padres no asistieran al entierro de sus niños), sino que puso además al niño en su tumba. Es probable que algunos de aquellos escritores de diarios antiguos hayan padecido cierta incapacidad para manifestar sentimientos. Aun cuando sentían pena, no sabían expresarla.

A fines del siglo tres autores de diarios, William Brownlow, Wallington, y Winthrop, describen bien su pena y revelan gran zozobra ante la muerte de sus hijos. Así, Brownlow (1594-1675) perdió muchos hijos recién nacidos; pero esto no lo volvió "indiferente". Describe sus sentimientos cuando dos hijos, que sobrevivieron unos cuantos años, mueren también: "¡Oh Señor!, me has tratado amargamente y me has destrozado con un golpe tras otro, ¿cuándo te dignarás consolarme?" (121). Y ante la muerte del segundo hijo: "Estaba tranquilo, pero Tú, Oh Señor, me has destrozado y me has hecho pedazos" (123). A Wallington (1568-1658) lo abrumó la muerte de su hijita de unos cuatro años: "El dolor de esta hija fue tan grande, me olvidé tanto de mí mismo, que ofendí mucho a Dios; porque quebranté todos mis propósitos, promesas y ofrecimientos a mi Dios, porque mi mente se extravió mucho, y porque no fui consolado, a pesar de que mis amigos me hablaron tan amablemente" (xix). La esposa de Wallington, por el contrario, no aprobó que resultara tan profundamente afectado, y dijo: "Lo devolví tan libremente a Dios, como lo había recibido de él" (xix). Wallington no quedó persuadido; todavía siguió considerando que le había tocado una "amarga porción" cuando su hijita murió unos años después. (Hubo una gran diferencia social entre estos dos padres: Brownlow era barón, y Wallington, un simple tendero.)

El siglo xvii. Seis escritores de diarios no revelaron ninguna emoción ante la muerte de uno de sus hijos. Ellos son: *William Adams, Browell, *William Cooper, *Danforth, Heywood y Samuel Newton.[14] Todos sus hijos tenían menos de un año; excepto los de *Danforth, todos los cuales sucumbieron al mismo tiempo por la misma enfermedad. Como ocurrió con los autores de diarios del siglo XVI, muy probablemente algunos padres no pudieron expresar sus sentimientos. Por ejemplo,

---

[14] Los diarios de Clegg, *Danforth, Evelyn, *Hammond, Josselin, Martindale, *C. Mather, Newcome y Osborne contienen información sobre la reacción de los padres ante la muerte de un hijo mayor. Sólo *Danforth no revela ninguna emoción. Las autobiografías de Rich y Stout revelan también el sufrimiento de los padres ante la muerte de un hijo mayor.

el diario de Mark Browell (1660?-1729) no contiene ninguna emoción, pero sí dice que su hija murió "a las seis semanas, un día y siete horas de edad", lo cual da a entender que prestó atención suficiente a su hija para precisar el tiempo de su entrada a este mundo y su salida de él (186).

Otro padre, John Hervey (1665-1771), parece resignarse a su suerte y escribe, cuando su hijo de seis semanas fue cubierto por la enfermera: "El Señor nos lo dio, y el Señor nos lo ha quitado, bendito sea mi Dios misericordioso, que ha permitido que me queden muchos con vida" (44).

Otros autores de diarios revelaron una angustia mucho mayor. Cuatro norteamericanos expresan pena ante la pérdida de un hijo pequeño. Ellos son: *Byrd, *C. Mather, *Pike, y *Sewall. He aquí, por ejemplo, lo que *Byrd (1674-1744) escribió sobre la muerte de su hijito de nueves meses: "Mi esposa se afligió muchísimo, pero yo, aunque me sometí a Sus juicios, sentí muchísimo mi pérdida; hágase, sin embargo, la voluntad de Dios." Cuatro días más tarde: "Mi esposa sigue afligidísima por la pérdida de nuestro hijo, y traté de consolarla lo mejor que pude" (1941, pp. 186-187) *C. Mather (1663-1728) se trastornó cuando uno de sus hijos murió, al grado de que se le dificultó someterse. Por ejemplo, su hija de unos cuantos meses murió: "El Espíritu de Nuestro Señor Jesucristo me ayude, así lo espero, para tener una sumisión paciente y amable, ante esta calamidad: sin embargo, siento que Satán me asalta con una fuerte tentación" (vol. 7, p. 185), y cuando una hija de dos años y medio agonizaba, escribió: "Imploré e imploré que un cáliz tan amargo, como la muerte de esa amada niña, pasará de mi... justo antes de morir me pidió que rezara con ella, cosa que hice, con mi alma destrozada, pero resignada; la devolví al Señor... Señor, ¡estoy agobiado; apiádate de mí!" (vol. 8, p. 261).

Muchos de los escritores ingleses de diarios que hablan de la muerte de un niño se lamentan profundamente: Byrom, E. Erskine, J. Erskine, Evelyn, Housman, Josselin, Pledger, Stockton y la señora Stockton. E. Erskine (1680-1754) perdió tres hijos por el sarampión en unas cuantas semanas: "Mi querido, dulce, y gracioso hijo Ralph [de dos años] murió un jueves... Su muerte fue muy dolorosa y nos afectó a mi esposa y a mí; pero buena es la voluntad del Señor" (266). Después de la muerte de Ralph: "Fui a dar gracias, pero casi al final, cuando me di cuenta de la situación actual, de que Dios había escogido una de las flores más dulces de la familia, mi corazón estalló en lágrimas y por eso no pude proseguir" (268). Unos días después, Erskine escribió que había "sido afectado tristemente, *tristemente* por la pérdida de otros dos hijos encantadores": Henry, de nueve años, y Alexander, de cinco. Alexander fue el último en morir: "Mis sentimientos estaban estrechamente entretejidos con él, y me consolaba tener su compañía... pero parece que el Señor no me permitirá complacerme en ninguna cosa terrenal. No puedo expresar la pena de mi corazón por la pérdida de este niño, ya que la pérdida de los otros dos es muy reciente" (269). Por su parte, Housman (1680-1735) vio "ciertamente como una prueba... la mayor a que he sido sometido" la muerte de su hijo. La hija de cuatro meses de edad de Rule (1695-?) murió sofocada, probablemente, por su propia madre. A la mañana siguiente la encontraron muerta, y entonces Rule escribió: "Sólo Dios sabe a qué prueba tan dura nos sometió" (MS, fo. 86).

Dos padres sufrieron la pérdida de un bebé y de un niñito mayor, y ambos relatan con más angustia la muerte del último. Evelyn (1620-1706) se resignó cuando su hijo de unas cuantas semanas fue sofocado por su nodriza: "para nuestra gran desgracia, nuevamente estamos reducidos a uno solo: pero cúmplase la voluntad de Dios" (vol. 2, p. 164); en cambio, ante la muerte de su hijo de cinco años, habla de "su pena y aflicción inexpresable" (vol. 2, p. 96), y ante la de su hija de veinte años, "nuestra tribulación y dolor inenarrable" (vol. 2, p. 452).

De modo similar, Josselin (1616-1683) muestra más pena ante la muerte de un niño de ocho que ante la de un bebé. Aunque la considera "triste": "fue el más pequeño y por ello nuestros sentimientos no resultaron tan lastimados" (47). Lo cual contrasta con la tristeza que mostró ante la muerte de su hija Mary: "era una niña preciosa,[15] pura mirra, pura dulzura: era una niña de 10 000, llena de sabiduría, de compostura femenina, de conocimiento, de expresiones dulces de Dios, pronta para aprender, amorosa y de corazón tierno, obediente... Señor, me da gozo ofrecerte un presente así... vivió deseada y murió lamentada" (74).

Análisis. Una simple ojeada a las citas anteriores nos basta para mostrar la angustia que la mayoría de los padres sintió ante la muerte de un niño. Es punto menos que inexplicable cómo es que algunos historiadores pudieron afirmar que los padres de los siglos XVI y XVII no sintieron la pérdida de un hijo. Un estudio de lo dicho por Stone sobre este problema resulta particularmente iluminador: Stone cita la reacción de Josselin ante la muerte de su bebé y afirma que Josselin no estaba triste. Luego omite la descripción de la muerte de Mary

---

[15] Aun cuando Josselin se refiere a su hija usando el pronombre personal neutro, no puede afirmarse que haya permanecido ignorante de su presencia.

porque la tristeza de que se habla allí contradice su argumentación. (Véase también Macfarlane, 1979a, que defiende el mismo punto.) Aunque Josselin parece haber sentido menos la muerte de Ralph, no por eso puede afirmarse que le fue indiferente. Lo que interesa en particular es que los padres de siglos posteriores sintieron menos la muerte de los bebés en comparación con la pena que experimentaron por la muerte de un hijo mayor. Los resultados obtenidos por este estudio son apoyados por MacDonald (*Mystical Bellam*, 1981), quien halló que 58 entre 134 casos de dolor pertubador registrados por Napier resultaron atribuibles a muertes de niños. Dice: "Aunque era común, no por eso se soportaba con facilidad" (77). A pesar de las exigencias en contra, las aldeanas "constituían vínculos profundos y perdurables con sus hijos y sufrían una y otra vez según las enfermedades segaban un hijo tras otro" (85).

Los bebés de cuatro autores de diarios murieron sofocados (Evelyn, Hervey, *C. Mather, y Rule), los tres primeros por su nodriza y el último por su madre. *Sewall, otro autor de diarios del siglo XVII, parece considerar hecho normal la asfixia de los niños, y al respecto escribe después de que el hijo de un amigo fue hallado muerto en la mañana en su lecho: "No parece haber síntomas de asfixia" (vol. 5, p. 121). Estudios antropológicos han revelado que una reacción al elevado índice de mortalidad infantil es mantener al niño cerca de la madre o de quien lo cuide, en todo momento (Knnor, 1977, De Laguna, 1965; Leighton y Kluckhohn, 1948; LeVine, 1977). Otros autores de diarios, digamos, Clifford y Wallington, que escribieron en el siglo XVI, así como *Bailey, que escribió en el XVIII, nos dicen que los niños dormían con un adulto. De esto cabe deducir que esos padres tenían sus propias prácticas de crianza orientadas a enfrentar el elevado índice de mortalidad infantil, aun cuando la asfixia del niño podía ser una consecuencia desafortunada.

El siglo xviii. Seis escritores de diarios no muestran pena alguna ante la muerte de un niño pequeño. Ellos son: Anna Braithwaite, *Thomas Hazard (1756-1845), *Mary Holyoke, *Susana Holyoke, *John Preston y Steadman. Otros autores de diarios, tanto norteamericanos como ingleses, sufrieron mucho la muerte de sus hijos,[16] por ejem-

---

[16] Véanse también: Bishop, Boswell, Calvert, *B. Cutler, A. Darby, *L. Dow, *M. Dow, Fry, F. Gray, *Griffith, Holland, Kilham, Lettsom, *Mills, Moore, Oliver, Rathbone, Roe, M. Shelley, D. Taylor, J. Taylor, Thrale, *Warder, *White, *Wiswall y Elizabeth Wynne.

En cuanto a los textos que describen la muerte de un hijo mayor, se pueden consultar: *Alcott, H. Backhouse, Boscawen, C. Brown, Burney, *Drinker, Goff, Hagger, *Hicks, *Hiltzheimer, Knox, Lettsom, Macready, Mascall, Moore, Pearson, Pease, Rowntree, Sandford, Skinner. *Stiles, Thrale, Townsend y Young.

Goff, *Hicks y *Hiltzheimer no dan cuenta de ninguna emoción.

plo *M. Bayard (1769-?), que escribió unos cuantos días después de la muerte de su hijo:

> ¡Oh cruel recuerdo! este día mi amado hijo habría cumplido nueve meses, la edad en que yo tontamente pensaba que podría andar, pero, ¡ay! cuán misteriosamente y con cuánta frecuencia la Providencia ciega nuestras esperanzas y aplasta nuestros planes más queridos; fue un niño prometedor, pero por mucho tiempo que nos doliera, el Sábado pasado lo entregamos a una tumba silenciosa. [122.]

*Huntington (1791-1823) perdió un hijo de casi dos años y, once días después, una hija de cinco. Anotó los sentimientos que le produjo la muerte de su hijo:

> Fue así como el amado y querido bebé me dejó casi sin advertencia previa. La desgracia cayó sobre mí como un rayo... La sacudida mayor fue la primera. Pero mi mente estuvo perturbada todo ese día y el siguiente. No sabía ni dónde estaba ni qué era; hasta ese grado había ignorado qué tanto este amado bebé se había enraizado en todas las fibras de mi corazón. [295, 298.]

Y cuando Elizabeth murió, *Huntington sintió que eso era demasiado, y "me hundí en seguida" (298). El hijo de *Silliman (1779-1864) murió poco antes de cumplir cinco años: "Este dolor se apoderó prontamente de mí. La sombra de la muerte, que nunca antes había caído sobre esta casa, se ensañó después contra mi hijo mayor, un niño dueño de los rasgos más atractivos" (vol. 1, p. 277).

Los textos ingleses contienen material similar. Jones (1755-1821) se afligió muchísimo ante la muerte de su hija de dieciocho meses: "¡Qué gran tristeza se cierne sobre mi alma!... Mi alma parece oprimida con un gran peso, que ningún tiempo aligerará jamás. ¡Oh, amado hijo mío, que yaces muerto bajo este techo! cuyo espíritu vi partir ayer" (99-100). Jones pensaba que su dolor no era justificado puesto que su hija había partido hacia "cierta beatitud eterna" (99). Otro padre, Macready (1793-1873), lamentó con igual dolor la muerte de su joven hija: "No supe lo que hacía, ni cómo me sentía, excepto que era algo inexpresable, una agonía sin esperanza... Mi hija está muerta, mi bendita, mi amada, mi querida hija" (vol. 2, p. 99). Unos días después, escribió: "El recuerdo de este bendito querubín me sigue por todas partes" (vol. 2, p. 101).

John Letssom, Moore, Thrale y Trench perdieron un hijo pequeño y otro mayor, y a todos les dolió más la muerte del último. Así, Moore (1779-1852) mostró poca emoción ante la muerte del pequeño, al menos en comparación con el estallido posterior a la muerte de su hija de

16 años: "No pude frenarme —desde hacía tanto tiempo había estado ahogando mis sentimientos, que pronto hallaron salida, y un ataque de violentos sollozos se apoderó de mí, durante el cual sentí como si el pecho se me hiciera pedazos" (vol. 6, p. 21). En el curso de unos días, Trench (1768-1837) perdió una hija de unos cuantos días y un hijo de dos años; después de la muerte de su hijo, escribió:

> La pérdida de mi hijita, que me pareció durísima, se empequeñece y se vuelve nada en comparación con esto. Ella era apenas un botón pequeño; él era un brote hermoso que había cruzado indemne los peligros primeros, y que prometía dar los frutos más deliciosos... ¡Oh, mi niño, mi niño!... ¿cómo fue posible que mi corazón al contemplarte frío e inmóvil no se haya hecho pedazos al instante? [1862, pp. 199, 201.]

Boswell, niño que llevó diario, escribió a su madre a los 14 años doliéndose con ella por la muerte de uno de sus hijos ocurrida a los pocos días de haber nacido que, "si hubiera tenido más edad, tu pena habría sido mucho mayor" (vol. 1, p. 48). Esto concuerda con la imagen que se da en otros textos, de que los niños muy pequeños, aunque llorados, no se sienten tanto como los niños de más edad.

El siglo xix. Estos textos presentan la misma gama y profundidad de dolor que los escritos anteriores. Dos padres (*John Lee y *James Strang) se limitan a mencionar la muerte de sus hijos. Dos hijos de Samuel Wilberforce murieron durante el periodo que abarca su diario (uno de ellos era adulto y el otro bebé), pero en el texto publicado no se mencionan sus muertes. Dado que Wilberforde habla de que escribió una carta de pésame a un amigo cuyo hijo había muerto, lo más probable es que él también haya sentido mucho las muertes de sus descendientes. A *Hayes y a Waugh les afectó relativamente poco. El hijo de *Hayes (1822-1893), que nació estando su padre en la guerra, murió a los nueve meses de edad. *Hayes escribió "He visto tan poco de él... que no lo siento como pérdida; pero su madre y también su abuela perdieron a su pequeño compañero y sufrieron mucho" (vol. 2, 414). Waugh (1903-1966) escribe sobre una hija que murió poco después de haber nacido: "Pobre niñita, no fue deseada" (1976, p. 489). El resto narra una pena mucho mayor.[17] Los tres hijos de *Lovell (1809-?) murieron con 18 meses de diferencia. Al día siguiente a la muerte de su último hijo, de cinco años: "Busqué en vano alguna

---

[17] Véanse también: Alford, Allen, Bonar, *Bowers, *Colt, *Duncan, Ewing, *Hoffman, *Judson, *Longfellow, Palgrave, *Prentiss, J. Russell y *Todd.

Alford, Bailey, Benson, Bright, Cooper, Fowler, *Long, *Otey y Sopwith perdieron hijos mayores. A todos desconsoló su muerte.

señal de juego infantil. El orden y la quietud de la casa me oprimieron. Me hundía bajo su peso" (109). Un año después, anotó: "Nuestros corazones siguen sangrando" (109). *Ward (1841-1931) escribió, después de la muerte de su hijo de once meses: "No necesito describir el dolor y las lágrimas que estrujaron nuestros corazones. No necesito describir el vacío que hoy sufrimos. El deber de este modesto diario es registrar hechos fríos" (201).

Un dolor similar fue el de los padres ingleses. Emilie Cowell (1820?-?) registra el aniversario de las muertes de sus hijos. Por ejemplo: "Este día, hace trece años murió nuestro primogénito, nuestro amado Joe, a los tres años y tres meses de edad. Todavía hoy, su recuerdo es para nosotros una tristeza, preciosa y delicada, pero, ¡oh! qué agonía de desobediencia padecimos durante años. Dios nos dio muchos y lindos hijos, pero lloramos por el que se llevó" (10). La hijita de Mary Timms (1808-1834) murió a la edad de dos años y medio:

> ¡Cuán fugaces son todas las cosas aquí abajo! ¡Con qué rapidez son aplastadas nuestras esperanzas e ilusiones! mi bebita, mi amada Mary Anne me ha sido arrebatada, para florecer en el paraíso. ¡Ah! Yo esperé con gran ilusión que se nos hubiera permitido disfrutar de ella; pero Dios ha determinado separarnos, quizá sólo por un breve tiempo. ¡Oh, cuán doloroso es todo esto! mi corazón sangra. Tengo celos de los gusanos; no quiero entregarles a mi Mary Anne; pero el mandato dice "polvo eres y en polvo te convertirás"... Sé que es mi deber someterme, resignarme. [87.]

Alford (1810-1871) describe la pérdida de su hijo de 11 meses como "nuestra amarga pérdida". Sin embargo, estaba muy turbado por el dolor de la pérdida de su hijo de 10 años —"la alegría de nuestros corazones y el deseo de nuestros ojos"—; escribió: "Y pensar que estos amados nuestros, de cuyo camino apartamos todo lo áspero, cuya mano tomamos en las sendas espinosas, han marchado por propio pie al valle de la oscuridad" (191).

Análisis. Al comparar las pruebas tomadas de los siglos XVI y XVII con las de los siglos XVIII y XIX, salta a la vista que es un mito la supuesta transformación espectacular en la capacidad de sentir emociones. No hay tal transformación. Lo que asombra es la similitud en la amplitud y en la gama del dolor de los padres, no la ausencia de dolor en los padres de siglos anteriores. Casi todos los padres tenían conciencia de la frecuencia de la muerte, pero lejos de inducir un estado de resignación, esto sólo sirvió para agigantar su ansiedad durante cualquier enfermedad de su prole, y su angustia ante su muerte.

Conclusión

Al parecer hubo algún cambio ligero en el concepto de niñez. En el siglo XVII algunos padres vieron a sus hijos como seres depravados, como inocentes en el siglo XVIII, y de uno y otro modo en el XIX. Por otra parte, los textos, en particular los del siglo XVIII, contienen más elementos de análisis del concepto de niñez. Un puñado de puritanos del siglo XVII y algunos padres de los siglos XVIII y XIX se adentraron en sus deberes como padres, mientras que los textos muestran las dudas de muchos autores de los siglos XVIII y XIX con relación a su capacidad como padres. Esto no significa, sin embargo, que los padres del siglo XVI no hayan percibido lo que es la niñez, ni que no aceptaran la responsabilidad de criar a sus descendientes; más bien no parecen haber tenido la misma percepción consciente de estas cuestiones. Tal vez esto se debió a una falta de experiencia con la escritura como medio de expresión, unida a la escasez de modelos literarios.

Muchas actitudes paternas descubiertas en las fuentes primarias reaparecen en los padres del siglo XX. Backett ("Images of the family", 1982) investigó en la paternidad de la clase media moderna. Halló que estos padres piensan que sus hijos cruzan etapas y que son "humanos sin experiencia". Entender a nuestros propios hijos fue algo visto como "reto constante" y como requisito indispensable para atender bien a los hijos (361). En lo que padres antiguos tales como Cobden-Sanderson, *Huntington, *C. Mather y Steuart habrían convenido.

No hay duda de que la ambivalencia de los padres con respecto a los hijos ocurre en todos los tipos de padres y en todos los siglos estudiados; es también característica de los padres del siglo XX (Newson y Newson, 1965, 1968 y 1976). Greven (1977) afirma que, aunque los padres "evangélicos" tenían dos mentalidades sobre sus descendientes, pues los veían tanto como depravados como inocentes, este sentimiento no existió entre los padres "moderados" y "bondadosos". Los textos examinados revelan que, aun los padres que consideraban que sus hijos eran inocentes, podían ser también ambivalentes hacia ellos; para muchos padres resultaba cargante y exasperante la cantidad de tiempo y atención que los niños les quitaban. Parece como si la fuerza del afecto y de la vinculación de los padres con sus propios hijos produjera este estado de ánimo.

He sostenido que, al estudiar la reacción de los padres ante la enfermedad o muerte de un hijo —a lo largo de siglos—, llama la atención la ausencia de cambio en ella. Hubo un puñado de autores de diarios que al parecer no se conmovieron ante la muerte de un hijo (Goff, H. Mildmay y Waugh), los cuales no pertenecieron exclusivamente a los primeros siglos. Contados son los escritores que no expresan pena alguna ante la muerte de un hijo, y que, por consiguiente, tal vez fueron indiferentes. Esto apareció, igualmente, en todas las épocas y en relación con todas las edades de la descendencia. Pero la gran mayoría de los autores de todos los siglos se mostraron muy dolidos por la muerte de un hijo, independientemente de su clase, sexo o religión y sin importar la edad de la muerte del niño. Lo que sí parece ser un hecho es que, en todos los siglos estudiados, a los niños pequeños se les sintió menos que a los mayores. Parecería como si los padres se afligieran por la muerte de un bebé por lo que podría haber llegado a ser, en tanto que tratándose de la muerte de un hijo mayorcito se dolían no nada más por lo que el niño habría podido llegar a ser, sino también por lo que ya había sido, como lo dice claramente Trench en pleno siglo XVIII. No hay cambio alguno en la amplitud de la pena de los padres a lo largo de los siglos, y nada respalda el argumento de que los padres anteriores al siglo XVIII veían con indiferencia la muerte de sus tiernos retoños, en tanto que después de ese siglo la sintieron más en lo hondo.

De particular interés es el número de escritores que no pudieron aceptar con resignación la muerte de un hijo: Brownlow y Wallington en el siglo XVI; E. Erskine, Evelyn, Josselin y *C. Mather en el XVII; *Bayard , Boswell, Darby, *Lorenzo y *Margaret Dow, Fry, F. Gray, Jones, Kilham, Macready, Sandford, Skinner y D. Taylor en el XVIII; y Cowell, *Duncan, Timms y *Todd en el XIX. Era muy difícil, por no decir imposible, que los padres no reaccionaran a la muerte de un hijo con toda la carga emocional propia de cualquier padre, independiente de lo que su fe religiosa les pidiera.

V. DISCIPLINA Y CONTROL

La creciente presencia de los adultos "lui [l'enfant] a infligé le fouet, la prison, les corrections réservées aux condamnés des plus basses conditions" [465]. ("le ha hecho conocer [al niño] la vara, la celda carcelaria, en una palabra, los castigos reservados generalmente a los convictos provenientes de los estratos más bajos de la sociedad".)

ARIÈS, 1960, p. 413.

Siglo tras siglo creció el número de niños golpeados que a su vez golpearon a sus propios hijos.

DE MAUSE, 1976, p. 41.

La disciplina severa fue el destino reservado a los niños; con frecuencia se les aterrorizó deliberadamente, y también, con frecuencia, se les ultrajó sexualmente.

PLUMB, 1975, p. 66.

Los azotes fueron el método normal de disciplina en los hogares del siglo XVI o XVII... Meta primordial... fue el quebrantamiento de la voluntad... y el castigo físico el método normal para lograrlo.

STONE, 1977, pp. 167, 170.

SI ES verdad que De Mause está obsesionado en su obra titulada *The Evolution of Childhood* "en hallar desmanes o desatenciones en el pasado" (Smith, *Autonomy and Affection*, 1977), entonces también lo es que la mayoría de los autores de la historia de la niñez están obsesionados con la índole disciplinaria de la función paterna. Se la ha usado como el papel tornasol de las relaciones padre-hijo. De hecho, la mayor parte de las obras que se ocupan del trato dado a los niños en siglos anteriores dan la impresión de que los padres sólo intervenían en la vida de sus hijos para azotarlos. Ariès, en *L'Enfant et la Vie Familiale sous l'Ancien Régime*, afirma que las formas de disciplina más severas, que incluyeron un aumento espectacular en la supervisión de los adultos, aparecieron al mismo tiempo que un concepto de niñez, es decir, en el siglo XVII. Sin embargo, la mayoría de los autores cree que a los niños siempre se les trató con rudeza tanto en el hogar como en la escuela, y que sólo hasta mediados del siglo XVIII hacen su aparición métodos de disciplina más humanos (véanse, por ejemplo, Lyman, 1976; McLaughlin, 1976; De Mause, 1976; Plumb, 1975; Sears, 1975; Shorter, 1976; Stone, 1977; y Tucker, 1976). Algunos autores, por ejemplo Robertson (1976) y Stone, afirman que en el siglo XIX se volvió a someter a los niños a una disciplina severa y al control total de los padres.

La mayoría de los historiadores han examinado la hipótesis de que los padres y otros adultos han variado su modo de tratar a los niños; de que han dejado de tratarlos con crueldad y los tratan con bondad. Empero, como vimos en el capítulo II, se ha aplicado poquísimo análisis sistemático a cualquier fuente de prueba. Por ello, los resultados de estos historiadores simplemente generan otras hipótesis sobre el tratamiento de los niños en el pasado; que ha habido una amplísima variación en los métodos individuales de disciplina y que ningún siglo fue o será notablemente cruel o benevolente. Este capítulo se ocupará de los métodos empleados para disciplinar a los niños, tanto en el hogar como en la escuela, y también de la dosis de control que los padres trataron de aplicar a las vidas de sus hijos.[1] Hemos dividido los textos en lapsos de 50 años, desde 1500 a 1900, con el fin de descubrir si los modos de disciplinar han cambiado o no espectacular-mente a lo largo del tiempo.

DISCIPLINA EN EL HOGAR

El cuadro V.1 indica hasta qué grado las cuatro fuentes de pruebas empleadas se ocupan del control y de la disciplina por los padres.

1500-1549. Dos diarios de adultos están a nuestra disposición en cuanto a este periodo y ambos hablan del castigo físico. Dee (1527-1608) escribió: "Katharin [de ocho años] a causa de un golpe que su madre le dio en el oído sangró mucho por la nariz, cosa que duró más de una hora" (30-31),[2] en tanto que por su parte Henry Machyn (1498-1563) dice que "El día iiij de diciembre una mujer fue [puesta en la] *pelere* [picota] por golpear con varas a su hijo (98).[3] Por si fuera poco, Machyn habla de un muchacho aprendiz al cual su amo golpeó tan

[1] En Pollock (1981), capítulo 8, se estudia el alcance del control de los padres sobre la elección de carrera o de cónyuge.

[2] Con base en el diario no se puede decir si se trató de un accidente o de un castigo.

[3] El castigo de que habla Machyn fue aplicado también en otra ocasión por "palabras sediciosas & rumores & consejas contra la majestad de la reina" (102) lo cual revela hasta qué grado se reprobaba el golpear con varas a los niños. (En la Inglaterra del siglo XVI, la traición fue un delito muy grave.)

severamente que se le desprendía la piel de la espalda. En castigo, el amo fue puesto también en la picota y azotado hasta que, como Machyn observó con fiera satisfacción, "la sangre le corrió" (311).

1550-1599. En los textos estudiados aquí, solamente un escritor de diarios norteamericano nació antes de 1600. Aunque *Jefferay (1591-1675) no menciona ningún método específico de disciplina, su diario contiene algunas pruebas sobre el tipo de disciplina que empleó. He aquí lo que escribe de una de sus hijas, que se había enamorado:

> La ha invadido también una gran docilidad, que le sienta muchísimo. Su hermano y su hermana no alcanzan a comprender cómo es que ella, que a veces los forzó tan implacablemente en cuanto a sus deberes y que defendió muchísimo sus propios derechos, puede haber llegado a tal estado de mansedumbre. Su madre y yo leemos en ella con toda claridad; y cuando se dirige a nosotros con esta nueva docilidad en sus ojos, sabemos, como si nos lo hubiera dicho, que ahora (al igual que la vida se ensancha y se ahonda) una nueva comprensión de nuestro amor y atención por ella le ha llegado; y como que percibe ahora que nuestros correctivos, aun cuando al parecer pesados o innecesarios, estaban impulsados por el amor, para curar una falta, o una debilidad que podía volverse falta. [133.]

De los escritores ingleses de diarios de este periodo, ninguno infligió ningún tipo de castigo físico. Hay indicios de que cuando menos algunos padres quisieron regular la conducta de su prole. Así, John Penry (1563-1593), mientras esperaba ser ejecutado por traición y cuando la mayor de sus hijas no había cumplido aún cuatro años, escribió una larga carta de consejos a sus hijos sobre cómo conducirse conforme crecieran. Los orienta en cuestiones tales como religión y matrimonio, y obviamente muestra el deseo de haber ejercido algún control sobre las vidas de sus hijas de haber conservado la vida. Del mismo modo, Winthrop (1587-?) escribió cartas de orientación a un hijo que estaba en la escuela superior, aconsejándole que no se volviera demasiado mundano o pródigo, que no desatendiera sus estudios; por su parte, Hope (1585-1646) escribió también a uno de sus hijos diciéndole que "conserve su lugar y no desatienda sus estudios" (42).

Hope y Winthrop se esforzaron también por reconvenir a sus hijos que siempre estaban endeudados, aun cuando ninguno de los dos padres se negó a sacar la cara por ellos cuando tal cosa llegó a ser necesaria; de este modo, alentaban implícitamente a sus hijos a seguir portándose así. He aquí lo que Winthrop escribió a su hijo: "He gastado mucho dinero en ti, más de lo que justifica mi fortuna... Tengo otros muchos hijos por los que no he proveído nada, y veo que

CUADRO V.1. *Número de fuentes que contienen información sobre disciplina en el hogar*

Periodo de tiempo	Fuente														
	Diario			Manuscrito			Diario de niño			Autobiografía			Todos		
	A	B	% de la muestra	A	B	% de la muestra	A	B	% de la muestra	A	B	% de la muestra	A	B	% de la muestra
1500-1549	0	2	100	—	—	—	0	0	0	0	0	0	0	2	100
1550-1599	1	7	62	—	—	—	0	1	50	0	5	83	1	13	67
1600-1649	0	9	36	—	—	—	0	2	50	0	9	82	0	20	47
1650-1699	3	6	32	0	2	100	0	2	50	0	4	100	3	14	45
1700-1749	5	17	32	0	2	100	1	0	11	2	11	72	8	30	39
1750-1799	5	19	30	0	1	20	7	8	32	7	21	72	19	49	44
1800-1849	13	21	45	0	0	0	5	12	37	10	21	97	28	54	53
1850-1899	0	7	54	0	0	0	0	4	67	0	8	67	0	19	58

mi vida es incierta" (285). Powell (1581-1656) ordenó a su hijo de dieciocho años largarse de la casa; sin embargo, no indica en qué consistió el problema, sólo afirma: "mi desobediente hijo William dejó mi casa" (23).

Por otra parte, otros autores de diarios no se preocuparon mucho por el control de sus hijos. Por ejemplo, H. Mildmay (1592-1667) mimó en demasía a su segundo hijo, apodado "Nompée" y que era su favorito; aunque Mildmay quería que sus hijos tuvieran una buena instrucción al grado de que había enviado a los demás a Cambridge, como Nompée no quería ir a la escuela, Mildmay cedió a sus deseos y le permitió salirse; también le dio dinero cuantas veces lo necesitó, y en términos generales lo echó a perder tanto, que acabó perdiendo el control sobre él. Mildmay no hizo nada por disciplinar a Nompée, simplemente se concretó a rogar a Dios, y así escribe, "Nompée, mal chico. Que Dios lo corrija" (63). A Clifford (1590-1676) le preocupó muchísimo la conducta de su hijita de cinco años. Su lenguaje se había vuelto "tan confuso que [durante todo el invierno] ningún extraño pudo entenderle". Por si fuera poco, "había perdido a tal grado el control" que "la pena" obligó a Clifford "a pensar en este asunto". Sin embargo, Clifford no hizo nada para castigar a Margaret por "todos estos problemillas"; se empeñó en hacer creer que su hija sufría "alguna destemplanza en la cabeza" (110).

Ariès ha afirmado que los padres del pasado fueron indiferentes al destino de sus hijos, por lo cual éstos tuvieron muy pocas restricciones o supervisiones paternas. El diario de Wallington (1598-1658) revela que los padres no siempre conocían las andanzas de sus hijos, aunque siempre preferían conocerlas y siempre se preocuparon por la ausencia de algún hijo. Su hija de tres años ocho meses salió: "con otro niñito a jugar, así lo pensamos aunque parece que Sarah se alejó del otro niño tanto como para llegar a [los] páramos". En cuanto se vio que Sarah no estaba, Wallington salió a buscarla, pero finalmente la llevó a casa un vecino. Wallington se sintió aliviado, y escribió que, si no se hubiera hallado a Sarah: "qué pensamientos tan extrañamente terribles habríamos tenido, cómo habríamos podido comer o dormir esa noche pensando qué habría sido de nuestra pobre hijita, pensando que probablemente estuviera ahogada en algún canal o que alguna otra desgracia le hubiera ocurrido" (MS, fo. 435).[4]

Respecto a este periodo hay dos diarios de niños; el de Edward Tudor, que no contiene ninguna referencia a la disciplina, en tanto que el de Clifford (1590-1676), de trece años en ese entonces, dice: "mi

---

[4] Esta cita no está en el texto publicado. Obsérvese aquí también el empleo del pronombre personal neutro para referirse a su hija (véase Josselin, p. 162).

Madre estaba extremadamente contrariada conmigo por haber salido a pasear con el señor Mene, por lo que, en su ira, me ordenó acostarme sola en un cuarto, lo que no pude soportar, pero mi prima *Frances* consiguió la llave de mi cuarto y se acostó conmigo" (11). Clifford no explica por qué su mamá objetó que saliera con el señor Mene, pero al desobedecer las órdenes de su madre cabe suponer que los niños del siglo XVI no estaban tan asustados con relación a sus padres como se ha sugerido.

Sobre la última parte del siglo XVI contamos con seis autobiografías, de las cuales tres hablan de castigos físicos. Forman (1552-1601) escribió que, siendo el benjamín, era el favorito de su padre, pero que "ni su madre ni sus hermanos lo querían" (3). Pero como su padre murió cuando Forman tenía 11 años, de ahí en adelante su vida dejó de ser placentera —su madre y hermanos "lo golpeaban" por cualquier pequeña falta, por lo que se fue del hogar, cuando sólo tenía 12 años, para refugiarse con una tía. G. Mildmay (1552-1620) dice que la azotaban para "inculcarle principios virtuosos". Ella y sus dos hermanas fueron educadas para que se condujeran con decoro y propiedad: sus ayas "nos aconsejaban cuando estábamos solas para que nos condujéramos como si los ojos de todo el mundo estuvieran sobre nosotras, y para no hacer nada en secreto de lo cual pudiera acusarnos nuestra conciencia" (120). No hay duda de que el padre de Mildmay controló la forma en que su hija fue criada. Quería que las mujeres fueran reservadas y tranquilas de modo tal "que ofrecieran una imagen de buena esperanza, de mente estabilizada y de disposición virtuosa. He visto cómo él con sus propias manos (y por vía de ejemplo) azotó a un jovencito —desnudándolo de la cintura para arriba— con ramas verdes, simplemente para mostrarnos lo que merece una conducta irreverente y respondona; y lo quitó de su servicio" (122). Richard Norwood (1590-1675) escribió que siendo niño: "con frecuencia, en la noche del día consagrado al Señor o en la mañana del lunes oraba para que esa semana no me golpearan, o que cuando me enviaran a un encargo a tres o cuatro kilómetros en el campo, no me perdiera" (10). En cambio, *Jefferay y Wallington no recuerdan haber sufrido una disciplina así. *Jefferay (1591-1675) escribió que su madre "siempre fue una madre buena y tierna" (16), y Wallington (1598-1658), por su parte, describe a su madre como de "corazón muy tierno con sus hijos" (x).

Análisis. Poca información proporcionan los textos del siglo XVI sobre disciplina y control. Con todo, las pruebas que contienen no apoyan la imagen dada por la mayoría de los historiadores de que el medio normal de castigo fueran los latigazos. El comentario de Machyn indica que el maltrato y el castigo se diferenciaban, y que el primero fue condenado desde mucho antes de la promulgación de la legislación de protección a la infancia. Estos padres del siglo XVI prefirieron el consejo al mandato; las reconvenciones de Hope y Winthrop indican que los padres no podían controlar la conducta de sus hijos mayores, a pesar de que la desaprobaban. Además, el hecho mismo de que Hope, H. Mildmay y Winthrop apoyaran a sus hijos rebeldes, no importa en qué terreno, indica que cuando menos a algunos niños se les dio muchísima autonomía, lo cual contradice la teoría de que en el siglo XVI los niños estaban sometidos totalmente a la voluntad de sus padres.

La descripción de Stone ha sido notablemente deprimente al presentar las costumbres de crianza de la clase alta, y al considerar que esos padres fueron crueles y que no sintieron amor alguno por sus descendientes. Aun cuando la tesis de Stone con respecto a las clases bajas ha sido fuertemente criticada, su opinión sobre las clases altas ha sido aceptada en trabajos recientes (MacDonald, 1981; Wrightson, 1982). Sin embargo, un examen de los textos del siglo XVI que contienen pruebas de disciplina, de los cuales siete fueron escritos por algún miembro de la clase alta (Clifford, Dee, Hope, G. Mildmay, H. Mildmay, Powell y Winthrop), sugiere que estos padres no fueron tan brutales. Solamente Dee habla de haber infligido, y G. Mildmay de haber recibido, alguna forma de castigo físico. Otros, por ejemplo H. Mildmay, mimaban en exceso a sus hijos; Clifford toleró la que consideró conducta desviada de su hija, en tanto que Hope y Winthrop se rebajaron casi al nivel de rogar a sus hijos mayores una conducta mejor.

En cambio, las autobiografías contienen más testimonios de castigos físicos que los diarios. Forman aparece aquí como un caso excepcional —no todos los hijos de la familia fueron tratados como él. Sin embargo, tanto G. Mildmay como Norwood experimentaron al parecer un buen número de azotainas, aun cuando nunca las consideraron indebidamente severas. Y en contraste, *Jefferay y Wallington se refieren a su "tierna" madre. Todo lo cual indica que en el siglo XVI hubo una amplísima gama de disciplina paterna.

1600-1649. No hubo ningún autor norteamericano de diarios en este periodo. De entre los ingleses, Newcome (1627-1695) fue el único en afirmar que infligió castigo físico (4 por ciento de la muestra). "Desahogué mi deber de corrección en mi pobre hijo [de 12 años], y después rogué con él al Señor que (si ésa era su voluntad) fuera la última

corrección que necesitara" (302). (Más adelante Newcome se preocuparía continuamente por la conducta de su hijo.) A. Brodie, Freke,
Josselin y Newdigate trataron de reconvenir a sus hijos revoltosos.
Brodie (1617-1680) dice: "Por la noche llamé a mi hijo y le aconsejé y
exhorté a que cambiara, a que en su corazón abrigara más verdad,
sinceridad y observancia en cuanto a sus pensamientos" (96), y más
adelante dice: "Mi corazón se yergue indignado" contra este mismo
hijo (179). Freke (1641-1714) escribió en los siguientes términos una
carta a su hijo adulto: "Pienso que es mi deber aconsejarlo respecto a
sus errores. Como de costumbre sólo tuve una respuesta ruda" (64), y
Newdigate (1644-1710) trató también de hacer que mejorara la conducta de su hijo: "Hoy haré ver a mi hijo John sus faltas, las que le
diré para que se vuelva humilde" (298). Este padre también castigaba
a sus hijas si lo molestaban.

Mucho se dificultaba a los padres ser tan estrictos con su prole como
debían. Por ejemplo, Josselin (1616-1683) amenazó a su hijo menor
con desheredarlo, y como John no se reformó, Josselin escribió: "Por
su desobediencia John se ha conducido como si no fuera mi hijo; sólo
le daré algo si se vuelve dócil; pero si se aleja y vive ordenadamente en
servicio le daré 10/— al año; y si se va de este modo para volverse hijo
de Dios, lo reconoceré por mío" (167). Lo cierto es que Josselin nunca
cumplió estas amenazas; John no salió del hogar y acabó heredando la
finca de su padre. La opinión de Josselin sobre la relación padre-hijo
se basó más en la reciprocidad que en la autoridad y superioridad
naturales del padre. Sostuvo que los hijos debían recompensar a sus
padres por la atención que de ellos recibían, siendo obedientes, aunque nunca trató de forzar a sus descendientes a ir contra sus propios
deseos e incluso siguió sosteniendo a John a pesar de condenar su
conducta. Del mismo modo, Heywood (1630-1702) trató de ser severo
con sus hijos de 12 y 13 años, pero dio marcha atrás cuando vio su
tristeza: "el sábado en la mañana mis hijos no habían hecho su latín
pues esperaban ir a Halifax, también fueron reacios para ir a la escuela, sin embargo, al amenazarlos, se pusieron a llorar, mis intestinos se
anudaron y los mandé llamar para que volvieran" (vol. 1, p. 261).

Evelyn, Martindale, Pringle y Slingsby se esforzaron por controlar a
sus hijos dándoles consejos. Evelyn (1620-1706) escribió: "Di a mi
hijo un oficio e instrucciones sobre cómo gobernar su juventud; ruego
a Dios que le dé la gracia de usarla como es debido" (vol. 2, p. 334).
Martindale (1623-1686) sintió como "un rayo de sol" cuando su hijo
convino finalmente en aceptar el consejo de su padre (215). Slingsby
(1601-1658) se hallaba en la misma condición que Penry —esperando
ser ejecutado— y como él escribió una carta de consejos a sus hijos:

Estoy dirigiéndome a vosotros con afecto *paternal* y tierno. El tema de mi razonamiento será Instrucción; por lo que confío que le den la atención más seria, porque proviene de esta boca y de la devoción de este corazón; el cual mientras vivió os amó siempre con afecto y ternura paternales: y hoy, al morir, os deja este *Memorial,* como mi *último Legado* para vuestro beneficio, mejoramiento y orientación futuros. [197.]

Deseó que sus hijos permanecieran fieles a su religión, que no participaran en asuntos de Estado, que tuvieran buenas compañías, una clara conciencia y que fueran justos. Pringle (1625-1667) fue el único autor de autobiografías que habla del trato de su propia descendencia. Temiendo que no llegara a vivir hasta que su hijo menor alcanzara la edad de la "comprensión", escribió algunas palabras de orientación para este niño.

Respecto a este periodo, sólo hubo un niño que escribiera su diario; fue Thomas Crosfield (1602-1663) que lo empezó a los 16 años; de la información que contiene se deduce que vivió en términos muy amistosos con sus padres. No habla de ningún intento de sus padres para obligarlo a realizar sus deseos.

Dos de las once autobiografías de este periodo no hablan para nada de la disciplina (Newcome y Anthony Wood). En otras, como las de Ashmole y Pringle, se menciona el haber recibido castigos físicos. Elias Ashmole (1617-1692) dice que su madre "me instilaba continuamente preceptos religiosos y morales tanto como mis años juveniles podían captar. Igualmente, nunca dejó de corregir mis faltas y siempre agregó agudos reproches y buenas lecturas" (26). Pringle (1625-1667) escribió: "En mi niñez, aun cuando mis padres me mimaron mucho... con frecuencia me indujeron también a reconocer a Dios, en mis intereses infantiles, tales como, aprobar la lección, o no recibir reproches; frecuentemente oré para escapar del castigo, cuando pensaba haberlo merecido" (3). Martindale (1623-1686) trabajó por un tiempo con su padre y recuerda que le dio mucho trabajo y que lo castigaba si no lo hacía. Evelyn y Heywood recuerdan la forma general de la disciplina que recibieron de niños y ambos parecen creer que fue justa y apropiada. Por ejemplo, Evelyn (1620-1706), habla de su padre diciendo que fue "razonablemente severo, liberal en todas las ocasiones, no sólo con sus hijos, sino también con los extraños y los criados" (vol. 1, p. 2). Heywood (1630-1702) describe a su madre diciendo que "fue rígida y también muy indulgente con nosotros, aunque severa e intransigente con el pecado, especialmente con relación a pecados tales como aquellos a que nos inclinábamos, ¡oh, cómo desaprobaba lo pecaminoso! y cómo se esforzaba por evitar que cayéramos en ello" (vol. 1, p. 51). Freke, David Hume, Josselin y Rich asentaron que de niños fueron tratados con indulgencia. Freke (1641-1714) nos dice que su niñez fue muy feliz y que nunca oyó ninguna palabra áspera dirigida a ella. Josselin (1616-1683) escribió que su padre "me amó extraordinariamente" (3), y Rich (1624-1678) dice que su padre fue "indulgente" y que Lady Claytone, que se encargó de su formación (la madre de Rich murió cuando éste tenía tres años), "hizo muchísimo por mí" (2).

Análisis. Las pruebas sacadas de estos textos son muy similares a las contenidas en las fuentes del siglo XVI: unos cuantos padres infligieron castigo físico, otros ensayaron sermones y amenazas, y otros más se valieron de consejos. Nuevamente los autobiógrafos fueron quienes recuerdan haber sufrido una disciplina más estricta, si bien ni siquiera aquí la disciplina fue tan dura como se ha afirmado, amén de que es evidente que no a todos los niños se les trató igual. Los padres querían controlar la conducta de su prole, aunque no siempre lo lograron. Testimonios tomados de Pringle y Slingsby (y de Penry en el siglo XVI), que escribieron cartas de orientación a sus hijos, indican que los padres sí pensaban que era su responsabilidad regular la conducta de sus hijos. Sin embargo, como revelan los diarios de A. Brodie, Freke, Josselin y Newdigate, no siempre los padres alcanzaron esta meta. En realidad, no hay duda de que percibieron los límites de la autoridad paterna —Evelyn y Martindale se limitaron a esperar que su linaje atendiera sus consejos, y los autores de diarios que desaprobaron la conducta de sus hijos siguieron, pese a ello, ayudándolos.

1650-1699. Blundell, *Byrd, Morris, John Richards y *Sewall (18 por ciento de los diarios de muestra) afirman que emplearon el castigo físico como técnica de disciplina. Al parecer, *Byrd (1674-1744) no zurró a sus propios hijos, pero sí dice haberlo hecho con su sobrina y con su sobrino, de cuya crianza se encargó. A la primera por orinar en la cama y no aprender a leer, y al segundo porque "no aprendía sus libros" (1941, p. 204). *Byrd no aprobó un castigo severo en extremo, y así dice: "Reñí con mi mujer por ser cruel con Suky Brayne [una sobrina], aun cuando merecía el castigo" (1941, p. 285). Fue también muy benevolente con sus propios hijos. Escribió: "me incomodé con mi esposa por obligar a Evie [su hija de casi cuatro años] a comer contra su voluntad" (1941, p. 182). *Sewall (1652-1730) habla de haber azotado a dos de sus hijos, uno en cada ocasión. Del castigo a Joseph nos ocupamos en el capítulo II. Al hijo de 10 años de *Sewall se le "corrigió, por quebrantar el noveno mandamiento, por decir que había estado en la Escuela de Escritura, sin haber estado" (vol. 5,

p. 225). También habla *Sewall de haberse hecho cargo de sus nietos después de la muerte de sus padres. Acabó tan exasperado con la conducta de su nieto adolescente que pidió al chico se fuera de la casa. Blundell (1669-1737) sí pegó a sus hijas cuando todavía eran jóvenes y controló su conducta en los primeros años de su edad adulta, pero sin dejar por ello de tomar en consideración sus deseos. Por ejemplo, cuando Blundell fue a traer a sus hijas de la escuela conventual en que se educaban en Francia, su hija mayor, ya de 19 años, se negó a volver a casa porque deseaba quedarse y hacerse monja. Su padre se molestó e insistió en que regresara a Inglaterra, pero concediendo que, si después de un tiempo en el hogar insistía en tomar los hábitos, podría hacerlo. Morris (1659-1727) también infligió algún castigo físico, pero no lo consideró muy eficaz: "el señor Nooth [tutor del hijo] indicó a mi hijo [de 12 años] tres o cuatro veces que estaba sosteniendo su pluma equivocadamente, y al cometer el mismo error le di un golpe en la parte posterior de la cabeza con la palma de mi mano, cosa que no lo hizo enmendarse" (91). El método de Richards (1660?-1721) de disciplinar a su hijo originó una rina con su esposa, la cual creía que Richards era demasiado severo: "Hoy en la noche golpeé a Jack por su mala [conducta] en el juego, con respecto a lo cual A. [la esposa] se mostró tan insolente que la saqué del cuarto" (100). Un mes después escribió: "En la mesa me hice de palabras con A. en relación con mi hijo John [Jack], que acabaron siendo altisonantes, y al día siguiente, después de cenar, ella reinició violentamente la discusión" (106).

Los demás autores de diarios registran métodos de disciplina diferentes. *C. Mather (1666-1728) fue el primero en articular un concepto abstracto de disciplina:

El *primer castigo,* que aplico sobre falta ordinaria, es hacer que el niño me vea y me oiga asombrado, casi sin poder creer que el niño pudo haber hecho una cosa tan *baja,* a la vez que creyendo que nunca lo volverá a hacer.

Nunca he llegado a dar un *golpe* a un niño, excepto en casos de *obstinación* o de alguna falta enorme.

Ser expulsado por un tiempo de mi *presencia* he logrado que sea considerado como el castigo más estricto de la familia. [Vol. 7, pp. 535-536.]

En teoría, *Mather quería tener el control total sobre sus descendientes:

Primeramente les inculqué una gran estimación del amor de su padre hacia ellos, y de que él sería el mejor juez de lo que más les conviniera.

En seguida les hice ver que es una tontería que quieran tener discernimiento y voluntad propios, que deben renunciar a todo en mi favor, puesto que yo veré que se haga lo que más les convenga; mi palabra deberá ser su Ley. [Vol. 7, pp. 535.]

En la práctica, *Mather no tuvo tal autoridad; por ejemplo, contra los deseos de su padre. Samuel se hizo vacunar, y *Mather tuvo fuertes problemas con sus hijos mayores. Inclusive le dijo a uno de ellos que se fuera de la casa, pero luego le pidió que regresara. Si pensaba que un castigo era demasiado severo, intervendría en favor del niño:

> Mi hijito espera la llegada de su abuelo todos los días, para que le dé su instrucción; así también espera a otros preceptores y maestros. Hoy lo envié a un encargo en el cual la persona, aprovechando su bondad, lo retuvo tanto tiempo, que su abuelo se contrarió con él por llegar tan tarde; y su castigo fue que su abuelo se negara a darle instrucción, como era su costumbre. El niño, incapaz de resistir un castigo tan fuerte, como el que su abuelo no se ocupara más de él, se refugia en mí lleno de aflicción y llanto. Ante lo cual me dirijo con una nota, a *mi padre*, como abogado del niño. Le arguyo todo aquello que puedo por vía de disculpa por la debilidad del niño. Digo que yo debía recibir el reproche, debido a como habían ocurrido las cosas. [Vol. 7, p. 583.]

Peter Briggins (1672?-1717), en su lecho de muerte, escribió una carta con consejos a sus hijas, de un modo similar a como autores anteriores de diarios habían hecho con sus descendientes. Dijo que quería que obedecieran a su madre, que conservaran la fe, que no fueran derrochadoras y que se ayudaran unas a otras. E. Erskine (1680-1754) debe haberse pronunciado contra formas extremas de castigo, pues resolvió "ser benevolente" con sus hijos (290). Housman (1680?-1735) reprochó a su hija de siete años de edad por olvidar "dar Gracias a Dios por sus alimentos" (80), y Morris (1659-1727) se incomodó porque su hija de 13 años se negó a hacer lo que le pidió:

> Mi queridísima hija Bettey se negó a hablar francés con la señora Keen; y como yo consideré que era una desatención de su parte, Bettey se soltó llorando, y continuó incómoda aun después de haber llegado a casa, tan largo tiempo que inclusive pensé haber lastimado su constitución: apenada por no hacer lo que yo había deseado que hiciera, y habiendo prometido que se comportaría en lo sucesivo de otro modo, la perdoné, y ella quedó extremadamente complacida con la reconciliación. [60.]

Pledger (1665-?) y Rule (1695?-?) nos dan algunos indicios de sus modos de disciplinar. La hija de Pledger, de apenas cuatro años, se puso muy mala y la iban a mandar lejos por considerarlo bueno para su salud. Pledger rogó a Dios que "evitara que aprendiera malas acciones o palabras" mientras estuviera lejos del hogar (MS, fo. 7), y Rule se contrarió muchísimo por la conducta de sus hijos, particularmente por su "pereza insufrible" en relación con su educación (MS, fo. 37v). Los diarios de niños nos dan más información. El diario de Justinian Isham (1687-1735) nos da otro ejemplo del tipo de control que a los padres les hubiera gustado ejercer en teoría, pero que en la práctica no pudieron lograr. Estando lejos del hogar, Isham, ya de 17 años, escribió a su padre diciéndole que se había cortado el cabello, a lo cual su padre contestó: "Me satisfacen las razones que me das para haberte cortado el cabello, pero debías haberme escrito al respecto antes de hacerlo y pedir mi consentimiento" (187). Ryder (1691-1756) sostenía en teoría "que los niños deben, por gratitud, comportarse de tal manera que hagan la vida de sus padres tan fácil como sea posible" (215). En la práctica, con frecuencia riñó con su padre, a pesar de que para Ryder "había sido muy bondadoso" (49).

Volviendo al ejemplo de las autobiografías, diremos que Fretwell y Pledger recuerdan haber recibido castigo físico, y el último, un trato áspero. Fretwell (1699-1772) dice que lo enviaron a la escuela, pero "supongo que sólo por unos cuantos días, porque me fastidié de mi libro, y mi maestra no me corregía como deseaba mi madre, ésta me sometió a su propia pedagogía hasta que pude leer en mi Biblia" (183). Pledger (1665-?) en su manuscrito, no publicado, escribió: "sufrí muchísimas hostilidades de·dos madres políticas [madrastras]", y se quejó de que falsamente se le acusaba de faltas (MS, fo. 2). Los otros textos describen formas alternas de control paterno. Clegg (1679-1755) recuerda que sus padres intervenían cuando no aprobaban su conducta; asistía a una escuela particular situada lejos, y descuidó sus estudios por una relación amorosa. Cuando uno de sus maestros enteró a sus padres, éstos lo sacaron de la escuela y lo enviaron a la escuela superior aun antes de lo debido. El padre de William Stout, al igual que muchos de los padres de estos textos, quiso dejar consejos a sus hijos. Stout (1665-1752) recuerda que, cuando su padre estaba muriendo, "nos llamó a su lado y nos exhortó a vivir en el temor de Dios, obedeciendo a nuestra madre y viendo por ella, con bondad fraternal" (73). Stout y su hermana criaron a dos hijos de su hermano, y Stout observa: "mi hermana fue tan cuidadosa en su atención y corrección como si se hubiera tratado de sus propios hijos" (142).

Análisis. En el periodo de 1650-1699 aumenta la proporción de autores de diarios que hablan de aplicar castigos físicos, que van desde un manazo a una "azotaina". Sin embargo, esta última sólo se infligió en las contadas ocasiones en que falló todo lo demás, amén de que, como se desprende del diario de Richards, no siempre los dos padres estuvieron de acuerdo en usar el castigo físico como técnica de disciplina. Entre otros, Stone ha sugerido que los padres puritanos disciplinaban con severidad particular. En los textos estudiados aquí, de los que hablan de haber administrado latigazos, Newcome y *Sewall eran puritanos; Blundell, católico; Morris, miembro de la Iglesia de Inglaterra; y *Byrd y Richards, aunque tenían una religión, en el diario no dicen cuál fue. Más todavía, *C. Mather, otro puritano, no creyó en castigos físicos. Es cuando menos igualmente probable que fuera la personalidad del padre lo que determinara el método de disciplina, y no las creencias religiosas, o quizá más bien la interacción entre estos dos factores. Los textos no indican que los razonamientos de los padres de la clase alta fueran más estrictos que los de la clase media. De los textos relativos al siglo XVII, 32 por ciento fueron escritos por un miembro de la clase alta (Blundell, Brodie, *Byrd, Freke, Isham, Newdigate, Rich, Richards y Slingsby). Blundell, *Byrd y Richards, aunque azotaron, no lo hicieron con dureza indebida —*Byrd se pronunció fuertemente contra la disciplina estricta aun en casos en que a su juicio la conducta del niño la justificaba. Otros padres, por ejemplo, Slingsby, tuvieron relaciones muy cordiales con su descendencia.

Los textos apoyan en cierta forma los puntos de vista de Greven (*The Protestant Temperament*, 1977). Sostiene que los padres "evangélicos", tales como *C. Mather, consideraron los azotes como una falla de la disciplina y prefirieron lograr sus fines usando la vergüenza para dar forma a la conciencia y de ese modo lograr la obediencia. Padres "moderados", tales como *Sewall, no se inclinaban por el uso de la fuerza para disciplinar a sus hijos. Pero, como revela el diario de *Sewall, al enfrentar a un chico descarriado los padres se ven orillados a tomar una decisión acorde con la situación doméstica que no siempre coincide con sus creencias. Lo que desconcierta en la hipótesis de Greven es que son los padres "benevolentes" (por ejemplo, *Byrd), los que mayormente miman a sus hijos, los que con mayor probabilidad usan el látigo como modo de disciplina. *Byrd sí creyó en la eficacia del castigo físico, pero cabe observar que sólo usó el látigo con su sobrina y con su sobrino, no con su hijo y su hija. Parece más bien que las opiniones de los padres sobre disciplina no están conformadas ni por la clase ni por la religión, sino por la vinculación diaria y por el conocimiento íntimo de los *propios* hijos; es éste un factor que han pasado por alto buen número de investigadores de la historia de la niñez.

Del mismo modo que ocurrió en el anterior periodo de 50 años, en éste hubo una amplia brecha entre la teoría y la práctica. En la teoría,

unos cuantos padres habrían querido tener hijos totalmente sometidos (aunque en los textos no hay pruebas que sugieran que hayan
querido "quebrantar la voluntad" de sus hijos), pero en la práctica no
lograron esta meta. Algunos padres simpatizaron también con la pena
de sus hijos (véase Hewood y *C. Mather), por cuyo motivo parece.
muy poco probable que los hayan "golpeado". Cabe observar que varios textos de los siglos XVI y XVII ofrecen pruebas concretas de que
tanto la sociedad como los padres condenaron formas extremas de castigo. Por ejemplo, Newcome retiró a su nieta de su hogar porque
no podía tolerar el maltrato que la niña recibía de parte del propio
hijo de Newcome. (Véanse también los textos de *Byrd, Heywood,
Machyn, *C. Mather, Morris y Richards.) Wrightson (*English Society*,
1982) arguye, con base en su estudio del siglo XVII, que la disciplina
moderada era no sólo el ideal de los padres de esa época sino también
el método del que se valían. Se ve, por esto, que es muy poco probable que
los niños de ese siglo hayan sido víctimas de crueldades generalizadas.

En términos generales, y aunque parezca mentira, hubo muy poco
cambio entre 1500 y 1699. El mismo estilo de técnicas de disciplina
se encuentra en cada periodo, con excepción de 1500-1549 en que
el tamaño de la muestra (2) fue muy pequeño. Hay, sin embargo,
un cambio, el surgimiento del concepto abstracto de disciplina (*C.
Mather). Esto concuerda con los resultados obtenidos en el capítulo
IV, según los cuales los conceptos abstractos de niñez y de la naturaleza
del papel de los padres aparecieron por vez primera en algunos puritanos del siglo XVII. Esto pudo deberse, una de dos, al efecto de las
religiones no conformistas, que orillaron al hombre a reevaluar su
existencia y/o a la influencia de los libros de conducta puritanos. Por
supuesto, también es muy posible que en estos últimos simplemente
se reflejara la práctica normal. El más popular de estos trabajos, el de
Gouge (*Of Domesticall Duties*, 1622), advierte que aun cuando los
padres deben corregir a sus hijos cuando ello se haga necesario, deben
ver que tal castigo lo administren sólo cuando sea merecido. Indica
también que deben reconvenir antes de recurrir al castigo físico y que
deben considerar que "si el hijo es pequeño y tierno, deberán usar la
corrección más ligera" (536).

1700-1749. Cabe esperar de los resultados contenidos en el capítulo IV
que algunos de los autores de diarios del siglo XVIII expresarán su
opinión de cómo debe disciplinarse a los niños y jóvenes (Powys,
J. Taylor y M. Woods). Todos ellos buscaron un feliz término medio entre exceso de severidad y exceso de indulgencia. Por ejemplo,
J. Taylor (1743-1819) dice:

He pensado mucho en "educar a un niño en el terreno en que debe marchar". He considerado los preceptos del Nuevo Testamento sobre este mismo tema; me he esforzado por ponerlos en práctica... Recordé mi niñez; cómo me comporté con mi padre y cómo él se comportó conmigo... También observé a las familias del vecindario y de esta observación quise sacar algún mejoramiento. Procuré conservar el amor, la estimación y el afecto de mis hijos... Traté de no recargarlos de trabajo... Mucho me esmeré en apartarlos de cualquier camino pecaminoso así como de compañías pecaminosas... Adopté la costumbre de hablar con ellos, de instruirlos para impresionar sus mentes... Fue entonces cuando comprendí lo irrazonables y crueles que son los padres que regañan y golpean a sus hijos por obrar de esta o de aquella manera; caundo no se han esforzado por hacerles ver que esos actos están mal. [118-120.]

M. Woods (1748-1821) describe la forma en que a su juicio debe disciplinarse a los niños:

Algunos padres ponen las riendas al cuello de sus hijos desde muy temprano, pero las mantienen muy sueltas, en tanto que otros con dificultades las aflojan, al menos mientras pueden tenerlas en las manos. Creo que ambos extremos son perjudiciales. Un control demasiado estrecho hace que los jóvenes se irriten, y ello produce un fuerte deseo de ser totalmente libres; por otra parte, una disciplina más suave pudo haber producido un sometimiento voluntario.

Poco bueno puede sacarse de la simple compulsión, ya se trate de hacer o de tolerar; tal vez no ayude mucho a ganar tiempo para que maduren la comprensión y el juicio... Casi siempre es difícil mantener a los niños en el estado de obediencia apropiado, sobre todo sin que caigan en un excesivo temor reverencial. Siempre he deseado que tengan miedo de obrar mal, pero nunca que me tengan miedo... Por convencimiento me gusta imponer una gran disciplina; si yerro, prefiero errar por caer en una excesiva benignidad. Considero que sin duda el temor y la fuerza gobernarán a los niños mientras tengan poca edad, y que siendo queridos por ellos podremos ejercer más influencia en su marcha por la vida. [205, 427.]

Por su parte, Powys (1739-1817) también se manifiesta contra la represión de los niños.

Boscawen, Boswell, Stedman y Thrale infligieron castigo corporal cuando lo consideraron necesario.[5] El esposo de Boscawen "zurró" a uno de sus hijos pequeños; pero el diario no dice por qué. La propia Boscawen (1719-1805) recurriría a los golpes, o al menos amenazaría con el castigo físico si sentía que estaba perdiendo el control de la situación.

[5] Viney (1710?-?) informa del caso de maltrato a un niño: "fue encarcelada una mujer por quemar a un niño en el horno; era su madrastra" (MS, fo. 6).

Billy [cuatro años] se ha repuesto totalmente, gracias a Dios [de la inoculación]. Aplicaremos la disciplina de un modo general, pero *mi* disciplina, para empezar, por haberse relajado largamente, no está clara en cuán perversos y descarados somos, y cuánto usamos expresiones como "no se debe", "no se puede", "no conviene", etc. Hoy no quería tomar leche en el desayuno, pero la vara y yo fuimos a desayunar con él, y aunque no entramos en acción, ni mucho menos, lo cierto es que el fondo de la escudilla quedó limpio. [1940, p. 179.]

Boscawen no insistió en la obediencia total. Por ejemplo, uno de sus hijos mayores no quería bailar al son de la gaita ante extraños: "He visto cómo se esfuerza cuando lo he presionado mucho, pero el caso es que no lo hace bien en ningún momento; "Mamá, me da vergüenza, no me pidas que baile" (1940, p. 123), y Boscawen no forzó las cosas. Boswell (1740-1795) habla de haber golpeado a su hijo mayor por decir una mentira; el caso es que no se ve a sí mismo como padre estricto. Cuando su hijo era de brazos, Boswell escribió: "Temí que muchos mimos lo echarían a perder, y me sentí muy limitado en cuanto a mi autoridad como padre" (vol. 12, p. 106). Cuatro años después, Boswell sigue quejándose de su "poca autoridad" sobre sus hijos (vol. 15, p. 17).

Stedman (1744-1797) dice que a su hijo de 13 años le dieron "tremenda cueriza por coger manzanas de la huerta que ahora era de Moore", y cuatro años después el mismo Johnny se ganó una fuerte reprimenda por dilapidar su asignación (314). Sin embargo, Stedman no creyó en los castigos excesivos.

Esta noche se cruzaron palabras entre Mamá y Johnny [12 años] sobre su instrucción, ahora lleva ya un año en la Escuela Tiverton. Dijo ella, *"Y bien, ¿qué has aprendido en este tiempo?"*, a lo cual, sintiéndose afrentado, respondió, *"en un solo año tanto como lo que tú habrías hecho en dos"*, entonces ella le puso un ojo morado lo cual hizo que nos hiciéramos de palabras ella y yo, y que ella estuviera molestísima toda la noche. [Al día siguiente] Johnny le pidió perdón inútilmente; y se fue llorando a la escuela. Ella y yo volvimos sobre el tema, y ninguno de los dos probamos bocado a mediodía, sino hasta en la noche cuando el chico regresó de la escuela y todos nos reconciliamos. [276.]

Stedman también escribió una carta de orientación a su hijo, quien debía abrirla al morir su padre. Pidió a Johnny que fuera honesto e industrioso, que obedeciera a sus superiores, que no fuera derrochador y comiera adecuadamente, que gozara del aire, del ejercicio y del recreo.

Thrale (1741-1821) golpeaba a sus hijos si la desobedecían. Antes de hacerlo les advertía. Por ejemplo, amenazó a sus dos hijitas de seis y cuatro años con pegarles si se alejaban demasiado. Una de sus hijas era una niña enfermiza y malhumorada; a Thrale le disgustaba. Temiendo que por ello la castigara con demasiada rudeza, Thrale decidió no enseñarle en casa, y por ello la envió a un internado cuando aún no cumplía cuatro años. A Thrale no le satisfizo su método de disciplina: en 1782, ya con 19 años de casada y habiendo tenido muchos hijos, escribió: "Estoy empezando un nuevo año con un temperamento nuevo, que deseo sea amable y apropiado. No quiero ser rígida ni asustar a mis hijas por ser demasiado severa" (523). Thrale sí dio a sus hijas autonomía de pensamiento: "Siempre les permití, e incluso las alenté a razonar *por sí mismas;* y a no permitir que su respeto o afecto por mí desencaminara su juicio" (661).[6] Otra madre, *Bailey (1746-1815), no estuvo de acuerdo con el método de su esposo de tratar a los niños. En sus memorias deja constancia de que su esposo "siempre ha sido altivo, severo y duro con sus hijos, los cuales sienten el más grande temor por él" (33). El esposo de *Bailey quería establecer una relación incestuosa con una de sus hijas, pero al negarse ella, la golpeó con un látigo de caballo; *Bailey describe tales castigos como "correcciones bárbaras" (40).

*M. Cutler, Wale, Wesley y Young se valieron de ruegos y reproches para regular la conducta de sus hijos. El hijo de *M. Cutler (1742-1823) se quejó con su padre de que su granja era demasiado pequeña, a lo cual *Cutler replicó: "Si no es tan grande como quisieras, ¿por qué te quejas, si tu destino es éste? Tienes todo aquello que tu padre te ha podido dar" (vol. 2, p. 125), y en seguida se dedica a aconsejar a su hijo cómo sacar el mejor provecho de las cosas. La esposa de Thomas Wale (1701-1796) y su hija de 17 años, Polly, parecen haber vivido durante varios años en un conflicto continuo: "la señora W. de un modo tranquilo habló clara y libremente a su hija Polly y le propuso una reconciliación, que mejorara su comportamiento y que en un término de 24 horas confesara sus faltas" (160). Tres años después: "La hija Polly habiéndose comportado hoy de un modo rudo y atrevido con su mamá (y que al yo oírlo) le envié mis reproches y mi desaprobación" (168). Wale consideró que las dos partes en conflicto tenían algo de culpa y que el mejor modo de resolver el problema era enviar a Polly a una escuela distante: "La mamá demasiado severa y la hija con cierta dosis de obstinación y de provocación. Las dos partes han consentido en separarse" (175). Wale escribió también una carta a su hijo en la que le aconseja que siempre cumpla su palabra. Charles

---

[6] Douglas, *Hiltzheimer y *Stiles dieron también ejemplos en sus diarios de conceder a sus hijos cierto grado de autonomía.

Wesley (1707-1788) dice que sus hijos "recibieron mis advertencias de buen modo", pero no dice cuáles fueron esas advertencias (139). Estando lejos de su hogar, escribió a sus hijos pidiéndoles que se levantaran temprano y que estudiaran con regularidad, que su hijo mejorara su latín y que su hija dejara de usar zapatos con tacones altos y angostos, si eso la hacía caer. Concluye su carta diciendo que espera que sus hijos acepten sus consejos. Young (1741-1820) consideró que era deber de su hija ser obediente, puesto que para él lo más importante eran los intereses de ella. (Bobbin, de 14 años, se negaba a tomar sus medicinas.)

> Pero, mi queridísima Bobbin, debes tener en cuenta ciertas cosas; el dinero que he gastado es más de lo que puedo permitirme... Estoy seguro de que tú puedes considerar que cuando un padre hace cuanto puede por tu bien, tú debes, por razones de gratitud y de generosidad, corresponder haciendo cuanto puedas. [271.]

Otros padres, como Anne Cooke, S. Day, *Hicks, Lettson, Mascall, *May, Mill y J. Yeoman, desearon que sus hijos fueran "respetuosos" y que no se echaran a perder. Por ejemplo: *John May (1748-1812) escribió a sus hijos estando lejos de casa "que deben comportarse extremadamente bien" (121); Mill (1712-1805), quien volvió a casar después de la muerte de su esposa, "temía que mis hijos se echaran a perder debido a carecer de una disciplina apropiada" (29); S. Day (1747-1826) "agradeció el privilegio de disfrutar de la compañía de hijos obedientes y afectuosos" (156); y John Yeoman (1748-1824) escribió lo siguiente a su hija que se hallaba en la escuela: "Espero que estés mejorando y que prestes atención a lo que te digan tus maestras" (7). El diario de un niño revela también el nivel de obediencia y respeto que esperaban algunos padres. *Philip Fithian (1747-1776) dijo que "el deber de un hijo hacia su padre es obediencia, amor & todo tipo de atenciones", y da un ejemplo práctico de su teoría. A los 20 años, escribió a su padre pidiéndole permiso para ir a la escuela superior: "Ateniéndome al afecto de un padre, de este modo, y con la humildad debida, pero al mismo tiempo con el deseo más fuerte de obtener mi propósito, estoy rogando que me des tu aliento & ayuda para que entre a la escuela" (1). Los otros tres niños autores de diarios de este periodo (*Eve, *John Holyoke y *Elizabeth Phelps), que describen la vida en sus hogares, no mencionan la disciplina. Con base en la información contenida en sus diarios, no es posible afirmar que sean tan sumisos o que sientan hacia sus padres el mismo temor reverencial que *Fithian. En ningún diario de niños se menciona el castigo corporal.

Tres escritores de autobiografías recuerdan haber recibido castigo físico en su niñez. Boswell (1740-1795) escribió: "No recuerdo que se me haya inculcado por mi padre otro principio valioso que no fuera un apego estricto a la verdad, el cual imprimió en mi mente mediante una vigorosa zurra en mis primeros años, cuando dije una mentira, y luego hablando sobre la *deshonra* del mentir" (vol. 14, p. 20); *Joshua Evans (1731-1798) apunta: "Tempranamente me incliné hacia la vanidad y los atavíos, por lo cual mi madre me corrigió con mucha frecuencia" (5). Finalmente, de la autobiografía de Stedman (1744-1797) se desprende que de niño fue tratado con rudeza:

> Se me enseñó a obedecer ciegamente, sin consultar siquiera a mis sentimientos o a mis sentidos... Todo lo cual se justificó con vistas a mi mejor educación, pero por mi parte debo insistir en que nada puede ser peor que no tomar nunca en cuenta los motivos o deseos de un niño, lo cual no nada más lo vuelve desgraciado, sino que, diez a uno, terminará en hacer de él un mal hombre. [23.]

Da ejemplos de la obediencia ciega que se le pidió: comer todo lo que se le diera, y en una ocasión en que se le ordenó ahogar a un ratón vivo, sintiéndose incapaz de matarlo, puso en su lugar uno ya muerto y luego le dieron tremenda zurra por decir mentiras. Fue también "azotado despiadadamente" por robar (8). Stedman creyó que se le trató con tal dureza porque su madre prefería a su hermano menor, el cual no estuvo sujeto a una disciplina así de estricta.

Fletcher (1739-1814) habla de haber recibido otras formas de castigo. Esta autora escribió que, a los ocho años, "Me agobiaba más allá de toda medida el temor al pecado... A esto siguieron tentaciones inexpresablemente aflictivas... El efecto consiguiente de estas tentaciones sobre mi carácter atrajo sobre mí tal ira y tales reproches de parte de mis padres que me hicieron la vida cansada" (7). Posteriormente, y siguiendo inclinaciones religiosas contrarias a las de sus padres, abrazó el metodismo estricto. Como se negó a prometer que no trataría de convertir a sus hermanos menores, se le pidió que se fuera del hogar. Thomas Wright (1711-?) recuerda que quería estudiar astronomía y que con ayuda de su madre compró algunos libros. Su padre no aprobó lo anterior y quemó todos los libros que pudo encontrar, aunque cuando Wright fue a Londres a proseguir sus estudios le envió dinero. Otros padres tuvieron menos influencia sobre las vidas de sus hijos de más edad. *Griffith (1713-1776) opina que sus padres no ejercieron sobre él una gran autoridad: "Mis piadosos padres se esmeraron en evitar que fuera a dar a malas compañías; pese a lo cual, con frecuencia, y sin que ellos se enteraran, las frecuenté y me uní a ellas en aquellas vanidades que son propias de la juventud" (5). George Whitefield (1714-1770) recuerda también su "desenfrenada" juventud.

Cinco autobiógrafos hablan de haber recibido únicamente bondades en su niñez: *Bailey (1746-1815) recuerda: "Puedo afirmar de verdad que muy rara vez se dijo una palabra agria en la familia de mi padre, ni por padres, ni por hermanos, ni por hermanas, en contra mía... Por ello digo que la mañana de mis días transcurrió en paz y contento" (11). Robert Day (1745-1841) describe las relaciones amistosas que hubo entre él y su padre, y también habla de que sus frecuentes requerimientos de dinero cuando estuvo en la universidad fueron atendidos por su padre. Lettsom (1744-1815) habla de la "ternura" de sus padres (16), al igual que J. Taylor (1743-1819) que evoca "la superlativa bondad de mi familia y de mi madre" (6). (D. Taylor, hermano mayor de John, observa, sin embargo, que su padre era severo y mantenía a sus hijos a distancia.) Finalmente, Young (1741-1820) dice lo siguiente de su madre: "ni su bondad ni su afecto hacia mí me faltaron mientras vivió" (126).

Análisis. Al igual que respecto a los periodos anteriores, estos textos revelan una amplísima variación individual: desde padres como Woods, que no piensan que a sus hijos deba obligárseles a obedecer, hasta padres como Boscawen y Thrale que ejercieron sobre sus descendientes un control mucho mayor, la primera mediante castigo físico, cuando era necesario, y Thrale mediante un riguroso sistema educativo. Unos cuantos diarios ofrecen pruebas de la existencia de niños más rebeldes (digamos el de Wale) y de este modo revelan que los niños no estaban totalmente sometidos a sus papás. Podría parecer que los padres ingleses fueron más estrictos que los norteamericanos, ya que ninguno de estos últimos infligió jamás castigo físico.

Y aquí también son las autobiografías las que ofrecen pruebas sobre formas de disciplina más severas, en particular la de Stedman, cuyo modo de criar fue muy amargo. Así y todo, sólo 17 por ciento de los autobiógrafos de este periodo hablan de haber recibido castigo físico y, como en el caso de Boswell, tal vez sólo recibieron una azotaina. O sea, que aunque algunos niños fueron tratados con rudezas, fueron una minoría, y no, como han afirmado muchos historiadores, la mayoría. Además, los niños que escribieron diarios (de los cuales el más joven tenía 14 años) no hablan de castigo físico; como este castigo infligido a un niño es un hecho destacado, en caso de haber ocurrido es muy probable que se hubiera registrado en el diario. Es posible también que estos niños autores de diarios fueran ya lo suficientemente mayorcitos como para no recibir castigo físico; parece que los chicos menores estuvieron sometidos a este tipo de disciplina, en tanto que a los mayores se les corrigió mediante el razonamiento. La verdad es que, aparte de *Fithian, estos adolescentes no sentían temor reverencial por sus padres.

Es interesante destacar que el surgimiento de políticas articuladas de disciplina (Powys, J. Taylor y Woods), al parecer no tuvo efecto alguno en la forma en que se trató a los niños. Aunque estos tres últimos padres no quisieron conscientemente ni echar a perder a sus hijos ni ser demasiado severos con ellos, se desprende de los textos vistos que esto es precisamente lo que estaban haciendo aquellos padres que (conforme sus diarios) no ejercían tales políticas o medidas (por ejemplo, Boswell y Young).

1750-1799. *M. Bayard, M. Fox, Fry, Mary Hamilton, *Huntington, Sandford, *Shippen y Trench describen cómo a su juicio deben ser criados los niños —generalmente en el seno de una atmósfera afectuosa, con algunas restricciones. M. Bayard (1769-?) se consideró a sí misma como una excepción, en cuanto a esto, del tipo usual de padre. Cuando fue a visitar a una amiga, *Bayard observó: "Tiene dos niños dulcísimos, a los cuales educa conforme mi sistema, que tanto se me reprochó en mi propio hogar; pero estos niños son prueba de que la bondad es con mucho el mejor camino, razonablemente dosificada" (96). Sin embargo, por lo que hace a su relación con los demás autores de diarios, muy probablemente Bayard no fuera tan excepcional. *Huntington (1791-1823), por ejemplo, escribió:

> No me gustan los azotes como castigo, a menos que el niño presente una pasión vigorosa o una recia obstinación. Debe ser el último recurso. Tampoco me gustan los castigos encauzados principalmente a los principios egoístas de nuestra naturaleza, digamos, como privar al niño de pastel, de dulces, & c. Preferiría más bien alentar sentimientos de rectitud consciente, así como el placer de recibir amor. Me gustaría que los niños consideraran que su peor castigo es la declaración de sus padres de que no son buenos. [109.]

*Huntington anuncia los castigos que a su juicio son apropiados si el niño "se ha portado muy mal": "Le diría que no puede estar con su mamá, ni dar un paseo, ni estar en compañía, o bien, que debe cenar solo; y todo ello, por la sencilla razón de que no es lo suficientemente bueno para disfrutar de estos privilegios ordinarios. Hay, sin embargo, algunos casos en que se hace indispensable la vara" (109). Fry (1780-1845), en una lista de "Interrogaciones a mí misma", se preguntó: "¿Has... sido... una madre tierna pero firme con tus hijos, te has hecho obedecer pronta y estrictamente, pero teniendo cuidado de lo que has pedido?" (115). Ella sí se esforzó por doblegar la voluntad de sus hijos: "Mi pequeño [de seis o cuatro años] ha sido muy travieso; me parece que su voluntad es muy fuerte: ¡oh!, ojalá mis manos se encaucen correctamente para someterlo" (137), pero siente que no ha sido lo suficientemente estricta, comparada con otras madres: "Me doy cuenta de que al parecer no los gobierno [a sus hijos] tan bien como otras muchas madres gobiernan a los suyos... Cuando son pequeños les tolero demasiado, es decir, cuando son muy pequeños, y probablemente esto se aplique también a sus nodrizas" (151, 169). Trench (1768-1837) consideró que "El castigo, sea en forma de latigazos, bastonazos, bofetadas, tirones de orejas, de cabellos o mediante cualquier otra forma bárbara y descomedida, nunca puede dar buenos resultados en la educación privada; y muchos ilustrados dudan de que tenga un efecto favorable, aun en las escuelas públicas" (1837, p. 69). Trench pensó que castigos apropiados eran los siguientes: una multa moderada, privación temporal de algo o bien una palabra o mirada de desagrado. Consideró también que el empleo de la "vergüenza" como técnica disciplinaria es un "experimento peligroso" (1837, p. 69), lo cual contradice a lo dicho por *C. Mather en el siglo XVII. Sostuvo que a los niños se les debe hacer ver que ningún castigo tiene por fin la venganza, sino que es un acto ideado para evitar que se dañen a sí mismos y/o que dañen a los demás.

*Alcott, Macready, Rathbone, Thomas Rumney, Steuart, John Strutt y William Wilberforce se refirieron al empleo del castigo físico. *Alcott (1799-1888) se encargó de disciplinar a sus dos hijas de dos y tres años porque pensó que su madre no era lo suficientemente firme.

> Hoy día, observo con más frecuencia que antes su conducta en el hogar y la comparo con su conducta de cuando estaban bajo la vigilancia de su madre. Algunos hábitos, lamento confesarlo, han alcanzado tal fuerza y fijeza, que requerirán un grado de habilidad nada pequeño de delicadeza, y también de fuerza de disciplina, indudablemente mayor de aquella que la madre pudo ejercer debido a la amabilidad y timidez de su corazón. [46-47.]

En cuanto a su determinación de hacerse cargo de la responsabilidad de la conducta de sus hijas, cabe decir que este autor se vio obligado a infligir cierta dosis de castigo físico, particularmente en relación con su tornadiza hija Louisa. Sin embargo, conforme las niñas crecían, *Alcott las aconsejaba y reñía pero usando muy poco castigo físico como medio de disciplina.

Por su parte Macready (1793-1873) fue de lo más estricto con sus hijos; por ejemplo, escribió (aunque la "transgresión" no se describe):

> Muy pronto mi terneza fue puesta a prueba por mi querida hija [de 4 años], la cual repitió la transgresión que había merecido mi castigo ayer. Sentí que no tenía alternativa y la castigué con mayor severidad. *Se desgarró* mi corazón ante el *sufrimiento* de esa pequeña y adorada criaturita, mientras prometía ser buena. Ordené que la llevaran a acostar y bajé las escaleras en medio de una gran depresión. Dios bendiga a mi amada hijita, mi corazón late por ella, y tal vez solloce con ella mientras la hago sufrir; pero la amo demasiado como para educarle en el seno de una idulgencia falsa. [Vol. 1, p. 115.]

Más adelante asienta: "Me vi obligado a castigar a mi querido Willie [2 años] por su obstinación y mal carácter. Amo tanto a estos niños que debo tener cuidado para evitar que mi afecto me lleve a una indulgencia extrema, la cual podría terminar en su infelicidad y en mis autorrepoches llenos de amargura" (vol. 1, p. 171). En ocasiones su propio estado de ánimo afectó el modo en que trató a sus hijos. "Entré a la sala, deseando airear mis pensamientos confusos y tumultuosos. Envié a los niños a la cama, abruptamente, no con consideración, como debí haberlo hecho, pero era mucho lo que sufría, tanto, que había perdido el control de mí mismo" (vol. 2, p. 47). Rathbone (1761-1839) cuenta que tuvo que "azotar en la noche" a su hijito de quince meses "por llorar violentamente" (53). Por otra parte, la hija de Strutt (1765-?) de seis años fue "traviesa" el día en que la familia fue al campo.

> La tomé de la mano y la llevé a una tienda de campaña que estaba al lado de la casa y allí razoné, y con la mano abierta la castigué, alternativamente, hasta que me di cuenta de que su mente recibía las observaciones tibias, bondadosas, patéticas y paternales que le estaba dirigiendo. Y en seguida, después de este trance muy doloroso de cumplimiento de mi deber la envié a su madre, y sucedió que en la casa todos me tuvieron por cruel, pero yo justifiqué las intervenciones paternas que había tenido que hacer. [95.]

Strutt no fue así de estricto con sus hijos mayores; por ejemplo, cuando su hijo de trece años marchaba al internado, Strutt "deseó que John, cuando estaba haciendo su maleta, no llevara nada que no necesitara, y desgraciadamente rechazó aquellos libros que yo hubiera querido que siempre tuviera consigo" (69).[7]

---

[7] Estos extractos fueron escritos por el padre de John Strutt, y han sido incluidos en la versión publicada del diario de Strutt.

El manuscrito de Steuart (1770?-1808) se ocupa principalmente de los problemas disciplinarios que experimentó con sus hijos pequeños, y contiene mucha información útil sobre el método de disciplina de una madre del siglo XVIII. Al parecer su castigo predilecto fue haber dejado sin fruta a los niños después de comer.

> John [7 años] se levantaba de la mesa antes de lo usual (o sea, cuando se quita el mantel). Quise que volviera a sentarse, cosa que no haría sino hasta que hubiera hecho que su papá se enterara de que había traído una pera de-----. Tampoco se le permitió probar ninguna de las grosellas que Mag trajo de -----, ni ciruelas ni peras. Pareció sentirse más apenado por quedarse sin fruta que por haber hecho algo malo. [MS, fo. 92.]

A Charles, de cuatro años, se le castigó del mismo modo por llorar mucho durante la noche, "su otro castigo fue no permitirle acostarse en mi cama esa mañana como solía hacerlo". Unos días después fue necesario volver a dejar a John sin "ciruelas".

> Esta mañana John dijo a Charles una mentira acerca de un juguete que dijo estaba abajo de la escalera, aun cuando en verdad lo tenía bajo su brazo... pareció como si el castigo le importara poco, aun cuando el castigo había sido benigno, pero todo esto se debió a que había oído estos inofensivos embustes en labios de otras personas, por lo cual en este caso no mereció un gran castigo, claro, si repite la misma falta ahora que ha oído tanto sobre ella habrá que castigarlo con severidad. [MS, fo. 92.]

Steuart también enviaba, o al menos amenazaba con enviar a la cama a un niño por ser "descarado", o se comportaba fríamente hacia ese niño, y a veces recurría a los halagos, aunque no aprobaba este método. "John se comportó muy mal a la hora de irse a acostar, quería seguir despierto un poco más. Yo casi lo adulé para que se fuera tranquilamente porque tenía mucho sueño, pero el caso es que me equivoqué. Creo que debo castigarlo si es que vuelve a ocurrir" (MS, fo. 93v). A John lo azotaron una vez, y en términos generales a Steuart se le dificultó idear un castigo efectivo y apropiado para él: "Es muy difícil hallar un castigo para él, ya que los recibe con un aire de indiferencia & buen humor que hace que uno pierda el tino" (MS, fo. 94). A veces Steuart pasó por alto la conducta de sus hijos, por ejemplo, un día en que John y Charles peleaban, cuando Margaret estalló en llanto "porque John iba a tener primero todas sus lecciones", y cuando John lloró estrepitosamente cuando se le negó su petición de que le pusieran un pan debajo de su almohada.

Algunos escritores de diarios usaron otros métodos de disciplina.

Burney (1752-1840) oraba todas las noches con su hijo menor. En general, esto era "una recapitulación de errores y travesuras, o bien, de las tribulaciones y momentos felices del día: y siento que esto tuvo más éxito en cuanto a fijar en él el deleite que causa la bondad, y la vergüenza que causa lo contrario, que todos los libros grandes o pequeños sobre este tema" (vol. 6, p. 224). Frances Calvert (1767-1859) trató de sermonear a su hijita de dos años porque a su juicio hablaba demasiado: "Me dolió el corazón de sentirme obligada a sermonearla. No tiene ninguna mala intención, pero su inclinación a hablar es tan fuerte que considero necesario frenarla cada vez que pueda hacerlo" (56). Stedman (1764-1837) recurría a la persuasión cuando se enteraba de que sus hijos habían gastado su asignación jugando a las cartas, cosa que desaprobaba. Primeramente, expresó su reprobación a tales diversiones, persuadió a sus hijos de que le vendieran sus cartas al costo, y en seguida las arrojó al fuego.

*Adams, *Alcott, Jones y Sondford aconsejaron a sus hijos mayores. Por ejemplo, *Adams (1767-1848) fue enviado como diplomático a Rusia y escribió a sus dos hijos que se quedaron en los Estados Unidos una carta llena de consejos; Jones (1755-1821) quiso escribir una carta de consejos a sus hijos que debía abrirse después de su muerte. Cuando su hijo inició sus estudios en la universidad, Sanford (1766-1830) le escribió pidiéndole que nunca olvidara el propósito por el cual estaba en Oxford, que se comportase inflexible y resueltamente sin desviaciones, y fuese cauto y lento para formar amistades. Reynolds y Watkin dicen que no aprobaron la conducta de sus hijos; pero no mencionan ningún método de disciplina. Por ejemplo, Deborah Reynolds (1770?-1803) escribió lo siguiente: "John no siempre es tan bueno como debía serlo, pero eso no significa que halle faltas en él en lo general" (165), y Watkin (1787-1861) dijo que "me preocupa la violencia de los muchachos, debida a su falta de maduración, no a malas intenciones" (189).

Hardy y Skinner querían que sus hijos mayores les mostraran gran respeto. Así, Louisa Hardy (1789-1877) escribe: "Ya entrada la noche ocurrió una escena penosísima entre Louisa y yo por razón del señor MaGregor [pretendiente de la hermana], ya que persistía en mantener su opinión, y parecía haber olvidado por completo que era a su madre a quien estaba hablando" (164). Con frecuencia Skinner (1772-1839) chocó con su hijo mayor, al cual consideró como "desobligado e ingrato", y finalmente escribió a Owen una carta:

Después de los insultos con que este día fría y premeditadamente ofendiste a tu padre —un padre que ha pasado por alto y perdonado insultos similares varias veces—, corresponde a ese padre informar a su hijo que la tranquilidad de su mente exige que sus sentimientos no se vuelvan a poner a prueba debido a nuevos insultos. Por ello, ha llegado a la determinación de nuevamente salir de su propia casa; pero dado que tal cosa no la puede hacer por un lapso largo sin que haya una gran pérdida, por no haber quien supervise el diezmo y la atención del campo en su ausencia, se ve obligado a pedir, *nada menos, a ordenar a su hijo que lo deje.* Este padre, aun disgustadísimo como está, seguirá teniendo en mente los intereses de su hijo sólo en cuanto se refiere a la obtención de un nombramiento; además, pedirá a su abuela que lo reciba por un tiempo mientras se toman los pasos necesarios para el cumplimiento de este fin, y por muy repugnantes que puedan parecer estas medidas al buen juicio de su padre. [165.]

Continuamente Skinner censuró a sus dos hijos y los sermoneó por su pereza, por su incapacidad para escoger una carrera apropiada y por su falta de respeto hacia él. Fue una de sus penas: Skinner molestó con sus problemas a todos aquellos con quienes tenía relación, hasta que, finalmente, se suicidó, firme en su creencia de que él era el ofendido y no el instigador de las pertubaciones.

Ninguno de los niños que escribieron diarios hace referencia al castigo físico; en cambio hablan de otros métodos de control paterno. A *Julia Cowles (1785-1803), a los catorce años, la enviaron a la escuela de la población: "Mamá no está muy de acuerdo en que yo vaya, pues teme que los placeres del mundo y sus gratos disfrutes se apoderen de mí, generen criterios ambiciosos y me lleven al círculo de la multitud que no piensa" (26). A los quince años, *Shippen (1763-1841) riñó con frecuencia con su madre. Después de una de estas riñas su padre le escribió: "No te has persuadido ya de que tu amada mamá sabe mejor que tú & que es tu deber obedecerla siempre con alegría, aun cuando tal cosa a veces te parezca difícil. Te ama & desea hacer de ti una de las damas más sobresalientes de Filadelfia, lo cual debería incitar tu amor & gratitud & yo estoy seguro de que lo logrará" (72).

Los diarios de los niños ingleses contienen información similar. Así, Elizabeth Wynne (1778-1857) dice que su hermanita de cuatro años "se fue a acostar sin cenar porque le dio a la cocinera tan tremendo sopapo que no pudo abrir el ojo durante dos horas" (vol. 1, p. 18). El diario también da algunos indicios del tipo de control que los padres ejercían sobre su prole. Estando de visita en otra casa, Eugenia (1780-?), su hermana menor, observó:

Es imposible emprender nada que exija algo de atención cuando los niños están alborotados, y de nada sirve rogarles que guarden silencio porque es como si uno le hablara al viento, no hacen el menor caso. Uno va tirando de una silla como si fuera su carruaje, o la empuja con gran estrépito, otro sale huyendo y chillando debido a los golpes de su hermano... Si se tratara de mis hijos o de mis hermanas, ciertamente les habría mostrado la puerta porque se trata de algo insoportable. [Vol. 1, p. 119.]

Elizabeth, además, escribió: "Mis hermanitas fueron sorprendidas cuando sostenían una conversación muy impúdica con los chicos; ya no jugarán más con ellos" (vol. 1, p. 186). Elizabeth, obviamente, no sentía ningún temor de sus padres. A los diecisiete años, hizo un largo paseo con el mozo de mulas y regresó muy tarde. "Papá se disgustó muchísimo e hizo gran aspaviento porque Mamá me había dado permiso para salir sola con Charles... Después, se desvaneció el enojo de Papá y la pasamos muy bien esa noche" (vol. 1, p. 180). También Elizabeth reñía fuertemente con su madre cuando ésta no la podía llevar a un baile o a una fiesta. Parece, sin embargo, que en ocasiones el padre vencía a Elizabeth: "Tuve una pequeña discusión con Papá por causa de la música. Debo tocar el jueves y él mandará allí mi clavicordio, lo cual me molesta muchísimo, porque considero que a un instrumento tan fino no debe arruinársele. Pero como tal cosa lo enfurece mucho, creo que tendré que ceder" (vol. 2, p. 54).

Podría pensarse que los padres sí tenían una autoridad mayor sobre sus hijos mayores que la que tienen hoy día. He aquí lo que escribió a los veintiún años H. Beckhouse (1787-1850): "En la noche, debido a que mi padre nos obligó a venir más temprano de lo que yo quería, me puse huraña, y me quejé de la miseria que son las restricciones paternas. A veces siento que mi falta de libertad es irritante" (12). El año siguiente Backhouse se quejó de que su madre le prohibió ir a una fiesta. Con todo, Backhouse disfrutó de cierta autonomía; quiso estudiar arte, pero sus padres, siendo cuáqueros, se oponían a lo que fuera pintura. Pese a sus objeciones, le arreglaron un cuarto de trabajo "donde voy a desplegar mis talentos (si es que alguno tengo) sin interrupción" (6). Sophia Fitzgerald (1765?-1826) tenía su propio hogar, a pesar de lo cual se suponía que debía obedecer a su madre. Por ejemplo, una noche no fue a visitarla antes de ir a un baile, y al día siguiente su madre "me dijo cuánto disgusto le había causado mi conducta. Sin duda yo estaba equivocada y debí haberme negado a ir con la Duquesa puesto que eso me impidió ir con mi Madre" (31). A Fitzgerald la trastornó muchísimo este incidente y nos dice que lloró toda la noche ante el solo pensamiento de haber faltado al respeto a su madre. John Allen (1757-1808) consideró que su padre era "irrazonable"; todavía a los 20 años se quejaba de "no poder hacer casi nada sin caer en su desagrado" (54), y Strutt (1796-1873) habla también de la fricción casi continua que existió entre él y su padre. Contrastan con esto los diarios de muchos niños (por ejemplo, John Barclay, Hamilton, Mary Jesup y *Sally Wister) que revelan la profunda consideración que guardaban hacia sus padres.

Tres autores de diarios, todos ellos norteamericanos, nos ofrecen ejemplos concretos que indican que no fueron reprimidos por sus padres ni tenían por ellos un respeto cargado de temor. *Condict (1754-1779) habla de la ayuda que le dio su madre para deshacerse de un galán que insistía en que lo acompañara a la población. *Condict fingió que su madre le había prohibido ir: "Le guiñé el ojo para que dijera que no, porque ella estaba presente, y entonces ella le dijo que yo no iría" (49). *Sally Fairfax (1760?-1785?) escribió a su padre, teniendo sólo 11 años, que pensaba que habría que vacunar a su hermano y enviarlo a la escuela y que le enviara a ella su decisión. *Winslow (1759-1779), a los 12 años, reprochó a sus padres su demora para enviarle un sombrero que les había pedido. "Recibí con alegría el sombrero negro que, como presente, me enviaron pero si el capitán Jarvise lo hubiera traído consigo por los días en que salió de aquí hacia Cumberland, habría sido de más utilidad para mí, pues me he visto obligada a pedir prestado" (7).

Tres autobiógrafos recuerdan haber recibido castigo físico siendo niños. La autobiografía de Grant (1797-?) contiene informes sobre una crianza particularmente cruel. Siendo niña, tanto ella como sus hermanitas fueron golpeadas en las orejas o les dieran coscorrones con un dedal. Siendo un poco mayores las encerraban en armarios oscuros o bien las azotaban, por cuestiones de poca monta. A Grant no le gustaba la leche; pero a los niños se les obligaba a comer todo lo que se les servía, aun cuando la leche la enfermaba. Su padre presenciaba el desayuno, látigo en mano, y Grant habla de haber sido azotada tantas veces cuantas fueron necesarias para que diera cuenta de su comida. Si alguno de los niños se negaba a comer, el mismo platillo aparecía en todas las comidas hasta que el hambre forzaba al niño a comerlo. Grant recuerda que con frecuencia "se desmayó de hambre". Grant tuvo en muy poca estima su crianza. Con respecto al cuidado dado a los niños, escribió (su madre nunca asomó las narices por el cuarto de niños): "En esos días la costumbre era no tener ningún cuidado; a todos los niños se les sumergía en agua fría, se les enviaba fuera de la casa en el peor de los tiempos, se les alimentaba siempre con lo mismo, se les vestía con ropas ligeras" (56). En seguida hace una descripción del horror que le causaba ser bañada en agua fría en pleno invierno:

una bañera grande y larga estaba en la cocina; el hielo de su superficie debía ser roto con frecuencia antes de nuestra horrible inmersión; nos hacían bajar, de la parte más alta de la casa, cuatro tramos de escaleras, con sólo una capita de algodón sobre nuestros camisones de dormir, con el fin de enfriarnos por completo antes de la terrible sacudida. Cómo grité, supliqué, oré y me esforcé por ser salvada... todo en balde. [56.]

Pero a pesar de disciplina tan severa, Grant recuerda tiempos más felices, por ejemplo, jugar con su padre después de comer: "Sin importar cuál fuera el juego, siempre era encantador, y borraba todos los problemas... él [el padre], ya no más el ceñudo amo, era el mejor compañero de juegos" (61). H. Backhouse y Robinson, aunque sometidos a castigos físicos, recuerdan una disciplina mucho menos severa. Backhouse (1787-1850) escribió: "Mis padres poseyeron muchas virtudes, en especial la de ser muy cariñosos con sus hijos, la de aplicarles saludables castigos al mismo tiempo que les cumplían todas las satisfacciones que podían" (2). Henry Robinson (1775-1867) observa también:

Mi niñez fue feliz. La única penalidad que recuerdo fue la limitación que se me impuso los domingos, en especial de obligarme a ir dos veces a la Junta; una costumbre molestísima. Obligarlo a uno a estar sentado inmóvil durante dos horas, sin entender una sola palabra, fue una incomodidad insufrible, no se me permitía echar un vistazo a un libro de imágenes, sino que se me condenaba a sentarme con las manos ante mí, o bien, a ponerme de pie según lo exigiera el servicio. La consecuencia de esto fue que con frecuencia me enviaban a la cama sin cenar por haberme portado mal en la Junta... Recuerdo que una vez mi madre me azotó por haber hecho alguna travesura en la Junta. [Vol. 1, p. 8.]

Robinson no sintió que sus padres tuvieran un control excesivo sobre él: "Fui un muchacho travieso, y mi madre no tuvo la fortaleza de ponerme en orden. Mi padre nunca lo intentó" (vol. 1, p. 5).

Tres autobiógrafos, que no dan ejemplos concretos, hablan de una crianza represiva. *Samuel Bacon (1781-1820) dice que su padre era severo y que le tenía miedo; y Jane Knox (1790?-?) dice también que a ella y a sus hermanos se les crió muy estrictamente. Trench (1768-1837) quedó huérfana a los cuatro años y estuvo a cargo de su abuelo durante un poco de tiempo. Como el señor debía estar en una silla, el cuidado de ella estuvo a cargo de los criados. "No abundaré en las crueldades que sufrí, posiblemente hijas de buenas intenciones; pero lo cierto es que me impresionaron con un profundo horror de falta de bondad hacia los jóvenes, y en todo ello destaca la ferocidad y el despotismo en todas formas" (1862, pp. 4-5). Como su abuelo fue muy bondadoso con ella, en su edad adulta no pudo entender por qué no se quejó con él de los malos tratos que recibió. El caso es que, después de la muerte de su abuelo, fue adoptada por un amigo "del cual nunca oí palabra ni vi el ceño de un reproche; no recuerdo haber recibido ni siquiera la más suave observación" (1862, p. 7).

Otros autobiógrafos hablan de formas alternas de disciplina y control. Mary Capper (1755-1827) y su hermano se volvieron cuáqueros estando en una escuela distante; pero sucedió que no se les permitió retornar al hogar hasta que hubieran cambiado de religión. Pese a este ultimátum se negaron, pero después de la muerte de su padre, su madre los aceptó con sus creencias religiosas. En el diario de *Fenimore-Cooper (1789-1851) está incluido el recuerdo de una de sus hijas, Susan. Recuerda que su padre casi siempre volvía con regalos para sus hijos cuando había andado lejos del hogar. En una ocasión, le regaló a Susan cuatro vestidos y luego le pidió que regalara uno. Ella dice haberse sentido terriblemente trastornada ante semejante petición, pero que al consentir recibió muchos abrazos y besos. (Este tipo de enseñanza de renunciación reaparece, en una forma mucho más severa, en el siglo siguiente, en la autobiografía de Hare.) *Hull (1976-1834) recuerda que su madre le reprochó su "ligereza" y que él "replicó en términos casi descomedidos", lo cual la molestó (242). Amelia Opie (1769-1853) dice que para su madre "su palabra era ley" (12). Y Townsend (1757-1826) describe así su crianza:

> Mucho es lo que debo al amor y a los cuidados de una madre cariñosa, no solamente por lo que hace a mi seguridad personal, sino también por sus orientaciones y consejos... Como prueba de su atención a mis intereses religiosos diré que en una ocasión, habiendo cometido una gran falta, y habiendo dicho una mentira para ocultarla (teniendo ella la fuerte convicción de mi culpabilidad), me encerró en mi cuarto hasta que hube confesado mi pecado. [3.]

De las pruebas contenidas en los diarios cabe deducir que los padres, concretamente los varones, consideraban que era deber suyo aconsejar a sus hijos. Dos autobiógrafos dicen haber recibido consejo de sus padres, y todos parecen apreciar el consejo, aun cuando no lo hayan aceptado en su momento. Ante la muerte de su padre, Thomas Belsham (1750-1829) escribió que había perdido "un amigo, guía, instructor y consejero terrenal" (68). *John Warren (1778-1856) escribe también ante la muerte de su padre que sintió "muchísimo la pérdida de sus consejos y de su ayuda" (130). J. Scott (1792-1862) se lamenta por haber rechazado los consejos de su padre, el cual le había escrito una carta a la universidad: "sobre sus ardientes disuasiones del vicio, en especial de aquellos vicios que a su juicio le atraían más. Tan justas y tiernas fueron sus observaciones que lamento haberlas arrojado al fuego. Debí aceptar y apegar mi conducta a su consejo" (49). La mayoría de los escritores recuerdan la bondad con que los trataban sus padres.[8] Por ejemplo, *Benjamin Cutler (1798-1863) dice lo siguiente de su madre: "durante treinta y ocho años he recibido de mi madre afección inalterable y ferviente" (163). *L. Dow (1777-1834) recuerda que "Mis padres... fueron muy tiernos hacia sus hijos" (1). *Tucker (1775-1806), a quien crió su abuela, recuerda de ella "su ternura en una edad en que necesité muchísima protección" (312). Varios autobiógrafos ingleses recuerdan haber recibido un trato similar, por ejemplo, Eliza Fox (1793-1861) escribió: "Rara vez me frenaron o me reprendieron en el hogar" (6). Holland (1770-1845) dice que sus padres "por razón de su afecto e inactividad me dejaron seguir mis propias inclinaciones" (vol. 1, p. 158), en tanto que Moore (1779-1852) recuerda que su "juventud fue en todos los terrenos muy feliz" (vol. 1, p. 15). Frances Shelley (1787-1873) fue muy mimada de niña, y considera que su madre no fue lo suficientemente estricta con ella:

> No tuvo el suficiente juicio en el manejo de su "borreguita" (como solía llamarme), nombre que no me gustaba, ya que a mi juicio tenía más de león que de oveja. Me molestaban sus caricias impetuosas, y desde muy temprano aprendí a permitirle, como un favor a *ella*, que me besara; y no, como es común entre la mayoría de los niños, a recibir una caricia como premio de buena conducta y muestra de afecto materno. Aun cuando mi madre me mimó en demasía, entre nosotras dos hubo una fuerte afinidad; me gustaba sentarme en su regazo y oír la viejas baladas jacobitas escocesas, y los dulces versos de Burns. [Vol. 1, p. 1.]

La crianza de Shelley fue muy diferente de la de Grant, a pesar de que apenas las separaron diez años. (Véanse también las autobiografías de *Joanna Bethune, M. Fox, Lettsom, Owenson, Turner [1875] y Watkin.)

Análisis. En los textos del siglo XVIII, tanto norteamericanos como ingleses, se revela más interés que en los textos anteriores en la naturaleza y función de la disciplina. Aquellos autores que consideraron la disciplina en lo abstracto, abogaron por un término medio entre severidad e indulgencia. Al igual que en periodos anteriores, la mayoría de los padres seguían normas similares, aun cuando no articularon conscientemente este concepto.

---

[8] Véanse también las autobiografías de Belsham, Burney, Fry, F. Gray, Hagger, *Huntington, Pease, *Silliman y Watkin.

De entre los padres, un porcentaje mayor de ingleses (12 por ciento) que norteamericanos (4 por ciento) se valieron del castigo físico, y una proporción mayor de autobiógrafos ingleses que norteamericanos recuerda una crianza represiva. Parece como si los padres ingleses hubieran querido controlar más que los norteamericanos a sus descendientes. Vuelve a presentarse el fenómeno que ya hemos hecho ver, es decir, que una prueba mayor sobre castigos físicos y disciplina estricta aparece en las autobiografías. Además, como ocurre en periodos anteriores, los niños que escribieron diarios no mencionan en absoluto castigo alguno. Por consiguiente, sólo unos cuantos niños han de haber sufrido una disciplina estricta, y una minoría todavía más reducida fue víctima de un régimen de crueldad; la autobiografía de Grant es el primer texto que describe crueldad real. Al parecer, sus padres fueron influidos por teóricos como Locke (1694), quien propuso baños fríos como medio de fortalecer a los niños; lo malo es que los padres de Grant llevaron esta teoría al extremo, pues zambulleron a sus hijos en agua fría serenada.

En *The Rise of the Egalitarian Family* (1978), Trumbach afirma que, aun cuando los aristócratas ingleses del siglo XVIII fueron padres afectuosos, su método de disciplina tuvo por finalidad doblegar la voluntad del niño. Agrega además que los azotes fueron el castigo preferido antes de 1750, y que posteriormente su popularidad declinó. Los textos estudiados no apoyan esta afirmación. No revelan diferencias drásticas entre los métodos de disciplina de las clases media y alta, ni pruebas de que la mayoría de los padres de clase alta quisieran quebrantar el espíritu de sus hijos; los textos de Burney, Douglas, Holland, Moore, Owenson y F. Shelley contradicen abiertamente este punto de vista.

Vuelve a llamar considerablemente la atención la gran variedad en costumbres de disciplina, que fluctúan desde la rudeza de la crianza de Grant a la total libertad e indulgencia de Holland y Shelley. Los padres emplearon una amplia gama de técnicas disciplinarias; los azotes fueron solamente uno de los métodos que tuvieron a su disposición. Cierto número de padres usó este método, si bien no como técnica general de castigo. Se empleó para castigar ciertas conductas que a juicio de los padres justificaban este castigo, tales como mentir, o bien, se empleaba como úlimo recurso si el padre sentía que estaba perdiendo el control, como en el caso de Boscawen. Greven (1977) sostiene que los padres "moderados" de los siglos XVII y XVIII se preocuparon por conformar la conducta de su prole, cosa que consideraron deber esencial paterno: y así lo hicieron los padres que hemos examinado aquí. La habilidad para regular la conducta de los hijos a largo y a corto plazos es algo que nuestros padres contemporáneos consideran también un componente decisivo de su función (Newson y Newson, 1976). En siglos anteriores, los padres tuvieron conciencia muy clara del temperamento de sus hijos (por ejemplo, véanse Burney y Steuart), y organizaron sus métodos de disciplina con el fin de alcanzar los mejores resultados con cada niño. También se desprende de los textos estudiados que muchos padres percibieron la orientación contemporánea que les instaba a mantener una autoridad completa sobre sus hijos, aun cuando les resultó imposible ser así de intolerantes con su propia descendencia (véanse Boswell y Fry). Esto significa que los padres se vieron obligados a tomar en consideración el carácter de cada hijo, lo cual evitó la constitución de un régimen inflexible de crianza.

1800-1849. *Judson, *Longfellow y *Todd describen sus puntos de vista sobre la disciplina, pero no ofrecen ningún castigo real. Por ejemplo, *Judson (1817-1854), estando muy enferma, escribió que si moría, sus hijos "tendrían problemas y no puedo ayudarlos; pecarán, y no puedo disciplinarlos y enseñarlos" (300). Longfellow (1807-1882), comentando la cita "Dejad que los niños vengan a mí", escribió: "Después de tal bendición, ¿cómo puede nadie atreverse a tratar con dureza a un niño?" (383), y *Todd (1800-1873) opinó que los muchachos necesitan "un gobierno firme y decidido ante el cual su voluntad deberá inclinarse sin reserva, y con alegría" (285).

*Louisa Alcott, Cobden-Sanderson, E. Gaskell, *Hayes, *Lovell, Lucas y *M. Walker informan haber infligido castigo físico. Por ejemplo, *Alcott (1832-1888) cuenta:

> El día de Año Nuevo se señaló porque zurré solemnemente a mi hija [de 5 años]. La Señorita C. y otras personas me aseguran que es el único medio de curar su obstinación. Yo lo dudo; pero sabiendo que las madres son generalmente demasiado tiernas y ciegas, corrijo a mi amadísima conforme al método antiguo... Su asombro fue patético, y el efecto, como lo temí, un fiasco. El amor es mejor; pero también la paciencia sin límite. [354.]

*Lovell (1809?-?) nos da un relato detallado de los métodos que usó para educar a su hija Caroline. Citaremos con cierta extensión el diario porque revela la insistencia de *Lovell en la obediencia, y también su comprensión del temperamento de su propio hijo. El diario de esta mujer, tanto en sus detalles como en sus técnicas de disciplina, es muy similar al de E. Gaskell.

Cuando Caroline tenía un año se hizo necesario, a mi juicio, darle su primera lección de obediencia. La pala y las tenazas la fascinaban, de modo que las tomaba y las llevaba por toda la casa. Le prohibí tocarlas. Creo que me entendió perfectamente, pero siguió cogiéndolas. De diversos modos traté de disuadirla, pero finalmente llegué a la conclusión de que el método mejor era desviar su atención hacia algún otro objeto... Pero todavía le faltaba aprender a obedecer. Teniendo ya casi dos años, un día tomó el cojín de una silla y lo arrastró por todo el cuarto. Le ordené llevarlo a su lugar pero no obedeció, y después de repetirle varias veces la orden, sin el menor resultado, me sentí obligada a usar el castigo corporal. Nunca había tenido ella idea de semejante cosa y evidentemente no sabía nada al respecto. Por ello, pasó cierto tiempo para poder hacerla entender que había relación entre la corrección y la falta. Finalmente cedió. [52.]

Después de esto, *Lovell se refiere al manazo y a la obediencia de Caroline. *Lovell pensó que su hija, a los cinco años

en términos generales era obediente y dócil aunque parecía tener una impetuosidad nerviosa en su temperamento que a veces la llevaba a desobedecer. Por ejemplo, si estaba saltando sobre un banquito y yo le ordenaba, "Caroline, no vuelvas a brincar sobre eso", en un instante estaba otra vez sobre él. Parecía haber recibido un impulso, y su temperamento vivaz y activo parecía dispuesto, y se desentendía de la prohibición. Pero siempre lo lamentaba, y yo tomaba en consideración su temperamento peculiar, lo que a cualquier extraño podría parecer lenidad... Queríamos educarla para que aceptara el hábito de la obediencia implícita a nuestra dirección, y por esto con frecuencia tuvimos necesidad de corregirla del modo mejor que a nuestro juicio sirviera para alcanzar este objetivo. [84.]

Así, cuando *Lovell vio que Caroline sacaba las cenizas de la estufa, le dijo que se acercara a ella, pero Caroline no le hizo caso.

Sentí miedo de haber sido demasiado benigna con ella en casos anteriores de desobediencia, y pensé que había llegado el momento de hacer algo que dejara en su mente una impresión perdurable. La llevé a otro cuarto y le expresé cuánto sentía su desobediencia, y le dije que ahora debía pegarle porque había desobedecido varias veces del mismo modo y porque tenía miedo de que volviera a hacerlo... Pareció muy arrepentida... me suplicó que no lo hiciera [azotarla], diciendo que trataría de recordar y de obedecer *inmediatamente* en el futuro. Tomé en cuenta su petición y le dije que la perdonaría si creía que podía recordar. Como no le gustaba que nadie viera que había estado llorando, le dije que podía quedarse en ese cuarto hasta que se hubiera secado las lágrimas, para que tuviera buen semblante y pudiera salir de la casa. [85.]

204 DISCIPLINA Y CONTROL

Meses después Caroline se negó enfáticamente a dar los "Buenos días" a una visita. La enviaron a su cuarto, pero como se seguía negando le pegaron. Luego, como siguiera diciendo "No, no lo haré", su padre la amenazó con pegarle con un garrote, ante lo cual Caroline se rindió. Para sus padres fue una gran pena que ella se obstinara en negarse: "Pareció como si el enemigo se hubiera apoderado completamente de ella, como si estuviera tratando de llevarla a la ruina... Para nosotros éste fue uno de los momentos más dolorosos de su vida. Nos mostró el depravado estado del impenitente corazón de una niña, tierna, amorosa y por lo general obediente" (88).

*M. Walker (1814-1897) parece haber "azotado" a sus hijos de un modo regular. Esta autora dice que en cuanto su hijo de diez meses "es puesto en la cama empieza a juguetear, de modo que con frecuencia debo pegarle para que se esté quieto" (136). *Walker, sin embargo, no insistió en la obediencia total. Así fue que, cuando Cyrus a los veinte meses pidió algo y se negó a la petición de su padre de decir "por favor", sus padres no insistieron aun cuando les preocupó que Cyrus fuera a la cama con una "sonrisa". Tiempo después, cuando su hijo tenía cuatro años y su hija dos y medio, *Walker observó: "Hoy al atardecer tuve que dar a mis hijos una ligera azotaína, ante lo cual Abigail salió corriendo y gritando 'papá, papá, ven a casa, mamá me azotó'" (176).

Algunos autores ingleses de diarios muestran también interés por la obediencia. Así, Cobden-Sanderson (1840-1922) desea que su hijo de dieciocho meses se deshaga de sus "malos hábitos" y que se vuelva "dócil" (vol. 1, p. 246). Por ello, a Richard lo golpearon por llorar cuando lo ponían en su cama y a veces por hacer berrinches. Cobden-Sanderson cambió sus métodos de disciplina cuando se dio cuenta de que había castigado a Richard por llorar cuando en realidad estaba enfermo. A Richard lo habían puesto sobre una tablita para obligarlo a dejar de llorar. En cuanto se calló lo llevaron al jardín donde "volvió a estar inquieto y a llorar. Lo regañé. Ciego y brutal, no me di cuenta de que no estaba bien" (vol. 1, p. 249). Richard estuvo enfermo y con fiebre durante unos días, pero en cuanto se restableció, su padre escribió: "Tiene accesos y arrebatos de pasión, pero lo toleramos y lo dejamos solo, y no tarda en presentarse en cuanto ha pasado su tormenta, radiante entre sus lágrimas y con sus labios salidos buscando un beso" (vol. 1. p. 250).

E. Gaskell (1810-1865) quiso enseñar autocontrol a su hija desde muy temprano. Por ejemplo, a los 14 meses: "Hoy, cuando se enoja... ponemos caras graves (*no de enojo*) y a veces nos cubrimos la cara con las manos, lo cual llama su atención y de ese modo pone fin a su arranque" (17). Gaskell se preguntó cómo disciplinar a Marianne que tenía dos años. "El [castigo] usual, castigarla en un rincón, no tenía ningún resultado en ella, pues lo tomaba como juego... por eso ahora la ponemos en una silla alta, de la cual no puede bajarse, y la dejamos allí (siempre estando uno de nosotros en el mismo cuarto) hasta que muestra algún signo de pena" (25). A los tres años castigaron a Marianne dejándola sola en un cuarto durante cinco minutos, y también por vez primera le dieron de nalgadas. Gaskell había estado tratando de hacer que Marianne repitiera algunas letras del alfabeto, pero la niña se negó. Su madre acabó dándole un manazo cada vez que se negaba, hasta que Marianne aprendió a decir la letra. La verdad es que a Gaskell no le gustó esta forma de castigo: "Sin embargo, nos sentimos tan tristes que lloramos cuando se fue a acostar. No sé si hicimos bien. Si no, por favor, querida Marianne, perdónanos" (32). Gaskell pensó que Marianne seguía siendo "obstinada" a los cuatro años: después de haber usado varios medios de corrección "nos hemos visto obligados a pegarle una que otra vez con bastante suavidad. Lo hemos hecho apenados y con blandura, y siempre nos ha servido para hacerla más obediente, y sin producir en ella *el menor* resentimiento" (35-36).

Sólo un autobiógrafo habla de disciplinar a sus propios hijos. Lucas (1804-1861) no aprobó el castigo corporal, pero se encontró con que la conducta de uno de sus hijos lo obligó a castigarlo así. Lucas describe a su hijo mayor, a los siete años, "como un niño irritante, aunque en algunos terrenos, agradable... Es también impertinente y con frecuencia responde y se defiende cuando se le reprende. A veces, el castigo corporal parece ser el procedimiento más eficaz, pero es muy desagradable recurrir a él" (165). Hare (1834-1903) incluye en su autobiografía algunos extractos tomados del diario de su madre, que revelan su insistencia en la obediencia. Cuando Hare tenía dos años y medio, ella escribió:

> Hoy, después de cenar, a la hora de dar gracias a Dios por su buena cena, él se negó a hacerlo, y yo le prohibí levantarse de su silla, lo cual lo irritó muchísimo y estalló en un arranque de ira violenta. Dos veces, cuando pasó la tormenta, me acerqué a él y me esforcé por inducirlo a la obediencia, en parte alentándolo, y en parte insistiendo vehementemente. [16.]

Hare se quedó en el comedor hasta que dijo lo que se le exigía. He aquí lo que escribió su madre sobre él a los cinco años: "Creo que Augustus siempre hará una cosa si se *razona* sobre ello, aunque la necesidad de la obediencia sin razonamiento es especialmente necesaria en un temperamento como el suyo. La voluntad es el elemento que es preciso someter" (27). El editor del diario de Johnston (1808-1852) incluye algunos extractos tomados del diario de su madre, los cuales revelan que los padres no aprobaban tampoco ningún signo de rebelión aunque de ningún modo fueron ni remotamente tan duros como la madre de Hare. Cuando Priscilla tenía tres años su madre escribió: "[Priscilla] intentó rebelarse en contra de la voluntad de su padre, y no puedo olvidar la gran pena que me causó ver cómo la golpeaba con bastante fuerza cuando estaba en sus brazos, y los gritos de la niña; pero tal cosa tuvo el mejor afecto sobre su voluntad, pues creo que nunca más lo volvió a desobedecer" (iv). A Louisa Knightley (1842-1913) la invitaron cuando tenía catorce años a una ,reunión al aire libre; pero como llovió se le negó el permiso para ir. Ella fue pese a todo, y más o menos una hora después le entregaron una nota de su madre: "Louisa, ven inmediatamente en cuanto recibas esto. No debiste haber ido, y aun cuando estés tomando el té debes volver de inmediato" (5). Knightley describe a su padre como "el más bondadoso de los hombres" a pesar de "uno que otro arranque de severidad" (6).

Tanto Allen, como Bain y *Prentiss insisten en la obediencia implícita de su prole, pero no dicen haber recurrido al castigo físico para lograrla. Allen (1813-1880) observa cuán difícil es criar a nuestros propios hijos:

> Una cosa es observar sus errores y limitaciones como parte no interesada y otra muy distinta es intervenir en cada ocasión en las diferentes disposiciones de la niñez y en sus diferentes temperamentos... En la medida de lo posible no se les corrija delante de nadie; en privado hábleseles sobre cualquier cuestión. La reprobación en voz alterada tal vez provoque ira en vez de arrepentimiento, aunque esto no signifique negar que en ocasiones *es* necesaria la reprensión inmediata. [110-111.]

Por otra parte, Allen pensó que los padres no deben "herir el espíritu de los niños... ni alarmarlos por su conducta o palabras" (167). Ofrece también un ejemplo de su disciplina. Cuando su niño de cinco años le pegó a su hermano, Allen "se conmovió ante el aspecto de arrepentimiento que vio en su cara" y oró con él porque lo perdonaran. Más adelante esta misma autora observa: "Esta vez sentí que me habían ayudado a decidir que era mejor *persuadir* que recurrir a medidas más severas" (93). Estos autores de diarios relajaron, sin embargo, su control sobre sus hijos mayores. Así, Louise Bain (1803-1883) no aprobaba el teatro: pero aun cuando no estuvo de acuerdo en que sus hijos fueran a ver obras, no se los impidió.

Por el contrario, *Duncan, Guest y Hanover (1964) se empeñaron en retener una gran dosis de autoridad sobre sus hijos mayores. Por ejemplo, *Duncan (1808-1876) quiso ahogar el pensar independiente de su hija: "la mayor [14 años], mi orgullo & esperanza, me causó algún problema. No se sintió bien & luego hubo varias circunstancias que me hicieron comprender que no quería ir a la escuela porque le disgustaban los maestros. Su temperamento independiente me hizo temblar" (77) *Duncan dio a su hija la oportunidad de elegir entre regresar a la escuela o ser una "Millenor"; escogió lo primero. Una hija de veintidós años de Guest (1812-?) visitaba a sus amistades sin informar a su madre. "Creo que no está bien. Mientras viva bajo mi techo respondo de ella y la debo tener junto a mí y evitar que actúe independientemente... Le reprobé su proceder y se insubordinó; y entonces nos dejamos de hablar hasta nuestra visita a Canford, después de lo cual perdoné la ofensa" (1952, p. 207). Hanover (1819-1901) siguió ejerciendo control sobre su hija mayor aun cuando la chica se casó y se fue a vivir a Prusia. Siempre quiso conocer hasta los más pequeños detalles de la vida de su hija, y continuamente le aconsejó cómo comportarse (texto de 1964).

Otros padres tuvieron mucha menos autoridad sobre su prole. Alford, Alison, Cunningham, Palgrave, Lady de Rothschild, K. y J. Russell, Tregelles y *William Walker ensayaron métodos tales como la disciplina, la represión y el sermoneo; por ejemplo, *W. Walker (1800-1874) dice: "Hablé a mis hijos sobre moral y buenas costumbres y les advertí contra diversas inmoralidades" (172). Alford, Palgrave, De Rothschild y Tregelles lamentan por igual haber hablado con dureza a sus hijos. Alford (1810-1871), estando lejos de su hogar, escribió las siguientes palabras a su hija: "Sé que a veces te hablo con dureza, amadísima, y que no debo hacerlo; debemos esforzarnos por sobrellevarnos recíprocamente y hacernos concesiones uno al otro" (214). Otro padre, Tregelles (1806-1884), dijo: "Soy muy desesperado con mis amados hijos" (75), John Russell (1842-1876) no pensó que los estallidos de cólera en los niños fueran cosa seria; a pesar de lo cual, su hijo de siete años le colmó el plato:

Frank ha molestado mucho esta mañana, lo cual me ha deprimido mucho. Aun cuando tenía puesto su trajecito blanco, lo primero que hizo fue embarrarse los pantalones de lodo (fuera de la casa con los niños). Parece que Eliza quería que fuera a alguna parte, o que entrara en la casa, y que él se negó y fue a dar al lodo cuando ella lo tironeó. Debí pensar que en parte fue culpa de ella, pero como estaba tan sucio, le ordené que fuera a escribir en su cuaderno hasta que yo regresara para sacarlo, es decir, que debía quedarse en mi cuarto. Pero cuando regresé poco después, me encontré conque no me había obedecido, sino que había ido al vestíbulo a jugar. Por eso le ordené que escribiera un poco más, a lo cual se negó. Yo insistí en que lo hiciera antes de cenar. El estaba excesivamente renuente, al grado de que arrojó su cuaderno a la chimenea. Lo dejé solo un rato y cuando volví lo encontré cómodamente arrellanado bajo una mesa. Entonces le dije que si no salía yo me llevaría algunas plantas que había reunido, cosa que me vi obligado a hacer finalmente aunque con gran renuencia. Entonces se trastornó tanto que temí que lo hubiéramos enfermado, por lo que le ofrecí salir con él fuera de la casa, lo cual al punto lo puso de magnífico humor, a tal grado que me prometió escribir al regresar a casa... Deseo que esto no se repita con mucha frecuencia. [Vol. 2, p. 502.]

Pero para desgracia de Russell, Frank estaba resuelto a ser tan desagradable como le fuera posible. Pateó una pelota en el comedor aunque se le advirtió que no lo hiciera, hasta que finalmente rompió una ventana. Se negó a obedecer órdenes o súplicas a la vez que insistía en que se cumplieran sus exigencias; arrojó una piedra contra la casera, y, finalmente, cuando Russell le dijo que no lo llamara "bestia", Frank lo llamó así sin interrupción durante media hora. En este último caso, Russell consideró que "unos buenos golpes en las orejas serían el mejor tratamiento" aunque de hecho no lo hizo (vol. 2, p. 518). Ambos padres no hallaban el modo de controlar al niño; Russell escribió a su esposa:

La obediencia no es lo más importante, aun cuando ciertamente deben [los niños] abstenerse de hacer cosas que los lastimen o que lastimen a otros & ser enseñados a que cierta deferencia se debe a los deseos de los demás en vez de exigir que todo el mundo acceda a sus deseos. Las escuelas públicas son de grandísimo valor en este terreno y en general creo que son punto menos que indispensables. Y en cuanto a controlar a un muchacho como Frank por medio del amor no creo que dé resultado, ya que él te ama más que nadie, pese a lo cual te consta cómo se irrita cuando te opones a él. [Vol. 2, p. 511.]

Russell creía en verdad que "la falsedad debe ser tratada como ofensa gravísima" (vol. 2, p. 511).

Collins, *Hayes y *Francis Lieber ensayaron el sistema de aconsejar a sus hijos. John Collins (1848-1908), por ejemplo, en ocasión de tener que ir a los Estados Unidos para dar una serie de conferencias, escribió a sus hijos una carta que debía abrirse después de su muerte, en la que los exhortaba "a amar, a apreciar y a obedecer" a su madre (132). Por su parte, Caroline Owen y F. Russell alentaron a sus hijos a tener independencia de pensamiento. F. Russell (1815-1898) escribió lo siguiente a su hija de quince años: "Cada día te traerá más independencia mental, más capacidad de comprensión, no solamente para

adoptar los pensamientos de los demás, sino para razonar y para formar tus propias opiniones" (216).

En ocasiones, alguno de los padres no castigaría una conducta
particular, aun cuando le molestara; por ejemplo, el marido de *M.
Walker no castigó a su hijo por decir una mentira, aun cuando *Walker
(1814-1897) hubiera preferido hacerlo. A Frances Wood (1812-1860)
la exasperó muchísimo la conducta de uno de sus hijos: "Realmente
no puedo concebir nada más desagradable que la mezcla de estupidez
y obstinación de G respecto a la lección de Geografía que le doy todos
los días; es una gloriosa prueba de paciencia" (78).

Aquí tampoco hay registros de castigos físicos en los diarios de los
niños, pero sí se mencionan otras formas de disciplinas. *Alcott (1832-
1888) habla de haber escapado y de haber sido atada a la cama el día
siguiente para que se arrepintiera, y de que, a los doce años, su padre
le reprochó su egoísmo. A Hanover (1819-1901) lo dejaron solo en un
cuarto como castigo (texto de 1912). Caroline y *Anna Richards (1842-
1913) fueron criadas por sus abuelos paternos, los cuales, conforme
lo que dicen los diarios, fueron benevolentes. No siempre las dos
hermanas estuvieron de acuerdo con los deseos de sus abuelos: "aca-
bando de terminarla [una carta a su padre], mi Abuela me pidió que
escribiera algo, lo cual no quise y le hablé con mucha desatención, pero
lo siento muchísimo y no lo haré nunca más" (23). En otra ocasión,
participaron en un paseo nocturno en trineo, aun cuando sus abuelos
se lo habían prohibido. Al día siguiente los abuelos se enteraron y
*Richards escribió: "obraron con tal serenidad, y, al cabo de un rato,
la Abuela platicó con nosotras sobre ello" (55). Una vez que Caroline
y Anna prometieron no volver a hacerlo, el incidente fue perdonado y
olvidado. Sus faltas no siempre fueron descubiertas, sin embargo:

> Anna quiso dar unos pasos con las chicas después de la escuela, por lo que
> se enconchó entre Helen Coy y Pattie Paddock y así pasaron por el fren-
> te de la casa. La Abuela siempre se sienta en la ventana delantera, de modo
> que cuando Anna entró le preguntó si se había tenido que quedar un
> rato después de la escuela y Anna le dio una respuesta evasiva... simple-
> mente cambiamos de tema y encaminamos la conversación hacia un cauce
> más agradable. [118.]

En ciertos terrenos sus abuelos fueron estrictos: las hermanas debían
ir a casa inmediatamente después de salir de la escuela y debían pedir
permiso para asistir a cualquier tipo de diversión, permiso que no
siempre se les daba. Las dos, Caroline y Anna, sí pensaron que su
abuela era estricta, cosa que no pareció importarles mucho: "La Abuela
sabe que nosotras pensamos que es un ángel perfecto aun cuando

a veces se pone bastante estricta. Así tengamos 7 o 17 años, para ella no somos más que niñas" (124).

El diario de Fleming (1803-1811) versa principalmente sobre sus estallidos de violencia y sus rebeliones contra la autoridad. A los siete años, ella escribió:

> Confieso que he sido más bien un diablillo que una niña, porque cuando Isabella subía las escaleras, para enseñarme religión y multiplicación, y a ser buena y todas mis demás lecciones, yo pateaba el suelo y arrojaba al suelo mi sombrero nuevo, que ella me había hecho, y me ponía arisca y terriblemente furiosa, pese a lo cual ella nunca me pegaba sino que con suavidad me decía: Marjory, ve al otro cuarto y piensa qué gran crimen estás cometiendo al dejar que tu mal carácter domine lo mejor de ti misma, pese a lo cual yo me dejaba llevar, al grado de que el Diablo me dominaba, pero ella nunca me pegó, por lo que creo que debo ser mejor y que la próxima vez que me porte mal deberá pegarme a pesar de que nunca lo hace y siempre es muy indulgente conmigo. [40-42.]

Meses después: "Voy a confesar que nunca en toda mi vida me porté tan mal porque cuando Isa me pidió salir del cuarto no la obedecí & cuando Isa entró al cuarto le arrojé mi libro, llena de terrible ira & no me pegó sino que me pidió que volviera al cuarto & orara" (73-74). La única vez aparte de ésta que Fleming recuerda que se le castigó fue cuando se le multó con dos peniques cada vez que se mordía las uñas.

C. de Rothschild (1843-1931) pensó que su madre no era lo bastante estricta con su hermana de trece años: "En verdad me apena ver las impertinentes respuestas que Annie da a Mamá sin que medie la menor provocación de su parte" (86). Ambas hermanas se enfurecieron por un freno que su madre les quiso imponer. Annie (1844-1925) se negó a permitir a su madre que leyera una carta que estaba escribiendo: "En verdad no pude... Me apenó muchísimo ver lo contrariada que estaba, pese a lo cual no se la enseñé" (89). Ante lo cual Lady de Rothschild dijo que en lo sucesivo leería todas sus cartas.

> Me quedé muda, no pude decir palabra y llena de lágrimas salí del cuarto; se lo dije a Connie que siguió alegando un buen rato sobre esta cuestión, diciendo que ya nunca más escribiría, que preferiría no escribir en absoluto a someterse a tal regla. Esto fue injusto, ridículo; las dos sufrimos un acceso de indignación furibunda que casi no pude refrenar. [89.]

Tiempo después fue retirada la amenaza. K. Russell (1842-1874) da algún indicio de cómo veía la disciplina de los padres. A los 18 años, estando sola en su casa, escribió: "No me gusta estar sola aquí &

tampoco me importa gran cosa. Me temo que sea egoísmo, que es porque nadie encuentra falta en mí. Yo debía aprender a recibir mejor los reproches —lo haría si fuera más humilde" (vol. 1, p. 97). *Long y *May dicen haber recibido consejos de sus padres. He aquí lo que escribió en su diario el padre de *John Long (1838-1915):

John Davis [de 11 años], ¡despierta! Haz mejor tus obligaciones. No desperdicies ni pierdas tu tiempo. *Considera.* ¿Podrán volver a ti estos esplendorosos días y estas enjundiosas oportunidades? Si no las mejoras haciéndote de conocimientos y adaptándote para llevar una vida útil y dichosa, ¿no te causará ello remordimientos amargos el resto de tus días? [41.]

Estando lejos del hogar, en la escuela superior, *May (1840?-?) escribió: "¿Qué puede producirme más alegría que una carta de mi amada madre?, y qué magnífico consejo me ha dado. Siempre seguiré sus consejos y admoniciones, porque en ellos hay paz y felicidad" (23).

Muchos autores de diarios tuvieron una relación informal con sus progenitores. Gladstone (1847-1927) pudo censurarlos y disentir de sus opiniones. Los deseos de Shore (1819-1839) fueron respetados: por ejemplo cuando le pidieron que se deshiciera de algunas cosas como preparación para mudarse de casa, Shore se deshizo de un bote modelo: "Sin embargo, papá y mamá, para consolarme de su pérdida (me había costado trece peniques), me dieron cada uno seis peniques, y papá me ofreció un chelín por cada pájaro disecado que tirara, cosa que no haría ni por una guinea" (25). *Victoria Worley (1837-1922) hizo justamente lo que le dio la gana, aun cuando su conducta produjo a su madre muchísima ansiedad, por ejemplo estar en cubierta durante una borrasca y caminar por atrás de las cataratas del Niágara. Robert Fowler, Mary Gilpin, *Mary Harker, Johnston y Timms hablan del gran afecto que sintieron por sus padres.

De las autobiografías, diez contienen información sobre castigos físicos, y, de ellas, ocho son inglesas. Los dos autobiógrafos norteamericanos no describen castigos severos. *Mary van Lennep (1821-1844) recuerda que cuando tenía seis años mentía con frecuencia y que su padre decía que la próxima vez que mintiera la castigaría. Cuando volvió a mentir, la enviaron a su cuarto y a la mañana siguiente su "acongojado" padre le pegó en la mano. *Martin Philips (1806-1889) no habla de haber recibido castigos físicos, pero como dice que su padre era "duro", es de pensar que le tocó recibir algún castigo.

En contraste, los textos ingleses, en particular los de Cooper y Hare, describen un sistema de disciplina mucho más duro. Cooper (1801-1885) sólo recuerda una niñez extremadamente infeliz: "Yo y mis hermanas... fuimos educados con gran severidad, moral y física, respecto a mente y cuerpo, pues nuestros padres opinaban que para que los niños obedecieran debían vivir en constante temor de su padre y de su madre" (vol. 1, p. 51). Hare (1834-1893) fue adoptado por una tía que al parecer estuvo dominada por dos amigos religiosos, ambos partidarios de que a Hare se le aplicara un sistema de disciplina extremadamente severo. A partir de los cuatro años, a Hare se le prohibió jugar con juguetes o con otros niños. Lo encerraban en su cuarto a pan y agua durante dos días como castigo para "quebrantar mi espíritu", y con frecuencia su tío lo azotaba con un fuete. "En el sentido más literal, y en todos los demás, yo fui 'educado a punta de varazos'. Mi amadísima madre tenía tanto miedo de caer en la benignidad extrema que siempre se iba al extremo opuesto" (26). También se empleaban otros métodos de represión —a Hare no se le permitía expresar sus propios deseos ni hacer el menor ruido mientras jugaba. De comida siempre tenía carnero asado y budín de arroz y, con base en esto, se pensó en aplicarle una nueva disciplina cuando cumplió cinco años:

> Se hablaba de los budines más deliciosos —se *abundaba* en ellos— hasta que yo tenía no una gran codicia, sino una gran curiosidad sobre ellos. Al cabo llegaba *le grand moment*. Los ponían en la mesa frente a mí, y entonces en el preciso momento en que iba a comer alguno, los retiraban y me ordenaban ponerme de pie y llevarlos a regalar a alguna persona pobre de la aldea. [27.]

Bajo la autoridad de los amigos de su madre, el régimen empeoró. A Hare no se le permitió cosa alguna que le diera placer; si algo o alguien le gustaba, se lo quitaban.

En cambio, otros autores ingleses de esos días hablan de castigos menos severos. El editor del diario de Bright (1811-1889) incluye un recuerdo de su hijo. Dice que aunque su padre estaba contra los castigos violentos "nunca dudó en administrar castigos corporales a sus hijos cuando a su juicio los merecían. Como era eminentemente justo, por lo cual todos lo admirábamos, nunca pusimos en duda sus decisiones" (xii). John Epps (1806-1869) escribió: "deduzco, basado en quienes me conocieron en esos días, que yo era irritable y malhumorado: a tal grado que mi padre se vio obligado a hacer sentir su calidad de padre, y usó la corrección, pero recordando indudablemente el dicho del sabio, 'Usa la vara con moderación', etc." (29). Su padre quería también inducir en Epps un sentimiento de autoconfianza y valor. Por ello, desde sus primeros días Epps durmió solo en un cuarto, en la parte superior de la casa. Sin embargo, después de que una noche despertó en medio de una gran agitación, creyendo que había visto al diablo asomándose por su ventana, le dieron otro cuarto. Lucas (1804-1861) describe así a su madre: "fue muy estricta en el gobierno de sus hijos, y a veces no escatimó el viejo recurso de la vara, cuando lo consideraba como eficaz para educar a la juventud. Nunca, sin embargo, lo usó con pasión, y en seguida curaba la herida con su ternura" (21). George Müller (1805-1898), a los 17 años, viajó por el país sin pagar ninguna cuenta y finalmente fue encarcelado. Su padre se presentó a rescatarlo, pagó sus deudas y al llegar a casa lo golpeó "con severidad".

Allen y Cavendish recuerdan el trato áspero que recibieron de una aya y de una institutriz, respectivamente. Allen (1813-1880) fue cuidado en su niñez por una aya cruel que asustaba a todos los niños con cuentos de horror además de pegarles con frecuencia. Ninguno de los niños habló a sus padres de sus crueldades. Lucy Cavendish (1841-1925) recuerda el trato severo que le dio su institutriz: azotes, largas caminatas con las manos atadas a la espalda, y ser encerrada en sitios estrechos. En cambio, la disciplina de los padres fue mucho más benigna; de su madre, dice Cavendish: "nunca hubo el menor temor de que se nos acobardara o se nos quebrantara el espíritu mientras contamos con su atención suave y amorosa, aunque por desgracia, poco se interpuso directamente entre nosotros y nuestra institutriz" (11).

Acland, *Chace, *Jackson y Sewell recuerdan que sus padres esperaban que se les obedeciera. Por ejemplo, *Mitchell Jackson (1816-1900) escribió lo siguiente sobre sus padres: "hasta el día de su muerte, consideré una petición o un mandamiento razonable como si fueran obligatorios, como si todavía fuera yo un jovencito y siguiera estando sometido a su control" (128). Elizabeth Sewell (1815-1906) describe su hogar como "un paraíso de libertad. Mi madre insistía, claro, en la obediencia implícita e instantánea, pero nunca nos atosigó, y sí participó en todas nuestras diversiones" (4). Acland y Wilberforce hablan de la orientación paterna sobre cómo organizar sus estudios.

Muchos autobiógrafos mencionan de un modo específico el evocar su niñez con placer. Así, *Burroughs (1837-1921) estuvo profundamente unido a su madre, pero de su padre escribió: "No me conoció. Todas mis aspiraciones en la vida fueron para él como un libro cerrado" (106). *Van Lennep (1821-1844), que recibió castigos físicos muy leves, al rememorar el pasado dice que "su niñez fue luminosamente hermosa" (80). *Judson (1817-1854) recuerda "que en mis primeros años me mimaron y me toleraron muchísimo", y también da un ejemplo de haber pasado por encima de los deseos de sus padres (15). A los 16 años, *Judson quiso ir a una escuela de baile, pero sus padres le negaron el permiso. Con tanta tenacidad sacó a colación el tema que su padre acabó por prohibirle su simple mención. Ante eso, *Judson comunicó a sus padres que se iba a ir de la casa, por lo cual accedieron a sus deseos. *Todd (1800-1873) dijo que "tenía los padres más bondadosos y mejores" (29). *Colt, *Howe y *Lawrence estuvieron ligados de manera similar con sus padres.

Son muchos los textos ingleses que expresan lo mismo. Dawson (1811-1878) dice que a pesar de las faltas de su padre siempre fue bondadoso con él. Palgrave (1824-1897) recuerda los "benditos días de su niñez" y escribe un largo poema sobre sus recuerdos de su feliz niñez (6). John Pollen (1820-1892) describe su niñez así: "¡Ah! los primeros días!, aquellos primeros días tan dulces e inocentes" (5). Trant (1800-1844), al hablar de su padre, dice: "Me amó siempre, más, mucho más de lo que merecí" (5). (Véanse también los textos de Anna Kingsford, F. Russell, Tregelles y Wood.)

Análisis. A lo largo de este periodo, se advierte que, en una proporción mayor que la de los siglos XVI y XVII, los padres, tanto norteamericanos como ingleses, se valieron del castigo físico e insistieron en la obediencia total; los autobiógrafos ingleses son los que recuerdan el trato más duro. Esto concuerda con una parte del argumento de Stone (1977) de que los padres del siglo XIX impusieron a sus hijos una disciplina más estricta que los del siglo XVIII. Sin embargo, no hay duda de que la mayoría de los niños no sufrieron esta disciplina, aunque para algunos esta mayor severidad significó crueldad. ¿Fue esta insistencia en la obediencia y en la conformidad parte de una reacción ante los rápidos cambios que estaban ocurriendo en la sociedad, es decir, el cambio de una sociedad rural a una sociedad industrializada? Probablemente muchas personas deseaban restablecer al menos algo de orden en sus vidas y como primer paso se preocuparon de que sus hijos no fueran rebeldes. Quizá esta severidad de principios del siglo XIX indujo a los investigadores a creer que la disciplina paterna anterior a esos años fue también muy severa.

Un examen de los textos provenientes de las clases superiores revela que no hay todavía pruebas reales que indiquen que esas clases eran más estrictas que las medias, ni siquiera en un época en que a muchos niños se les educó con más dureza. De los dos autores que describen haber sufrido crueldades en su niñez, Cooper perteneció a la aristocracia en tanto que Hare se crió en un hogar de clase media. Hubo padres aristócratas, digamos Guest y Hanover, que indudablemente quisieron que su prole estuviera bajo su control total, en tanto que otros como De Rothschild descubrieron que sus hijos no tolerarían esta imposición; finalmente otros, por ejemplo F. Russell, no abrigaron tales deseos, antes al contrario alentaron en sus hijos e hijas la independencia de pensamiento. Sin duda, los padres de la clase media de este periodo fueron los que más se preocuparon por hacer que sus hijos fueran implícitamente obedientes.

Y al igual que con los siglos XVI, XVII y XVIII, en el XIX hay una variación enorme en cuanto a la dureza de la disciplina impuesta por padres de todas las clases, desde J. Russell que no pudo controlar la conducta de su hijo, hasta Gaskell y *Lovell que constantemente se empeñaron en lograr que sus jóvenes hijas fueran implícitamente obedientes; y desde Allen que no quería "atar el alma de un niño", a la madre de Hare cuyo modo de crianza tuvo por fin quebrantar su espíritu, cuyo texto es el único de toda la gran muestra estudiada que describe una política disciplinaria encaminada concretamente a doblegar la voluntad de un niño.

1850-1899. De entre los textos norteamericanos de este periodo, ninguno contiene información pertinente. Los textos ingleses de fines del siglo XIX revelan una disminución en la severidad de la disciplina impuesta a los niños, cuando los comparamos con los de principios del mismo siglo. Siete autores de diarios hablan de disciplina pero sólo uno de castigo físico. Waugh (1903-1966) habla de haber golpeado a su hijita de catorce años cuando rompió por segunda vez su "magnífica" silla (texto de 1976). Brabazon y Gurney anhelaron que sus hijos fueran obedientes. Por ejemplo, Gurney (1851-1932) escribió lo siguiente sobre sus hijos:

> Los niños eran implícitamente obedientes. No recuerdo un solo ejemplo de obstinación que no hayamos podido vencer sin problemas, porque en cuanto se daba una orden tenía que ser obedecida. El punto principal estribó en no dar obligatoriedad a aquello que no pudiera ser cumplido bien y fácilmente... Hay que hacer entender desde el principio a los pequeñines que el "No" de los padres significa "No", y que "Sí" significa "Sí". [38, 112.]

Cuatro autores ingleses de diarios no hablan de castigo, aun cuando sus diarios nos dan indicios del tipo de disciplina que impusieron a sus hijos. Hochberg (1873-1950?) se incomodaba por la timidez de su hijo: "En verdad hubo un momento, cuando habló a susurros con el sombrero frente a la boca, que me habría gustado ir allá arriba y darle una buena tunda" (195). Hutchinson (1880-?), cuando nació su hijo, decidió que jamás entrarían en su casa los *comics*. Por desgracia los deseos de su hijo echaron por tierra sus planes: "cuán insidiosamente penetran esas cosas". Tampoco sabía cómo resolver otro problema:

Estoy completamente de acuerdo en que dar dinero o regalos a los hijos de un modo indiscriminado puede muy bien equivaler a sembrar la simiente que arruinará sus caracteres y que presagiará desastres futuros. Pero, no estoy así de seguro de que el pago directo por trabajo hecho dé resultado. En esto hay el peligro igualmente grave de implantar la idea de que deberá pagarse por cualquier servicio. [230.]

Arthur Weymouth (1895-?) expresó el deseo de poder aconsejar a su hijo de catorce años: "De un modo o de otro debo aprovechar mi propia experiencia para evitar que cometa los errores que yo, y otros muchos, hemos cometido... Me gustaría poder escribir a Anthony de modo tal que acepte mi consejo y obre conforme a él; nada pierdo con intentarlo" (112). Dorothy White (1877-?) describe a su hijastra arguyendo con su padre:

Estando ya en la mesa empezó una polémica en la cual Molly, como de costumbre, se enfrentó a su padre, alegre, obstinada y positiva. Su padre, ni alegre, ni obstinado, ni positivo, pero aferrándose al último jirón de fe en su mejor juicio, un poco quejumbroso, trató de defenderse. Sin embargo, sus defensas fueron arrolladas una a una: "no sabía esto; no sabía eso". Por último fue puesto contra la pared. "Mi querida Molly", estalló, "¡No sé *nada* de nada!" [47.]

Tres niños autores de diarios nos hablan de la disciplina en sus hogares. Al parecer los niños Bowen (1864-?) fueron criados muy estrictamente. Se les obligó a pasar la mayor parte de su tiempo en sus habitaciones y en el aula, y sus padres eran altivos; de hecho, parece que temieron a su padre. Pero a pesar de estas restricciones, de las pruebas contenidas en el diario se deduce que no fueron reprimidos. Disfrutaron de frecuentes vacaciones, de mucho tiempo para jugar, amén de que no mencionan ningún castigo específico. John Colt (1916-?) a la edad de diecisiete años habla de una repasata de su padre por no escribir su carta semanal usual, y también escribe que su padre "echaría espuma" si no aprobaba el próximo examen. Después, sus calificaciones de mitad del curso fueron malas y eso molestó a su padre, pero como mejoraron en la calificación final, Colt no se vio obligado a hacer trabajos escolares durante las vacaciones. Por su parte, Stephen King-Hall (1893-?) no parece tener gran temor por sus padres, a los que escribe estando en la escuela superior: "No usaré un traje bombacho, por lo que no tiene caso que me manden uno" (338). En acentuado contraste con las autobiografías de principios del siglo XIX, las autobiografías posteriores no contienen prueba alguna de castigos físicos. Tres autobiógrafos, empero, recuerdan otras formas de castigo. James Agate (1877-1947) recuerda "haber sido trepado a un armario como castigo" (28); Elsie Mildmay (1850?-?) no pudo comer pasteles o jalea a la hora del té por haber hecho alguna travesura; por su parte Gurney (1851-1952) escribe:

> Mi primera impresión me la grabó mi propia madre. Recuerdo muy bien que me castigó por causa de mi violento temperamento, siendo todavía un niño muy pequeñín, y de un modo que nunca olvidé. Me llevó a una alcoba grande que no se usaba y me dijo que me quedara allí hasta que se me hubiera pasado la cólera; en seguida cerró suavemente la puerta. Al principio seguí estando furibundo, pero luego sintiendo que eso era una tontería pensé que el mejor plan sería bajar, como lo hice, profundamente avergonzado de mí mismo, y creo que nunca más tuve tales desahogos. [18.]

Parece, pues, como si se esperara que los niños, al menos en algunas familias, debieran ser obedientes. Hutchinson (1880-?) escribió que "En esos días los hijos hacían lo que los padres les pedían que hicieran" (74), y Mildmay (1850-?) recuerda que "*entonces* la obediencia a los padres no nada más se enseñaba, sino que también se practicaba" (9). Sin embargo, en otras familias, los padres tenían menos control. Por eso, Cummings (1889-1919) dice que creía que "La nuestra fue una familia bastante común, me imagino, propia de cualquier tiempo, en la cual los padres estaban sometidos a la vigilancia tolerante de sus hijos" (1920, p. 76). Sidney Horler (1888-?) quiso dejar la escuela a los catorce años: "Mi padre, evidentemente, se inquietó; y no supo qué hacer conmigo. Pero mi determinación fue más fuerte que sus razonamientos: yo tenía mi propio modo de hacer las cosas" (1933, p. 29). Hochberg (1873-1950?) afirma que "nadie pudo haber tenido una juventud más alegre, más libre y más gozosa" (9) que ella, en tanto que Waugh (1903-1966) escribió que en su casa nunca le gritaron ni lo amenazaron.

Análisis. En este periodo el nivel de severidad regresa al mismo nivel de los siglos XVI a XVIII. Esto significa que la primera mitad del siglo XIX fue atípica en cuanto a la dureza del régimen al cual se vieron sometidos los niños; la peculiaridad en este periodo exigiría un estudio posterior.

Llama mucho la atención la falta de información sobre disciplina en los textos norteamericanos. Tal parece que los padres norteamericanos de esta época no se interesaron en regular la conducta de sus hijos e hijas de un modo muy amplio, y no hay duda de que se preocuparon menos que los padres ingleses. Sobre esto no se me ocurre ninguna explicación; parece no haber diferencia alguna en la situación relativa y en la composición de la muestra norteamericana del siglo XVIII si la comparamos con el siglo XVII. Bremner (*Children and Youth in America*, 1970-1973) sugiere que la creciente lenidad de los padres norteamericanos se debió a los efectos de la guerra civil de 1861-1865. Esa guerra puso punto final a la influencia inglesa en los Estados Unidos, y seguramente eso provocó que los padres norteamericanos rechazaran el método inglés de criar a los niños. Por si fuera poco, Bremner sostiene que después de la Guerra Civil los padres norteamericanos quisieron conscientemente educar con más independencia y menos control a sus hijos, pues consideraron que esto sería el modo apropiado de crear una nación nueva. Sin embargo, me niego a aceptar esta solución, por lo que prefiero considerar esto como un problema no resuelto.

DISCIPLINA EN LA ESCUELA [9]

No puede haber duda alguna de que tundir a los niños era cosa normal y de todos los días en las escuelas elementales de los siglos XVI y XVII. [Stone, 1977, p. 164.]

Sobre disciplina en la escuela contamos con mucha menos información que sobre disciplina en el hogar. Respecto al periodo de 1500-1549 no hay información; ningún manuscrito y muy pocos textos norteamericanos se refieren a la disciplina en la escuela. El cuadro V.2 muestra el número de fuentes que hablan de la disciplina en la escuela.

1550-1599. Sólo un escritor de diarios se refirió a la disciplina en la escuela. Samuel Ward (1571-1643) lamenta: "me dio lástima el muchacho que fue azotado en la escuela" (103). Forman (1552-1601) en su autobiografía recuerda que su maestra "le pegaba" por no aprender su trabajo (14), y Norwood (1590-1675) escribió que fue aprendiz de un maestro que lo trataba con rudeza.

1600-1649. Woodforde (1638-1730) habla en su diario de la disciplina en la escuela y dice creer que su hijo debe aceptar el castigo que se le imponga.

Esta noche tuve la terrible información de que mi segundo hijo se declaró en rebeldía en el Colegio de Winton, y que él y sus compañeros resolvieron no escribir ningún verso, y que al ser llamados para que se les dieran

[9] Esta sección incluye el trato dado a los aprendices.

azotes, varios de ellos se negaron a recibir tal castigo, el mío entre ellos. . .
si no los castigan, los expulsarán. Dios, te imploro que aplaques sus
obstinados corazones, les des la gracia del arrepentimiento y que acepten
el castigo que merece su falta y no permitas que corran hacia su ruina.
[15.]

Su esposo fue a la escuela y su hijo fue persuadido de que aceptara el
castigo. No todos los maestros podían controlar a sus alumnos. *Edward Taylor (1642-1729) a los dieciséis años escribió de su maestro: "El
señor Graves [solemne], que no en balde se llama así, perdió el afecto
de los estudiantes debido a su austeridad excesiva, a resultas de lo cual
encajaron un clavo en la cerradura de la puerta del vestíbulo mientras
nosotros le dábamos la lección, y de ese modo lo encerraron en el
vestíbulo" (15).

Tres autobiografías nos ofrecen información sobre la disciplina en
la escuela. Evelyn (1620-1706) recuerda que se pensó que fuera a Eton,
pero que "le aterrorizó a tal grado la fama de disciplina en esa escuela"
que se negó a ir (vol. 1, p. 5). En cambio, Josselin (1616-1683) dice que
nunca le pegaron en la escuela: "Doy gracias a Dios por su bondad,
pues aunque no me supiera la lección, nunca me azotaron" (2). Martindale (1623-1686) recibió castigo corporal a manos de un maestro, con
lo cual no estuvo de acuerdo su padre: "Esto [el castigo] lo oculté: sin
embargo, acabó averiguándose, lo cual molestó muchísimo a mi padre, pero cuando el maestro se puso a gritar *peccavi* prometiendo no
volver a hacerlo, todo volvió a quedar bien" (14).

1650-1699. Los diarios de J. Erskine (1679-1754) y de Morris (1659-
1727) dan información sobre la disciplina en la escuela, y muestran
que los dos padres se pronunciaron contra los castigos severos. El
profesor del hijo de Erskine se quejó de la "perversidad" del chico.
Erskine se enfureció:

> Por lo que hace a la perversidad de este pobre jovencito, rara vez no es
> conquistable en un chico tan joven, siempre y cuando se adopten los
> métodos apropiados. Creo que el chico es travieso como todos los de su
> edad, y que es más dócil a la persuasión que al trato áspero. Pero el
> temperamento agrio y perverso de Cumming hizo que se valiera del últi-
> mo método, y que con frecuencia le pegara fuertemente por fruslerías, y a
> veces, cuando el chico tenía más razón que él, le marqué el alto, de modo
> que ahora dice que el chico se porta bien. He de agradecer al Señor que
> aprenda bien y podrá aprender mejor si llega a tener un maestro más
> tolerante y de mejor temperamento. [73-74.]

El hijo de Morris se quejó de que lo maltrataban en la escuela, y
entonces sus padres escribieron una carta al prefecto. Sin embargo,

CUADRO V.2. *Número de fuentes con información sobre disciplina en la escuela*

Periodo de tiempo	Diario			Diario de niño			Autobiografía			Todos		
	A	B	% de la muestra	A	B	% de la muestra	A	B	% de la muestra	A	B	% de la muestra
1550-1599	0	1	8	0	0	0	0	2	33	0	3	14
1600-1649	0	1	4	1	0	9	0	3	75	1	4	12
1650-1699	0	2	7	0	0	0	0	1	50	0	3	9
1700-1749	0	1	2	1	0	11	0	3	17	1	4	5
1750-1799	1	6	9	1	3	14	1	7	21	3	16	12
1800-1849	2	0	3	3	3	13	3	8	34	8	11	12
1850-1899	0	1	8	0	3	50	0	2	17	0	6	18

Fuente

dado que su hijo siguió siendo castigado con severidad, Morris se apersonó en la escuela.

> El [maestro] me dijo que no le había dado más de tres azotes a la vez desde que hablé con él sobre esto: Dijo también que debía decirle a su madre que él no le pegaría más. Le contesté que de ese modo todo se arruinaría: No. No quería eso; sino solamente corrección moderada, la cual respecto a un muchacho de buena índole & flexible, aun cuando perezoso, esperaba que diera resultado. Pedí también que lo retuviera en la Escuela durante el recreo cuando los demás muchachos estaban en libertad. Dijo que eso no sería castigo para él; que más bien lo encerraría en su Cámara por varias horas, junto con él, a lo cual contesté que sería molesto para él tenerlo tanto tiempo allí. [104]

Finalmente, un autobiógrafo de este periodo habla del trato que recibió en la escuela. Fretwell (1699-1722) recuerda que en una escuela a la que fue, su maestro, aunque bueno, era "muy severo, a pesar de lo cual ninguno de mis maestros me pegó jamás" (185).

Análisis. El cuadro que pintan los textos de los siglos XVI y XVII, es mucho menos terrible que el que ofrece Stone. No hay duda de que en las escuelas se castigó corporalmente a los niños, pero no todos los niños fueron castigados. Además, casi todos los padres estuvieron en desacuerdo con el castigo severo y en ocasiones intervinieron en favor de su hijo (J. Erskine y Morris, por ejemplo). Este resultado contradice lo dicho por Ariès (1960), quien sostiene que a los alumnos se les pegaba mucho en la escuela porque *sus padres* deseaban que se les disciplinara de ese modo. Cierto es que los padres no deseaban que sus descendientes fueran desenfrenados, pero también lo es que estuvieron en favor de castigos moderados, no brutales.

1700-1749. Dos autores de diarios, un maestro de escuela, el otro preceptor, describen el método de disciplina que imponían. En el caso de Fletcher, las transgresiones menores casi siempre se dejaban pasar, pero "cuando se cometía un pecado verdadero" se lo anotaba y estudiaba en la reunión semanal. En esas reuniones, dice Fletcher (1739-1814) que "siempre adaptábamos nuestra conversación al pequeño delincuente" (61). Si los niños seguían desobedeciendo: "a nuestras palabras las reforzaríamos con castigo; les haríamos sentir dolor, para que la impresión fuera más fuerte y más duradera; les decíamos que nunca debían resistir estas correcciones o resentirse por ellas, ya que para nosotros era más doloroso aplicarlas que para ellos recibirlas" (56). John Harrower (1735?-?) tuvo a su cargo no nada más la eduación de sus dos pupilos, sino también su cuidado. Con aprobación del padre de los chicos, usó a veces el castigo corporal., Por ejemplo, escribe:

una noche, en el cuarto de los niños le pegué a Billie [de 5 años] por llorar sin razón y entonces ella [su madre] irrumpió y se lo llevó. Noches después, pasó lo mismo y su padre el Coronel, al oírlo me llamó y me preguntó cómo era que lo oía y no lo corregía; le dije cómo se había conducido la señora Daingerfield la vez que lo corregí. A lo cual se molestó con ella. [96.]

*Ebenezer Baldwin (1745-1775), de diecisiete años, habla de los castigos que le infligieron en su escuela:

Esa noche, Nichols, Halliok y Brewster fueron sermoneados públicamen te por haber ido a bailar a Milford y por su conducta general. Bull, por ir a Milford sin libertad y por su conducta general recibió la orden de salir del Colegio y de irse a vivir bajo el cuidado de algún ministro distante hasta que mostrara signos de arrepentimiento y estuviera preparado para graduarse. [445]

Tres autobiógrafos hablan del castigo que recibieron en la escuela Boscawen (1719-1805) recuerda que "nunca me azotaron" (1940, p. 89), en tanto que Boswell (1740-1795) escribió: "No puedo decir que fueran agradables mis castigos en la Escuela" (vol. 1, p. 60). Por su parte, Stedman (1744-1797) habla tanto del castigo que recibió en la escuela como de la reacción de su padre:

Me volvieron a poner a aprender inglés con un tal MacWilliams, soldado y maestro del regimiento, el cual por una ofensa insignificante, casi me arrancó una oreja de la cabeza, lo cual tan prodigiosamente irritó a mi padre, que éste me llevó consigo a casa, amén de que tal vez hubiera matado al pedante castrense de no haberle pedido perdón de rodillas. [9.]

Análisis. Hay poco cambio en relación con siglos anteriores; algunos alumnos fueron castigados y otros no. Igualmente, cuando menos algunos padres, no toleraron ninguna crueldad con sus hijos (véase el diario de Stedman). Además, como revelan los diarios de *Baldwin y Fletcher, los azotes no fueron el único castigo impuesto, sino que también se ensayaron antes otros métodos más benignos.

1750-1799. Siete autores de diarios describen la disciplina escolar. La hija de Calvert que asistía a un internado fue sacada con frecuencia por su madre. Una mañana, mientras visitaba a Isabella (de 11 años),

Calvert (1767-1859) observó: "Tuve la mortificación inexpresable de oír que había sido muy atrevida con la Señora D., la cual me pidió que no me la llevara. Aunque soltó el llanto, alabé a la señora Devis por informarme de la situación; confío en que esto sea una lección provechosa para Isabella, la cual lloró todo el tiempo que estuve en el cuarto" (24).

Otros autores de diarios no muestran el mismo gusto en cuanto a la disciplina impuesta a sus hijos. Hardy (1789-1877) se molestó muchísimo cuando se enteró de que la aya había estado golpeando "con gran crueldad" a su hija menor (71). Moore (1779-1852) no pensó que los maestros de la escuela de su hija entendieran su temperamento Así que visitó

a mi querida Anastasia, a la cual hallé con problemas. Muchas quejas contra ella por parte de la profesora por no atender a sus lecciones. Me di cuenta de que la profesora había interpretado equivocadamente su carácter, y por ello supone que es la obstinación lo que hace que la niña no conteste lo que ya sabe; cuando en realidad es la confusión que le produce el sentimiento de reprobación o desaprobación lo que le hace desaparecer todas sus ideas y ser incapaz de pensar en nada mientras se halla en ese estado. Hablé con mi hijita con mucha seriedad cuando íbamos a encontrar a su mamá, la cual se mostró tan preocupada como le fue posible sobre el particular, aun cuando pensó todo ese tiempo, igual que yo, que la profesora había (cosa común en ella) interpretado equivocadamente la disposición de la niña. [Vol. 4, p, 132.]

Moore también recuerda que su hijo fue castigado en la escuela. Recibió una "Carta del maestro de Tom en que confesaba haber dado a nuestro pobre hijo una azotaina más que severa por una falta de la cual posteriormente se enteró que el niño era inocente. La confesión del individuo es una atenuante, pero las señales que quedaron en el cuerpo de mi hijo son más que expresivas. El pequeño Tom [de 11 años] se portó muy varonil y sensato" (vol. 6, p. 49). Holland (1770-1845) no describe la disciplina que aplicaron a sus hijos en la escuela, pero se preocupó mucho cuando su hijo estaba por ingresar a Eton, porque "el *mundo* de una escuela pública le parecerá muy diferente del mundo visto bajo el techo paterno" (vol. 2, p. 236).

Dos maestros hablan de sus propios métodos de disciplina. Cuando *Sewall (1797-1846) se hizo cargo de su escuela escribió: "Me di cuenta de que para poder seguir debía recurrir a una disciplina más estricta, por cuya razón establecí mis propias reglas; algunos de los alumnos mayores mostraron renuencia a aceptarlas, y hoy me he enterado estando fuera de la escuela que amenazan con no hacer caso de mí según me ha contado una amiga" (33). Jones (1755-1821) escribe respecto a sus cuatro alumnos:

La felicidad que siento respecto a mis muchachitos es muy grande. El mayorcito, aunque porfiado, es muy manejable. Los dos que siguen son dueños de una pasmosa *Sensiblilidad.* Cualquier reproche que les haga a alguno o a todos, nunca produce alteración duradera. Nunca muestran el menor signo de resentimiento, ni yo: todas las noches nos sentamos a la mesa en los términos más amorosos. [29]

Cuatro niños autores de diarios nos ofrecen pruebas sobre la disciplina escolar. Ninguno describe un trato severo. Por ejemplo, en una escuela para mujeres, en Litchfield, las alumnas recibían notas buenas por portarse bien y sermones por no hacer sus lecturas o portarse mal. Como *Lucy Sheldon (1788-1889) observa: "He oído que la señorita Pierce habla de nuestras faltas, y tuve el gusto de oír que no ha visto falta alguna en mí durante la última semana" (44). Los diarios de Anna Bower (1768-?) y *Powhattan Robertson (1769-?) describen los momentos felices que los niños tenían en la escuela o en la universidad.

Cinco autobiógrafos recuerdan los castigos que recibieron en la escuela. Tres recibieron castigo físico. W. Scott (1771-1832) escribió: "Fui bien e imparcialmente golpeado en la escuela; pero hoy tengo la certeza de que el doble de esa disciplina habría sido bien merecida" (322). F. Shelley (1787-1873) entró en la escuela a los ocho años y tiempo después escribió el siguiente relato sobre sus días escolares:

Prendían en nuestra ropa señas de aprobación o desaprobación. ¡Creo que siempre estuve en desgracia! Era testaruda, terca, y resuelta a hacer lo que quería. La hermana menor de la señorita Dutton, que tenía a su cargo la escuela, me tomó bajo su cuidado, pero a pesar de violencias y golpes no pudo someterme. En una ocasión me golpeó los hombros con una caja de madera llena de plumas de escribir. Salieron volando en todas direcciones para gran alegría de mis compañeros, que se desentendieron de sus libros para tomarlas y devolverlas a su propietaria entre cortesías burlonas. Después de esto, la hermana mayor, una criatura gentil y delicada, se ocupó permanentemente de mí, y nunca dejaré de recordar su bondad, lo juicioso de sus órdenes y el afecto profundo que supo inspirar. [Vol. 1, p. 5.]

El castigo corporal se empleó también en la escuela de Townsend, el cual describe al administrador como "rígido y vigilante". Sin embargo, fue posible lograr una suspensión de esta forma de castigo. Townsend (1757-1826) recuerda que se le debió dar una azotaina por "profanar" el nombre de Dios; en vez de eso, perdió sus privilegios (5). Owenson (1780?-1859) escribió que en su escuela el castigo era sustituido por la vergüenza de haber hecho algo mal. *Silliman (1779-1864) nos describe la disciplina escolar que experimentó: "La disciplina de nuestra escuela fue siempre paterna, y no severa. Muy rara vez, o nunca, salió a relucir la vara; se emplearon métodos más benignos" (vol. 1, p. 19). *Silliman da un ejemplo de uno de estos "métodos más benignos"; aunque se puede sostener que, al menos desde el punto de vista de los niños, este castigo no tuvo nada de más benigno. *Silliman recuerda que a un muchacho y a una muchacha, por susurrar y jugar en algún salón, se les obligó a marchar a su casa como esposos, pues se les colocó un doble yugo de ramas de sauce alrededor del cuello. "La niñita, no avergonzada en lo más mínimo, habló a su apocado compañero con epítetos cariñosos; él se vio obligado a soportar la burla de sus condiscípulos, un castigo que no se olvida pronto" (vol. 1, p. 19).

Moore, O'Connell y Robinson describen la disciplina general de su escuela, aun cuando ellos no fueron castigados. Moore (1779-1852) recuerda que su primer maestro bebía mucho y que luego chicoteaba a los alumnos por perturbar su sueño. Daniel O'Connell (1775-1814) escribe que en la escuela no le pegaron, que fue el único de su clase al que no castigaron así, debido al hecho de que prestaba atención. Por su parte, Robinson (1775-1867) hubiera querido ir a la escuela secundaria, pero como "había oído que la señorita Lawrence solía vapulear a sus alumnos" se alegró de no ir.

Análisis. Al igual que en los periodos de tiempo anteriores, aun cuando los padres quisieron que sus hijos fueran sometidos a disciplina y control en la escuela (véase el diario de Calvert), no aprobaron los castigos severos (Hardy, Holland y Moore). Los diferentes maestros tenían también diferentes tipos de disciplina; así, Harrower azotaba a sus alumnos, pero no Jones. No se ha hallado ningún cambio espectacular en la gama de disciplina escolar que se usó en los niños. Aunque a algunos se les castigó físicamente en la escuela, a otros muchos no. Sin embargo, parece que si al niño se le enviaba a alguna escuela pública inglesa aumentaba la probabilidad de que recibiera castigo corporal.

1800-1849. Dos autores de diarios, ambos maestros norteamericanos, describen sus métodos de disciplina. *Howe (1801-1876) dirigió una escuela para ciegos, en la cual estaba prohibido el castigo corporal, aun cuando sí dio de bastonazos a dos alumnos que incendiaron por segunda vez el edificio escolar. *Ward (1841-1931) fue del todo diferente. Después de unas cuantas semanas de enseñar, escribe: "Esta maña·

na me hice de un látigo, aunque espero no tener necesidad de usarlo" (27). Su esperanza no se cumplió, pues describe haber azotado a unos cuantos alumnos y también haber dado sopapos a otro, a resultas de lo cual sangró la nariz del chico. "Entonces John Bush me dijo que los padres no querían que yo castigara de ese modo a sus hijos" (90). Sin embargo, *Ward no se abstuvo, y escribe que azotó a un alumno por escapar de la escuela y que estuvo a punto de azotar a otro pero que se le escapó. También detuvo a algunos alumnos. No usó su látigo en todo momento; así, escribe: "Con demasiado salvajismo golpeé con la palma de la mano" (91). Quizá esto signifique que simplemente dio de cachetadas al alumno.

Tres niños autores de diarios, dos de ellos en Eton, hablan de haber recibido castigo físico en la escuela. *Long (1838-1915) escribió: "Me azotaron por masticar bayas en la escuela" (16). J. Gaskell (1810-?) y Thomas Selwyn (1812-1834) hablan de los "azotes" de Eton. Por ejemplo, James Gaskell escribió: "El [maestro] azotó primero a un alumno, y luego me llamó. Le rogué que me condonara mi primera falta, a lo que contestó que yo había cometido un error muy temprano. Con dificultades contuve las lágrimas" (3).

Tres autores de diarios hablan de otras formas de castigo. *Caroline Chester (1801-1870), estando en la escuela de Litchfield, fue sermoneada por estar fuera después de las nueve de la noche. Para ella, esta repasata fue como "una afrenta que nunca, nunca borraré de mi memoria" (154). *C. Richards (1842-1913) menciona el hecho de que la retuvieron en la escuela después de la hora de salida en dos ocasiones, una por reír y otra por bisbisear en clase. Mary Brown (1807-1833) fue a la escuela en Francia y no tuvo una opinión elevada de la autoridad del maestro. Describe a los alumnos brincando sobre bancos, arrojando chisguetes de tinta, aventando libros y bailando sobre las mesas. Los castigos más comunes consistieron en poner de rodillas a los transgresores, obligarlos a llevar un gorro negro o a escribir poemas. Los otros autores de diarios que los escribieron estando en la escuela no hacen referencia alguna al castigo, lo cual implica que, respecto a ellos, la disciplina no fue severa.

Muchos de los autobiógrafos de este periodo, particularmente los que asistieron a escuelas públicas inglesas, recuerdan haber estado sometidos a una disciplina estricta y tal vez cruel. Esto establece una similitud en cuanto al aumento en la disciplina en el hogar en ese mismo periodo. *Howe y *Lawrence hablan de los desagradables días de escuela. *Howe (1801-1876) recuerda que a todos los alumnos se les pegaba en su escuela porque al director le gustaba infligir dolor. *Lawrence (1814-1886) se quejó con su padre de la disciplina dura e incongruente del internado al que asistía: el maestro tiraba del pelo y de las orejas de los alumnos. Finalmente escapó; pero al ruego de su padre volvió. *Chace (1806-?) recuerda que, en la escuela pública a la cual iban ella y su hermana, los alumnos debían hacer una reverencia a la maestra cada vez que estuvieran frente a ella en clase. Pero *Chace y su hermana eran cuáqueras y esta obediencia iba contra los principios cuáqueros. Al negarse a hacer la reverencia, las niñas fueron amenazadas con un látigo; pero debido a la intervención de su padre, al día siguiente, fueron excusadas de hacer la reverencia.

Los autores ingleses describen un trato mucho más rudo. Acland (1809-1898) asistió a una escuela privada, dirigida por un preceptor severo: a los alumnos se les azotaba por atrasarse en el trabajo y por ser los últimos en bajar en la mañana. Acland pasó cinco años allí y acabó sintiendo que lo "aplastaban". Bright (1811-1898) fue enviado a un escuela cuáquera muy recomendada. Los maestros eran excesivamente estrictos, y castigaban "severa, si no es que bárbaramente". Se le obligaba a tomar un baño frío una vez por semana; lo que vio con el mismo horror que Grant en el siglo XVIII: "No puedo describir el terror que se apoderaba de mí las mañanas en que debía sufrir la inevitable zambullida" (6). Cuando sus padres sacaron a Bright de la escuela pusieron a indagar sobre lo que sucedía en otras escuelas.

Cooper (1801-1885) escribió de su escuela: "El recuerdo de ese lugar me hace estremecer; todavía hoy me repugna. Creo que jamás hubo o habrá una escuela más malvada. El lugar era malo, inicuo y corrompido; y el modo de doblegar eran la crueldad y el hambre" (vol. 1, p. 39). Sin embargo, a Cooper lo enviaron a Harrow a los 12 años, donde pasó muy felices días escolares. Epps (1806-1869) describe sus medidas protectoras contra los castigos que recibía en la escuela: "En los días festivos, para preparar las manos para los golpes que recibiría el año siguiente, yo mismo me daba 20 golpes en las manos con una varita. Y también, habiéndome enterado de que nuestro jardinero tenía la piel encallecida por el uso de la azada, me puse a cavar con gran ardor en el jardín de mi padre" (46). Por desgracia, los empeños de Epps resultaron vanos, pues el maestro golpeaba con más fuerza cuando veía que el castigo no dolía, y alrededor del bastón ató la cuerda de un zapatero para hacer que sus golpes dolieran más. Según Epps, los bastonazos en la escuela fueron demasiado frecuentes y estrictos; a menudo se los daban por faltas insignificantes. Hare (1834-1903) asistió a dos escuelas. La primera fue privada y la presidía un "cruel" maestro que apaleaba a los alumnos con tal frecuencia que le tenían terror. Luego, Hare fue a Harrow, y de allí recuerda a maestros que aporreaban por la falta más leve, simplemente porque les gustaba producir dolor. También a Lucas (1804-1861) lo enviaron a dos escuelas. En la primera, la esposa del maestro tiraba del cabello de los alumnos y los golpeaba en el dorso de las manos con un cepillo para el pelo; según Lucas, la segunda fue menos mala pero de todos modos recuerda "que siempre había castigos".

Sewel (1815-1906) recuerda que en su escuela no se usó el castigo físico; pero que se seguía empleando un sistema disciplinario represivo. No se permitía hablar, en absoluto, en la escuela; si en una lección se cometían tres errores —una vacilación contaba como error— la niña debía hacer otra; marcas de descrédito tales como "orejas de burro de papel oscuro" se ponían en la castigada, la cual tenía que estar de pie frente a toda la clase. La propia Sewell fue castigada por decir una mentira: debió ponerse de pie ante el resto de la clase llevando un vestido especial y una "lengua de mentirosa", todo lo cual la hizo sentirse avergonzada y desgraciada.

En cambio Pollen (1820-1892) recuerda que, a pesar de la imagen de brutalidad que pesaba sobre Eton, sólo tuvo "buenos recuerdos" de esa escuela.

Análisis. La cita de Stone con que abrimos esta sección puede aplicarse más apropiadamente a las escuelas de principios del siglo XIX que a escuelas de los siglos XVI y XVII. Se ha hallado que también la disciplina en el hogar se volvió más severa durante este periodo, si bien en las escuelas la mayor severidad en la disciplina fue más acentuada y al parecer más generalizada. En este resultado hay algo de prejuicio de clase: sólo las familias opulentas podían darse el lujo de enviar a sus hijos a la escuela pública, y fueron precisamente esos establecimientos los que sometieron a sus alumnos a un régimen que a veces fue de crueldad inhumana. Puede decirse que en las escuelas públicas de Inglaterra los maestros han de haber creído que la disciplina brutal era necesaria para la educación de los muchachos. Sin embargo, no todos los padres aceptarían que la actitud de Guest (1812-?) haya sido típica. Cuando su hijo había llegado a la edad de entrar en Eton, escribió lo siguiente:

> Cuando pensaba en todos los sufrimientos y tentaciones que mis pobres chicos debían sufrir en ese lugar, me estremecí de pies a cabeza y oré por que del cielo les viniera ayuda. Es una perspectiva triste, pero la verdad es que todo el mundo dice que es el único modo de educar a los chicos; ¡hay que pasar por ello! ¿Cómo puede una pobre mujer enfrentarse al juicio de todo el mundo? [1950, p. 164.]

Hay una diferenciación notable por razón del sexo en la disciplina aplicada a muchachas y muchachos; a estos últimos era mucho más probable que se les dieran palos y azotes. De los seis niños que escribieron diario, sólo los varones —tres— dicen haber recibido castigo físico en la escuela.

1850-1899. Algunas escuelas siguieron imponiendo durante este periodo una disciplina áspera, pero aun así, los resultados indican que disminuyó la severidad.

Patrick Traherne (1885-1917), que enseñó en una escuela pública, analiza la disciplina que se usaba allí:

> es muchísimo más fácil hacer que un muchacho trabaje por miedo que por amor al trabajo: despertar entusiasmo por el trabajo en sí es una empresa terriblemente difícil. Mi problema estriba en que detesto la idea de vapulear a los muchachos casi tanto como algunos profesores gozan haciéndolo. Satisfacen una especie de apetito bestial azotando a un muchacho y oyendo sus lamentos. Debía horrorizarles la simple insinuación, pero tengo la seguridad de que es verdad... Por otra parte, creo firmemente que hay un tipo de muchachos que sólo entienden con este trato. Sólo pido que tipos así no lleguen a caer bajo mi jurisdicción. [27.]

Las opiniones de Traherne le ocasionaron problemas con un director para quien él era muy benevolente en sus castigos. King-Hall y Newbolt hablan de las palizas en los establecimientos educativos donde estudiaron. King-Hall (1893-?) estuvo en una escuela naval donde las azotainas eran raras, pero brutales: "Ayer un chico recibió una azotaina por decir groserías, lo atan a uno a un caballo (de gimnasia)... luego lo azotan enfrente de su grupo, algunos cadetes se desmayan porque a veces sale sangre, de modo que siempre hay un médico a la mano" (337-338). Francis Newbolt (1863-1941) habla del "aporreamiento", del uso de un bastón para mantener el orden en su escuela pública. Colt (1916-?) dice lo contrario, es decir, que en su escuela rara vez se infligían castigos con la vara, más bien se usaban las cuerdas.

En sus autobiografías, Horler y Waugh hablan del castigo en la escuela. Horler (1888-?) recuerda la golpiza dada a un chico por robar una hoja de papel de notas que él había pensado remplazar: "Incrédulo, observé que W—— se aflojó los pantalones, se los bajó, se levantó la camisa, y se arrodilló de modo que su cabeza quedó aprisionada entre las piernas del sargento. Éste, me alegró ver, tenía lágrimas en los ojos" (1933, p. 21). Estos "varazos" también sacaban sangre y marcaron el comienzo del odio de Horler contra "prácticamente todos los maestros de escuela". Las experiencias de Waugh (1903-1966) fueron menos severas. Primero fue a una escuela diurna, cuyos maestros "eran muy benevolentes, al grado de que nunca me amenazaron ni golpearon" (1964, p. 82). En esta escuela se dieron muy pocos golpes, pues se reservaban para el comportamiento "desorbitado". En este internado, la disciplina fue bastante relajada, tres golpes fue el castigo normal; Waugh creía que "rara vez se aplicaba la justicia" (1964, p. 106).

Análisis. En este periodo muy pocos textos hablan de la disciplina escolar. Como con la disciplina en el hogar, a fines del siglo XIX, el salvajismo de los castigos menguó en las escuelas, aunque todavía se administraban fuertes golpizas. Si consideramos las pruebas sobre disciplina escolar vista como un todo, los niños norteamericanos tuvieron mayores probabilidades de escapar de los castigos crueles, sobre todo en la parte final del siglo XIX, que los niños ingleses. Esto se corresponde con las pruebas de lo ocurrido en la disciplina en los hogares: los padres ingleses se preocupaban más que los norteamericanos por la disciplina.

Conclusión

La información proporcionada por las fuentes revela que los padres, a lo largo de los siglos estudiados, se han esforzado por controlar, o al menos por regular, la conducta de sus hijos. Se han empleado varios métodos para conseguir este objetivo: el castigo físico, la privación de privilegios, consejos, sermones, hacer que el niño sienta vergüenza, y amonestaciones. El método usado para disciplinar a los niños varió conforme el padre y el niño más que según el periodo de tiempo, tal vez con la única excepción del comienzo del siglo XIX; en todos los siglos hubo padres muy estrictos y benevolentes. Los padres ingleses parecen ser más estrictos que los norteamericanos. También podría pensarse que el castigo físico se empleó más bien para disciplinar a los niños más pequeños, en tanto que con los adolescentes los padres procuraron razonar y valerse de consejos. En teoría, los padres sí quisieron tener una buena dosis de autoridad sobre sus hijos, pero en la práctica no alcanzaron esta meta. Hubo algunos padres que sí creyeron en una relación recíproca padre-hijo: guardarían en sus corazones los intereses más caros de sus hijos y, por su parte, esperarían que sus hijos fueran obedientes, tal como ocurrió, por ejemplo, con *Jefferay en el siglo XVI, Josselin en el XVII, Young en el XVIII y Weymouth en el XIX.

No hubo ningún eslabón entre actitudes y conducta. Por ejemplo, en el siglo XVII, Heywood, Housman y *C. Mather pensaron que los niños estaban llenos de Pecado Original; pero ninguno habla de haber administrado castigo físico; *C. Mather, en especial, habló contra tal castigo. En el siglo xix, Allen, *Lovell y *M. Walker pensaron que su linaje era depravado; los dos últimos se valieron del castigo físico como medio de disciplina, pero no así Allen. En el siglo xviii, Boscawen y Elizabeth Wynne se esforzaron en atender con gran cuidado a sus hijos. Este empeño dio por resultado que Boscawen azotara a sus hijos para asegurar su obediencia, en tanto que Wynne se interesó menos en la obediencia y no menciona haber aplicado azote alguno.

Las pruebas no concuerdan con los razonamientos de ciertos autores como Ariès, De Mause o Stone, que afirman que a los niños se les disciplinó con dureza, inclusive con crueldad; tales pruebas muestran que la brutalidad fue la excepción, no la regla.[10] Hubo, sin embargo, un acentuado aumento en la severidad en los comienzos del siglo xix, en particular en Inglaterra. Durante este periodo algunos niños fueron sometidos a una brutalidad tremenda no nada más en el hogar, sino principalmente en la escuela. Las autobiografías de este periodo, en especial las provenientes de la clase alta que contienen testimonios sobre la disciplina escolar, muestran a las claras el maltrato dado a los niños (las de Cooper, Grant y Hare describen la disciplina más dura). Estas autobiografías difieren significativamente de las primeras por lo que toca a sus descripciones de la disciplina que los padres aplicaban. Por ejemplo, una cosa es recordar el método general de disciplina como lo hicieron G. Mildmay (azotar para "inculcar principios virtuosos") y Norwood (orar para escapar durante la semana de las azotainas) en el siglo xvi, y otra es dar ejemplos detallados y concretos de crueldad como hicieron Grant y Hare a principios del siglo xix. No se debe olvidar, empero, que a principios del siglo xix sólo una minoría de niños fueron tratados con crueldad.

Es un hecho que las autobiografías contienen más pruebas de castigos físicos que cualesquier otras fuentes. Esto plantea problemas a autores tales como De Mause y Stone que se han atenido principalmente a las autobiografías para revelar la disciplina estricta a que estuvieron sometidos los niños en el pasado. Dejando a un lado el hecho de que otros autobiógrafos de la misma época sólo recuerdan su feliz niñez, cuando comparamos las autobiografías con otras fuentes de pruebas, en especial con los diarios de niños, queda de manifiesto que la disciplina severa no fue cosa general. Hay, además, el problema de determinar el grado de exactitud de las autobiografías: el

---

[10] Stone (1977) halló también que a principios del siglo xix la disciplina era estricta. Aquí se confirma esta faceta de su argumentación. Sin embargo, mis resultados no van en favor de su afirmación de que la disciplina estricta fue la norma en los siglos xvi y xvii.

recuerdo que el autor tenga de su niñez se ve afectado por su interpretacón, amén de que la memoria es en sí muy selectiva. Sin embargo, muchos autobiógrafos sí recuerdan casos concretos de disciplina dura, y en tales casos se puede afirmar que la imagen dada por ellos es exacta.

El uso de la palabra "azotar" tiene cierto interés. Parece haber sido el término general con que se cubrió una muy amplia gama de castigo físico independientemente de que se haya usado o no un instrumento para aplicarlo. *Ward dice que azotó con la "palma" de la mano, y *Lovell amenazó azotar a su hija con un palo, caso en el cual habría sido más apropiado usar la palabra "golpear". En algunos casos se usó un instrumento, por ejemplo en los casos de Boscawen, Grant y *Ward; pero en otros muchos, parece que los padres sólo emplearon las manos. Las palabras "azotar" o "abofetear" sólo se presentan, en los textos estudiados, hasta el siglo XIX (son los textos de *Alcott y F. Shelley). La palabra "azotar" evoca imágenes de fuertes castigos, de un niño indefenso que es lastimado brutalmente por un adulto mucho más fuerte, cuando quizá no fueron así las cosas. Hay, pues, el problema del significado de las palabras en textos tomados de siglos anteriores; esto se deberá tener en cuenta en cualquier valoración de métodos de crianza de niños en el pasado. El uso de instrumentos no se circunscribe a los primeros siglos; Newson y Newson hallaron (*Seven Years Old in the Home Environment,* 1976) que, hacia los siete años, 75 por ciento de los niños ingleses contemporáneos habían sido golpeados o amenazados de ser golpeados con algún instrumento. Estos instrumentos han sido tan diversos como una cuchara de madera, una chancla, un bastón o un cinturón. Así, si el término "azotar" significó el uso de un azote o de un palo, entonces no podrá afirmarse que los padres del pasado fueron más crueles que los del siglo XX.

Resulta vital entender por qué la mayoría de los padres no someten y no sometieron a sus hijos al nivel de severidad y crueldad implacables que se ha dicho que emplearon. Como Allen dijo con toda claridad (véase la página 206) la esencia del problema es que los padres buscan disciplinar a sus *propios* hijos. Es muchísimo más fácil ofrecer guía a los demás sobre cuál es el método correcto de disciplinar que hacer frente a la multitud de decisiones y problemas que entraña la crianza de los propios hijos. En muchos textos abundan las pruebas sobre el modo especial en que los padres vieron a su hijos. Por ejemplo, Newcome aconsejó a un amigo en el siglo XVII cómo debía tratar a su hijo rebelde, pero el amigo rechazó su consejo, ante lo cual Newcome escribió: "Nunca vi tanta debilidad de un padre hacia sus hijos" (97). Dos siglos después, J. Russell recibió las censuras de un amigo que opinaba que Russell era demasiado severo en su relación con su hijo Frank (véanse las pp. 207-208). Russell escribió: "Me supongo que sus hijos son muy manejables, amén de que casi seguramente no tiene la menor idea de cómo es un hijo del temperamento de Frank" (vol. 2, p. 523). Un siglo después, Hutchinson relató lo que una amistad le contestó cuando le dio algún consejo sobre crianza de niños: "eso de nada me sirve. Si el hijo fuera de usted yo sabría muy bien qué hacer con él; ¡el problema es que es mío!" (145). Los padres tienen una relación profunda con sus propios hijos y un conocimiento íntimo de ellos. Por eso están preparados para tolerar casi todo lo que los extraños considerarían conducta descarriada o poco aceptable (véanse los textos de Clifford, Hope y H. Mildmay, en el siglo xvi; de *Byrd, Heywood, Josselin y *C. Mather, en el siglo xvii; de Burney y Steuart, en el xviii; de K. y J. Russell y *Lovell, en el xix). Los padres debieron tomar en cuenta el carácter del niño al hacer su valoración de cualquier situación disciplinaria, lo cual podría afectar su reacción a ella. Los padres de nuestros días también conocen este problema. Backett ("Images of the family", 1982) estudió padres del siglo xx y descubrió que la vida de familia era vista como una "situación de aprendizaje". Aun en los casos en que los padres tuvieron opiniones definidas sobre crianza de niños, estas opiniones resultaron alteradas debido a la interacción con sus hijos. Dice una madre: "teníamos principios sólidos... sobre cosas que *haríamos* y que *no haríamos* cuando tuviéramos hijos. Pero llegaron los hijos, que son *personas*, y en ellos no funciona lo que uno sabe" (354). La relación emocional y única que se crea entre padres e hijos es un determinante importante de los métodos de disciplina, a pesar de lo cual ha sido pasada por alto por la mayoría de quienes han escrito sobre la historia de la niñez.

Dejando a un lado los comienzos del siglo xix, podemos afirmar que hubo continuidad y homogeneidad considerables en los métodos de disciplina. No fue un siglo que se destacara ni por su crueldad ni por su benignidad; fue un siglo de gran variación en los métodos de disciplina. La severidad del comienzo del siglo xix fue poco común. Posiblemente fue una reacción a los rápidos cambios que se daban en la sociedad, en tanto que la creciente severidad en las escuelas se debió probablemente a la veneración inglesa a la escuela. Las teorías evolucionarias sobre disciplina paterna no tienen bases; en vez de que a lo largo de los siglos hayan ido evolucionando los métodos de disciplina amables, lo cierto es que en todo momento hubo una amplia gama de variación en la disciplina. Quizá fue la presencia de una disciplina dura en el siglo xix lo que llevó a tales teorías. Los padres del pasado sí se empeñaron en formar el carácter de sus hijos, pero como revelan Newson y Newson (1976) en su estudio sobre los métodos modernos de crianza, los padres de este siglo también quisieron controlar la conducta de sus hijos a fin de hacerlos socialmente aceptables. Es decir, regular la conducta del niño es un aspecto fundamental del papel de los padres, por cuya razón la disciplina les concierne directamente. Sin embargo, parece ser que la índole protectora de los cuidados paternos impide a la mayoría de ellos ejercer su autoridad con brutalidad.

VI. DEL NACIMIENTO A LOS DOCE AÑOS

> después de su llegada, el progreso del niño se consideró de muy poco interés o importancia para que su familia guardara recuerdos de él...
>
> La infancia no fue otra cosa que un preludio biológicamente necesario para abrir las puertas de la importantísima condición sociológica del mundo adulto.
>
> PINCHBECK y HEWITT, 1969, pp. 4, 8.

> La buena disposición maternal es un invento de la modernización. En la sociedad tradicional las madres veían con indiferencia el desarrollo y la felicidad de los niños menores de dos años.
>
> SHORTER, 1976, p. 168.

> se consideró que la niñez era un estado que debía soportarse, no disfrutarse.
>
> TUCKER, 1976, p. 229.

COMO ya hicimos ver en el capítulo II a pesar de todos los trabajos recientes sobre la historia de la niñez, lo cierto es que sabemos muy poco sobre ella. Son muchos los historiadores que han afirmado que hasta el siglo XVIII los padres vieron con indiferencia a su prole y que mayormente se desentendieron de ella, a excepción de aquellos casos en que era necesario aplicarle castigos. Lo cierto es que ésta es una afirmación que se basa en supuestos, no en pruebas. Por si fuera poco, la mayoría de los historiadores se han circunscrito al estudio del castigo y han excluido todas las demás experiencias de la niñez. Aunque la disciplina es sólo una faceta de la relación padre-hijo, la verdad es que ésta se ha exagerado muchísimo y se le ha dado más importancia de la que tiene en cuanto al lugar que ocupó en la vida de padres e hijos de otros tiempos. Consiguientemente, hay muchos campos cuyo estudio está pendiente, y que ampliarían mucho nuestro saber de la vida de los niños en siglos pasados. Quedan todavía por responder interrogantes tales como: ¿se quiso a los niños?, ¿cruzaron los niños por las mismas etapas de desarrollo que en nuestros días?, ¿jugaron?, ¿cómo se les educó?

Este capítulo se ocupará de algunas realidades de la vida de los niños, con el fin de proporcionar respuestas a las anteriores preguntas, cuando ello sea posible, y también para averiguar justamente cuántos padres, sobre todo en los siglos XVI y XVII, tuvieron conciencia de sus hijos. Esperamos demostrar que la relación padre-hijo del pasado tuvo mucho de ambivalente, pues tanto padres como hijos aportaron elementos a esta relación, amén de que los deseos de los niños no solamente fueron respetados sino que la conducta paterna se avino a ellos.

NACIMIENTO

¿Se quiso a los niños?

El siglo xvi. Ningún autor de diarios de este siglo dice que sus hijos no hayan sido queridos; sin embargo, Assheton, Dee, Penry y Powell se limitan simplemente a dejar constancia de que nació un niño, sin revelar emoción alguna. Por otra parte, los diarios de Boyle, Clifford, Hope, *Jefferay y Wallington dan ciertos indicios de que sí fueron bienvenidos. *Jefferay (1591-1675), por ejemplo, dice que sus hijos fueron "mis bendiciones más recientes" (36). Con motivo del bautizo de su séptimo hijo, Boyle (1566-1643) escribió: "El Dios de los cielos lo haga feliz, & lo bendiga con una larga vida & lo haga virtuoso: & le dé la bendición de tener muchos hijos buenos & religiosos" (vol. 2, p. 207). Más adelante habla de una nieta: "a la cual entregué a la bendición de Dios, junto con sus bendiciones más escogidas, y que sus padres y amigos puedan hallar en ella felicidad y mucho bienestar" (vol. 4, p. 166). Wallington (1598-1658) sintió que había recibido una "Gracia de Dios" cuando nacían sus hijos, y habla de "mi dulce hijo John", y consideró a los niños como "tesoros del hombre" (MS, fos. 404, 422). Hope (1585?-1646) empezó su diario cuando ya su familia estaba completa, pero sí anota los nacimientos de sus nietos; por ejemplo, escribió que su hija tuvo un hijo "por el cual bendigo al Señor, y ruego que Dios haga que sus padres y yo le estemos agradecidos" (111). Clifford (1590-1676) también empezó su diario después de nacer su hijo, pero hace ver que "lloró lágrimas amargas" cuando su esposo la amenazó con quitarle al niño (ya de unos 18 meses). (El marido de Clifford quería que ella renunciara en favor de él sus derechos a una gran extensión de tierra, a lo cual ella se negó.) Más adelante escribió: "éste fue un día muy amargo y lleno de tristeza"; se refiere a cuando le quitaron al niño, cosa que afortunadamente fue temporal (26).

El siglo xvii. De entre los textos norteamericanos, *Adams, *Cooper, *E. Holyoke, y *C. Mather se limitan a anotar el día en que nació su hijo, mientras que *Byrd y *Sewall expresaron alegría por el nacimiento de su hijo. Por ejemplo, *Byrd (1674-1744) dice lo siguiente sobre el nacimiento de su hijo: "Doy gracias humildes a Dios por una bendición tan grande y encomiendo a mi hijo a su protección divina" (1941, p. 79).

Los diarios ingleses ofrecen una imagen similar: trece padres[1] se limitan a dar cuenta del nacimiento de un niño, pero Calverley, Hervey, Housman, Josselin, Martindale y Newcome confiesan que sí querían al niño. Por ejemplo, Housman (1680?-1735) escribió respecto a un hijo que no sobrevivió al parto: "esto nos impidió gozar de la presencia de un niño vivo; de un golpe frustró nuestras esperanzas y cortó nuestras ilusiones, lo cual fue una gran prueba para nuestras débiles fuerzas" (35). A Martindale (1623-1686) le causó gran deleite el nacimiento de su primer hijo: "Plugo a Dios regalarnos un chico muy apuesto, que fue acompañante dulce de su pobre madre en mi ausencia y que me refrescó a mi regreso" (154). Sin embargo, otra madre, Rich (1624-1678), describe la ansiedad que le causó el pensamiento de tener demasiados hijos (véase en la página 124 la cita tomada de su autobiografía).

Análisis. En estos primeros textos no se expresa emoción, pero sí ofrecen ciertas pruebas que apoyan la tesis de que los padres del pasado sí querían tener hijos; parece ser que no se rechazó el pensamiento de tenerlos. (Véase también de Wrightson, *English Society*, 1982, que con base en su estudio de los diarios del siglo XVII halló que los niños "fueron sin duda deseados" (104).) El que no se diga nada sobre la alegría del nacimiento de un niño no puede ser interpretado como indicio de que a los padres no les importaban los hijos. El diario de *C. Mather está lleno de referencias a su preocupación por su descendencia y por su atención hacia ella, pese a lo cual no mostró emoción alguna ante el nacimiento de sus hijos. Los autores ingleses de diarios, que del mismo anotan solamente el nacimiento de los niños, dan muestra en sus diarios de gran interés por sus descendientes.

El siglo xviii. En cuanto a este siglo, doce[2] autores norteamericanos de diarios se limitan a dar las fechas del nacimiento de sus descendientes; pero *Adams, *Alcott, *M. Dow, *Huntington, *Benjamin Lynde, *Shippen, *Silliman y *Mary White revelan todos por igual una gran

---

[1] Véanse los textos de Blundell, Browell, Byrom, E. Erskine, J. Erskine, Evelyn, Freke, Johnston, Osborne, Pledger, Rule, Stockton, y Twysden.
[2] Véanse los textos de *M. Bayard, *Dexter, *Drinker, *Hazard, *Hiltzheimer, *M. Holyoke, *Parker, *E. Parkman, *Preston, *W. Sewall, *Stiles y *Wiswall.

dicha ante el nacimiento de un hijo. Estos escritores, por razón de su mayor aptitud para analizar y dar cuenta de sus sentimientos, hablan de la alegría que experimentaron ante el nacimiento de sus hijos. Por ejemplo, *Alcott (1799-1888) describe el nacimiento de su primera hija, y dice que es "un hecho nuevo e interesante en la historia de nuestras vidas. ¡Cuán deliciosas fueron las emociones producidas por los primeros sonidos de su llanto, lo cual me hizo saber sin la menor duda que ya era yo padre! Alegría, gratitud, esperanza y cariño estuvieron mezclados en nuestra sensación" (27). Ante el nacimiento de su primer vástago, también una niña, *Silliman (1779-1864) dice que el nacimiento "Llenó de alegría muchos corazones y nos hizo dar gracias al Cielo. Con este nuevo motivo de regocijo vino también un nuevo motivo de preocupación y sin duda de felicidad" (255).

De entre los autores ingleses, dieciocho[3] se limitan a observar que ha nacido un niño, en tanto que veintitrés[4] no pueden ocultar la dicha que tal acontecimiento les trajo. Al describir el nacimiento de su primer hijo, Calvert (1767-1859) dice "¡Oh momento feliz! Nunca, nunca lo olvidaremos" (7). Y Stedman (1744-1797), ante el nacimiento de su segundo hijo, escribe que fue "un muchacho hermoso, fuerte y vigoroso que vino a coronar mi felicidad" (246). Por su parte, Trench (1768-1837) habla de sus sentimientos cuando tuvo en sus brazos a su primer hijo: "cuando contemplé el rostro de mi hijo, cuando oí su respiración, cuando sentí el asimiento de sus deditos, comprendí cabalmente toda la fuerza de la afirmación de Voltaire: 'Le chef d'oeuvre d'amour est le coeur d'une mere' ['La obra maestra del amor es el corazón de una madre']... La felicidad de mi esposo ante el nacimiento de su hijo fue casi igual a la mía" (1862, p. 16).

Dos autores de diarios, aunque muestran que les ha causado gran deleite el nacimiento de sus primeros hijos, no revelan estar muy satisfechos ante la posibilidad de tener demasiados hijos. Por ejemplo, Thrale (1741-1821) escribe: "no hay duda de que esto es horrible: cinco niñas & volver a dar de comer, & suficientemente tonto para estar orgulloso de ello. ¡Oh idiota! ¿Para qué quiero más hijos?" (389). Elizabeth Wynne (1778-1857), después de haber tenido cinco hijos se muestra igualmente contrariada al saber que había quedado embarazada otra vez: "No me he sentido nada bien esta semana, pues he

---

[3] Véanse los textos de H. Backhouse, Bishop, Boscawen, Braithwaite, Cooke, A. Darby, H. Darby, F. Gray, Macready, Nairne, Powys, Raper, Rathbone, Roe, Steuart, D. Taylor, Viney y Watkin.

[4] Véanse los textos de H. Backhouse, Boswell, Burney, E. Fitzgerald, Fry, Hamilton, Holland, Jones, Kilham, Knox, Mantell, Moore, Oliver, M. Shelley, Steadman, Thrale, Turner (1793-1873), Weeton, Wilberforce y Elizabeth Wynne.

estado terriblemente enferma & amodorrada —*c'est un mauvais signe!*" ("¡es un malísimo signo!") (vol. 3, p. 155).

El siglo xix. Los autores de diarios *Burroughs, *Duncan, *Lawrence, *Lieber y *Phelps mencionan escuetamente el nacimiento de sus hijos, en tanto que *Colt, *Hayes, *Virginia Hoffman, *Howe, *Judson, *Longfellow, *Lovell, *Prentiss, *Todd, *M. Walker y *Ward describen el gozo que les causó el hecho. *Colt (1817-?), por ejemplo, escribió que el nacimiento de su primer vástago, una hija, "bendijo nuestro hogar", en tanto que el nacimiento de su hijo "fue bienvenido como una bella aurora" (248-249). *Howe (1801-1876) dijo que el nacimiento de su hija "ha hecho que nuestra copa desborde de alegría" (155). Por su parte, *Longfellow (1807-1882) dijo: "Esta mañana nació en Craigie House una niña, para gran alegría de todos" (85).

Las pruebas contenidas en los textos ingleses son muy similares. Alford, Allen, John Bailey, Cobden-Sanderson, Mary Collier, Fowler, E. Gaskell, Gladstone, Owen y Wood se limitan simplemente a dar cuenta del nacimiento de un niño. Dieciséis[5] autores de diarios hablan, sin embargo, del alborozo que sintieron. Por ejemplo, para Ewing (1814-1873), el día en que nació su hijo fue "de gran placer y gratitud —nos ha llegado un hijo vivo" (32). J. Russell (1842-1876) describe a su bebé como "cosita amada & da gran placer mirar su carita & siento que es nuestro, mío & de mi querida esposa" (vol. 1, p. 403). Por último, Traherne (1885-1917) escribe a sus padres y resalta la singularidad que significó para él el nacimiento de su hijo: "Siempre he considerado algo tontos a los hombres que se entusiasman al hablar de sus hijos: siempre me parecieron iguales todos los niños. Pero ahora sé que jamás hubo un niño tan lindo como el mío" (275).

Los únicos dos autores de diarios que dicen no estar encantados con el nacimiento de un hijo vivieron en el siglo xix. Así, *Sterne (1801-1852), en ocasión del nacimiento de su sexto hijo, observa que el nacimento de niños "es algo que ocurre en las mejores familias". Al día siguiente agregó "niño todavía sin nombre, preocupado por cómo llamarlo" (vol. 31, 1927, p. 64). El caso es que de las pruebas contenidas en su diario parece que este autor sí quiso a sus hijos. De modo similar, Waugh (1903-1966) no consideró que el nacimiento de los hijos fuera un acontecimiento satisfactorio. Con motivo del nacimiento de su segundo hijo dice que su esposa "estaba más feliz de lo que nunca volvería a estar" (1976, p. 450), pero no da indicio alguno de los

---

[5] Véanse los textos de Bonar, Cooper, Guest, Hanover, Head, Hewlett, Hochberg, Johnston, Palgrave, F. Russell, Timms, Tregelles y Wilberforce.

sentimientos de él. Su tercer hijo murió poco después de nacer, y entonces escribió: "Pobre niñita, no fue deseada" (1976, p. 489). Al parecer sus hijos no "crecieron en él", por cuyo motivo más adelante dice que "la presencia de mis hijos me produce terrible fastidio y depresión" (1976, p. 607).

Otros dos autores de diarios, aunque quisieron al bebé cuando llegó, no contemplan la posibilidad de otro hijo con un placer similar (según se revela en sus diarios). Hanover (1819-1901) cree "que lo que me causó mucha infelicidad fue que los dos primeros años de mi matrimonio se arruinaron completamente por esta ocupación [la crianza de los hijos]. No disfruté de nada" (1964, p. 94). *M. Walker (1814-1897) halló que la atención de sus tres hijos era más que suficiente para llenar su tiempo: "Encuentro que mis hijos ocupan gran parte de mi tiempo; que si su creador me concediera no tener más hasta que ellos me pidan menos tiempo y atención, creo que aceptaré su llegada" (176).

Hubo también circunstancias excepcionales en las cuales el nacimiento de un hijo no se vio con deleite. Cummings (1889-1919) estaba desahuciado cuando nació su primer hijo. Describe al bebé como un "monstruo" y días después escribió: "El contacto del bebé es lo más angustioso de todo. Si no tuviéramos hijos seríamos meramente desgraciados, pero un hijo..." (1923, p. 288). A pesar de todo, se encariñó con su hija; unas semanas después escribió: "Sin embargo, en general, es una cosa buena y satisfactoria verla, saludable, nueva, intacta en el umbral" (1923, p. 305). Esta vinculación creció a tal grado que, cuando la niña cumplió dos años, Cummings pudo escribir: "Lo que siempre había temido está empezando a suceder —amar a mi hijita. Otra cuerda de comunicación con la vida que cortar. Quiero oír 'el sonido de piececitos en el piso'. El solo pensamiento de ella me llena de intolerable congoja" (1920, p. 30).

Análisis. Básicamente los textos contienen la misma información respecto a todos los siglos: muchos autores de diarios no revelan la menor emoción ante el nacimiento de un hijo; pero la gran mayoría de los que revelan alguna emoción hablan de deleite y placer. Muchos de los autores de diarios que no expresaron ningún sentimiento ante el nacimiento de un hijo, se refirieron continuamente a su descendencia en su diario, como hemos visto en los capítulos anteriores y como demostraremos en éste. Por ello, el que no haya ninguna expresión de placer ante el nacimiento de un hijo no puede ser considerado como prueba de indiferencia hacia el niño. En general, es mayor la información que sugiere que los padres de siglos pasados sí querían tener hijos; pero no hay pruebas de que a los niños del siglo XVIII se les valorara más que a los del siglo XVII.

Pese a todo, unos cuantos textos revelan que algún niño no siempre fue deseado. Aparte de Waugh, que sencillamente no quería a los niños, hubo autores (Hanover, Rich, *Sterne, Thrale, *M. Walker y Elizabeth Wynne) que, aunque quisieron tener hijos, se opusieron a tener *tantos*. Por desgracia, como no había un método eficiente de evitar la concepción, no pudieron hacer nada. En el caso de Cummings, se empeñó sin éxito en no querer a su hija porque sabía que estaba por morir. Así pues, aunque en ciertas circunstancias no todos los niños fueron deseados, la mayoría fueron bienvenidos. La sección siguiente se ocupará de responder la pregunta de por qué se deseaban los hijos.[6]

¿Por qué se deseaban los hijos?

En su ensayo "Ideologies and reproduction" (1974), Busfield sugiere una serie de razones que explican por qué los padres del siglo XX desean hijos. Se ve a los niños como fuente de satisfacción emocional que da interés y variedad a la vida. También se les ve como una segunda oportunidad para que el individuo alcance en sus hijos las cosas que no logró tener, y como una fuente de seguridad y placer en la parte final de la vida de los padres. Más difícil de averiguar es la razón por la cual los padres del pasado quisieron hijos.

El siglo xvi. En este siglo se apreció a los niños por la diversión y compañía que significaban (Clifford, Dee, *Jefferay, G. Mildmay, H. Mildmay y Wallington). Parece, además, que los padres sí querían que los chicos triunfaran en la vida: Boyle deseó que sus hijos "prosperaran", *Jefferay dio muebles a sus hijas para que establecieran un hogar, en tanto que Powell compró plazas de aprendices para todos sus hijos. La verdad es que los textos no dan indicios de si los padres creían o no que su prole los sostendría en su vejez.

El siglo xvii. En cuanto a este siglo, las fuentes contienen información sobre todos los puntos indicados por Busfield. *C. Mather (1663-1728) describe el deseo paterno de satisfacer las necesidades de sus hijos:

Señor, sabemos, sabemos nosotros, y como padres así lo sentimos, que si uno de nuestros hijos se nos acerca y nos dice, *Padre hay una cosa que nos*

---

[6] Las notas del caso de Napier pintan el desconsuelo de muchas mujeres estériles o incapaces de tener más hijos (MacDonald, 1981, p. 83).

haría perfecta y eternamente felices y se trata de una cosa que tú puedes hacer por nosotros, con sólo pronunciar una palabra; ¿la harás? Nosotros nos precipitaríamos a hacer esa cosa, jamás se la negaríamos. [Vol. 7, p. 204.]

Además, hubo referencias a la alegría que los padres experimentaron por sus hijos. Byrom (1692-1763) escribió lo siguiente a su hijo (de 14 años), mientras estaba en un viaje de negocios: "Quisiera que estuvieras aquí conmigo; si hago otro viaje como éste, estaré deseoso de tu compañía, o la de Beppy, o de alguno de ustedes, para que me acompañen, y para que me digan qué piensan de las cosas" (vol. 40, p. 201). E. Erskine (1680-1754) registró los sentimientos que le producía su hijita: "Ella y yo solos, la sentaba en mis piernas y la columpiaba, me quería mucho, me rodeó el cuello y me besó, todo lo cual inundó mi corazón" (302).

A. Brodie, Josselin y Martindale creían que los hijos debían ofrecer algún apoyo a los padres. A Brodie (1617-1680) lo enfureció que a pesar de haber "alimentado y criado hijos" y "ahora que la enfermedad y la edad están invadiéndome", su hijo rehusara proporcionarle un hogar (305).

El siglo xviii. En este siglo los diarios también nos dan pruebas del placer que a los padres les daban sus hijos. *Alcott (1799-1888), al referirse a sus hijas de cuatro y tres años, las llama "el encanto de mi vida doméstica" y revela la comprensión que tenía de sus propios hijos: "Son muy susceptibles, y necesitan sentir en sus corazones que nos interesamos más en ellos, en sus necesidades y en sus aspiraciones. Requieren un amor profundo y acogedor, pues de otro modo sus naturalezas no florecerán como ha ocurrido con muchos niños de más fortaleza" (64). *Tucker (1775-1806) prefería quedarse en casa en vez de ir de compras: "Mi corazón me induce a quedarme en casa con mi pequeña pensionista [hija adoptiva] que tiene dos compañeras juguetonas con quienes divertirse. No las interrumpiré; son la compañía más acogedora y en ocasiones más instructiva" (319).

Igualmente, Boswell (1740-1795) gustaba muchísimo de hablar con su hijita de cuatro años:

> Tuve una conversación gratísima con mi querida Verónica; mientras el sol brillaba alegremente me senté con ella en el piso de mi comedor, le hablé de las bellezas y encantos del Cielo, de casas doradas, de árboles con los frutos más ricos, de las flores más finas y de la música más deliciosa. Llené su imaginación con ideas alegres del futuro, en vez de con ideas sombrías... A los niños no se les pueden dar nociones racionales o doctrinales de Cristianismo. [Vol. 12, p. 180.]

Watkin (1787-1861) llevó a su hijo de ocho años a visitar un castillo:

> Me agradó muy particularmente el entusiasta ardor de mi Eduardito. Si nada lo echa a perder, ciertamente resultará superior al rebaño de la humanidad... Habló animadamente del castillo, del peñasco en que descansa, del pozo profundo que está en el patio del castillo, y me hizo infinidad de preguntas que oí y contesté con muchísimo gusto. [120.]

En el diario de Burney (1752-1840) se revela el orgullo y también la exasperación que los niños pueden provocar en sus padres. La familia real pidió a Burney que llevara a la corte a su hijo de tres años. Como Alexander era muy tímido, le llevaron juguetes:

> Tomó perros, caballos, calesines, un zapatero, un velador, y todo aquello que pudo asir; sin embargo, no prestó su personita ni sus mejillas a ninguno de ellos, lo cual me causó gran confusión... me sentí muy mortificada cuando vi que la Reina quería entrar en la conversación, como es usual, lo cual yo sabía que era imposible, a menos que algún entretenimiento lo ocupara. [Vol. 6, pp. 152-154.]

No tardó Alexander en sentirse inquieto y en tratar de hurgar en el costurero de la Reina a pesar de los esfuerzos de su madre por detenerlo, hasta que finalmente le dieron la caja para que jugara con ella. Sin embargo, cuando se cansó de eso corrió al cuarto contiguo y Burney se vio obligada a sacarlo, a la vez que se sentía "avergonzada en extremo". Finalmente, se enviaron algunos pastelillos para tratar de aquietar a Alexander. "Tomó uno, con gran placer, y tranquilamente se sentó a comerlo. Le pregunté si no tenía algo que decir y él afirmó con su cabecita y con gran comedimiento contestó "Glacias, Leina", lo cual, aunque a ella le hizo mucha gracia, a mí no me hizo ninguna, porque no había esperado que diera una respuesta tan cortante" (vol. 6, p. 156).

Para Stanley y Young sus hijos eran el medio de sostenimiento para su vejez. A la muerte de su hija más joven, Young (1741-1820) escribió: "con ella huyó la primera esperanza de mi vida, la niña en la cual quería descansar en la aflicción de mi vejez" (279). Una madre, Trench (1768-1837), habló de la ambición de los padres: "Uno puede cortar su propia ambición, pero los retoños brotarán en nuestros hijos" (1862, p. 333).

El siglo xix. En este siglo hubo referencias a la variedad y entusiasmo que los hijos inyectaban a la vida. *Lawrence (1814-1886) disfrutó muchísimo el tiempo que dedicó a sus descendientes: "Cruzando los campos con los niños (¡qué bellos son!) rumbo a la escuela dominical. Con una compañía así, ¿cómo podrá ningún padre desear una situación en la vida mejor que la mía?" (152). A *M. Walker le divertía la mente inquisitiva de su hijo de cinco años: "Constantemente pregunta respecto a todo aquello de que tiene noticia; pide que se le definan todas las palabras que oye y que no entiende" (177). Cyrus entró corriendo un día para preguntar por qué oía un ruido después de gritar en las montañas. Antes de que su madre hubiera tenido tiempo de explicarle, él se contestó, decidiendo que, al igual que él, árboles y cosas tenían sombras, y que su voz también tenía sombra.

Johnston (1808-1852) gozaba viendo la vida a través de los ojos de sus hijos: "¡Oh, qué mundo nuevo se abre ante nosotros, como si fuera por el hecho de tener un hijo de 10 años! Gradualmente se apodera y ocupa una gran porción de nuestra mente. No me es posible decir cuántos pensamientos más adoptan según se vuelven mayorcitos" (169). El comentario que hace Wood (1812-1860) sobre su hijita de cuatro años se parece mucho al de *M. Walker, citado antes. En su primera visita al litoral, Fanny gozó muchísimo chapoteando pero (su madre escribió): "Me ha costado algo de trabajo hacerle ver que el mar no está *vivo;* y el primer día que hubo algo de oleaje rogó que le dijeran 'quién había estado lavando en el mar, porque estaba lleno de espuma de jabón' (323).

Uno de los que escribieron diarios sentía aversión por la compañía de los niños, aunque, cosa rara, perteneció a nuestro siglo: Waugh (1903-1966) afirmaba que "la verdad es que cualquier niño es remplazable con facilidad, en tanto que un libro destruido está perdido para siempre", y agregó: "Mis hijos me cansan" (1976, p. 555). Nada tiene de extraño que sus niños no quisieran pasar mucho tiempo con su padre, lo cual forma un marcado contraste con los otros niños descritos en los textos. En una ocasión Waugh escribió: "Regresé a casa y hallé que los niños disfrutaban muchísimo de mi ausencia" (1976, p. 695).

Para Alford y Cooper sus hijos fueron fuente de consuelo en sus últimos años. Después de la muerte de su hijo, Alford (1810-1871) escribió: "Ahora sólo me quedan mis dos dulces mujercitas para acompañarme en el ocaso de mis años y en el de su madre. Gracias a Dios son muy capaces y están muy dispuestas a hacerlo" (196).

Análisis. A lo largo de los siglos los padres, sin la menor duda, desearon bien a sus hijos, disfrutaron de su compañía y casi en su totalidad se deleitaron con su inocencia. Hubo padres que esperaron recompensa por todos sus cuidados y atenciones y que, en consecuencia, sus hijos se ocuparan de ellos en su vejez, pero hubo otros padres que no pensaron así. Los padres, como descubrió Wrightson (1982), pidieron poco de sus hijos siendo jóvenes y disfrutaron mucho teniéndolos con ellos.

INFANCIA

En las fuentes no hay datos sobre la infancia, aunque 158 diarios y manuscritos proporcionan detalles respecto a niños menores de cinco años (49 norteamericanos y 109 ingleses), desgraciadamente, con frecuencia no son otra cosa que simples fragmentos de pruebas, en particular en el caso de los diarios de los siglos XVI y XVII. Quizá esto se deba al hecho de que la mayoría de los autores de diarios estudiados fueron varones que por razón misma de su sexo no participaron en la atención diaria de los niños. Las mujeres que escribieron diarios son particularmente escasas en los siglos XVI y XVII; de los autores de diarios estudiados, solamente una norteamericana y siete inglesas nacieron antes de 1700. Además, como se desprende del estudio de comparación hecho en el capítulo III, es probable que en el texto publicado se hayan omitido algunos detalles sobre la infancia, tales como el método de alimentación. (En el estudio que sigue incluiremos todos los detalles pertinentes.) Dado que ya estudiamos las referencias a la enfermedad, muerte o disciplina de los niños, esto nos deja con 91 textos (29 norteamericanos, 62 ingleses) que contienen material sobre otras facetas de la infancia.

Las vidas de los niños en el pasado serán estudiadas con relación a elementos básicos tales como son el destete, la dentición, el andar y hablar, así como el método de alimentación. También consideraremos cualesquier problemas que los padres describan, tales como llorar en exceso, renuencia a dormir, y si el niño fue o no inoculado. Las pruebas provienen casi exclusivamente de diarios publicados. De haber otras fuentes, las mencionaremos de un modo concreto.

Alimentación

La información que contienen los diarios sobre el método preferido de alimentación no basta para permitir hacer ningún análisis sistemático. Como puede verse en el cuadro VI.1, lo más que se puede decir es que en cada siglo los niños fueron amamantados por sus madres o por nodrizas. Aun en el caso de que una madre sí se esforzara por dar el pecho al niño, probablemente éste fuera alimentado primero por otra mujer, así *Sewall (1652-1730) nos dice que poco después del nacimiento de su hijo "La primera mujer de que el niño mamó fue Bridget Davenport" (vol. 5, p. 40). Tal vez esto se deba, como dice Fildes, (1980), a la renuencia a dar calostros a los recién nacidos.[7] Al hijo de *Sewall sólo le dio su madre el pecho hasta cinco días después.

Los resultados hacen pensar que entre los autores norteamericanos de diarios de los siglos XVIII y XIX hubo preferencia hacia la alimentación por el pecho. Sin embargo, esto bien pudo deberse a su situación particular: por lo general vivían en regiones recientemente colonizadas donde no era posible conseguir nodrizas, más que a preferir dar el pecho. Dos autoras norteamericanas de diarios pertenecientes al siglo XIX, que no tuvieron leche suficiente para dar a sus hijos, debieron recurrir a la sopa, en el caso de *Phelps, y a la leche de vaca, en el caso de *M. Walker, porque, repetimos, no siempre había nodrizas disponibles.

En *Parents and Children in History* (1972), Hunt afirma que, cuando menos en el siglo XVII debido a que la hostilidad de los adultos hacia los niños inhibía el abasto de leche, fue frecuente que los niños no recibieran suficiente alimento. De los diarios se desprende que la alimentación por medio de la madre siempre tuvo sus problemas, y que éstos no se circunscribieron al siglo XVII, amén de que, como

CUADRO VI.1 *Número de diarios que dan cuenta de cierto método de alimentación*

Método de alimentación	Siglo							
	XVI		XVII		XVIII		XIX	
	A	B	A	B	A	B	A	B
Leche materna	0	1	1	4	6	13	7	1
Se empleó nodriza*	0	1	3	8	0	9	1	8
Ambos métodos se usaron†	0	1	1	2	2	5	0	2

* Además, en el siglo XIX, tres autores ingleses de diarios, Allen, Head y Traherne, y dos norteamericanos, *Hayes y *Longfellow, dicen que sus hijos tuvieron nodriza; pero no especifican quién daba de comer a sus hijos. Como no están incluidos en el cuadro superior es muy probable que en el siglo XIX haya habido más niños con nodriza de los que aparecen en el cuadro.
† Los autores de diarios que se valieron de ambos métodos de alimentación fueron: *M. Dow, Hay, Hochberg, *Huntington, Moore, Newcome, Oliver, K. Russell, *Sewall, Thrale, *M. Walker. Wallington y Weeton.

[7] Fildes (1980) afirma que después de 1750 hubo un "cambio radical en las costumbres de alimentación de los recién nacidos" (319). Después de esta fecha, ninguno de los textos que ella examinó consideró que los calostros fueran malos o dañosos para los recién nacidos, y no faltó quien dijera que la primera leche era buena para el niño. Esto fue, a juicio de Fildes, el factor determinante de la baja en el índice de mortalidad endógena.

veremos, a los padres les interesaba que sus hijos fueran alimentados adecuadamente. Dice Wallington (1598-1658) que, al mes de haber nacido su hijo, su esposa "empezó a sentir dolores en los pechos, por cuya razón el niño no mamó durante tres días, por lo cual tuvimos que conseguir una nodriza en el campo porque mi esposa estaba con tales dolores en los pechos" (MS, fo. 412). Este mismo problema se presentó en el siglo siguiente. La esposa de *Sewall no pudo alimentar a su hijo los cinco días siguientes al nacimiento y también tuvo problemas cuando por primera vez le dio el pecho, al grado de que necesitó que *Sewall (1652-1730) la ayudara: "El sábado tratamos de que el niño mamara de su madre, cosa que casi no se logró. En la tarde mi esposa se levantó y entonces él succionó con bravura el pecho derecho" (vol. 5, p. 40). Josselin (1616-1683) dice que "los pechos de mi esposa estaban doloridos" después del nacimiento de su primer hijo; "lo cual fue una pena y una gran mortificación para ella" (13).

A lo largo del siglo XVIII sólo dos textos publicados hablan de problemas con la alimentación materna, son los diarios de Moore y Thrale; si bien los manuscritos no publicados de Bishop, Oliver y Viney así como el manuscrito original del diario de A. Darby proporcionan más información sobre estos problemas. El trastorno más común fue poca leche. Elizabeth Bishop (1751-1801) destetó pronto a uno de sus hijos porque tenía "muy poça leche"; Darby (1716-1794) observó que no tuvo leche después del nacimiento de su segundo hijo; Oliver (1741-1823) dice que su esposa no pudo dar suficiente leche a su primer hijo, en tanto que Richard Viney (1700?-?) dice que a su esposa se le acabó la leche por un tiempo después del nacimiento de su sexto hijo. Luego de haber enviado con una nodriza a sus dos primeros hijos, la esposa de Moore (1779-1852) quiso dar el pecho al tercero, pero no tuvo leche suficiente. Entonces, Moore buscó una nodriza para su hijo "que al parecer necesita un refuerzo de esta naturaleza; yo debí haber insistido en ello desde el principio" (vol. 2, p. 242). Además, tanto Bishop como la esposa de Oliver tuvieron pezones doloridos. Thrale (1741-1821) dio el pecho a su primer hijo, pero al cabo de un tiempo dejó de dárselo porque había perdido demasiado peso.

Unos pocos de los escritores de diarios del siglo XIX hallaron difícil la alimentación por el pecho. *Phelps (1810?-?) observa después del nacimiento de su primer hijo: "Muy poca leche tuve para mi hijo. Tuve que darle sopa" (217). La situación no mejoró cuando nació su segundo hijo. *M. Walker (1814-1897) se incomodó muchísimo cuando vio que la alimentación por el pecho era muy dolorosa: "Mucha ansiedad me causó la extrema renuencia de mi bebé & renunciar a la idea de que yo lo alimentara, pero había sufrido tanta tortura que sentí un gran alivio cuando no tuve ante mí otra opción" (257). *Ward (1841-1931) escribió que su esposa enfermó con frecuencia mientras le dio el pecho a su hijo, pese a lo cual estaba resuelta a seguir adelante. Una madre inglesa no pudo alimentar a sus hijos. He aquí como describe el problema su esposo, J. Russell (1842-1876):

> Aunque por lo demás goza de perfecta salud, K. tuvo gran malestar porque el bebé no succionaba. O no quería o no podía hacerlo... Por la noche yo le chupé un poco pensando que eso ayudaría, pero casi no obtuve leche. Dado que tuve que chupar con todas mis fuerzas para sacar un poco de leche, nada tiene de extraño que al niño le costara tanto trabajo. [Vol. 1, p. 403.]

El caso es que K. Russell sí logró alimentar a su segundo hijo durante dos meses, pero al caer enferma, el médico le aconsejó suspender la alimentación de su hijo. Con su tercer hijo tuvo más éxito.

No a todas las madres les fue difícil alimentar a sus hijos. En el siglo XVIII, Shelley observó, después del nacimiento de su hijo, que su esposa (Mary Shelley, 1797-1851) "también estaba muy bien; dando leche todo el día" (39). En términos parecidos, escribió Elizabeth Wynne (1778-1857): "Mi hijito empieza a mamar muy bien; no tengo ningún problema de leche" (vol. 2, p. 203). Es muy posible que las mujeres que escribieron diarios, que dieron el pecho a sus hijos y que no mencionan problemas, no hayan tenido ninguno.

En su obra *The Family, Sex and Marriage in England* (1977), Stone afirma que en el siglo XVIII hubo un cambio en los métodos de alimentación de los niños; ahora las madres querían darles el pecho en lugar de entregarlos a alguna nodriza. Si observamos a los autores ingleses de diarios del cuadro VI.1, veremos que 43 por ciento de las madres del siglo XVII dieron el pecho a sus hijos cuando menos por un tiempo, en comparación con 67 por ciento de las madres del siglo XVIII. Hubo, pues, un incremento, aunque como poquísimos textos detallan cómo se alimentaba a los niños, es imposible establecer una comparación adecuada. Sin embargo, es interesante observar que aun cuando R. Day (1745-1841) consideró que la alimentación por los pechos de la madre era recomendable, rara vez se recurrió a ella. Escribe que su hija, que nació en 1776, tuvo "el raro mérito de amamantar a sus propios hijos" (186). Un autor posterior de diarios, Alford (1810-1871), cuya hija, que nació en 1836, no pudo alimentar a su primer hijo, le escribió y en su carta revela una opinión interesante sobre la función de dar el pecho:

No poder amamantarlo es un descanso físico para ti; aunque también hasta cierto punto lo siento porque pierdes la disciplina de paciencia y de resistencia al sufrimiento que es lo que da su encanto al carácter maternal. Una madre que ha soportado los mil y un problemas y preocupaciones de su bebé, que ha renunciado a sus trabajos ordinarios durante el día y a su descanso durante la noche, durante meses y meses, tendrá más probabilidades de soportar las fallas morales de su hijo, en tanto que el ejercicio de su paciencia podrá ofrecerlo a Cristo; y será mejor, probablemente, que aquella madre que no ha sufrido nada de esto. [380.]

De los diarios no se desprende con claridad por qué se ponía nodriza a los niños, excepto en el caso de aquellas autoras de diarios que no pudieron alimentar a sus bebés (*M. Dow, K. Russell y Weeton), o si un bebé en particular no medraba (*Huntington, *Sewall y Wallington). Igualmente, cuando la hermana de Andrew Hay tuvo mellizos, a uno se le envió con una nodriza, lo cual hace pensar que no fue capaz de amamantar a dos bebés. Algunas autoras de diarios tal vez hayan participado de la creencia de que las mujeres que amamantaban no debían tener relaciones sexuales, pues eso cuajaría la leche; por ejemplo, en el diario de Blundell (1669-1737) se dice que después de que su esposa pasó un mes de descanso, enviaron al niño con una nodriza y "yacimos juntos" (vol. 110, p. 69). Probablemente esto mismo le ocurrió a otro autor de diario del siglo XVII que dice que su primera hija fue amamantada fuera. Newcome (1627-1695) dice que "aunque sí percibimos la importancia del descuido de nuestro bebé de no alimentarlo en el hogar, eso mismo hizo que su madre determinará esforzarse por criar si el Señor le daba más hijos" (13). El "descuido" probablemente se refiere al principio puritano de que la madre debía alimentar al hijo (Gouge, 1622; Perkins, 1609). Estos autores sostienen que la leche de la madre era la mejor que se le podía dar al niño, que a las mujeres se les habían dado pechos para que alimentaran a sus hijos y que los hijos absorberían un carácter indeseable si los alimentaba una nodriza de clase inferior. No todos los puritanos cumplieron con este precepto: *C. Mather, devoto puritano, puso nodriza a todos sus hijos.

Esta costumbre de usar nodrizas se ha esgrimido como prueba del olvido en que se tuvo a los bebés en otros siglos. Sin embargo, Schnucker en "The English Puritans and pregnancy" (1974) muestra que la persistencia del empleo de nodrizas prueba más bien la inercia de una costumbre social que descuido hacia los bebés. Además, de estos textos se desprende que los bebés a quienes se enviaba con una nodriza eran bien atendidos por sus padres; los visitaban con frecuencia, sobre todo si el niño enfermaba. Dee (1527-1608) visitaba a sus bebés que estaban a cargo de alguna nodriza y en una ocasión retiró una hija que no medraba. Wallington (1598-1658) envió a su hijo al campo para que lo alimentara una nodriza y siempre se mantuvo al tanto de sus progresos. Dos autores norteamericanos de diarios del siglo XVII (*Cooper y *Sewall) y ocho ingleses (Blundell, William Bulkeley, Freke, Lowe, Morris, Newcome, Newton e Isabella Twysden) dicen que prefirieron que sus hijos fueran amamantados fuera del hogar. De ellos, siete dan detalles de visitas a sus hijos. Blundell y Morris hablan de visitas regulares y muestran ansiedad cuando se enfermaron sus hijos. *Cooper visitó a su hijo, y lo mismo hizo Roger Lowe respecto al niño de su amo. La nieta de W. Bulkeley quedó a cargo de una nodriza cuando sus padres fueron a Liverpool, pero el abuelo la visitó. Del mismo modo, el bebé de Freke quedó a cargo de una nodriza cuando sus padres regresaron a Irlanda, pero fue visitado por su abuelo. Además, Freke regresó de Irlanda cuando se le dijo que la nodriza estaba tratan· do mal al niño. El hijo de *Sewall fue enviado al hogar de su abuela en el campo debido a que estaba enfermo, pero a *Sewall se le mantuvo al tanto de su estado.

Todos los autores de diarios del siglo XVIII que tuvieron a sus hijos a cargo de nodrizas, es decir, Holland, *Huntington, Moore, Oliver, William Roe y Turner, mencionan visitas a sus bebés. Cuando Moore (1779-1852) se mudó de casa, le mortificó causar molestias a un niño que todavía tomaba el pecho, pero a su esposa le molestó mucho la separación: "La única nube que empaña la felicidad de mi querida Bessy es haber sido separada de su bebé. Le costó mucho trabajo volver a acostumbrarse a él, pero seguramente habría sido muy malo quitárselo a una nodriza que al parecer lo estaba haciendo muy bien" (vol. 1, p. 361). Turner (1793-1873) se preocupó muchísimo cuando se enfermó su bebé: "Todo un mes de ansiedad y mortificación a consecuencia de la enfermedad del amado Edmund, en Crosby. Durante este mes mi mente estuvo tan trastornada que sólo pude atender las cosas más necesarias. Con mucha frecuencia fui a Crosby" (1875, p. 152). Goff (1739?-?) puso a muchos de sus hijos a cargo de nodrizas en cabañas cercanas a su casa y no siempre visitó a sus pequeños. Al menos un niño fue visitado por su abuela materna, la cual escribió a Goff dándole cuenta de los progresos del niño. *M. Dow (1780-?) se vio obligada a enviar a su hijita con una nodriza porque se puso muy enferma, tanto así, que no pudo visitarla. La agobió el dolor cuando se enteró de que había muerto.

Como ninguno de los autores de diarios del siglo XIX habla de que sus bebés hayan sido alimentados fuera del hogar, cabe suponer que todos lo fueron por sus madres.

En los diarios norteamericanos no hay datos sobre la elección de una nodriza, pero cuando menos hay constancia de que algunas nodrizas inglesas fueron escogidas con gran cuidado. En el siglo XVI Dee, en el XVII Blundell, en el XVIII Boswell y Moore, y en el XIX K. Russell, dicen que buscaron una nodriza apropiada. Hunt afirma que en el siglo XVII las nodrizas sentían la hostilidad de la madre hacia su hijo y que por consiguiente se inhibían psicológicamente y no producían suficiente leche. Boswell no tuvo suerte con su primera nodriza pues no producía suficiente leche. Esto apoyaría el razonamiento de Hunt, si no fuera por el hecho de que tal cosa ocurrió en el siglo XVIII y de que Boswell encontró que la segunda nodriza de su hijo resultó "excelente", por cuya razón "a ojos vistas se llenó de carne y de salud" (vol. 10, p. 257). Lo más probable es que, sencillamente, algunas nodrizas tenían menos leche que otras, quizá debido al hecho de que hubo una demora entre el destete de su propio hijo y el tomar a su cargo el bebé ajeno.

Entregar un bebé a una nodriza podía resultar peligroso. En el siglo XVII, Evelyn, Hervey y *C. Mather escribieron que sus hijos fueron asfixiados por la nodriza. Otros autores ingleses de diarios dan cuenta de unos cuantos casos de niños maltratados por sus nodrizas. Su padre le escribió a Freke (1641-1714) informándole que su hermano "había quedado baldado por el descuido de su nodriza, & hacia el 14 de diciembre se quebró la pierna cerca del hueso de la cadera, cosa que ella no confesó por casi un cuarto de año, hasta que se formó una protuberancia en la cadera; el mantenerlo tanto tiempo en la cuna hizo pensar a todo el mundo que al niño le estaban saliendo sus dientes" (25). En cuanto se descubrió lo anterior, se encomendó el niño a otra nodriza, se le acomodó el hueso y quedó perfectamente.

A su vez, Holland (1770-1845) habla del descuido de las nodrizas en el siglo XVIII: "Di a luz un adorable bebé en el mes de octubre, pero debido al descuido de las nodrizas le vinieron convulsiones y murió" (vol. 1, p. 136). Stedman (1744-1797) escribe en su autobiografía, al comienzo de su diario:

Cuatro diferentes nodrizas me tuvieron a su cargo fuera de la casa, pues mi pobre madre se hallaba en situación tan débil que le era imposible darme de mamar. A la primera de estas perras la despidieron porque estuvo a punto de asfixiarme en la cama; se durmió encima de mí hasta que me asfixió, pero con habilidad y dificultades me volvieron a la vida. La segunda me dejó caer de sus brazos sobre las piedras al grado de que casi me fracturé la cabeza & estuve varias horas con convulsiones. La tercera me llevó junto a una vieja pared de ladrillo, que se vino al suelo en el momento en que pasábamos junto a ella, y por lo que hace a la cuarta resultó ser ladrona pues me quitó hasta mis propias ropas. [5.]

Ante esto, sus padres renunciaron y destetaron a Stedman, cosa que ocurrió antes de lo que habrían querido. Weeton (1776-1850) dice que destetó tempranamente a su hijo, a los siete meses, debido a la mala conducta de la nodriza, aunque no nos dice qué hubo de malo en ella. "Siento muchísimo destetar tan tempranamente a mi hijo, pero la conducta de la nodriza ha sido tan reprensible que debo pasármela sin ella" (vol. 2, p. 141).

Este mismo problema reapareció en el siglo XIX. K. Russell (1842-1874) tuvo que ponerle cinco nodrizas a su hijo, lo cual le causó graves trastornos. Cuando encontró una nodriza que le recomendaron mucho se atrevió a dejar al bebé en el hogar mientras hacía una visita, esperando que así se calmara el niño. Pero en cuanto se alejó, la nodriza cambió su forma de atender al niño y hubo que despedirla.

> Me hierve la sangre al pensar en mi precioso vástago, al imaginar lo que ha tenido que soportar. Estoy furiosísima. Cuando lloraba, lo sacudía con violencia, cuando lo lavaba le metía la esponja en su boquita, le metía el dedo (¡bestia!) en su adorada gargantita, dijo que odiaba al niño, que deseaba que se muriera, lo dejaba tirado en el piso, gritando mientras ella se sentaba tranquilamente a un lado & dijo que sus gritos no la molestaban y que era bueno para los pulmones del niño... Casi todo el día se la pasaba sentada en su cuarto; la hallé leyendo novelas & nunca atendiendo al bebé o hablándole... Siempre le ponía los pañales mojados a pesar de que se le había pedido que los aireara; por ello con frecuencia le dolía el estómago, y entonces le daba un biberón vacío en su cuna para que lo chupara & se callara, con lo cual lo hacía sorber sólo aire. Nada tiene de extraño que llorara, pues sufría mucho. [Vol. 1, pp. 414-415.]

Cabe resaltar que Russell se refiere a su hijo mediante el pronombre neutro *it*. Shorter, en *The Making of the Modern Family* (1976), arguye que el referirse a los niños con el pronombre neutro sólo ocurrió hasta el siglo XVIII, y fue un ejemplo más de la indiferencia con que los adultos consideraron a los niños hasta esos días. Russell vivió en el siglo XIX y, ciertamente, no fue indiferente hacia su hijo. El llamar a un niño con el pronombre neutro no tiene relación alguna con que se tenga o no un concepto de niñez (véase también la cita anterior de Alford (1810-1871) en este mismo capítulo).

Destete

LeVine ("Child rearing as a cultural adaptation", 1977) afirma que en el África rural se desteta a los niños hasta que han cumplido dos años y aun después, dependiendo del tamaño del niño y de si la madre queda otra vez encinta. (Información similar proporcionan Draper, 1976, y Leighton y Kluckhohn, 1948.) Newson y Newson (*Patterns of Infant Care*, 1965) encontraron que hoy día la mayoría de los niños ingleses son destetados entre los seis y los doce meses, aunque muchos bebés sólo son apartados completamente del biberón hasta después de cumplir el primer año.

Los textos que hemos estudiado aquí indican que la edad del destete fue diferente en cada niño. Según muestra el cuadro VI.2, hubo variaciones considerables, aun dentro de la misma familia. Fildes ("The age of weaning", 1982) dice que la edad del destete menguó a lo largo de los siglos, en particular durante el XVIII. Halló también que no hubo una reducción significativa en el periodo de amamantamiento en el siglo XVI, en comparación con el XVII, ni tampoco en el XVII en comparación con el XVIII; pero sí halló una reducción significativa cuando se compararon los siglos XVI y XVII con el XVIII, $t = 2.08$, p < 0.01.[8] Un análisis similar llevado a cabo con base en mis datos reveló una disminución significativa en la edad del destete en el siglo XVIII cuando se le comparó con el XVII, $t = 2.21$, p < 0.025. Esta mengua en el periodo de amamantamiento, ocurrida durante el siglo XVIII, pudo deberse, según Fildes, a una mayor disponibilidad de mejores sustitutos de alimento y de recipientes para los alimentos, y a la mayor aceptabilidad de la alimentación artificial.

Los textos indican que, por lo que respecta a la mayoría de los bebés, el destete fue un proceso gradual. En el siglo XVI, Dee (1527-1608) habla de que tres de sus hijos empezaron a ser destetados; por ejemplo, dice que "Michael empezó a ser destetado", y después, que "Margaret Dee empezó a ser destetada" (21, 55). El destete de su hijo Arthur duró tres días. Cuando había circunstancias excepcionales podía destetarse al niño abruptamente, como fue el caso de Katharine Dee. La nodriza que la amamantaba la regresó a su casa porque la criada enfermó. Cuando los padres visitaron a Katharine en casa de la segunda nodriza, se encontraron conque ahora la enferma era su hija y se la llevaron a su casa para destetarla. En el siglo XVII, *Sewall (1652-1730) dice que él y su esposa "Empezaron a destetar a Hull" (vol. 5, p. 70). Su último hijo, una niña, empezó a ser destetada el 7 de marzo, y para el 22 *Sewall escribió: "Judith ya está muy bien destetada" (vol. 6, p. 75). El diario de Josselin da también detalles de la duración del destete. Respecto a su segundo hijo, Josselin (1616-1683) dice que su esposa "empezó a destetar a su hijo Thomas", y 11 días

---

[8] Fildes (1982) empleó la prueba mediana (una prueba no paramétrica) para analizar sus datos debido a que los resultadosno provenían de una distribución normal. Lo cierto es que ni siquiera grandes desviaciones de la distribución normal afectan la validez de la prueba t.

CUADRO VI.2. Edad del destete (en meses)

Siglo	Autor del diario	Edad del destete conforme el orden de nacimiento de los niños	Media	Desviación estándar
XVI	Dee	13.5, 14.5, 16.5, 16, 13.5, 7.5	13.6	3.2
XVII	Blundell	9.5	13.2	3.6
	*Green	9		
	Josselin	12, 13, 18, 19, 16, 12		
	*Sewall	9.5, 14.5		
XVIII	Bishop†	11.5, 0.25	9.5	4.5
	Boscawen	10		
	Cooke	10		
	*Hazard	7		
	*Huntington	14		
	Moore	7.5, 15		
	Rathbone	14.5		
	Stedman	10		
	Eliz. Wynne	4.5		
XIX	*Duncan	1.5	14.8	10.1
	*Lovell	13, 14.5		
	*Prentiss	30		
	aSterne	15		

† Bishop destetó tan tempranamente a su segundo hijo porque no tenía leche suficiente.

después agrega "mi esposa destetó al niño con gran comodidad para ella, el niño también está tranquilo y contento". Respecto a su tercer hijo escribió: "esta semana mi esposa destetó a su hija Jane: la cual lo aceptó de muy buen grado". Dos semanas después de que él y su esposa decidieron destetar a su séptima hija, escribió: "Todo marcha bien en el destete de An".[9] Varios autores de diarios del siglo XVIII dicen que "empezaron" a destetar a sus hijos (Bishop, F. Gray, *Hazard (1756-1845) y Rathbone). En el XIX, fue destetado gradualmente el hijo de K. Russell (1842-1874), al cual se le dieron alimentos sólidos al mismo tiempo que mamaba, en tanto que la hija de *Lovell (1809-?) fue destetada abruptamente, al igual que la de *Sterne (1801-1852);

[9] Estos asientos estan contenidos en el manuscrito del diario de Josselin y están citados en Macfarlane (1970), pp. 87-88.

esta última debido a la enfermedad de su esposa. *Lovell describe el destete de su hija y no aprueba el método. La niña, de 13 meses, fue puesta en la planta alta con su tía y su madre se quedó abajo.

Al anochecer subí y la tomé. Pidió mamar pero no lloró mucho, y al poco rato se bajó al suelo y se puso a jugar. Fue fácil destetarla, casi se diría que entendió que no podía mamar más, pero a partir de ese momento y por más de un mes lloraría cuando la dejaba a solas por un instante si estaba despierta. Ni siquiera podía irme al otro extremo del cuarto cuando jugaba en el piso, pues en seguida lloraba. Atribuí esto a que la dejé sola todo el día cuando la desteté, y por ello aconsejo a las madres que nunca hagan tal cosa. [56.]

En contraste con los resultados de Newson y Newson (1965) de que el destete presentaba poca o ninguna dificultad para las madres de ese siglo, de las pruebas contenidas en los textos se desprende que para los progenitores de siglos anteriores fue una época de ansiedad debida principalmente a la ausencia de alimentos apropiados para niños y al bajísimo nivel de atención médica en esos tiempos. Aquellos padres que percibieron que el destete fue época de ansiedad, se dieron cuenta del efecto penoso que solía tener en los niños. Por decir lo menos, estos padres deben haber tenido cierto concepto de niñez para poder apreciar cómo este hecho afectaba a sus hijos. Ya vimos la preocupación que por sus hijos sintieron Josselin y *Sewall por razón de su destete. Cuatro autores ingleses de diarios del siglo XVIII informan sobre su preocupación en relación al destete.

Bishop (1751-1801), en su manuscrito no publicado, escribe que su bebé fue "valiente & muy tranquilo, si se considera que ella no tenía pezón" (3 de abril de 1787).[10] He aquí lo que Moore (1779-1852) escribió a su madre: "Sé muy bien que debes estar inquieta respecto a cómo la está pasando tu nietecita durante el destete, y me es muy grato decirte que parece no haberse dado cuenta del cambio, pues acepta el pan y la leche con tanta naturalidad como si los conociera desde hace mucho" (vol. 1, p. 299). Rathbone (1761-1839), en el destete de su hijo, previó su inquietud, y por ello "le dio seis gotas de láudano y de vino antiminial, a pesar de lo cual pasó muy mala noche" (53). Elizabeth Wynne (1778-1857) escribió: "Desteté a Charles... Espero que el pobrecito no lo resienta mucho, pasó un día tolerablemente bueno, pero nunca come sin enojarse" (vol. 3, p. 24).

Un autor norteamericano que escribió su diario en el siglo XIX (*Prentiss, 1818-1878) dice: "viene ahora la terrible, terrible experiencia de destetar al bebé" (155). Sin embargo, unos meses después, escri-

---

[10] Como las páginas del manuscrito no están numeradas, el asiento se identifica por su fecha.

be con gran agrado: "Ver que el amado bebé mejoró tanto debido precisamente al cambio que tanto temía" (156). Dawson (1811-1878) dice también que el destete fue una época de ansiedad.

Dos varones norteamericanos, autores de diarios, parecen haber cargado con la responsabilidad de destetar a sus hijos. *Green (1675-1715) dice que "llevé a mi madre y a Nanny a Wenham, en tanto que Ben llevó a mi mujer. Dejé a mi esposa y a Nanny y volví a casa para destetar a John" (222). *Sterne (1801-1852) escribió: "Me pasé casi toda la noche atendiendo a la bebita Laura, a la que hay que destetar a consecuencia de la enfermedad de mi esposa" (vol. 33, 1929, p. 77). (En el siglo XVII Josselin también cuenta que él y su esposa "decidieron destetar" a un niño, como si tal cosa fuera una actividad conjunta.)

Según descubrió también el propio Fildes (1982), la razón para destetar a un niño varió según circunstancias individuales. En algunos casos se debió a la enfermedad de la madre (Josselin, *Sterne) o a insuficiencia de leche en ella (Bishop). En otros casos, la nodriza se enfermó (Dee, *Sewall) o los padres no estuvieron conformes con la nodriza (Dee, Stedman, Weeton). En todo caso, sin embargo, los padres consideraron tanto la salud como el bienestar del niño, antes y durante el proceso del destete.

Dentición

Sucede que la información que dan los diarios sobre dentición es también muy variada y no ofrece una representación adecuada sobre las diferentes nacionalidades y épocas. Las pocas pruebas con que se cuenta revelan una variación individual enorme (véase el cuadro VI.3), no que los niños hayan sido físicamente retardados en siglos anteriores debido a mala atención, como ha sugerido De Mause (1976).

Los textos sí contienen algunos datos que indican que la dentición fue una época difícil. En el siglo XVI, Clifford (1590-1676) nos habla de que su hija se enfermó cuando le brotaron los colmillos: "Pasé la mayor parte de mi tiempo trabajando y yendo de arriba abajo para ver a la niña" (51). En el siglo siguiente, *Byrd (1674-1744) escribió: "Mi hijo empezó a soltar los dientes, cosa que lo trastornó" (1941, p. 125). Igualmente, Josselin (1616-1683) dice que Jane se enfermó cuando le brotaron los dientes. Ningún autor norteamericano de diarios del siglo XVIII habla de la dentición, pero los autores ingleses que sí hablan de ella recalcan que fue un periodo de ansiedad. Boswell (1740-1795) dice lo siguiente cuando su hijo se enfermó por la dentición: "Su madre y yo nos intranquilizamos muchísimo" (vol. 14, p. 74), y es que muchos padres estaban ya más dispuestos a permitir que sus hijos formaran su propio criterio respecto a Dios. Esto coincide con la disminución del fervor religioso que dio fama al siglo XVIII (Owen, 1974).

El siglo xix. En este siglo, Allen, Bonar, *Louisa Hopkins, Johnston, *Lovell, Tregelles y *M. Walker dieron información sobre educación religiosa además de entradas en que dicen que los niños iban a la iglesia o eran confirmados. *M. Walker cita la siguiente conversación entre ella y su hijo de cinco años. Cyrus había preguntado: "¿Por qué mi corazón siempre está mal y tú me has dicho que si tengo un corazón malo irá a un mal lugar? Dijo que había pedido a Dios muchísimas veces que volviera bueno su corazón y que no lo había hecho todavía" (185). Esta actitud es muy similar a la de aquellos padres que también quisieron que sus hijos tuvieran conciencia de sus propios pecados. Vuelve a verse en el diario de Allen (1813-1880). Su hijo de siete años estaba preocupado porque como era muy travieso iría al Infierno. Su madre le dijo que debía dar gracias de sentirse tan pecador y que entonces debía buscar un salvador y en seguida se dispuso a rezar por él.

Del mismo modo, *Hopkins anhelaba que su hijo fuera cristiano. Estos padres contrastan acentuadamente con Bonar y Tregelles. Bonar (1810-1892), por ejemplo, escribió: "También estoy amargamente preocupado por mis hijos. Es muy poco lo que hago en cuanto a sus almas y a ellos no les preocupa su salvación"(211). La esposa de Tregelles (1806-1884) consideró que había sido demasiado precipitada en cuanto a urgir precocidad religiosa: "me habló de los queridos niños, diciendo que temía que había exagerado al tratar de hacerles entender cada parte de las Sagradas Escrituras, y que temía que pudieran caer en el escepticismo si se esperaba que entendieran antes de creer" (122). Tanto Johnston como *Lovell dan una buena condensación de su método de instrucción religiosa. *Lovell (1809-?) escribió:

Fue poco después de esta [fuerte fiebre] que me preocupé seriamente por enseñarle [de tres años] cosas sobre la existencia y naturaleza de Dios y de nuestra relación y deberes con Él. La llevé a la ventana y le mostré la mañana en que el sol naciente tenía a las nubes con todos los colores del arco iris y le dije que nuestro Padre en el Cielo era el autor de cosas tan bellas... Le hablé muy poco sobre la muerte, pues quería esperar a que pudiera entender algo sobre ella... Los niños pequeños pueden quedar aterrorizados para siempre por la muerte si no se les enseña con gran tacto sobre estas cosas sobre todo cuando se les dice que tarde o temprano tendrán que morir. [53-54.]

M. Shelley (1797-1851) observa también, durante la dentición de su hijo: "Bebé mal. Nos sentimos mal y descontentos" (134). Esta misma preocupación se encuentra en el siglo xix. Por ejemplo, *Lovell, K. Russell y Elizabeth Wynne llamaron al médico cuando a sus hijos les brotaron los dientes.

Llanto

En su obra *L'Enfant et la Vie Familiale* (1960), Ariès afirma que en el pasado los padres no hacían caso de sus hijos; pero es difícil imaginar cómo los padres pudieron desentenderse de sus hijos tanto como él afirma. Dejando a un lado el hecho de que a los niños hay que cambiarlos y darles de comer, lo cierto es que lloran, y de tal modo, que exigen una respuesta o reacción de los padres (Newson y Newson, 1965). Hay, sin embargo, relativamente pocas referencias al llanto en los textos estudiados, y ninguna en absoluto en los del siglo xvi. En el xvii, *Byrd (1674-1744) dice que el llanto de su hija lo despierta en las noches, y *Sewall (1652-1730) al referirse a su última hija dice que "nos dio poco trabajo después de tres o cuatro noches", indicamos que era un alivio que la niña no llorara (vol. 6, p. 75). En los textos ingleses hallamos información similar. Hay (1610-1689) dice también que los gritos de su hijo los despertaban en la noche. El diario de Josselin (1616-1683) contiene varios asientos sobre el llanto: por ejemplo, halló que sus pequeñines le daban "mucha lata" cuando "estallaban en gritos en las primeras horas de la noche" (véase Macfarlane, 1970, p. 89).

En el siglo xviii un autor norteamericano y siete ingleses mencionan el llanto de los niños. *Shippen (1763-1841) dice que su hija lloraba en las noches, y también menciona que ella respondía a sus gritos durante el día. En el diario de Bower se menciona que su hermano menor lloraba poco; otro autor de diarios, Rathbone (1761-1839), nos dice que su nijo lloró durante el destete, en tanto que un hijo posterior lloraba continuamente: "mi bebé llorón, aunque al parecer tiene buena salud, me deja poco tiempo de noche o de día" (90). Stedman (1744-1797) dice haber dado a su bebé un calmante para aquietar su llanto: "Compré una botella de *Godfrey's Cordial* para hacer dormir al niño, ya que Geordy tiene despierta a toda la casa, al grado de que casi mata a su pobre madre" (269). Trench (1768-1837) dijo que "Las verdaderas necesidades del niño deben ser satisfechas en el momento mismo en que se conocen. Satisfacerlas antes de que sean anunciadas por lágrimas y llantos, con frecuencia evitará esas costumbres ruidosas y quejumbrosas, que tanto daño hacen a los niños y que tanto molestan a sus padres" (1837, p. 15). Trench también hace referencias a los sentimientos de incapacidad que el llanto puede provocar en la madre. Se desahogó escribiéndole una carta a su esposo (que estaba participando en la guerra con Francia) porque "mi pobre bebé está llorando. Ojalá Buonoparte [sic] tenga un hijo enfermo, pues creo que el llanto de un niño, cuyo dolor no podemos conocer o mitigar, le haría sentir el poco poder que tiene, ya que ninguna otra cosa lo ha hecho" (1862, p. 238). Steuart, D. Taylor y Elizabeth Wynne nos hablan también del llanto de sus hijos.

En el siglo XIX, seis norteamericanos autores de diarios se refieren al llanto de los niños: *Duncan, *Lovell, *Prentiss, *Todd, *M. Walker y *Ward. Por ejemplo, *Duncan (1808-1876) "se sintió malísimamente por ser perturbado en la noche con el llanto de los niños" (55). El diario de *Prentiss (1818-1878) contiene una descripción gráfica de la fatiga paterna inducida por un niño que no deja de llorar: "cuando agobiado por el dolor, mareado, débil y agotado por el sufrimiento, por la mala alimentación y la falta de sueño, resulta terrible tener que internarse en el cuarto en que hay un niño llorando" (115). *Todd (1800-1873) habría simpatizado con *Prentiss, pues su hijita de cuatro meses lloraba muchísimo (véase el capítulo IV).

Tres diarios ingleses contienen información sobre el llanto. Cobden-Sanderson (1840-1922) habla con frecuencia del llanto de su hijo: de noche, cuando se le ponía en la cuna; si algo que quería se le quitaba; y a veces sin ninguna razón. Aunque el llanto exasperaba a Cobden-Sanderson, pensó:

¿Por qué no hacer a un lado la irritación que este llanto inacabable me produce en este momento? ¿Será posible que vuelva a repetirse?

Y pensé en los muchísimos bebés que en todo el mundo y en este mismo momento estarían llorando, en todos los bebés que hasta este momento han llorado, y en las innumerables generaciones destinadas a ello. Pensé que indudablemente es absurdo irritarse. [Vol. 1, pp. 250-251.]

E. Gaskell (1810-1865) no quiso ceder a los gritos de su hija: "Una o dos veces hemos tenido grandes lloros, que me han causado gran desazón; pero habiendo estado persuadido de que no tiene dolor alguno, de que está perfectamente bien y de que lo único que quiere es que la carguen, me he mantenido firme; aun cuando a veces he llorado casi tanto como ella" (7). El hijo de K. Russell (1824-1874) lloraba con frecuencia, y cuando le brotaron los primeros dientes, lloró con tal violencia que ella le pidió al médico "un narcótico bueno y seguro". ¡Le dijo que pusiera 20 gotas de cloroformo en un pañuelo y que se lo diera a inhalar a la niña por cinco o diez minutos a lo más!

Otros autores de diarios hablan también de que sus hijos "se sintieron mal" durante la dentición, y tal cosa puede significar que los niños lloraban.

Andar

La edad de andar ha sido usada por De Mause ("The evolution of childhood", 1976) como fuente de prueba en favor de su tesis de que en el pasado el desarrollo de los niños fue retardado. Dice: "la combinación del fajamiento apretado, del descuido y del maltrato general de los niños en aquellos tiempos produjo al parecer lo que hoy llamamos niños retardados" (50). Compiló un cuadro de edades de primeros pasos que, si fuera confiable, mostraría que en siglos anteriores los niños fueron retardados para caminar. Por ejemplo, dice que el hijo de Clifford caminó por vez primera a los 34 meses, que fue cuando las correas de ayuda fueron retiradas de la ropa del niño. Dice también que Marianne Gaskell dio sus primeros pasos a los 22 meses. Esto es cierto, sí, pero De Mause se desentiende del hecho de que Marianne fue una niña muy débil que con frecuencia estuvo enferma, y que su madre consideró que había aprendido a andar tardíamente. También omite mencionar el hecho de que la hermana de Marianne ya caminaba bien a los 18 meses.

Estudios interculturales revelan que la edad promedio para caminar fluctúa alrededor de los 14 meses. Marvin y otros ("Infant caregiver attachment", 1977) hallaron que muchos niños hausas caminan a los 12 meses y que todos gatean a esta edad. Leighton y Kluckhohn (*Children of the People*, 1948) descubrieron que los bebés de los indios navajos caminan con ayuda entre los 10 y los 11 meses, y solos entre los 13 y los 16. En el cuadro VI.4 se pueden encontrar las pruebas contenidas en los diarios respecto de la habilidad para caminar de diversos niños de los siglos XVI-XIX.

El caminar fue una etapa de gran interés para aquellos padres que hablan de ella en sus diarios. Por ejemplo, Clifford (1590-1676) observó: "El día primero corté las correas de las chaquetas de la niña, lo cual la obligó a usar sólo su ropa, tuvo dos o tres caídas al principio pero ninguna lastimadura" (66). Y en el siglo siguiente Blundell (1669-1737) se sintió muy halagado de que su hija de 30 meses fuera "un bebé muy saludable y vivaz, muy ágil en su andar" (vol. 110, p. 147).

Respecto a los siglos XVIII y XIX, los asientos de los diarios dan más detalles. Weeton (1776-1850) escribió, después de llevar a su hija de 11 meses a dar su primera caminata:

CUADRO VI.4. *Edad de empezar a andar (en meses (m))*

Siglo	Autor del diario	Edad del gateo	Edad del caminar	Información adicional
XVI	Clifford	—	—	A los 34 m se quitaron las correas de ayuda
XVII	Blundell	—	—	Corrió a los 30 m
	Freke	—	—	Se puso casi de pie a los 4.5 m
XVIII	Boswell	—	—	Caminó bien a los 24 m
	Cooke	—	14	—
	Moore	—	10	—
	Stedman	—	15.5	Se le compraron correas a los 8.5 m, se le quitaron a los 28 m
	*Warder	—	9	—
	Weeton	—	11	—
	Eliz. Wynne	—	14.5	—
XIX	*Alcott	—	13.5	—
	Cobden-Sanderson	8	16	—
	E. Gaskell	—, 10	22, 8	A los 16.5 m caminó con sillas la primera hija
	*Hayes	—	15	—
	Head	19	22	Caminó con sillas a los 20 m
	Johnston	—	11	—
	*Judson	—	22, 9	—
	*Longfellow	—	12	—
	*Lovell	—	18	—
	*Parker	—	—	A los 8 m caminó y se sostuvo con los dedos
	*Prentiss	—	14.5	Caminó bien
	K. Russell	—	11	Corrió a los 30 m
	Wood	6.5	11	—

Nota: Por alguna razón extraña parece que los niños del siglo XIX tardaron más en aprender a caminar (edad promedio de 15.4 m) que los niños del siglo XVIII (edad promedio 11.7 m). Sin embargo, estadísticamente, la diferencia entre los dos grupos no es significativa, $t_{(17)} = 1.54$, $p < 0.05$.

Hoy me divertí muchísimo con Mary. La tomé de la mano, y caminó desde aquí hasta nuestra antigua casa en Chapel-lane. Fue tanto lo que quiso ver que pensé que nunca llegaríamos. Se detenía en todas las puertas, para ver el interior de las casas. En la calle había muchos grupos de niños, y ella se acercaba a ellos y les gritaba. Puso uno de sus pies en el escalón de una puerta donde por casualidad había una pastelería, por lo que le compré un pastel; y luego quiso hacer un alto en la calle mientras se lo comía. [Vol. 2, pp. 143-144.]

Moore (1779-1852) describe el adelanto de su hija de 10 meses:

Nuestra pequeña Barbara crece y es muy graciosa. Ella hizo ayer lo que llaman *empezar* a caminar; es decir, se irguió por sí misma, y caminó sola una gran distancia sin tener a nadie cerca de ella. El corazón de Bessy [su mamá] casi se le salía por la boca del susto, pero yo la contuve pues no quería que ayudara a la pequeña aventurera. [Vol. 1, p. 329.]

Una madre del siglo XIX, *Lovell (1809-?), se "divirtió" del mismo modo con los primeros pasos de su hijita.

Fue un momento que nos interesó a todos. Caroline [la hermana mayor] gozó muchísimo induciéndola a ir hacia ella. Tuvo mucho miedo de dar algún paso al principio, y durante varios días cayó dos o tres veces al ir de un lado a otro del cuarto, pero no tardó en acostumbrarse, al grado de que reía con ganas cada vez que caía, y se levantaba de un salto y seguía su vacilante andar. Gradualmente sus miembros se fortalecieron y se atrevió a llegar hasta la puerta y a caminar sobre la tierra. Con frecuencia se pondría su gorrito para el sol, pero el frente lo ponía hacia atrás en tanto que el capotillo por delante, se saldría y caminaría en dirección del granero antes de que nos diéramos cuenta de que ya no estaba en la casa jugando. [58.]

Caroline Head (1852-1904), madre inglesa del siglo XIX, se interesó también en el andar de su hija. Escribió: "El bebé adelanta día con día y pronto andará, se sostiene muy firmemente, casi sin apoyo, y deteniéndose en las sillas va de un lado a otro" (102). Y dos meses después: "Va por todo el cuarto, de una a otra cosa, a veces apenas toca la pared o la puerta" (102).

Hablar

Como ocurre con otros adelantos infantiles, en los textos hay apenas unos cuantos detalles sobre la adquisición y dominio del habla. En el cuadro VI.5 los presentamos.

CUADRO VI.5. *Edad en que se aprendió a hablar (en meses (m))*

Siglo	Autor del diario	Palabras aisladas	Frases	Oraciones	Información adicional
XVI	Clifford	—	—	—	Me llevaron "al niño a que me hablara" a los 22 m
	Wallington	—	—	35	El niño "parloteaba bastante"
XVII	Blundell	—	30	—	Se vio como atrasado al niño
	*Sewall	18.5	—	—	El niño dijo "manzana"
XVIII	Boscawen	—	—	—	A los 30 m el niño aumentó notablemente su vocabulario
	Boswell	24, –	—	–, 36	El 2° hijo tuvo vocabulario amplio, pero imperfecta pronunciación
	Burney	20	24	—	El niño visto como retrasado
	Moore	—	23	—	—
	Thrale	—	—	—	Los niños decían "fu" en vez de "fui"
	*White	—	—	—	A los 7 m se alentó al niño a hablar
	Eliz. Wynne	16.25, –	–, 25	—	A otro hijo que a los 16.5 m no hablaba nada se le consideró retardado
XIX	Addison	10	—	—	El niño dijo "Da-da"
	E. Gaskell	11	—	—	El niño entendió frases sencillas
	Head	10	—	29	El niño dijo "Ba-ba"
	*Howe	17.5	—	—	El niño dijo "Papá"
	*Lovell	18, –	–, 24	—	El primer hijo entendía el lenguaje
	K. Russell	—	20	30	—
	Traherne	—	—	—	A los 6 m el niño "superó su nivel"
	Wood	—	—	22	El niño, una "tarabilla"

Los autores de diarios de los siglos XVIII y XIX relatan el interés que tenían en que sus hijos aprendieran a hablar. Esto no quiere decir que autores anteriores no se interesaran en ello; aunque el lecho es que tendieron a hacer notar tales adelantos como algo rutinario. Por ejemplo, en el siglo XVI, Clifford (1590-1676) disfrutaba de que su hija, que aún no cumplía dos años, le hablara, en tanto que Wallington (1598-1658) se divertía cuando su hija "le chachareaba". En el siglo XVII, a *Sewall (1652-1730) le dijeron, cuando llegaba a su casa, que su hijo había hablado por primera vez, lo cual indica que tal hecho despertaba interés y emoción. Escribió: "El pequeño Hull dice *manzana* con toda claridad... es la primera palabra" (vol. 5, p. 122). La descripción de *Sewall de este hecho se parece mucho a la de otro padre, muy posterior, que habla de que su hijo está aprendiendo a hablar. Addison (1869-?) escribió: "Llegué a casa a la hora del té y me encontré con que el pequeño 'Timothy' se había elevado minutos antes a las alturas del 'Da-Da' por vez primera" (vol. 1, p. 64). Más todavía, el hecho de que Blundell (1669-1737) diga que su hijita ha sido lenta para hablar y de que William Bagshawe (1628-1702) escribiera sobre su nietecito: "A todos nos ha agradado el ceceo y el habla imperfecta del pequeño John así como los muy largos discursos de los niños mayores" (30), demuestra que los padres de aquellos siglos percibían el desarrollo de sus hijos y se interesaban en él.

De entre los últimos textos, algunos nos proporcionan más detalles. *White (1780-1811) gozó muchísimo los primeros intentos de su hija para "hablar": "Quiero hacerla decir 'Papá, Papá', pero ella parece preferir 'buble, bubble'... Su primera palabra perfecta no me causará más placer que sus primeros débiles esfuerzos por articular. La otra noche Cote se rió de mí por decir que la niña articulaba muy bien —sin embargo, fue cierto" (338). Burney (1752-1840) escribió que, a los dos años, su hijo "lo único que había logrado [en cuanto a hablar] era decir, mientras señalaba a nuestros dos relojes colgados en lados opuestos de la repisa de la chimenea, 'reloj papá, reloj mamá'" (vol. 6, p. 79). Sin embargo, tres meses después: "ha repetido con presteza cuanto hemos deseado; y ayer, mientras comía su tostada, vio al gato, le dio un trocito, y le dijo: 'Toma, Buff'" (vol. 6, p. 91). A Moore (1779-1852) le llenó de gran satisfacción cumplir las exigencias de su hijita: "En este momento Barbara me ha interrumpido con su muy frecuente petición de 'linda muquis', que significa 'linda música', y consiguientemente, la senté en una silla ante el piano, del cual está arrancando todo tipo de dolores para mis oídos" (vol. 2, p. 9). Los diarios del siglo XIX pintan un interés similar. *Howe (1801-1876) habla del "éxtasis que sentí ayer cuando mi pequeña Julia, tambaleándose, se aferró de mi rodilla, alzó su dulce carita y por primera vez dijo con toda claridad, ¡Papá! ¡Papá! Estos sonidos hacen vibrar cuerdas del corazón cuya existencia no conocíamos, y producen dulce música en nuestro interior" (195), Kitto (1804-1854), sordo, se duele del hecho de que no pueda oír la charla de su hijito:

> ¿Hay en la Tierra algo tan agradable para un padre como captar los primeros ceceos de la lengua de su hijo o tan interesante como oír su querido parloteo, y seguir el curso de su dominio gradual del habla? Entre todas las cosas que surgen de mi limitación, hay una que llena mi corazón de tristeza, es ÉSTA: *ver* que sus benditos labios se mueven y no *oírlos*, y ver cómo otros se sonríen y dan besos por las dulces peculiaridades del habla infantil, las que me son incomunicables, y pasan a mi lado como un viento intrascendente. [629-630.]

Dormir

Únicamente los textos de los siglos XVIII y XIX hablan de problemas de sueño; sin embargo, a Clifford (1590-1676) le preocupó que su hija pudiera dormir sola en una cama sin inquietarse. Hasta cumplir cinco años, Margaret durmió con una sirvienta, además de pasar una que otra noche en la cama de sus padres. Pero justo después del nacimiento de su quinta hija, Clifford escribió: "Ésta fue la primera noche en que Lady Margaret durmió sola, Mary ocupó una cama cercana" (104).

Siete autores de diarios hablan de problemas referentes a hacer que sus hijos se duerman. K. Russell y Stedman recurrieron a sedantes y Rathbone tuvo problemas para persuadir a su hijo de que se durmiera cuando lo destetó. La hija menor de *Lovell (1809-?) no se dormía con facilidad; pero para cuando cumplió 18 meses, ya su madre había resuelto el problema: "Enseñé a Laura a dormirse en su cuna. A veces tuve algún problema con ella, pero cuando veía que estaba yo decidida, se dormía tranquilamente" (57). Su hija mayor ya pasaba de los tres años y todavía se negaba a "quedarse a solas en la oscuridad". *Prentiss y *Todd tuvieron cada uno un hijo que se negaba a dormir, un niño que no paraba de llorar. He aquí cómo describe *Prentiss (1818-1878) su problema: "Lo mecíamos en sábanas, lo paseábamos en cochecitos, dábamos más y más vueltas por el cuarto, etc., etc., pero era de llamar la atención el poco sueño que le daba todo eso. Siempre se veía totalmente despierto, como si *no necesitara* dormir" (116). Cobden-Sanderson (1840-1922) ofrece una larga descripción de cómo persuadía a su hijo de 18 meses de que se durmiera:

La otra noche se soltó llorando en cuanto lo acostamos, no por supuesto por dolor, sino por simple terquedad. Procuré calmarlo pero fallé. Entonces lo saqué de la cuna, le di unas nalgadas, y lloró todavía más, lo oprimí contra mí, le detuve la cabeza y le pedí que se calmara. En un momento, tras uno o dos lloros convulsivos, se aquietó. Lo puse en su cunita, le pedí que se callara, que se durmiera, y lo dejé. Ni un sonido salió de su garganta, y se durmió. Al día siguiente volvió a llorar al mediodía cuando lo pusimos en su cuna. Me le acerqué, le dije que no debía llorar, que debía acostarse —pues de ordinario acostumbra levantarse y pone su manta sobre el barandal de su camita— y que se durmiera. Lo acosté debidamente en su lecho, lo cubrí bien y lo dejé. Se calló por completo y se durmió. Ahora lo acostamos al mediodía y en la noche y se duerme sin dar un solo grito. [Vol. 1, p. 246.]

Este autor de diarios se volvió más benigno en relación con el sueño de su hijo cuando a éste le dio fiebre, e inclusive se levantó en las noches para "tranquilizar" a Richard y dormirlo suavemente, en vez de pedirle que se durmiera de inmediato.

Vacunación

En 1718 se introdujo en Inglaterra la inoculación contra la viruela. Esta costumbre halló gran oposición, en particular por parte de la Iglesia que todavía en 1760 sostenía que era algo antinatural y malvado. La inoculación exigía abrir la carne en uno o en los dos brazos e introducir material virulento. En caso de tener éxito, la persona sufriría una forma menos aguda de viruela, y después sería inmune a la enfermedad. Por desgracia, el proceso tenía sus riesgos; resultó mortal en algunos casos y propagaba la enfermedad. Sólo hasta 1796 se descubrió la vacuna contra la viruela, un procedimiento mucho más seguro; y se dio a conocer al público dos años después, en 1798. En el cuadro VI.6 aparece el nombre de los autores de diarios que decidieron que sus hijos fueran protegidos contra la viruela y que anotaron tal circunstancia en su diario.

El cuadro muestra que muy rara vez antes del final del siglo XVIII se inoculó a los niños; tal vez se pensó que era muy peligroso someter a los niños a este procedimiento. Son más bien los autores de diarios del siglo XVIII los que dan información sobre la inoculación; sus observaciones revelan la ansiedad que provocaba este hasta entonces raro proceso.

Los autores norteamericanos de diarios hablan de la marcha de la infección y se dan por satisfechos cuando sus hijos se recobran; sus diarios, sin embargo, no muestran la gran ansiedad que se ve en los

CUADRO VI.6. *Edad de la inoculación o vacuna*

Autor del diario	Fecha aproximada de la inoculación o vacuna†	Edad del niño (años; meses; semanas)
Boscawen	1755	3;9
Boswell	1776	0;11
Burney	1797	2;3
Calvert	1790s	Bebés
Cooke	1770‡	6;4 5;3 3;11
Darby	1758	9;11 8;0 6;1 3;0
*Drinker	1797	0;5
*Hiltzheimer	1769	6;0 4;0 0;9
Holland	1794	0;11
*Holyoke	1789	12;0
Kilham	1790	0;6
*C. Mather	1721	15;0
Oliver	1752	11;0
	1789	0;4§
Powys	1799	4;6
Rathbone	1787	0;3
Roe	1779	2;4;2 1;1
Stedman	1786	12;1 2;0
*Stiles	1772	13;0
Thrale	1765-1775	Niños
Woods	1782	Niños
Eliz. Wynne	1792	6;0
	1799	0;2
	1801	0.10
Fry	1801	3;6
Hochberg	1905	2;6
*Lovell	1839	2;4 0;3
Mantell	1820	1;9 0;11
*Sterne	1844	3;3 5;0
Watkin	1817	0;0;2

† A partir de 1800 se aplica la vacuna.
‡ Con mucha frecuencia toda una familia era inoculada a la vez.
§ Este niño murió por la inoculación.

diarios ingleses. Boscawen (1719-1805) nos cuenta los cuidadosos preparativos que se necesitaron para inocular a su hijo de escasos tres años. La noche anterior debió tomar ruibarbo:

No pude dárselo todo. Sin embargo, siguiendo las instrucciones, le daré, si puedo, el resto mañana en la mañana, pero ahora su dulce almita estaba tan dormida y tan cansada y se esforzó con tanta gana en hacerlo lo mejor posible, que deberé tener corazón de piedra para atormentarlo más aún. [1940, p. 168.]

Y al día siguiente:

Sostuve al niño entre mis brazos y a tal grado atraje sus ojos y atenciones (con un hilito de oro al que daba diversas formas para adornar su cuello) que no sintió la primera dosis. Y respecto a la segunda, quiso echarse para atrás, pero yo tenía listo un terrón de azúcar, que detuvo el lloro antes de formarse. [1940, p. 170.]

Después de que el hijo de Burney (1752-1840) fue inoculado a los 27 meses, ella escribió: "Aliviada al fin de un terror que casi desde el nacimiento de mi encanto se ha cernido sobre mi mente"; en seguida describe el proceso. El médico le había pedido que dejara al niño en sus manos y en las de una ayudante, pero: "No quise separarme un instante de mi amado hijito, por quien estaba yo corriendo tamaño riesgo". Durante la inoculación le dieron al niño un caramelo; la ayudante lo distrajo con un juguete, y su madre "empezó una breve historia sobre las peripecias del juguete que habíamos escogido, que era un tambor". Alexander gritó cuando le hicieron la incisión, pero esto fue "momentáneo, y terminó en una mirada de asombro ante esta molestia no provocada, que excede en toda descripción a cualquier pintura, y en seguida volvió sus ojos a mí, como pidiendo de inmediato una explicación y protección" (vol. 6, pp. 88-90). Fry (1780-1845) consultó a su médico respecto a la vacunación y, siguiendo su consejo, convino en ella, aun cuando le preocupaba su responsabilidad:

Tengo en gran estima su juicio [del médico], y creo que es nuestro deber evitar males, tanto corporales como mentales. Una molestia tan insignificante como la vacuna, que muy probablemente evita una enfermedad tan terrible como la viruela; al menos parece justificable intentarla; aunque la idea es agradable, casi parece excesivo cargar con la responsabilidad de no salvar a un niño de esta enfermedad. [95.]

Sin embargo, como la intervención fue muy sencilla y su hija se recuperó, Fry decidió: "Qué descubrimiento tan maravilloso si en verdad previene la viruela" (95). El asiento de Woods (1748-1821) en su diario, sobre la inoculación, encarna los sentimientos de todos los escritores ingleses de diarios que aparecen en el cuadro VI.6.

Si alguna cosa emprendí jamás en el santo temor del Señor, creo que debo decir que el día de hoy hice inocular a mis cuatro hijos en ese santísimo temor... Aun cuando lo he hecho con la firme persuasión de que es lo debido, me siento muy preocupada, más allá de lo que creo que debería sentir por cualquier enfermedad en la cual no hubiera tenido participación. [124.]

Hubo padres que no aceptaron la inoculación porque iba en contra de sus creencias religiosas. *C. Mather (1663-1728) describe el dilema en que se halló cuando su deber como ministro chocó con su deber como padre. Al comienzo de una epidemia de viruela habida en 1721, su hijo de 15 años quiso ser protegido contra el mal. Pero *Mather, como ministro, creía que su congregación se pondría en su contra arguyendo que estaba interfiriendo en los actos de Dios si permitía que lo inocularan. Por otra parte, si Samuel moría de viruelas, *Mather consideró que su posición como padre sería "insoportable". El dilema fue finalmente resuelto por el abuelo del muchacho que sugirió que lo inocularan en secreto. Así se hizo, y ahora *Mather podía alegar ignorancia del hecho ante cualquier ataque. Una autobiógrafa, Jane Pearson, se negó también a inocular a sus hijos (ya en el decenio de 1760) debido a sus creencias religiosas.

La inoculación estuvo muy lejos de ser universal, aun tratándose de aquellos padres que, según se ve en sus diarios, no muestran sentir ninguna objeción religiosa o de cualquier otro tipo contra ella. Varios niños contrajeron la enfermedad porque no fueron inoculados, aun cuando la vacunación estaba al alcance de todo el mundo. Por ejemplo, en 1794, F. Gray (1751-1826) escribió: "Merced a la bondadosa mano de nuestro munificente Dios, nuestros cinco hijos salieron bien librados de la viruela; ninguno de ellos quedará marcado" (80). La entrada de *Prentiss (1818-1878), que menciona en su diario la viruela, a mediados del siglo XIX, es aún más sorprendente debido a que veía la enfermedad con verdadero horror, pese a lo cual no tomó ninguna medida preventiva para salvaguardar a su prole: "¿no es increíble que este niño, al cual hemos cuidado desde su nacimiento como *la niña de nuestros ojos*, deba caer en las fauces de esta terrible enfermedad?" (140).

Análisis. Vimos ya en la introducción de este capítulo que en ningún siglo hay mucha información sobre la infancia. Sin embargo, la información que contienen los textos sugiere la siguiente reconstrucción. La mayoría de los niños fueron deseados: se les vio como algo valioso, como placeres y "consuelos" en sus primeros años y como apoyo de sus padres, cuando fueran mayores. Les dieron el pecho sus madres o bien se enviaron a nodrizas. En estos últimos casos, la mayoría fueron visitados, por sus padres, o cuando menos por un pariente. Los padres se afligían si el niño estaba enfermo o si era maltratado por la niñera. Tal vez los niños no recibían la cantidad de comida que necesitaban. En estos casos los padres se preocupaban y tomaban las medidas necesarias para resolver el problema, como enviar al niño con una nodriza, cambiar de nodriza, o establecer otros medios de alimentación. En la mayoría de los casos el destete fue un procedimiento gradual, y aquí también los padres se inquietaban ante la posibilidad de que el niño se trastornara demasiado o de que no sobreviviera a la transición. Los niños pasaron por etapas de desarrollo, tales como la dentición, más o menos a la misma edad que los niños de nuestros días, aunque, claro, hubo grandes variaciones individuales. La amplia gama de variaciones individuales que muestran estos textos no nos permite entender por qué muchos historiadores han escogido a una o dos familias como representativas de un periodo particular. A los padres les preocupaban e interesaban mucho estas etapas. A partir del siglo XVIII se empezó a inocular a los niños, y a los padres les preocupó mucho el no saber si habían tomado o no la decisión correcta. En general, la vida de los niños del pasado, al menos a partir del siglo XVI, fue relativamente agradable, lo cual va en contra de las tesis de la mayoría de los historiadores de que, antes del siglo XVIII, los niños no eran bienvenidos, se les hacía a un lado, o los descuidaban sus propios padres. Los textos no revelan un gran cambio en la calidad de la atención de los padres ni en el monto de su afecto por sus hijos a lo largo de los cuatro siglos transcurridos entre 1500 y 1900.

De estas fuentes surge otro factor: que casi todos estos niños estuvieron muy vinculados a sus padres (las únicas excepciones posibles fueron el hijo de Freke y las hijas de Thrale). Bowlby, en su obra *Attachment and Loss* (1970), ha sostenido que la vinculación entre la madre y el niño se desarrolló porque fue necesaria para protegerlo contra los depredadores y esto fue esencial para la supervivencia del niño. En un principio Bowlby sostuvo que los niños necesitaban una relación continua con una figura materna, pues sólo así su desarrollo sería normal. Sin embargo, revaloraciones de la teoría de Bowlby (véase Rutter, 1972) y diversos estudios antropológicos como los de Leiderman, Tulkin y Rosenfeld (1977), LeVine (1977), Marvin y otros (1977) revelan que esta relación no necesita ser continua ni estar circunscrita a una figura materna. Es decir, que fue del todo posible que los bebés enviados lejos con una nodriza establecieran lazos emocionales con sus padres, que los visitaban de vez en cuando. El interés de los padres en el bienestar y desarrollo de sus hijos desde la infancia hasta bastante después de que los hijos hubieran establecido sus propios hogares independientes, aunado al afecto profundo que los hijos sentían por sus padres y madres y al mucho contacto que se mantenía entre los progenitores y sus hijos cuando estos últimos abandonaban el hogar, testimonia la perdurable vinculación que se constituía entre los padres y los hijos de esos tiempos. Hubo muy pocas excepciones a esto.

Una vez que hemos visto los primeros años de los niños de otros tiempos, en la siguiente sección vamos a ocuparnos de su niñez.

NIÑEZ

En cuanto los niños dejan atrás la primera infancia, por lo regular aparecen en los diarios, junto con enfermedades, muerte y disciplina (de todo lo cual ya nos hemos ocupado), el juego y la educación. Aparte de estos temas, la inmensa mayoría de los escritores de diarios, con hijos ya mayorcitos, hablan de llevarlos a visitas, a paseos y caminatas, a la playa, o bien a ver alguna cosa fuera de lo común. Esta sección se ocupará primeramente de los juegos de los niños y luego de su educación.

Juegos

En los textos no aparecen con mucha frecuencia los juegos de los niños, aunque asientos referentes a ellos aparecen en cada uno de los siglos estudiados, hechos por escritores de diarios tanto norteamericanos como ingleses. Los juegos se presentan con más detalle en los diarios de los siglos XVIII y XIX. Algunos padres desaprobaban el juego, o al menos, el juego en exceso. *C. Mather (1663-1728) sí habla de dar pinturas a los niños; pero también escribe: "No me inclino a proponerles el *juego* como recompensa de alguna aplicación diligente para que aprendan lo que es bueno; por miedo a que piensen que la *diversión* es una cosa más noble que la diligencia" (vol. 7, p. 536). Cuando uno de sus hijos cumplió once años, *Mather deseaba que "su mente se elevara por encima de las diversiones tontas de la niñez", para lo cual le enseñaba geografía, historia y astronomía (vol. 8, p. 473). Parece, pues, que para *Mather el juego era un componente de la niñez; pero que no debía ser alentado. Un autor inglés de diarios del siglo XVII fue más abierto en su oposición al juego, porque creía que estorbaba la educación de los niños. Cuando el hijo de Slingsby no había cumplido aún los cuatro años ya podía dar los nombres en latín de sus ropas y de las partes del cuerpo. Sin embargo, esta aptitud para aprender no aumentó, según el propio Slingsby (1601-1658) reconoce en el siguiente pasaje, que escribió poco después de haber cumplido cuatro años su hijo:

> Encuentro que este año tiene la cabeza más dura que el año pasado, lo cual me desalienta, pero creo que eso se debe a que piensa demasiado en el juego, y eso aparta su atención del libro; por ello hacen mal los que fomentan en los niños el humor, y al inventar nuevos deportes se aumentará su deseo de jugar, lo cual causa una gran aversión a sus libros; y su mente, estando ya sazonada con la frivolidad, no perderá fácilmente el gusto por ella. [53-54.]

Un autor de diarios del siglo xviii desaprobó también el juego. Estando lejos de casa, Harrower (1735-?) escribió a su esposa sobre cómo criar a su hija de unos ocho años: "mantenla apegada a su costura y al hilado y a cualquier ocupación doméstica conforme lo indiquen sus años y no la eduques en la pereza o en el juego" (91).

En cambio, otros autores de diarios no están tan en contra, y hasta parecen divertirse con los juegos de sus hijos.

El siglo xvi. *Jefferay (1591-1675) describe los paseos de sus hijos en los bosques aledaños y lo mucho que le gustaba acompañarlos. Además, condena la religión cuáquera porque va contra "los deportes y pasatiempos" de los niños (65). Dos autores ingleses de diarios hablan también del juego. Dee (1527-1608) describe algún juego fantasioso: "Arthur Dee y Mary Herbert, de los cuales el mayor tiene tres años, jugaron a que eran marido y mujer, y se llamaron esposa y esposo" (14). En otro pasaje, habla de otro hijo, de ocho años, "que iba infantilmente de un lado a otro con un palo puntiagudo" (25). Wallington (1598-1658) dice que su joven hijo era "muy alegre y... juguetón", y también dice que su hijita de tres años salía a jugar con otro niño (ms, fos. 404, 435).

El siglo xvii. Por lo que hace al siglo siguiente, tres textos norteamericanos y cinco ingleses contienen información sobre el juego. *Byrd (1674-1744) dice que su hijo de once años se lastimó arrojando bolas de nieve. *Green (1675-1715) dice que sus hijos adolescentes iban a pescar, y *Sewall (1652-1730) describe a sus hijos jugando a "atrapa la bola" y dice también que su nieto "jugaba críquet en el comunal" (vol. 7, p. 372). Blundell (1669-1737) se divirtió en el entierro en broma que representaron sus hijas, de ocho y seis años. "[Enterraron una de sus muñecas] con mucha formalidad, pusieron una guirnalda de flores ante ella, y estuvieron presentes cuando menos veinte de sus compañeros de juegos & otros que invitaron al entierro (vol. 112, p. 29). Dos años después Blundell "hizo un rehilete a sus hijos, pero no pudieron jugar con él" (vol. 112, p. 115). Heywood (1630-1702) describe la forma en que uno de sus hijos de siete años jugaba a lo largo del camino de la escuela a su casa. Eliezer había sido atado a otros niños por las mangas de su chaqueta, pero por desgracia cayó en una zanja y casi se asfixió. En cambio Richards (1660?-1721) se limita a decir que su hijo había estado jugando. Newcome (1627-1695) recuerda haber jugado a "atrapa la bola" en la lluvia siendo niño y dice que uno de sus hijos estuvo a punto de caer en el río mientras jugaba en un puente. Pringle (1625-1667) recuerda también "haber jugado mucho" de niño (4).

El siglo xviii. Los textos del siglo XVIII dan información más detallada.[11] *Huntington (1791-1823) consideraba que el juego podía desempeñar una función útil.

Me gustan las casas de muñecas para las niñitas, a pesar de cuanto han dicho en contrario algunas gentes sensatas. Tal vez tengan un armario o parte de alguno destinado totalmente a ellas, y entonces su arreglo y su orden entregarán a su cuidado... Y creo que es deseable acostumbrarlas, tan pronto como sea posible, a que ayuden en lo que puedan, para que así aprendan el placer de ser útiles. [340-341.]

*Shippen (1763-1841) hace notar la preferencia de su hijita por su muñeca: "después del clavicordio, al cual es extremadamente aficionada, le dedica todo su tiempo a ella" (164). *Drinker (1734-1807) no aprobó en absoluto el pasatiempo de su hijo: "Billy llegó a casa a la hora de comer, con la cara llena de magulladuras. Había estado boxeando con uno de los chicos de la escuela de Latín; un ejercicio que de ningún modo le sienta" (140).

En los textos ingleses hallamos informaciones similares. Braithwaite (1788-1859) describe a su hijito "chapoteando en todos los charcos que encuentra" (54), y luego agrega: "Estoy aquí sentada con mi pequeño rebaño, sólo me falta Robert, que se fue a acostar. Se están divirtiendo con lápices y papeles, y ríen mucho y están contentos" (68). Otra madre, Reynolds (1770?-1803), llevó a sus hijos a la playa y describe sus pasatiempos: "Los niños están contentísimos parados en una piedra pequeña y viendo cómo el agua los rodea... han reunido toda una colección de conchas, no muy variadas; son sólo comunes,

---

[11] Véanse también los textos de H. Backhouse, Boscawen, Burney, Cooke, *Dallas, Douglas, Goff, J. Gray, Hamilton, *Hazard (1756-1845), Lettsom, Mantell, Moore, Rathbone, Steuart, Thrale y Weeton.

pero les agradan muchísimo" (158-159). Macready (1793-1873) dice haber corrido al jardín "para disfrutar de un rato de retozo con mis queridos hijos" (143). Calvert (1767-1859), al igual que *Drinker, dice que su hijo ha estado peleando. "No ha parado la lengüita [de Nicolson]; está feliz con la escuela. Dice que ha 'vencido' a algunos niños, y que también ha sido 'vencido', pero que eso no le importa" (101).

El siglo xix. En el siglo XIX[12] *Hayes (1822-1893) dice que sus hijos han estado jugando a los soldados, con una corneta y un tambor, y los describe como generalmente ruidosos. *Longfellow (1807-1882) dice que todos sus hijos estaban "jugando desenfrenadamente entre los almiares; el asiento en el viejo manzano se volvió fortaleza; gran alboroto por dulces y demás" (223). *Phelps (1810?-?) describe cómo su hijo de cuatro años amontonó pólvora en el piso y le arrimó lumbre, pero como el montoncito no ardía, llamó a su hermanita de tres años para que soplara. Emily se prestó con mucho gusto, pero se convirtió en una "niña tan negra que casi no la reconocí"; pero Emily se repuso (225). El hijo de *M. Walker (1814-1897), de dos años, tuvo también un mal día: "Antes del mediodía llevó los cerdos a la caballeriza y entonces cayó en un charco sucio, y regresó llorando y en un estado lamentable" (147).

Los niños ingleses tenían formas de juego más convencionales. Allen (1813-1880) describe la escena siguiente:

Archie [de seis años] está acostado en el tapete de la chimenea pateando con los talones a la vez que enjaeza a su burro; la pequeña Alfie [de dos y medio] se ha encontrado la cabeza de una vieja muñeca a la cual le falta el tronco, y la está amando y besando del modo más divertido. La sala parece manicomio, con ladrillos en todas partes, fichas de dominó y libros de dibujos. Edie [de siete años] acaba de entrar del jardín con las mejillas brillantes para mostrarme un tesoro de quince violetas en un rincón soleado. [130]

La hija de tres años de Bailey (1864-1931) insistió en que su padre jugara con ella: "Jenny [insiste en] desterrar *The Times* con un rugiente 'No' y pide a su renuente padre que se siente en el piso y 'construya una casa'. Todas las mañanas pide el jardín de Johny Crow, y cuando llegamos al fin del juego dice alegremente: Ahora otra vez, papaíto" (91). El hijo de Head (1852-1904), de dos años y medio, reveló una gran dosis de juego fantasioso: "A todas horas juega a ser jardi-

[12] Véanse también los textos de Addison, *Colt, Gregory, Guest, Hochberg, *Howe, Kitto, *Lawrence, *Lovell, Owen, Palgrave, *Prentiss, F. Russell, K. Russell, Tregelles, Wauhg y Wood.

nero, sereno, o maquinista, o bien, carbonero, o el hombre del organillo y el mono. Es muy imaginativo y una verdadera tarabilla" (105).

Análisis. No hay duda de que los niños han jugado un siglo tras otro, si bien los textos no dan mucha información sobre juegos específicos que les gustaran. Parece que la niñez y el juego son dos entidades inseparables, a pesar de que algunos padres no aprobaran del todo tal comportamiento. Al parecer a los niños pequeños les gusta el juego imaginativo; hemos hecho referencia a esta tendencia con relación a cada siglo de nuestro estudio. Esto concuerda con lo hallado por Newson y Newson (1968) respecto al juego fantasioso que se encuentra en los niños modernos ingleses de cuatro años.

Educación

Los textos contienen más información sobre educación que sobre cualquier otro tema de este capítulo. El cuadro VI.7 ilustra el porcentaje de textos que hablan de la educación. En esta sección nos ocuparemos separadamente de la educación académica y de la religiosa.

El siglo xvi. Los autores de diarios del siglo XVI que mencionan la educación se interesaron en que sus hijos recibieran cuando menos algo de instrucción. Por ejemplo, Winthrop (1587-?) escribió "Pondré especial cuidado en la educación de mis hijos"; deseaba que fueran "bien y cristianamente educados" (73, 152). Al parecer los niños recibían instrucción elemental en el hogar y en la escuela. Dee (1527-1608) envió a tres de sus hijos y a una hija a la escuela en 1590, y en 1594 observa que "John Stokden vino a estudiar con nuestros niños", y nuevamen-

CUADRO VI.7. *Porcentaje de textos que dan información*
sobre la educación

Siglo	Todos los textos	Norteamericanos	Ingleses
XVI	33	0	35
n =	24	2	22
XVII	46	40	48
n =	80	15	65
XVIII	46	44	47
n =	245	98	147
XIX	51	45	55
n =	188	65	123

te, en 1596, escribe: "Mary Goodwyn vino a mi servicio para dirigir y enseñar a Madinia y a Margaret, mis hijas menores" (49, 56.). Rogers (1550?-1618) se preguntó si pondría en peligro la integridad de su familia si llevaba un maestro a ella, en tanto que Edward Tudor (1537-1553), como heredero al trono, fue educado totalmente en su hogar. No hubo una edad fija para ir a la escuela; por ejemplo, Powell (1581-1656) dice haber enviado por vez primera a sus hijos a la escuela cuando tenían 19, 15 y 12 años, y el año siguiente se les unieron sus hermanos de 10 y de 8 años. Al parecer a las hijas no se les enviaba a la escuela sino que se les educaba en el hogar, a excepción de Boyle (1566-1643) que dice haber enviado a su hija con una señora Cleyton, que tal vez era maestra. Los hijos de Boyle, de H. Mildmay y de Winthrop recibieron más instrucción, en tanto que los de Powell se colocaron de aprendices tras unos cuantos años de ir a la escuela. Boyle y H. Mildmay enviaron a sus hijos a internados y en sus diarios anotan que les escribían con regularidad y les enviaban regalos.

Uno de los primeros autobiógrafos, Forman (1552-1601), da algunos detalles sobre su educación. En 1560, cuando tenía 8 años lo enviaron a la escuela.

> Y cuando llegó la hora de aprender "En el nombre del Padre", &c., debido a su capacidad no pudo aprender el misterio de la ortografía, rogó a su maestro que ya no lo admitiera más en la escuela, porque nunca aprendería; pero el dicho maestro le pegó por ello, lo cual lo hizo ser más diligente con el libro, y tras unos cuatro días, luego de haber meditado en la cuestión y de haber hallado la razón de ello, lo aprendió. Y en lo sucesivo su maestro nunca volvió a pegarle. [4.]

Forman fue a otra escuela un año después, luego a otra entre las edades de 11 y 13 años, y finalmente, a los 14, se contrató como aprendiz.

El siglo xvii. Los textos del siglo xvii, cuyo número crece de 7 a 33, dan más información sobre educación. *Byrd (1674-1744) enseñó él mismo a su sobrino y su sobrina (su madre había muerto y vivían con *Byrd). De los asientos de su diario se colige que debe haber sido un disciplinador muy estricto. Su hija mayor fue enviada a los 10 años a un internado en el cual recibía frecuentes visitas de su padre. *Byrd se interesó muchísimo en la educación de sus hijos: por ejemplo, hay bastantes asientos del tipo de "oí leer a los niños" y "examiné de lectura a mis hijos" (1942, pp. 125, 130). Otro autor de diarios (*Green, 1675-1715) se incomodó por el hecho de que en su aldea no hubiera escuela, y por ello quiso que se edificara una y también tener "un buen maestro de escuela que enseñe a sus hijos a leer y a escribir y a contar y a todo lo que es bueno" (78). Logró lo que quería, y dice que sus hijos iban a la escuela, aunque al parecer no de un modo regular, pues señala también: "Los muchachos hacen sumas en casa". A su hijo mayor, de 12 años, se le envió también a la escuela porque *Green quería que fuera educado bien a fin de que pudiera ser ministro: "Fui a Salem Lecture llevando conmigo a Joseph para que entrara en la Escuela, con el fin de que (si Dios así lo quiere) hagan de él un buen estudiante y ministro. Se hospeda en Cos. Hides. Voy a dar 12 libras al año ciertas y 13 libras inciertas" (101). No hace mención de la educación de sus hijas, y tal vez esto se deba a que éste es uno de los diarios en que se suprimieron muchos detalles familiares; es probable que esta información se halle en el manuscrito, pues el editor dice que gran parte del diario se relaciona con la "educación de sus hijos".

*C. Mather (1667-1728) se interesó muchísimo en la educación de sus descendientes, tanto adadémica como religiosa, y estuvo dispuesto a dedicar una buena parte de su tiempo a esto. Quiso que sus hijos vieran la educación como un privilegio y un premio. Por ejemplo, cuando se portaban bien: "Me gusta que me propongan y esperen más o menos en estos términos: *lo he hecho bien, y ahora iré con mi Padre: el cual me enseñará alguna cosa curiosa a cambio*. Debo hacer que consideren un privilegio recibir instrucción; y en ocasiones he manejado las cosas de modo tal que el negarme a enseñarles algo sea un *castigo*" (vol. 7, p. 536). Sus hijos e hijas fueron enviados a la escuela y *Mather ideaba continuamente modos de mejorar su educación. En una ocasión escribió:

> Por estos días envié a mi hijito [6 años] a la Escuela, donde está aprendiendo a leer, empleé todas las mañanas de diversos meses para escribir al niño en letra clara, y le envié allí una *Lección en verso*, que no nada más debía leerse, sino aprenderse de memoria. Mi idea fue que el chico mejorara en *bondad*, pero al mismo tiempo en lectura. [Vol. 7, p. 555.]

Halló, sin embargo, que este empeño suyo en la educación de sus hijos le quitaba muchísimo tiempo (tuvo 15 hijos): "La *educación* de mis *hijos*, a fin de enseñarles cosas, y para enseñarles a *hablar*, que nadie más puede hacer, me quita no poco *tiempo*" (vol. 7, p. 547). Igualmente, *Sewall (1652-1730) envió a la escuela a sus hijos e hijas; uno de sus hijos, Joseph, fue enviado a la escuela con su "cartilla" cuando aún no cumplía tres años. *Hammond (1640-1699) y *Holyoke (1689-1769) se limitan a informar que enviaron a la escuela a sus hijos.

En los textos ingleses se encuentra un interés igual por la educación de los niños. De entre estos autores de diarios, 42 por ciento se limitan a decir que sus hijos fueron a la escuela o bien que tuvieron un maestro particular; los demás nos dan más detalles. Blundell (1669-1737) enseñó a sus hijas a leer y a escribir. W. Bulkeley (1691-1760) se hizo cargo de su nieta, y se esforzó por darle tan buena educación como le fuera posible, y Heywood (1630-1702) estuvo anuente en mudarse de casa para mejorar la educación de su hijo: "Resolví mudarme a Lanc. donde podría sentirme en casa, y para contar con la ayuda de un buen maestro de escuela para mis hijos" (vol. 1, p. 282). En su diario, Morris (1659-1727) nos ofrece una buena descripción de la educación de su hijo y de su hija. Desde los siete años su hija fue a la escuela, que costaba 6 peniques a la semana. A los nueve años empezó a recibir clases de violín y de canto por 3 guineas al año. Y a los once años fue enviada a un internado que costaba 12 libras al año y, además, Morris pagaba cada trimestre: 10 chelines por francés, maestros de danza y violín, 5 chelines por un maestro de escritura, otros 5 para una maestra que enseñara a Betty a vestirse, "para acrecentar su cuidado", 2 chelines 6 peniques para cada una de estas tres damas. A Betty había que darle fruta cada semana al precio de 6 peniques y se le proporcionaron liberalmente ropas y dinero para sus gastos. Su educación, aparte de las lecciones de música, terminó a los 13 años. Fue bastante diferente la educación del hijo de Morris. A los 4 años, lo enviaron a una escuela de señoritas donde él (y la acompañante) recibían instrucción por 6 chelines 6 peniques cada trimestre. Sin embargo, al parecer William no aprendió gran cosa aquí, porque a los 7 años se le envió con un maestro durante seis meses para que aprendiera a leer, al precio de una guinea. A los ocho fue a un instituto de segunda enseñanza, que primero costó 2 y luego 4 guineas al año, más una guinea por matrícula. William también recibió clases de violín; a los 13 años lo enviaron a un internado de segunda enseñanza para que aprendiera griego y latín. Esto costó a su padre 20 libras al año, en cuyo precio no se incluían plumas, libros o aseo del calzado. Por otra parte, Morris pagó, por trimestre, 7 chelines 6 peniques a un maestro de escritura, aritmética y dibujo, un chelín a un barbero, 9 peniques por el remiendo de vestidos y ropa, y 5 chelines para gastos menores. Finalmente, a los 18 años William entró en la universidad.

El diario de Slingsby (1601-1658) pone de relieve diferencias en la educación entre hombres y mujeres. A su hija la enseñó su madre, de modo que a los 5 años: "ya sabe decir todas sus oraciones, contestar su catecismo, leer & escribir un poco" (3). En cambio, la educación del hijo de Slingsby fue mucho más formal; Slingsby tenía ideas muy definidas de cómo debía ser educado su hijo:

También entregué a mi hijo Thomas [de cuatro años] al cuidado & instrucción del señor Cheny, que tengo la intención de que sea su maestro, & ahora empezó a enseñarle lo elemental; quiero que empiece a deletrear, & lea Latín al mismo tiempo que su inglés, & que aprenda a hablarlo, más por costumbre o práctica que por regla; el año pasado, cuando aún no cumplía 4 años, le enseñó a nombrar en latín las partes de su cuerpo & sus ropas... Veré que de este modo se enseñe latín a mi hijo, aunque sin regla o gramática; & aquí seguiré los pasos de Michael de Montaigne, un francés que dijo que así le enseñaron Latín, al grado de que a los 6 años hablaba más latín que francés. Pero quiero que aun estando rodeado de gente sólo hable latín; creo que seguiré esta norma en cuanto a la educación de mi hijo. [53-54.]

Evelyn (1620-1706) parece haber sido, aparte tal vez de Slingsby, una excepción entre los demás autores de diarios, pues tuvo un grupo de niños prodigio; por ejemplo, su hijo, de apenas 5 años, fue "un prodigio de ingenio y comprensión":

ya había aprendido todo su catecismo... y a los dos años y medio ya leía perfectamente cualquiera de las letras de inglés, latín, francés o del gótico, pronunciando exactamente los tres primeros lenguajes. Tenía... no nada más la capacidad de leer casi toda la letra manuscrita, sino que declinaba todos los nombres, conjugaba los verbos regulares, y la mayoría de los irregulares; aprendió lo "Puerilis", se aprendió de memoria casi todo el vocabulario de palabras primitivas latinas y francesas, podía construir con una sintaxis correcta, traducir el inglés al latín, y viceversa... El número de versos que se sabía era prodigioso... tenía una maravillosa disposición por las matemáticas, se sabía de memoria diversas proposiciones de Euclides, que se le leían jugando, y luego las demostraría por escrito. [Vol. 2, pp. 96-97.]

No hay duda de que para Evelyn su hijo era atípico, pues escribió que su saber "estaba por encima, con mucho, de su edad y su experiencia", y "un niño así nunca vi" (97). Sus hijas también fueron bien educadas; hablaban con fluidez francés e italiano, y leían los mejores autores latinos y griegos.

Al parecer, no a muchas chicas se les enseñó latín o griego en los siglos XVI y XVII. No era que los padres no dieran importancia a la educación de sus hijas —Blundell, Briggins, Evelyn, Josselin, Morris, Newcome y Slingsby estuvieron tan orgullosos de los logros de sus hijas como de los de sus hijos—, pero como no había oportunidades de trabajo para las mujeres, se consideró innecesario enseñarles griego y latín. Once[13] autores de diarios enviaron a sus hijos e hijas a escue-

---

[13] Véanse también los textos de Blundell, Briggins, *Byrd, Freke, Jackson, Josselin, Morris, Richards, T. Smith, Twysden y Woodforde.

las para internos. Al igual que los autores de diarios del siglo XVI no dicen el porqué de ello. Es muy probable que no hubiera escuelas en las cercanías, por lo que, si querían que sus hijos fueran educados, tenían que enviarlos lejos. No fue, por supuesto, que estos padres no tuvieran interés en sus hijos; todos ellos escribieron cartas y enviaron regalos a sus hijos internos.

Análisis. Estos padres sí quisieron que sus hijos recibieran instrucción, aun cuando, como en el caso de los hijos de Powell, fuera sólo por un lapso limitado, y aun cuando, como se ve por el diario de Morris, la colegiatura de los hijos fuera costosa. Al parecer a los niños se les enseñaba primero a leer y luego a escribir. Esto va de acuerdo con la investigación de Spufford (1979) sobre la educación inicial en el siglo XVII. Los padres de los siglos XVI y XVII se dieron cuenta de que sería muy útil para sus hijos tener instrucción y por ello se esforzaron en darles alguna; inclusive hubo padres que educaron ellos mismos a sus hijos. Estos resultados no apoyan el razonamiento de Hunt (1972) y de otros autores, quienes sostienen que los padres del siglo XVII no se interesaron en la educación de sus hijos y que le dieron muy poca importacia.

El siglo xviii. En el siglo siguiente, 28 por ciento de los autores de diarios se limitaron a anotar que sus hijos fueron a la escuela o que tuvieron un maestro, y agregan muy poca información. Dieciocho[14] textos hablan de la importancia que el autor dio a la eduación. Por ejemplo, *Adams (1767-1848) escribió: "Respecto a nuestros hijos hay, sin embargo, otro deber no menos sagrado que el de darles pan, el deber de educarlos, de capacitarlos en el camino que vayan a seguir; de prepararlos para los conflictos·que *ellos* en su momento deberán enfrentar con el mundo" (16). *Mitchell (1783-1857) quiso que sus hijas fueran educadas tan rápidamente como fuera posible: "Con respecto a las cosas del hogar, impulsa a las hijas en su aprendizaje, cosa que estoy seguro de que tú [esposa] harás de buena gana. Pero estando persuadido, como lo estoy, por mis viajes por el país, de la importancia de la educación, no puedo evitar sentir impaciencia por ver que mis hijas avancen tan aprisa como sea posible" (21).

La mayoría de los escritores ingleses de diarios se preocuparon también por la educación de sus hijos, aun cuando no con la misma ansiedad que *Mitchell. M. Fox (1793-1844) escribió: "El tiempo dedicado a los amados hijos nos ha llevado a la conclusión de que antes de

---

[14] Véanse también los textos de *Alcott, H. Backhouse, Braithwaite, Hamilton, Hardy, Harrower, *Huntington, Mill, M. Shelley, *Shippen, Skinner, *Stiles, Yeoman y Young.

mucho deberemos introducir un cambio en nuestro plan de educación de los dos más jóvenes, a fin de asegurarles ventajas mayores y una aplicación más decidida. Esto ha causado muchísima preocupación, y grandes han sido nuestros deseos de marchar en la dirección correcta en una cuestión de tal importancia" (385). Otra madre, Trench (1768-1837), escribió: "El dar a nuestros hijos una educación superior, el gozar del poder de disfrutar de los placeres inocentes de la vida sin lastimar *sus* futuros prospectos, y mi propia salud, todo ello se conjunta para retenernos aquí [en Irlanda]" (1862, p. 302). Boswell (1740-1795), sin embargo, no estaba así de ansioso por acelerar el aprendizaje de su prole. Envió a su hijo de cinco años "a la Escuela de lectura. . . pero no le gustó, y como creo que los seis años son una temprana edad, no lo forcé" (vol. 14, p. 154).

Fueron muchos los autores de diarios que, al menos parcialmente, se encargaron de la instrucción de sus hijos.[15] Ni los padres norteamericanos ni los ingleses lo consideraron un empeño fácil. *Alcott (1799-1888) escribió: "No están de acuerdo [las hijas] en pasarse la vida encerradas en casa, ni tampoco en concentrar sus pensamientos en lecciones formales. Paso con ellas una hora o más todas las mañanas pero con muy poco provecho" (133). *Huntington (1791-1823) observó: "No hay, sin duda, ninguna cuestión que me cause más ansiedad que la apropiada educación de mis hijos" (88). Boscawen (1719-1805), por su parte, anotó:

En el instante en que terminamos el desayuno, nos [ella y su hijo] retiramos a otro cuarto para dar nuestra lección. . . gracias a lo cual ha hecho progresos considerables desde que llegamos al campo, y si tuviera la mitad de aplicación de lo que tiene de genio y de capacidad, aprendería muy pronto. Pero sucede que esta aplicación es un ingrediente que muy rara vez se encuentra en la composición de un cachorro tan vivo. [1940, p. 92.]

Y Macready (1793-1873) escribió:

Al bajar oí a mi querida Nina dar su lección, ante lo cual, a pesar de que quise controlarme, me impacienté y le hablé descomedidamente. Esto sin duda estuvo *mal*; es obligación de los padres sobrellevar la ligereza y la falta de atención de estas amadas criaturas, y entender que una repetición paciente de preceptos, a menudo olvidados o no considerados, asegura que se fijen finalmente en la memoria. A los muchachos hay que inducirlos al conocimiento, hasta que su adquisición, como la adquisición del menor adelanto, cree en ellos una pasión por incrementarlo. [Vol. 1, p. 166.]

[15] Véanse también los textos de H. Backhouse, Boscawen, Burney, Calvert, Douglas, M. Fox, Lettsom, Nairne, Rathbone, Skinner, J. Smith, Steadman, J. Taylor, Thrale, Trench y Wesley.

A pesar de su determinación de atraer a sus hijos al conocimiento, Macready se siguió censurando por ser demasiado impaciente en cuanto al adelanto de éstos. Steuart (1770?-1808) habla también de la falta de atención de sus hijos y de su propia impaciencia:

> Con frecuencia los hijos me sacan de quicio porque no atienden a sus lecciones... Creo que la gran dificultad de la educación de los hijos estriba en hacerlos adquirir hábitos de atención así como la facultad de estudiar, pero sin que les cauce disgusto el aprendizaje por imponérselos de un modo molesto... A Mag [de 10 años] le gusta atender brevemente... pero John [de 8 años] no atiende en absoluto. [MS, fos. 133, 140.]

Cuatro autores de diarios, todos ellos ingleses, dan su razón de haber enviado a sus hijos a internados: porque resultaba beneficioso para ellos (Calvert, Fry, Sandford y F. Shelley). Sandford (1766-1830) escribió a sus hijos que estaban en la escuela: "El atender mi empleo me habría impedido atenderlos y darles atención diaria, en este periodo crucial no habrían adelantado en griego" (vol. 1, p. 259). F. Shelley (1787-1873) pensó que su hijo mejoraría yendo a la escuela pública: "Frederick es un chico tímido, amigable e industrioso, con buenas habilidades, aunque está un poco acobardado... por la superioridad de su hermano mayor, lo cual creo que un año en Eton borrará; y la independencia que adquiera allí le servirá de mucho cuando se haga a la mar" (vol. 2, p. 102).

Douglas, Gisborne, Mantell, Moore, Roe y Elizabeth Wynne describen la inquietud que les causó dejar a su hijo en la escuela. Douglas (1743-1823) escribe lo siguiente sobre su hijo de 10 años:

> Fred partió [a la escuela] muy emocionado, pero guardó muy bien su compostura, y Barnes y yo lo dejamos sintiéndonos muy satisfechos con su conducta, aunque creo que si hubiera percibido mi agitación no se habría conducido con tal serenidad. Su pobre madre... lo vio salir de Bruton Street como un héroe... ésta es una época nueva, y aunque la relación de madre e hijo se mantendrá igualmente tierna y llena de afecto, su aspecto y su forma serán diferentes, y hasta que se constituya este nuevo hábito tal vez parezca menos tierna. [Vol. 1, p. 189.]

Gisborne se sintió igualmente afligido: "Mi querido Frederic [de nueve años] va ahora mismo camino de la escuela, por primera vez en su vida. Cuando evoco las muchas horas que hemos pasado agradablemente juntos, no puedo reprimir las lágrimas que me causa la pérdida de su compañía, y esta silla vacía en mi estudio me conmueve más de lo que problablemente debiera" (107).

*Huntington, *Shippen y Turner (1793-1873) no aprobaron la idea de que las muchachas fueran a la escuela, pero los demás autores de diarios enviaron a sus hijos e hijas a la escuela sin establecer diferencias. Hubo, sin embargo, las mismas discrepancias en la educación que vimos ocurrieron en siglos anteriores: a pocas muchachas se les enseñó griego o latín y ninguna fue a la universidad. Esta diferencia se ve con claridad en los diarios de niños —los muchachos estudiaban latín, griego, aritmética y actividades sociales, tales como el baile; a las muchachas se les enseñaba francés y una gran cantidad de historia, algo de aritmética, amén de baile, pintura, costura y a tocar algún instrumento.

Thrale (1741-1821) dedicó su vida a sus hijos. Ella es un buen ejemplo del tipo de padre descrito por De Mause (1976) (respecto al siglo XVIII) como "entrometido". A toda hora estaba con sus hijos, instándolos a alcanzar logros intelectuales más altos. Por ejemplo, su hija mayor, Queeney, a los dos años y medio sabía, entre otras cosas, el sistema solar, los signos del zodiaco, las naciones, mares y ciudades capitales de Europa. Dos años después leía bastante bien y conocía la gramática latina hasta la quinta declinación. (Su educación fue una excepción en la educación general de las mujeres.) Pasaba apenas de los seis años, cuando ya destacaba en latín. Sin embargo, al ir madurando fue sintiendo desagrado por su madre, la cual, a causa de sus constantes exigencias, perdió el cariño de sus hijas. Thrale acabó pensando que toda su educación no había mejorado en absoluto a su hija mayor. (El interés absorbente de Thrale en la educación de su prole es muy similar al de *C. Mather en el siglo XVII.)

El siglo xix. Por lo que respecta al siglo XIX, 26 por ciento de los autores de diarios que destacan la educación, dan poca información aparte del hecho de que sus hijos fueron a la escuela o de que tuvieron un maestro. En cuanto a los demás, reaparecen temas similares a los ya presentados. Seis autores de diarios hablan de la importancia de la educación: *Erastus Beadle, E. Gaskell, Gurney, *Guthrie, Kitto y T. Powys. *Abelard Guthrie (1814-1873), por ejemplo, quiso que sus hijas tuvieran una buena educación.

> Tenía un gran deseo de que sus estudios [de sus hijas] se circunscribieran a las ramas comunes de la buena instrucción inglesa. Pero sucedió que las damas quisieron recibir lecciones de música y dibujo... Una vez más lo prohibí, pero las damas importunaron mucho... Y cuando la señora Guthrie visitó a los niños le sacaron su consentimiento, a resultas de lo cual las ramas útiles de su educación fueron muy desatendidas de modo que volvieron a casa habiendo mejorado muy poco en cuanto a cultura intelectual. [124.]

Otro padre, T. Powys (1882-?) consideró que la educación de su hijo "era cosa en verdad importante" (114).

Como ocurrió en siglos anteriores, muchos autores de diarios educaron ellos mismos a sus hijos, al menos en las etapas elementales (Edward Benson, Cobden-Sanderson, Gurney, *Hayes y K. Russell, y también los autores de diarios de que nos ocupamos más adelante). Al parecer los norteamericanos no hallaron la tarea demasiado dificultosa; *M. Walker (1814-1897) dice que sus hijos progresaban bien, y *Lovell (1809-?) escribe: "Fue interesantísimo enseñarle [a su hija] porque aceptaba las ideas con presteza, y aunque no le dimos enseñanza escolar regular, aunque nunca la enviamos a la escuela, a excepción de un verano que fue a la escuela sabatina, siempre estaba aprendiendo" (80). Y a la inversa, Acland (1809-1898) y Kingsford (1846-1887) se consideraron incapaces de educar a sus hijos. E. Gaskell (1810-1865) observa también algunos de los problemas que encontró; por ejemplo, se le dificultó hacer que Marianne repitiera sus cartas. Otras madres, por ejemplo, Lady de Rothschild (1821-1910) y Wood (1812-1860) descubrieron que perdían la paciencia cuando enseñaban a su prole. Los demás autores ingleses de diarios, aunque conocedores de la responsabilidad que entrañaba la tarea, no mencionan problema alguno. Margaret Jeune (1819-1891) y su esposo resolvieron educar ellos mismos a sus hijos. El marido fue mucho más capaz para provocar "las facultades de los niños mejor que ninguna institutriz" por lo que Jeune concluyó: "Espero tener un resultado similar en cuanto a los demás, cuando tengan la edad suficiente para beneficiarse de esta singular aptitud para enseñar" (14). Johnston (1808-1852) gozó muchísimo enseñando a sus hijos: "Uno de los principales intereses y propósitos del año ha sido el comienzo mismo de la educación de mi muchacho. ¡Oh, qué trabajo tan importante y tan delicado!" (137). Cuando su hijo tuvo tres años cuatro meses, describe así sus lecciones: "Nuestras lecciones son muy agradables; hoy terminamos la segunda página de palabras de tres letras, y creo que la repetiré. Deletreamos, vemos imágenes desde un punto de vista infantil, repasamos el alfabeto, y, por puro gusto, hallamos y marcamos todas las aes o cualquier otra letra en una página" (142).

Sólo dos autores de diarios dan alguna razón para enviar un chico a la escuela: Hutchinson (1880-?) dice que su hijo necesitaba compañía, y E. Gaskell (1810-1865) escribe: "nuestra razón para querer que ella vaya a la escuela... no es que deseemos que adelante muy rápidamente en ninguna rama del saber... sino más bien perfeccionar sus hábitos de obediencia, darle una idea de cómo vencer dificultades por medio de la perseverancia, y hacerla que se aplique a algo por un breve lapso" (34). Allen, *Burroughs, Hutchinson y Jeune recuerdan la pena que les causó que sus hijos fueran a la escuela. *Burroughs (1837-1921) observó: "Todas las mañanas cuando Julian se pone en marcha hacia la escuela, yo deseo ir con él, ser su compañero y su igual; compartir sus entusiasmos, sus esperanzas, sus juegos, su diversión. ¡Oh! ¡Volver a ver la vida a través de sus ojos!" (188). Allen (1813-1880) apuntó que cuando envió a sus hijos al internado "me costó mucho despedirme de ellos" (107). Además, Bonar y Palgrave dicen que echaron de menos a sus hijos cuando fueron a la escuela y que veían con ilusión la llegada de las vacaciones.

Conforme se acercaba a su fin el siglo XIX, se ensanchaba el plan de estudios de las mujeres e incluía más y más materias académicas, pese a lo cual en algunas familias se seguía educando diferentemente a los muchachos y a las muchachas. Por ejemplo, las hijas de Gurney (1851-1932) aprendieron en su casa, pero los hijos fueron a la escuela pública.

Análisis. Los autores de diarios de los siglos XVIII y XIX se interesaron en la instrucción tanto como los de los siglos XVI y XVII. Muchos, en particular las madres, enseñaron los rudimentos de la lectura, escritura y aritmética, y a algunas les pareció abrumadora la enormidad de la tarea. Al igual que en los siglos precedentes, parece que los padres sí quisieron que sus hijos fueran a la escuela, o cuando menos que supieran leer, escribir y contar, porque creían que para sus hijos era importante aprender.

Los textos estudiados revelan que al menos algunos padres, del siglo XVI en adelante, se preocuparon de la educación de sus hijos, lo cual sugiere que dichos padres no eran indiferentes a la suerte de sus descendientes, sino que querían que tuvieran las mejores aportunidades para progresar en la vida, aunque, por otra parte, como todos los autores de diarios y de autobiografías sabían leer y escribir, quizá se interesaron más en la educación que el resto de la población.[16]

No sólo la educación académica, sino también la religiosa, destacó prominentemente en las vidas de muchos niños del pasado.

El siglo xvi. En el siglo XVI no hay ninguna referencia en los textos estudiados a la educación religiosa de los niños a excepción de las de G. Mildmay (1552-1620) quien pensó que era necesario dar a los niños alguna educación religiosa, y de Winthrop (1587-?) que quiso que sus

---

[16] El artículo de Spufford (1979) revela la importancia que los miembros más pobres de la sociedad atribuían a la educación.

hijos fueran educados cristianamente. Entre los siglos XVII y XIX cierto número de padres quisieron que sus hijos tuvieran algunos conocimientos religiosos. Probablemente este cambio se debió a la Reforma Protestante (siglo XVI), a la cual siguieron las religiones no conformistas que hicieron que la gente pensara en su fe y la examinara.

El siglo xvii. A. y James Brodie, Byrom, E. Erskine, Heywood, Housman, Josselin, *C. Mather, Newcome y *Sewall se interesaron en la instrucción religiosa de sus hijos; seis de estos autores fueron puritanos y los otros tres no conformistas. A y J. Brodie, E. Erskine y Newcome oraron con sus hijos y con ellos analizaron obras religiosas que pudieran comprender. La descripción de Josselin de los sueños de sus hijos indica que los niños habían asimilado las creencias religiosas de su padre, en tanto que Byrom quiso asegurarse de que su prole siempre agradara a Dios en "todo aquello que hagan, vean u oigan" (vol. 40, p. 240).

Cuatro autores de diarios, todos ellos puritanos, nos dan más información. *C. Mather (1663-1728) se interesó tanto en la instrucción religiosa de sus hijos como en la académica.

> A veces empiezo a distraerlos con historias deliciosas, en especial de las *Escrituras*. Y luego concluyo con alguna *lección* de Piedad; les pido que, con base en la *historia,* aprendan esa *lección...*
> Cuando los niños cruzan mi camino, de un modo accidental suelo decir, como de pasada, alguna Sentencia o Frase que puede servirles de orientación y provecho...
> A su tiempo hago que los niños participen en Ejercicios de piedad; y especialmente en la *Oración en secreto,* para la cual les doy *indicaciones* muy claras y breves, y les sugiero las *peticiones,* que les digo que dirijan al Señor, y las cuales les explico en seguida conforme a su comprensión y capacidad. Y con frecuencia les digo: *Niño, no olvides todos los días, quedarte a solas y orar según te he enseñado...* Cuando los niños ya son capaces de hacerlo [en la práctica, entre los 9 y los 11 años] los llamo a *solas,* uno por uno; y luego los induzco a temer a Dios, a servir a Cristo, y a evitar el pecado, y *oro con ellos* en mi estudio y los pongo como testigos de las agonías, todo lo cual dirijo al Trono de Gracia en su nombre. [Vol. 7, pp. 534-536.]

*Mather estaba dispuesto a llegar al extremo para asegurarse de que esto se cumpliera. Por ejemplo, llevó a su estudio a su hijita de nueve años: "y allí dije a mi pequeña que pronto voy a morir, y que debe recordar, cuando yo ya esté muerto, todo lo que le dije. Puse frente ella el aspecto pecaminoso y temible de su *Naturaleza*" (vol. 7, p. 239). *Sewall (1652-1730) también quiso imprimir en un niño la importancia y

el carácter repentino de la muerte, aunque en este caso se trató más
bien de la muerte del niño que la de *Sewall:

> Richard Dumer, un prometedor niño de 9 años, muere de viruelas. Hablo
> de esto con Sam [de 11 años], y de que necesita prepararse para la muerte y
> que, por consiguiente, debe rezar en verdad al decir el Padre Nuestro: No
> parece afectarle gran cosa, pues sigue comiendo una manzana; pero cuan-
> do llega al pasaje de Nuestro padre, estalla en un llanto amargo, y cuando
> le pregunto qué le pasa y cuando ya puede hablar, llora desconsolada-
> mente y dice que ha tenido miedo de morir. Oré con él, y leímos las
> Escrituras buscando consuelo ante la muerte, como, ¡Oh muerte, dónde
> está tu aguijón, & c. [Vol. 5, pp. 308-309.]

*Sewall no se burló de los temores de sus hijos, sino que trató de
mitigar su angustia; cuando su hija le contó que tenía miedo de irse al
infierno, *Sewall dice: "respondí a sus lágrimas lo mejor que pude y
oramos con muchas lágrimas de los dos" (vol. 5, p. 432).

Los autores ingleses de diarios revelaron una preocupación similar
en cuanto a la salvación de sus hijos. Así, Heywood (1630-1702) hizo
que sus hijos se aprendieran de memoria salmos y pasajes de la Biblia
y se alegró cuando esto afectó a sus hijos. Por ejemplo, dice que su
hijo John estaba "llorando amargamente" porque "había pecado contra Dios, y lo había ofendido, bendito sea Dios por este comienzo de su
obra en su corazón" (vol. 1, p. 233). Housman (1680?-1735) ofrece otro
ejemplo del conflicto entre el deber religioso y el interés paterno:

> Esta noche tuve muy cerca de mí a mi querida hijita [de 8 años], conver-
> sé con ella, y me esforcé por despertar en su corazón y persuadirla de su
> pecado y miseria, por naturaleza y por obra. Mi niña se afligió mucho y
> rompió a llorar, de tristeza; a tal grado que tuve que alterar mi razona-
> miento y decirle que Dios es bueno, y que desea perdonar y recibir a los
> pecadores, en especial a los niños que quieren ser buenos desde sus pri-
> meros años y que desde entonces se aprestan a amar y servir a Dios. Le dije
> que debía rogar a Dios que la perdonara, y que le diera la Gracia de servirlo.
> La niña deseó orar, pero quería palabras para expresarse; me ofrecí a
> ayudarla y a enseñarla a rezar. [81.]

Análisis. La educación religiosa de los puritanos de los siglos XVI y
XVII parece ruda, aunque es indudable que estos padres sentían afini-
dad con sus hijos por razón de su pena y se esforzaban por calmar sus
temores; además, no todos los puritanos se preocuparon tanto como
*C. Mather o Housman por la educación religiosa de sus hijos. Ele-
mento fundamental de la doctrina puritana fue que toda la gente era
innatamente pecadora y era esencial que los niños conocieran este

hecho para que así allanaran el camino de su salvación. (Véanse Beales, 1975; Gouge, 1622; Morgan, 1944; y Stannard, 1974, en los cuales se hallarán estudios sobre la religión puritana y sobre su relación con la crianza de los niños.) Si un padre creía en la fe puritana no podía desentenderse de la instrucción religiosa del niño; hacer tal cosa habría significado que había fallado no nada más como puritano sino también como padre, puesto que no había hecho todo lo que estaba a su alcance para asegurarse de que su hijo estuviera entre los elegidos.

Esta preocupación de algunos puritanos por la educación religiosa de sus hijos se debió también probablemente al hecho de que los disidentes eran perseguidos y hasta encarcelados por sus creencias. Es decir, que querían asegurarse de que sus hijos asimilaran perfectamente los principios de su religión de modo tal que, cuando fueran adultos, siguieran fieles a su fe.

El siglo xviii. Aparte de aquellos diarios que simplemente dicen que los niños iban a la iglesia o a "reuniones", dieciséis de los textos del siglo XVIII ofrecen pruebas sobre la educación religiosa. *Pemberton (1727-1795) habla de juntas religiosas con sus hijos en su hogar, y *Silliman (1779-1864) quiso en verdad que sus hijos fueran religiosos, pero no forzó en ellos ninguna conversión. Por ejemplo, escribió: "la mejor noticia es que mis hijas más jóvenes, H----- y J-----, se han interesado profundamente en la religión, y les escribí diciéndoles que le pidan a Dios que acelere su tránsito hacia la ciudad celestial" (vol. 1, p. 393). *Huntington (1791-1823) quiso colocar a sus hijos en "el sendero de la verdad y de la santidad" y describe cómo lo hizo:

> Empecé por hacer que mis hijos estuvieran en el cuarto durante la oración, antes de cumplir un mes de nacidos; y nunca dejan de estar allí, a menos que estén enfermos o que se les excluya del *privilegio* como castigo por haber sido muy traviesos. Es difícil, cuando son muy pequeñines, mantenerlos perfectamente quietos... A los dos años o un poco después, y cuando ya pueden entender el significado de su conducta, si juegan o si de algún otro modo causan desorden, se les podrá sacar [del cuarto]. [47.]

Conforme avanzaba el siglo XVIII aumentaba la indulgencia de algunos padres en cuanto a la instrucción religiosa de sus hijos. Por ejemplo, aun cuando Mascall (1702-1794), al igual que Housman, infundió con vigor en sus hijos conciencia de sus pecados:

> En ocasiones me he esforzado lo más posible por convencer a mis hijos de su condición pecadora natural, & de la necesidad de un Salvador, & de en-

señarles qué creer & qué practicar a fin de que puedan ser salvados... mientras otros se están quejando de los pecados & locuras de sus hijos, yo tengo el placer de oír a los míos quejarse en secreto de sus propios pecados, & me dicen que esto lo deben a que les he hablado seria & afectuosamente. [13.]

Por otra parte, Woods (1748-1821) no quiso inculcar demasiada educación religiosa en su prole:

El temor a hacer de la religión una carga me ha inducido a hablar poco sobre este tema: aunque amamos la religión, no nos agrada esa conversación, y a menos que las mentes juveniles sientan algunos toques de amor divino, y deseos de hacer lo que sea bueno a los ojos de Dios, creo que lo que podamos hacer servirá de muy poco. [169.]

Fry y Gisborne, aunque preocupados por el bienestar espiritual de sus hijos, les permitieron que formaran su criterio sobre religión. Por ejemplo, Fry (1780-1845) observó: "De mis amados niños, que han llegado casi a la edad de comprensión, ansío más verlos bajo la Cruz de Cristo y menos inclinados a ceder a sus propias voluntades" (169).

Boswell (1740-1795), sin embargo, fue una excepción. Ya citamos su conversación con su hijita de cuatro años en que le describe las delicias del Cielo; también habló con Verónica sobre la muerte cuando tenía sólo tres años: "qué ángeles bellos vendrán a llevársela del *horrendo agujero* [la tumba] al cielo, donde estará con Dios y verá cosas bellísimas. Pensé que lo mejor era tranquilizar su imaginación. A pesar de todo siguió temiendo a la muerte" (vol. 12, p. 10). De nada sirvió toda la instrucción religiosa de Boswell; no tuvo el efecto que él esperó:

En la noche, después de acostarnos, Verónica habló desde su cunita y dijo: "No creo que haya un Dios". "Guárdeme", dije yo, "mi amada, ¿qué quieres decir?" Respondió, "He *pensado* en ello muchas veces, pero no quise hablar de ello". Me sentí confundido e intranquilo, y le esgrimí el argumento sencillo de que sin Dios no habría ninguna de las cosas que vemos. Él es quien hace brillar al Sol. A lo cual contestó ella: "Sólo brilla en los días buenos". Dije yo: "Dios te hizo". Contestó: "Mi Madre me tuvo". Para su madre y para mí fue cosa en verdad extraña y alarmante oír hablar así a nuestro angelito. [Vol. 14, pp. 5-6.]

Al día siguiente Boswell descubrió que Verónica tenía miedo de la muerte, pero que había concluido que si no había Dios tampoco habría muerte. (En este punto Boswell quiso leer un libro de consejos sobre la educación religiosa de los niños, pero se encontró con que el libro estaba escrito desde el punto de vista de que todos los niños aceptaban la existencia de Dios, por cuya razón no le serviría de nada.) Dos meses después, Boswell seguía discutiendo la muerte con Verónica: "Le hablé con celo, ansiedad y tierna preocupación por su muerte" (vol. 14, p. 37).

Burney, M. Fox, D. Taylor y Wilberforce estudiaron con sus hijos las Escrituras. J. Taylor (1743-1819) "se manifestó resueltamente contra la idea de que" sus hijos "tomaran el camino del pecado" y por esa razón "hice de la oración una costumbre constante y diaria con mis hijos" (120). Describe así su método de enseñanza:

> Nunca tuve la menor idea, al contrario de lo que ocurre con otros, de enseñar a mis hijos *a decir sus oraciones;* ni el Padre Nuestro ni ninguna otra forma. Estoy persuadido de que el Señor Jesús nunca quiso enseñar a sus discípulos a decir precisamente esas palabras. Ahora bien, supongamos que tal cosa fuera cierta, o sea, que a sus discípulos y a todos los cristianos se les enseñara a usar precisamente esas palabras, sería cosa en verdad pasmosa que un hombre en su sano juicio crea que tales palabras son apropiadas en boca de niños. [120.]

Trench (1768-1837) creyó que: "El objeto primordial de la educación es adiestrar un alma inmortal. El segundo (pero segundo a una distancia inmensa) es hacer esto de modo que lleve a la felicidad humana" (1837, p. 7).

Dos autobiografías contienen también información sobre instrucción religiosa. Carvosso (1750-1834) quiso que su hijo más joven aceptara la religión, y por ello resolvió aprovechar la primera oportunidad que se le presentó para tratar el punto con él. F. Gray (1751-1826) recuerda su primera enseñanza de religión: "Como me enseñaron a leer desde mis más tiernos años, me obligaron a repetir el catecismo, a recitar oraciones y porciones de las Escrituras, y esto llevó a veces a examinar seriamente si en verdad amaba a Dios con todo mi corazón, qué sería de mí si moría en el estado en que me hallaba" (21).

Análisis. En este siglo los padres siguieron preocupándose por el bienestar espiritual de sus hijos, aunque ya se presentó una renuencia cada vez mayor en algunos a forzar una presencia religiosa exagerada y demasiado temprana en los niños. Los niños del siglo xviii (salvo excepciones como la de Veronica Boswell) tenían más probabilidades que los del siglo xvii de tener conocimientos religiosos a un paso apropiado. Aunque los padres preferían que sus hijos fueran religiosos y, aun cuando todavía había padres, como Mascall, a quienes preocupaba excesivamente el estado pecaminoso de sus hijos, lo cierto

CUADRO VI.3. *Edad de la dentición (en meses) (m)*

Siglo	Autor del diario	Edad al primer diente†	Edad al segundo diente	Información adicional
XVI	Clifford	—	—	18 dientes a los 32 m
XVII	Blundell	11	—	—
	*Byrd	4	—	—
	Freke	—	4.5	—
	Josselin	6, 6, 4, —, —	—, —, —, 6, 7	El primer hijo tuvo otra vez los dientes a los 15 m
	*Sewall	—	6	Otro hijo 8 dientes a los 14.5 m
VIII	Bishop	10	—	—
	Boscawen	—	—	El 2° diente a los 60 m
	Boswell	4¹/₂	—	Otra vez la dentición a los 15.5 m
	Calvert	—	—	4 dientes a 1.0 m
	Moore	—	7, 9	Brotaron colmillos a los 13 m A otro niño le salieron los dientes a los 14.5 m
	M. Shelley	—	—	Dentición a los 14 m
	Stedman	6, —	—, 9	—
	Eliz. Wynne	5, 4.25	—	Al primer hijo le brotaron también los dientes a los 11 m
XIX	*Alcott	—	—	Dentición a los 17 m
	Allen	4	—	—
	*Duncan	—	—	Dentición a los 18 m
	E. Gaskell	—	5	8 dientes a los 12 m, 12 a los 16 m y colmillos a los 22; 2° hijo, 4 dientes a los 8 m
	*Hayes	—	16	Dentición del 2° hijo a los 18 m
	*Lovell	6, —	—, 5	Colmillo en el primer hijo a los 27 m, el 2° tuvo dos dientes más casi en seguida
	*Prentiss	—	—	6 dientes a los 14.5 m
	K. Russell	7	—	3 dientes a los 9.5 m
	Traherne	6	—	—
	*M. Walker	10	—	—

† Obsérvese la imprecisión de este criterio: se puede referir a tener 1 diente o a la dentición.

Johnston (1808-1852) quiso hacer agradable la instrucción religiosa de su hijo: "Entonces las ilustraciones de las Escrituras; vemos una ilustración y hablamos sobre ella; una ilustración nos dura varios días. Los domingos son todo un acontecimiento: un pastel, ropas limpias, una gran ilustración de la Biblia, paseos con papá y mamá por el jardín" (142).

Análisis. En este siglo se encuentran dos actitudes diferentes respecto a la instrucción religiosa: padres del estilo de Allen y *M. Walker querían que sus hijos tuvieran conciencia de sus pecados, en tanto que padres como Johnston, *Lovell y Tregelles no veían con buenos ojos dar demasiada instrucción religiosa a sus hijos, y también querían que tal enseñanza fuera lo más placentera posible. Todavía los padres seguían viendo la instrucción religiosa como algo esencial, y continuó causando preocupación, pero en menor medida que en el siglo XVII.

Los niños que escribieron diarios

El mejor modo de reconstruir la niñez del pasado es leer diarios de niños. Por desgracia, el único diario de un niño menor de 13 años, anterior al siglo XVIII, es el de Edward Tudor. Subió al trono cuando empezó a llevarlo y versa sobre cuestiones de Estado, que no tienen interés para los niños en general.

En el siglo XVIII hubo tres autoras norteamericanas de diarios, las tres niñas; fueron *Julia Cowles (1785-1803), *Sally Fairfax (1760?-1785?) y *Anna Winslow (1759-1779). Las tres empezaron su diario entre los 11 y los 12 años. Las tres ayudaron en sus casas a lavar la ropa, a barrer y cocinar. Todas cosieron; en particular, Anna destacó en este campo. Hacía excelentes mallas, encajes tejidos, trenzaba el hilo de lino, hacía estambre de lana y bordaba cubiertas para libros. Julia y Anna fueron a la escuela, la primera a un internado y la segunda lejos del hogar, pero hospedándose con una tía y yendo a la escuela diurna. No hay indicios de que hubieran sido niñas desgraciadas o reprimidas. Así, Julia describe cómo andaba en trineo en invierno, cómo iba a bailes, qué vestidos nuevos estrenaba, los amigos que visitaba, los juegos que tenía con sus hermanos y sus empeños por mejorar en la escuela. Estuvo muy cerca de su padre; una vez que lo tiró el caballo dice que "lo halló en una situación lamentable, peor de lo que había esperado; me abrumó a tal grado que perdí completamente el control sobre mí misma" (70).

Sally menciona vestidos nuevos y bailes. Habla también de que su padre medía su estatura, que ella visitaba vecinos, que gastaba su dinero y que le causó gran repugnancia una persona que mató un gato, refiriéndose a ella como "un hijo de tal por cual". También estuvo muy vinculada con su padre, al cual le escribe estas líneas cuando estaba lejos de él: "Quisiera poder escribir con libertad y sin reserva, porque tengo muchas cosas que quisiera decir a mi querido & siempre amado padre que no quiero que caigan en manos de gente curiosa" (214).

El de Anna es el más detallado de los tres diarios. Lo escribió estando lejos del hogar para que sus padres pudieran saber qué hacía. Ella también se interesó mucho en su ropa, debido sobre todo a que la moda era muy diferente en Boston que en el hogar paterno y a que quería parecerse a los habitantes de Boston. Sus padres le enviaban dinero para que pudiera comprarse lo que necesitara: "Y debo decirles, que *por vez primera, mi vestido agradó mucho a todos.* Mi capa y mi gorrito son en verdad bellos, como deben ser. Porque cuestan una gran cantidad de dinero... Tengo *un* abrigo, que por su precio es muy airoso, & me gusta muchísimo" (14). Iba a reuniones, visitaba vecinos, sitios en que "la gente se fijaba en mí" y frecuentemente estallaba "en bellos accesos de risa" (7). Como enfermaba con frecuencia, se quedaba en casa en los días fríos o de nieve. Admiraba muchísimo a su padre:

> Mi papá me dijo en su última carta que me ha hecho el honor de leer mis diarios y que aprueba partes de ellos, supongo que quiere decir que le gustan más unas partes que otras, ciertamente sería estupendo que, como dice mi tía, un caballero como papá, con su comprensión, se deleite muchísimo con *cada cosita* u observación de una niña de mi edad & que debo considerar como un gran favor que él apruebe mis pequeñeces. [56-57.]

Para el siglo XVIII hay también tres escritoras inglesas de diarios: las hermanas Wynne —Elizabeth (1778-1857), Eugenia (1780-?) y Harriet (1786-?). Las dos primeras comenzaron sus diarios en 1789 y son más detallados que el de Harriet; describen la vida gozosa de las tres hermanas. Con frecuencia iban a bailes y mascaradas, regresaban a su casa pasada la media noche, se levantaban tarde y a la noche siguiente se acostaban muy temprano. Elizabeth dice que en 1789 aprendió a hacer botones de seda en tanto que Eugenia aprendió a tejer medias. Dicen haber jugado al escondite, a la gallina ciega, así como a hacer bromas a los criados. Eugenia cuenta de la disputa que tuvo Elizabeth con su institutriz: "Primero una se disgusta y luego la otra y luego la primera quiere leer. Yo no intervengo en sus disputas; guardo silencio y sigo trabajando como si nada" (vol. 1, p. 29). Las llevaban a ver exhibiciones, a la ópera y al teatro. Las dos parecen estar relacionadas muy íntimamente con sus padres, y al parecer Elizabeth los manejó bastante bien. En 1791, escribe después de haber recibido algún dinero de parte de los dos: "Gracias a mi ingenio me hice de este dinero, pues a los dos les envié versos" (vol. 1, p. 53).

Los tres niños norteamericanos autores de diarios del siglo XIX pintan un género de vida más sosegado, pues vivían en aldeas, no ciudades. Estos autores de diarios fueron *Louisa Alcott (1832-1888), *John Long (1838-1915) y *Caroline Richards (1842-1913). Todos ellos empezaron sus diarios a los 10 años. Louisa no fue ni a reuniones ni al teatro, pese a lo cual pasó ratos muy agrables. Habla de haber trepado a árboles, de saltar cercas y de jugar carreras. Su padre llevó también un diario, y es interesante que él describa a sus hijas como no interesadas en sus clases: "Sus pensamientos están en la colina distante, el río serpenteante, el huerto, el prado o la arboleda; y por ello les dejo que lo gocen con libertad" (132). Louisa jugaba a las muñecas y tanto ella como sus hermanas montaban obras teatrales, aunque también ayudaban en el quehacer de la casa. Describe que empezaba su día levantándose a las cinco de la mañana y bañándose en seguida; "me encanta el agua fría" (35). Venía luego una lección de canto, el desayuno, lavar los platos, y luego corría por la colina hasta las nueve. Seguían lecciones hasta la comida del mediodía: ortografía, aritmética, lectura y análisis. Después de comer, leía, paseaba o jugaba. En el diario de Louisa hay ejemplos abundantes de sus esfuerzos por regular su vivaz temperamento. Lamenta haber llamado a su hermana "mezquina", lamenta haber "estado de malas hoy, y no haber hecho caso de Mamá" y se trastorna cuando su padre le reprocha su egoísmo (36). Era muy apegada a sus padres, en particular a su madre.

*Long nos ofrece una buena descripción de su vida. Fue a la escuela, donde estudió aritmética y geografía. Todos los días leía un capítulo de la Biblia, pero los domingos leía tres. Esto parece haber sido dictado más por el interés que por motivos religiosos, ya que cuando hubiera leído toda la Biblia: "Mamá me va a regalar un cuchillo, una cartera y una buena chaqueta para el verano que viene. Y papá me dará un dólar" (7). Antes del desayuno ordeñaba a las vacas y ayudaba a su padre a cortar leña, a pesar de lo cual le quedaba tiempo para jugar; habla de andar en trineo, de hacer visitas y de leer Ivanhoe. En mayo de 1849 lo mandaron a un internado, pero como sintió nostalgia extrema, en julio regresó al hogar y fue a la escuela en su pueblo. Sus padres le pagaban por su ayuda: "Papá me da .50 a la semana siempre y cuando escriba en mi diario todos los días, y si ordeño una vaca y si soy un buen niño y si hago lo que él y mamá me pidan" (41).

*Caroline Richards llevó un diario detallado de su niñez, a partir de los 10 años. Su madre había muerto ya, por lo que tanto ella como su hermana fueron criadas por sus abuelos; no por ello perdieron su estrecho contacto con su padre, el cual las mimó en demasía. En una de sus visitas las llevó a una tienda y les preguntó qué querían: "Así que pedimos varias clases de dulces, bastones de dulce y gotas de limón y ojos de toro, y luego nos compraron dos bolas de goma, dos cuerdas para saltar, con mangos, y dos aros y palitos para llevarlos, así como dos brazaletes y dos anillos de cornalina" (5). Caroline fue lectora más asidua de la Biblia que *John Long; leía tres capítulos diarios y cinco los domingos. Aunque a las hermanas no se les daba ninguna retribución por ello, sí recibían dinero por aprenderse poemas morales.

Los asientos de los diarios describen juegos, paseos en trineo a la luz de la Luna, cómo las acurrucaba su abuela, noche a noche en su cama, vestidos nuevos y, además, están llenos de gracejos de la hermana menor, Anna, de siete años: por ejemplo, cuando se le pidió que escribiera un ensayo sobre "Una mente contenta": "Anna replicó que nunca la había tenido y que como no sabía lo que significaba no intentaría siquiera escribir sobre ello" (16). Salta a la vista que las dos hermanas disfrutaron de la vida; un asiento típico de un día de escuela era que "no se llevaban muy bien con los demás porque jugábamos demasiado" (13).

En el siglo XIX hubo más niños ingleses escritores de diarios (once). Los diarios de Mary (1808-1825) y John (1810-1827) Bingham son diarios religiosos, que hablan de sus aflicciones y tribulaciones. Marie Ramés (1839-1908) y Louisa Knightley (1842-1913) llevaron diarios similares; hablan de lecciones regulares, fiestas, exhibiciones y paseos con sus padres. Rachael Hamilton-Gordon (1873?-?) escribió su diario —no publicado— en el velero que la llevó a América; describe los placeres del viaje.

Marjory Fleming (1803-1811) fue la menor de los niños autores de diarios; lo empezó a los siete años; por cierto es la única autora de origen escocés. Pasó la mayor parte del lapso entre los seis y ocho años con su tía, y allí la instruyó su prima Isobella. Su diario deja la impresión de que fue una niña muy vivaz. Habla de cosas tales como lavar los vestidos de sus muñecas, de jugar y de bañarse al sol, de su anhelo de ver una obra teatral y de tener "gorritos Regency", los cuales "están muy de moda últimamente & todo el mundo tiene uno excepto la pobre de mí pero si tuviera uno no me quedaría bien" (3), y también de que le gustaba dormir con Isobella, a pesar del hecho de que como Marjory daba de patadas mientras dormía, la relegaban a los pies de la cama donde "Con frecuencia abrazo sus pies pero ella se ha quedado con todas las almohadas" (23). Marjory da cuenta de todos sus arranques de mal genio: dar de patadas contra el suelo y arrojar al piso su sombrero nuevo, llamar "Perra Indecente" a una sirvienta; negarse a ir a la planta alta a acostarse, "bufar como toro" y, finalmente, arrojarle un libro a Isobella (41, 51, 73).

Emily Shore (1819-1839) vivió en el campo y su vida social no fue tan turbulenta como la de otros autores de diarios. Le interesó más la historia natural; ella y sus hermanos jugaron e investigaron en la campiña y en los matorrales que circundaban su hogar; tuvieron una buena colección de animalillos e insectos. A Emily la llevaron a Londres a ver exhibiciones interesantes, por ejemplo, una demostración de cómo hacer adornos de vidrio.

Los Bowen: Sarah, nacida en 1864, Anne, nacida en 1867, Mary, nacida en 1867 y Charles, nacido en 1868, entre todos escribieron un diario, que empezaron en 1876. Sin embargo, la mayoría de las entradas son de Sarah. Ocupaban el cuarto destinado al cuidado y enseñanza de los niños situado en la parte alta de la casa; al parecer, no tuvieron contacto estrecho con sus padres; en particular tuvieron cierto temor hacia el padre, el cual los tomaba muy poco en cuenta; Sarah escribió: "Recortamos muchas ilustraciones interesantes que nos dio Papá" (251), si bien no hubo, al parecer, mucha interacción padres-hijos. A pesar de esto, se ve que los niños fueron muy felices. Recuerdan las festividades que había cada vez que se celebraba el cumpleaños de alguien, así como los regalos de cumpleaños, las vacaciones en el campo dos veces al año, en las que jugaban cuatro horas en los jardines, y las vacaciones en la orilla del mar un verano sí y otro no, cuando se les permitía "corretear casi salvajemente". En casa tenía su propio jardín, su pony, dinero para gastos y, además, se divertían mucho. Dice uno de los asientos de Sarah: "nosotros cuatro dimos una larga caminata y cruzamos el río cerca del molino, donde nos divertimos mucho poniendo piedras de vado" (242). Además, siempre estaban presentes cuando llegaban visitas a la casa.

Henry Alford (1810-1871) describe su vida cuando tenía 10 años,

Duermo solo en mi cuarto, y así lo he venido haciendo desde hace casi medio año, y tengo un cajón para mis juguetes, un cajón para mi ropa, un lavamanos, una gran cama, una cajonera, una cajita roja para guardar semillas, con dos fondos, media docena de cajas de píldoras, una caja grande para guardar mis libros, y plumas y una pizarra, algunos huevos de gusanos de seda, las Epístolas de Ovidio de Héroes, en latín, que me estoy aprendiendo, Cornelio Nepote, Clarke y una gran Biblia que me regaló mi padre. [9.]

Vivía en un internado, lo cual le gustaba mucho, y le interesó en gran manera la jardinería. Frederic Post (1819-1835) fue un niño mucho más tranquilo que Alford o Fleming. Por ser un niño delicado, fue educado en su hogar. Su padre le dedicó mucho tiempo, lo llevaba al zoológico, a ver el Coliseo y el nuevo túnel que estaba siendo construido bajo el Támesis. Tenía mascotas —una tortuga y un pony—; pero en su diario da más importancia a sus meditaciones religiosas y a su asistencia a reuniones. John Salter (1841-1932) fue otro escolar vivaz, el cual, como Alford, estuvo en un internado. Lo invitaban a fiestas; respecto a una de ellas, dada en 1853, observa: "Me molestó muchísimo que el Tío William bailara con Alice a pesar de estar comprometida conmigo, y desde entonces no le he vuelto a hablar" (4). Visitó el Museo Británico y el teatro Drury Lane, vio una exhibición de fuegos artificiales, compró en bazares, jugó críquet, fue a días de campo y a regatas, grabó su nombre en la banca de una iglesia y se divirtió en el Parque Greenwick, "cuyas colinas subió y bajó, y dio un paseo en pony; los demás pasearon en burro en Back heath" (5).

Análisis. Es una verdadera lástima que no se conozca el paradero de diarios escritos por niños en los siglos XVI y XVII, si es que alguno sobrevivió o si en verdad fueron escritos. Los diarios son la fuente más confiable para averiguar cómo veían los niños su forma de vida y qué hacían en realidad.

Todos los niños autores de diarios mencionados en este capítulo, a pesar de sus diferentes estilos de vida, estuvieron contentos y fueron felices. El diario de los niños Bowen es de particular interés porque su niñez fue típicamente de las clases alta y media victoriana, y porque pasaron casi todo su tiempo en su departamento para niños, separados de sus padres. Muchos autores (por ejemplo, Pinchbeck y Hewitt, 1969; Robertson, 1976) sostienen que las vidas de estos niños fueron muy restringidas, muy reglamentadas. El diario de Sarah Bowen y sus hermanas no presta apoyo a esta opinión: tuvieron diversiones y tiempo libre de sobra. Aun cuando los niños no hayan tenido un gran contacto con sus padres, éstos no eran indiferentes a sus problemas, antes al contrario, se ocuparon de que los hijos tuvieran facilidades y tiempo para jugar, amén de que no estaban totalmente aislados en el departamento de niños.

CONCLUSIÓN

Las fuentes primarias usadas como pruebas presentan una imagen mucho más vívida de la atención de los padres y de la vida de los niños, que las fuentes secundarias. Revelan el grado de preocupación e interés de los padres y también una muy amplia variación individual. Hacen que los niños cobren vida, cosa muy diferente al niño ideal presentado en la literatura de consejos sobre crianza de niños, de un modo tal, que ninguna fuente secundaria de información puede igualar.

Las fuentes revelan que los padres percibieron la presencia de sus hijos y que se interesaron muchísimo en su bienestar y educación. Tal vez hayan cambiado algunas de las experiencias de la niñez, digamos, la cantidad de educación religiosa, pero una porción muy importante sigue siendo la misma. Los niños jugaron, los llevaron a ver las cosas interesantes que hubiera en las cercanías, dieron sus clases, y de sus diarios se ve que fueron felices, libres de preocupaciones y, ciertamente, no oprimidos ni regulados estrechamente. No fueron, como dice Ariès, hechos a un lado o desdeñados, ni, como dice Hunt, no deseados; más bien parece que formaron parte integrante de la unidad familiar, al menos, a partir del siglo XVI. Sin la menor duda, los padres percibieron a las claras la individualidad de su prole, sus diversas necesidades y aptitudes y trataron de adaptar a cada niño en particular su modo de atención.

De interés muy especial es el gran interés paterno en los niños, aun en los bebés, en los primeros siglos de nuestro estudio. Aunque sobre los hombros de las madres recayó la responsabilidad de la atención diaria de los bebés, muchos fueron los padres que atendieron a un niño enfermo o que se levantaron a media noche para tranquilizar a un niño que lloraba, para ayudarlo en el trance del destete, que tomaron a su cargo la educación de niños ya mayorcitos y que, en general, se enorgullecieron de los logros y del desarrollo de su prole.

VII. RESUMEN Y CONCLUSIONES

AL RECAPITULAR las teorías principales de la historia de la niñez, nos encontramos con que muchos autores han sostenido que:

a) Antes del siglo XVII no hubo concepto de niñez; se tuvo a los niños como situados en el fondo mismo de la escala social, y por ello indignos de consideración (por ejemplo, Ariès, 1960; Demos, 1970; Hoyles, 1979; Hunt, 1972; Shorter, 1976; Stone, 1977; Tucker, 1976).

b) Sí hubo una relación formal padres-hijos; los padres eran personajes distantes a los que no era fácil aproximarse y los niños eran inferiores, sus necesidades y peticiones no eran dignas de ser tomadas en cuenta (por ejemplo, De Mause, 1976; Pinchbeck y Hewitt, 1969; Plumb, 1975; Stone, 1977; Thompson, 1974).

c) Hasta el siglo XVIII, y todavía a principios del XIX, a los niños se les explotó brutalmente y "se les sometió a indignidades que hoy nos parecen increíbles" (Sears, 1975). (Véanse también Ariès, 1960; Hoyles, 1979; Hunt, 1972; Lyman, 1976; De Mause, 1976; Pinchbeck y Hewitt, 1969; Plumb, 1975; Shorter, 1976; Stone, 1977; Tucker, 1976.)

Estos autores dicen, además, que a partir del siglo XVII hizo su aparición un concepto de niñez, debido a "un renovado interés en la educación" (Ariès; véase también Pinchbek y Hewitt); a modificaciones dentro de la familia (Ariès, Shorter, Stone); al auge del capitalismo (Hoyles, Shorter, Stone); al surgimiento de un espíritu de benevolencia indefinible (Sears, Shorter, Stone) y a la creciente madurez de los padres (De Mause). Este concepto de niñez se perfeccionó a lo largo de los siglos XVIII y XIX, hasta que finalmente a los niños se les atribuyó un papel central en la vida de la familia y sus derechos fueron protegidos por el Estado. Ahora bien, si hemos de creer estos razonamientos, la verdad es que habremos recorrido un largo camino en cuanto al trato a nuestros hijos, amén de que, si la teoría de De Mause es aceptada, lejos de proyectar nuestros sentimientos inaceptables sobre nuestros propios hijos y por tanto golpearlos hasta someterlos, ahora cedemos a todos sus deseos, gracias a lo cual estamos produciendo seres "amables y sinceros"

A pesar, sin embargo, de que estas teorías constituyen la opinión generalizada sobre la historia de la niñez, no son aceptadas universalmente. Hanawalt (1977) y Kroll (1977) han demostrado que en la Edad Media hubo un concepto de niñez, cosa que también han hecho Beales (1975), Cohen (sin fecha) y Stannard (1974) respecto a las primeras colonias puritanas. Morgan (1944) y Macfarlane (1970) no aceptan la tesis de que a los niños se les dio un maltrato generalizado. Muchos historiadores se han adherido a la creencia equivocada de que, si alguna sociedad del pasado no tenía el concepto contemporáneo occidental de niñez, entonces esa sociedad no tendría tal concepto, lo cual es una opinión totalmente indefendible —¿por qué las sociedades del pasado habrían visto a los niños del mismo modo que la sociedad occidental contemporánea? Más todavía, aun suponiendo que a los niños se les viera diferentemente en el pasado, esto no significa que no se les viera como niños.

Según vimos en el capítulo II, las fuentes empleadas para apoyar la opinión generalizada son sospechosas, y no son una base lo suficientemente firme para garantizar las generalizaciones tan graves que de ellas se han derivado. Este terreno, en general, peca de inseguro: no nada más se consideran o analizan muy rara vez los problemas inherentes que se hallan en las fuentes, sino que algunos de los datos empleados y las conclusiones sacadas son inexactos según los hechos. Podríamos esgrimir un buen número de puntos para demostrar esto. Ariès dice que a los niños se les pegaba en la escuela porque sus *padres* querían que los golpearan, en tanto que de las pruebas contenidas en las fuentes usadas en este estudio se ve claramente que los padres no querían tal cosa y que intervenían cuando consideraban que a sus hijos se les estaba castigando con demasiada severidad (véanse, por ejemplo, la autobiografía de Martindale y los diarios de J. Erskine y Morris, todo lo cual data del siglo XVII). De Mause incluye un cuadro sobre la edad de primeros pasos, que, cuando menos, tiene dos asientos inexactos. Pinchbeck y Hewitt dicen que el maltrato de los niños sólo apareció en la prensa hasta fines del siglo XIX, en tanto que la información contenida en el capítulo III revela que esto es una falsedad. Mencionan además que el que no haya casos publicados de maltrato a niños indica la indiferencia con que se veía a los niños. Sin embargo, la verdad es que los periódicos no sólo informaron de casos de maltrato a niños a partir del siglo XVIII en adelante, sino que lo hicieron de un modo tal que revela el horror general con que se vio esa crueldad. Stone indica que los puritanos del siglo XVII quisieron quebrantar la voluntad de los niños, para lo cual recurrieron a castigos terribles. Pero, por otra parte, Demos y Morgan dan pruebas en contra de esta afirmación; sus argumentos están apoyados por los textos que empleamos aquí. Finalmente, también hay inexactitudes en la forma en que las pruebas se analizan. Stone organiza sus argumentos alrededor de tres tipos de familia, todos los cuales tienen, según él, diferentes modos de criar a los niños. Sin embargo, ¡Josselin aparece como un ejemplo representativo en los tres tipos de familia, en tanto que *C.

Mather es presentado como ejemplo de la familia nuclear, patriarcal y restringida y de la familia nuclear doméstica y cerrada![1]

Debido a que la mayoría de los autores que se ocupan de la historia de la niñez se centraron en la severa disciplina aplicada en el pasado a los niños, sus relatos sobre la vida de los niños se circunscriben casi exclusivamente a este terreno. Resulta de esto que los niños del pasado son figuras indescifrables; poco sabemos sobre su género de vida. Este estudio ha tratado de dar vida a padres y niños reales, de revelar la interacción padres-hijos, de mostrar el pensamiento de los padres sobre sus hijos, cómo los educaron y, también, cómo los niños veían a sus padres. Esta información ha sido tomada de tres fuentes primarias de pruebas (diarios de adultos, diarios de niños y autobiografías) y resulta particularmente interesante ver cuántas similitudes hay en las descripciones de la niñez provenientes de estas tres fuentes.

Siempre es posible que los autores adultos de diarios hayan presentado una imagen parcial —sería dificilísimo escribir un diario introspectivo sin que interviniera un elemento de egoísmo—, y por ello es probable que no relaten cómo en realidad trataron a su prole. Estas discrepancias resaltan al comparar los ejemplos del niño y los del adulto. Con base en las pruebas contenidas en sus diarios, se ve que a los niños autores de diarios no se les reprimió ni se les disciplinó severamente. En realidad, hablan de menos castigos que los diarios de los adultos, lo cual hace pensar en que no se les sometió a una disciplina áspera. Se ve que sus vidas son felices y alegres y que estaban muy vinculados con sus padres. Algunos diarios de adolescentes describen desavenencias entre padres e hijos, pero esto muy rara vez se prolongó demasiado, amén de que la mayoría de los niños mantuvieron un contacto estrecho con sus padres aun después de haber dejado el hogar.

Ha habido, además, casos en que tanto el padre como el hijo escribieron un diario, y también diarios en los que, en su forma publicada, se hallan recuerdos de los hijos del autor. He aquí los padres e hijos que escribieron diarios: *Alcott y su hija Louisa, Brodie y su hijo James, *Holyoke y su hijo John, *Lynde y su hijo Benjamin, *Parkman y su hija Anna, *Sewall y su hijo Samuel, Yeoman y su hija Mary; los diarios publicados que contienen pruebas provenientes de niños que escribieron diarios son los de Acland, *Fenimore-Cooper, *Howe, Newcome, Pollen, *Silliman, Steadman y Wilberforce.

---

[1] Véase también en Macfarlane (1979a) la mezcolanza que hay en los periodos de tiempo de Stone (1977). Por ejemplo, Stone afirma al comienzo de su libro que la fase "Doméstica estrecha" de la vida familiar duró de 1640 a 1800. Sin embargo, en otras ocasiones la fase empieza en 1620 o tan tarde como a finales del siglo XVII (Macfarlane, p. 121).

302   RESUMEN Y CONCLUSIONES

Son similares los relatos de los padres y de los hijos. Por ejemplo, *Alcott (1979-1888) dice que usó el castigo físico para disciplinar a sus hijos mientras fueron pequeños, pero que después de haber cumplido siete años, se valió del razonamiento y de métodos alternos. Su hija empezó su diario a los 10 años, y aun cuando recuerda haber recibido reprimendas de su padre, no habla de ningún castigo físico. Además, *Alcott escribe que se le dificultó enseñar a sus hijas porque preferían pasársela jugando fuera de casa. El diario de Louisa (1832-1888) está lleno de referencias a correr colina arriba y por entre la campiña con sus hermanas. Brodie (1617-1680) describe haber "reprendido" a su hijo por su conducta y haberle advertido "contra la senda peligrosa y fútil que llevaba" (179), consejo que su hijo desdeñó. James (1637-1708) dice en su diario que lamenta no haber seguido el consejo de su padre, y que después de su muerte sintió "la ausencia de un padre e instructor amado" (426). El diario de *Parkman (1703-1782) no contiene prueba alguna sobre disciplina; tampoco la tiene el diario de su hija *Anna Parkman (1755-?), de 12 años de edad.

Los relatos de los niños autores de diarios sobre su niñez y sobre sus padres concuerdan también, según los textos publicados, con la imagen de cuidado paterno presentada en el diario. Acland (1809-1898) quiso que sus hijos disfrutaran de los placeres de la naturaleza, y para ello les permitió correr libremente en el jardín, en la corriente de agua y en los matorrales. Su hija nos habla de su niñez:

> Qué de horas felices pasamos acostadas en el césped al lado del estanque, tomando el sol y observando las cosas que flotaban, las cuales los peces no parecían tomar en cuenta... Es imposible describir todo lo que ese matorral representaba para nosotros. Allí estaban los nogales, cuyas ramas nosotros entretejíamos y formábamos casitas minúsculas... los ciruelos cuya resina era un tesoro inapreciable, y el arroyuelo que corría por allí... Cómo nos llenamos de lodo en esa corriente y cuántas horas nos entretuvimos haciendo estanques y caídas de agua, y mirando las ranas, las lagartijas y los escarabajos. [149-150.]

No cabe la menor duda de que Newcome (1627-1695) se dedicó a su prole y ayudó a sus hijos a lo largo de sus vidas; tal cosa se deduce de su diario. Sus hijos escriben de él diciendo que "con sus hijos fue amante y fiel" (288), y también que fue "un padre reverenciado y amado... cuya autoridad fue venerada, y cuya atención benevolente fue uno de nuestros mayores apoyos" (299). *Silliman (1779-1864) disfrutó muchísimo de la compañía de sus hijos, a los que llama "deleites". Sus tres hijas agregaron sus recuerdos de su padre al diario de éste. Todas lo recuerdan como padre bondadoso y amante. Citaremos a una de ellas: "Mis recuerdos más antiguos son los de un padre amante, razonable y afín. No recuerdo ningún caso de haber sido tratada por él de un modo impaciente o injusto. Siendo en verdad muy niñas se nos permitió estar con él en sus horas más ocupadas" (vol. 2, p. 360).

Los hijos del autor de un diario recuerdan procedimientos de corrección no anotados en el diario. Wilberforce (1759-1832) habla de haber estudiado el temperamento y las disposiciones de sus hijos con el fin de educarlos adecuadamente, pero en el texto no se menciona ningún castigo. Por otra parte, su hijo escribe lo siguiente sobre su padre: "ternura fue el rasgo característico de su temperamento en la casa. Aunque nunca cayó en la debilidad de no aplicar un castigo necesario, tampoco disimuló la pena que infligirlo le causaba" (314). En general, pues, padres e hijos marcharon en notable armonía en cuanto al género de vida de estos últimos. No hay, pues, razón para rechazar el material contenido en los textos de los adultos, alegando que está deformado considerablemente por la percepción acomodaticia del adulto.

La mayoría de las autobiografías contienen información similar a la de los diarios; pero son las autobiografías las que como género describen una disciplina más estricta (véase el capítulo v) y también mayor autoridad paterna (véase Pollock, 1981, capítulo 8). Es muy poco probable que los padres crueles hayan anotado en su diario los castigos severos que aplicaban a sus hijos, y por esa razón las autobiografías son una fuente importante de información sobre la educación áspera que sufrieron algunos niños. Cabe observar, sin embargo, que fue una minoría muy reducida de autobiografías la que contiene pruebas de disciplina estricta, de modo que de las 121 autobiografías estudiadas, sólo cuatro (las de Cooper, Forman, Grant y Hare) describen verdaderas crueldades. Esto hace pensar que el maltrato a los niños no fue tan común como han sostenido muchos autores. Son también las autobiografías las que revelan la mayor dosis de autoridad paterna y de control en terrenos tales como el matrimonio y la elección de carrera. Aunque ninguno de estos autores fue obligado a casarse con alguien con quien no quisiera hacerlo, o bien a seguir en un trabajo que detestara, muchos recuerdan que sus padres sí arreglaron estas cosas en su nombre y que además habrían preferido que sus hijos aceptaran sus elecciones (véanse, por ejemplo, Rich en cuanto al matrimonio y Fretwell y Norwood sobre elección de carrera). El hecho de que los autobiógrafos hablen de una educación más estricta que los autores de diarios es un resultado sorprendente y destaca lo necesario que es valerse de todas las fuentes disponibles sobre historia de la niñez, ya que el atenerse a una sola dará una opinión deformada. Esto ocurre en las obras de De Mause y Stone que han usado las autobiografías para ejemplificar el trato cruel que se dio a los niños en el pasado. Pasan por alto el hecho de que, si examinamos en su conjunto las autobiografías, sólo una minoría de escritores describe un trato así, en tanto que otros (véanse, por ejemplo, *Bailey, E. Fox y Knightley) recuerdan haber recibido únicamente bondades en su infancia, amén de que otras fuentes primarias, tales como diarios de adultos y de niños, no aportan elementos que apoyen sus conclusiones.

No sólo deberán estudiarse todas las fuentes disponibles, en su conjunto y en general, sino que también deberá examinarse la totalidad de cada texto. La gente cae en contradicciones, como lo demuestran los textos estudiados aquí; también es fácil usar citas aisladas, que no son representativas del texto, para apoyar una teoría. Por ejemplo, Martindale (1623-1686), ante la muerte de su único hijo, abunda en lo mucho que ha perdido con su muerte; no solamente fue muy costosa la educación de su hijo; también le debía dinero a su padre y ahora Martindale debe velar por la esposa e hijo del difunto. Esto ha sido esgrimido por Stone como ejemplo de la "actitud de sangre fría" hacia los niños (113). Sin embargo, ese asiento no es representativo del afecto de Martindale hacia su hijo. Habla de su hijo llamándolo "muchacho apuesto" y "dulce compañía" muy poco después de su nacimiento (154). A los dos años, el hijo era "un niño bello" que podía hacer frente a una vaca que solía perseguir niños, lo cual llenaba de orgullo al padre: "No creo que ni un solo niño, entre 100, de su edad pudiera hacer tal cosa" (154). A pesar de sus escasos ingresos, Martindale logró enviar a John a la universidad y luego lo ayudó a establecer su hogar. De las pruebas del diario se colige que Martindale estaba orgulloso de su hijo y que lo quería mucho. Una actitud similar reaparece 100 años después, también en un padre que amaba a sus hijos. J. Taylor (1743-1819) se trastornó cuando una de sus hijas cayó enferma, porque "respecto a nuestro pequeño negocio, dependíamos por completo de ella" (54). En los textos se encuentran muchos ejemplos parecidos. Así, Boscawen (1719-1805) llama "puerca" a su hijita de dos años porque no tomaba líquidos cuando se enfermó (80). *C. Mather (1663-1728) decidió que, respecto a sus hijos "mi palabra deberá ser su Ley" (vol. 7, p. 535), a pesar de lo cual su hijo Samuel fue inoculado y marchó a Inglaterra pasando por encima de la voluntad de su padre, y otro hijo, Increase, se rebelaba continuamente contra él; En ambos casos, *Mather acabó cediendo a los deseos de sus hijos. Moore (1779-1852) dice que su esposa estaba "en vías de producir otro pequeño estorbo entre nosotros (tal vez un pequeño prisionero)" (vol.

2, p. 139) a pesar de que gozó muchísimo con el nacimiento de sus hijos. Elizabeth Wynne (1778-1857) describió en pocas ocasiones a sus hijos como "rapaces" (en tono despectivo). Las actitudes anteriores podrían venir a corroborar el punto de vista común de que los padres de otros tiempos eran indiferentes hacia sus hijos, que los vieron como molestias no deseadas, de no ser por el hecho de que no representan todas las pruebas que contienen los textos.

Los resultados de nuestro estudio, dados en los capítulos IV a VI, demuestran que los principales argumentos esgrimidos por muchos historiadores son incorrectos, que en el mejor de los casos apenas son aplicables a una minoría de padres e hijos. Contrariamente a la creencia de muchos autores, como Ariès, lo cierto es que en el siglo XVI hubo un concepto definido de niñez, que quizá se redondeó con el paso del tiempo, pero que, dígase lo que se quiera, los autores estudiados del siglo XVI sí apreciaron que los niños eran diferentes de los adultos y también vieron en qué campos se distinguían los niños de ellos: los primeros pasaban por determinadas etapas de desarrollo perfectamente reconocibles; jugaban, necesitaban disciplina, educación y protección.

Las fuentes empleadas revelan que, entre los siglos XVI y XIX, hubo muy pocos cambios en el hogar en la atención de los padres y en la vida de los niños, aparte de los cambios sociales y de los adelantos en la tecnología. Casi todos los niños fueron deseados, y ciertas etapas del crecimiento, tales como el destete y la dentición, provocaron interés y preocupación en los padres, que además mostraron ansiedad y aflicción ante la enfermedad o la muerte de sus hijos. Aunque a veces los padres hallaron que su prole era molesta, sí disfrutaron la compañía de sus hijos. En cada uno de los siglos estudiados, los textos contienen información y pruebas que apoyan este resultado: por ejemplo, Clifford (1590-1676) y Wallington (1598-1658) gozaron hablando con sus hijos, y *Jefferay (1591-1675) describe los largos paseos por el bosque que dio con los suyos; Blundell (1669-1737) le hizo juguetes a su hijas y las ayudó a hacer un jardín; y a *Byrd (1674-1744) le gustaba llevar de visita a su hija porque se portaba estupendamente; Boswell (1740-1795) pasó muchas horas hablando con su hija mayor, y Burney (1752-1840) y *Shippen (1763-1841) gozaban muchísimo con el modo de actuar de sus hijos menores; esto mismo ocurrió en el siglo XIX con Johnston (1808-1852) y Wood (1812-1860).

También está claro que a la mayoría de los niños no se le dio un trato brutal. Algunos padres recurrieron al castigo físico, rara vez con demasiada frecuencia y por lo general cuando todo lo demás fallaba. Pero también es muy posible que los autores de diarios, que representaban la porción de la sociedad que sabía leer y escribir, golpearan muy poco a sus hijos, sobre todo en los primeros siglos, en que saber leer y escribir fue la característica distintiva de una instrucción más elevada. Con todo, la gran cantidad de fuentes que hemos estudiado aquí, así como los reportajes periodísticos, indican que la crueldad con los niños no fue un hecho tan generalizado como se ha hecho creer. Una buena porción —probablemente la mayoría de los padres— no "vapuleaba" a sus hijos.

Los textos revelan también que la relación padres-hijos no fue formal. Abundan en ellos ejemplos de cercanía entre padres e hijos: padres que se pasaban la noche en vela atendiendo a sus hijos enfermos; que se preocupaban por su educación; que estaban dispuestos a ayudar a sus hijos cuando era necesario, en tanto que los hijos se sentían en libertad de acercarse a sus padres con sus propios problemas, todo lo cual habla de contacto físico entre los padres y sus hijos, y también de que los primeros seguían informándose de las posteriores actividades de los segundos. Cuando los hijos llegaban a la adolescencia, se producían choques de opinión entre padres e hijos. O sea, que estos últimos estaban en relación con sus padres en términos lo bastante familiares como para pelear con ellos y/o para enunciar sus propias opiniones. Además, los padres aceptaban el derecho de sus hijos a tener sus propias opiniones; aun cuando los padres no aprobaran la conducta de sus hijos, los seguían ayudando económicamente; rara vez hubo pérdida de contacto por un periodo largo. Las pruebas tomadas de los textos no apoyan la tesis de que los padres estuvieran alejados y/o fueran indiferentes al bienestar de su prole.

Aun cuando tal vez parezca que la atención de los padres ha cambiado poco a partir del siglo XVI, lo cierto es que ha habido algunos cambios. Aun tomando en cuenta el hecho de que los diarios del siglo XVI son breves y precisos en todos los temas, a partir del siglo XVII hubo en ellos una acentuación creciente en la naturaleza *abstracta* de la niñez y en la atención de los padres. Por ejemplo, en los diarios se describen los métodos de disciplina como cosa diferente al castigo por un acto determinado; también se mencionan las obligaciones de los padres hacia sus hijos. Este pensamiento abstracto apareció por primera vez en el siglo XVII, entre los puritanos, y aumentó durante el siglo XVIII. A partir de este siglo, los padres empiezan a preocuparse por el "adiestramiento" de un niño para asegurarse de que él (o ella) asimile los valores y creencias correctos, y llegue a ser un individuo modelo. Madres y padres vieron con recelo sus deberes y les preocupó que el modo de criar a sus hijos fuera el apropiado; también les preocupó pensar que no eran lo bastante capaces para criar a sus hijos. Es muy posible que estos hechos se hayan relacionado más bien con el crecimiento y la propagación del saber leer y escribir y con la creciente aptitud de escribir como forma de comunicación, que con alteraciones importantes en la relación padres-hijos. Los cambios que se mencionan son ciertamente de poca monta si se les compara con la imagen de continuidad que ofrecen las fuentes.

Durante la primera parte del siglo XIX hubo una clara intensificación de las demandas de los adultos de obediencia y conformidad, sobre todo en las escuelas. Aunque este recrudecimiento se presenta únicamente una minoría de los textos, para los niños participantes equivalió en ocasiones a crueldad abierta. Ya he sugerido que la industrialización de la sociedad contribuyó tal vez al aumento de la disciplina. Esta hipótesis pudo comprobarse comparando una amplia muestra de familias que vivieran en distritos rurales con otras que habitaran en las nuevas regiones industriales. En contraste, los textos de fines del siglo XIX, como se ve en Pollock, capítulo 8, muestran una reducción del control de los padres en terrenos tales como la elección de carrera o el matrimonio, y también una disminución en los conflictos padres-descendientes. Conforme crecían la industria y la tecnología, y conforme el Estado empezaba a regular la vida de familia, parece que los padres renunciaban a algo del control que ejercían sobre las vidas de sus vástagos; probablemente, alguna autoridad paterna, como la relativa al arreglo de matrimonios, ya no era apropiada a la nueva sociedad en que vivían.

Con todo, los padres no cejaron en su empeño por dirigir cuando menos algunos de los aspectos de las vidas de sus hijos: hoy, los padres están muy interesados en la socialización de sus hijos. La regulación de la conducta de un niño parece ser cosa fundamental en la función paterna. Newson y Newson (1976), con base en su estudio de las costumbres de crianza de niños del siglo XX, señalan que

la función del vapuleo sigue siendo la de alcanzar un fin que es más importante que el conflicto inmediato: sirve para satisfacer la necesidad que sienten los padres de mantener su credibilidad como figuras de poder que indiscutiblemente deben ganar en cualquier batalla importante de voluntades. El ocasional e inevitable choque de intereses entre padres e hijos puede llegar a ser un momento de prueba, cuando los padres sospechan que su añejo poderío para influir en la conducta de sus hijos (concepto que es básico en la función de los padres) puede disminuir y no ser ya recuperable si parecen fallar. [359.]

O sea, que la conducta de "control" de los padres no se circunscribe a siglos anteriores; la afirmación de muchos historiadores de que antes del siglo XVIII a los niños se les normaba por completo y que después de ese siglo desapareció tal regulación es demasiado rígida y delimitada. Podría parecer que los padres sienten que no están cumpliendo con su deber si no ejercen control sobre su descendencia.

El punto de vista general sobre la historia de la niñez no incluye todas las facetas de la vida de los niños en el pasado. Muchos historiadores han creído que los padres operan en un vacío, que aplican automáticamente el consejo en boga sobre crianza y educación de los niños, sin ninguna alteración, a todos y cada uno de los niños. Lo cierto es que los niños están muy lejos de ser totalmente pasivos; exigen cosas de sus padres, y los padres se ven obligados a operar dentro del contexto de estas exigencias. En todos los siglos estudiados, los padres se avinieron a las necesidades de su prole, desde Clifford en el siglo XVI, la cual, a pesar de estar irritada por el constante mal humor de su hijita de cinco años, lo toleró porque creía que estaba enferma, a *Lovell, en el siglo XIX, quien percibió la naturaleza espontánea de su hijita y que, por consiguiente, no siempre insistió en la obediencia total.

Es difícil formular alguna teoría sobre el cuidado paterno en el pasado, debido a que hubo demasiadas variaciones individuales. Tampoco se puede esgrimir la presencia de una determinada actitud, digamos el concepto de Pecado Original, como prueba de una determinada conducta, digamos el empleo del látigo como medio de disciplina. Las fuentes revelan que hay muy poca o ninguna conexión entre actitudes y conducta: los cambios en actitudes hacia los niños descritos en el capítulo IV no se presentan acompañados por cambios paralelos en la conducta de los padres. Sin embargo, a pesar de las diferencias individuales en las técnicas de crianza de niños, hay límites en la variación. Estos límites son la dependencia del niño y la aceptación de la responsabilidad en cuanto a protección y socialización de ese niño por los padres. Del material reunido aquí se evidencia que la gran mayoría de los padres de los primeros siglos operaba dentro de estos límites. Aun en los casos en que se empleaban nodrizas y otros sirvientes, casi todos los padres aceptaban el hecho de que la responsabilidad principal de educar a sus hijos recaía en ellos. Por otra parte, los padres no querían causar penalidades extremas a sus hijos imponiendo un régimen disciplinario extremo.

Las fuentes empleadas en esta obra no proporcionan todas las respuestas a interrogantes sobre la historia de la niñez, pero sí ofrecen una buena imagen de las vidas de padres y niños verdaderos, la cual ninguna fuente secundaria podrá proporcionar jamás. El material analizado aquí no apoya las teorías evolucionarias sobre la historia de la niñez. Aun cuando tal vez haya habido cambios en las costumbres de alimentación de los niños (Fildes, 1980), y también algunos cambios ligeros en actitudes, en el siglo XVIII no hubo una transformación espectacular en las costumbres de crianza de los niños. Es un mito creado por una lectura demasiado precipitada, por un deseo ardiente de hallar material que apoye la tesis y por una interpretación errónea de las pruebas. Nuestro método de atención a los niños y a su crianza no tiene nada de fácil —basta presenciar la ansiedad constante que experimentan los padres—, y sin embargo, parece ser persistente. En vez de empeñarse en explicar los supuestos cambios en las relaciones padres-hijos, los historiadores harían muy bien en meditar por qué razón la atención y el cuidado de los padres es una variable que resiste el cambio de un modo tan singular.

APÉNDICE: LISTA DE FUENTES ESTUDIADAS

Autor	P	M	A	C	O	Vida del autor	Fechas del texto	Fecha de publi-cación	Exten-sión del texto[3]	Tipo de asien-to[4]	Ocupación[5]	Religión[6]	Núm. de hijos[7]	Núm. de hijos muer-tos[7]
Siglo XVI														
Nicholas Assheton	+	+				1590-1625	1617-1618	1848	2/3 v.	SW	Terrateniente	Puritano	5	4
Richard Boyle	+	+				1566-1643	1611-1643	1886	8 v.	SW	Hombre de Edo.	Protestante	12	2
William Brownlow	+	+	+			1594-1675	1626	1909	5 pp.	SM	Abogado	—	19	11
Anne Clifford	+	+	+			1590-1676	1603-1619	1923	1/2 v.	MW	Condesa	Protestante	5	3
John Dee	+	+		+		1527-1608	1577-1601	1841	1/3 v.	SW	Astrólogo	Religioso	6	0
Simon Forman	+				+	1552-1601	1564-1600	1849	32 pp.	—	Astrólogo	—	0	0
Robert Furse	+				+	1555?-1594?	1593	1894	17 pp.	—	Hacendado	—	11	1
Thomas Hope	+	+				1585?-1646	1633-1646	1843	1 v.	MW	Lord Magistrado	Religioso	7†	0
*William Jefferay[8]	+	+	+			1591-1675	1591-1669	1889	1 v.	LW	Terrateniente	Religioso	4†	0
Henry Machyn	+	+				1498-1563	1550-1563	1848	1 1/2 v.	SW	Sastre	Católico	1	0
Grace Mildmay	+			+		1552-1620	1570-1617	1911	20 pp.	—	Dama de Honor	Religiosa	1	0
Humphrey Mildmay	+	+				1592-1667	1633-1652	1947	1 v.	SD	Alguacil	Protestante	6†	1
Richard Norwood	+	+				1590-1675	1590-1620	1945	1/2 v.	MW	Agrimensor	Religioso	0	0
John Oglander	+	+	+			1585-1655	1595-1648	1888	1 v.	MW	Sublugarteniente	—	4†	0
John Penry	+	+	+			1563-1593	1592-1593	1944	1/2 v.	SW	Predicador	Puritano	4	7
Walter Powell	+	+				1581-1656	1603-1654	1907	48 pp.	MW	Caballero	Puritano	14	7
Richard Rogers	+	+				1550?-1618	1586-1590	1933	2 1/2 v.	SW	Ministro	Puritano	6	1
Edward Tudor	+			+		1537-1553	1549-1552	1857	1/4 v.	SD	Rey	C de E	0	0
Nehemiah Wallington	+	+	+			1598-1658	1630-1658	1869	3 v.	LW	Tendero	Puritano	12	4
Samuel Ward	+	+	+			1571-1643	1595-1630	1933	20 pp.	SW	Médico	Puritano	1	0
John Winthrop	+	+				1587-?	1607-1680	1864	2 v.	MW	Funcionario del gobierno	Puritano	7	0
Siglo XVII														
*William Adams	+	+	+			1650-1685	1667-1682	1852	20 pp.	SW	Estudiante	Religioso	0	0
Elias Ashmole	+	+				1617-1692	1633-1688	1927	1 1/3 v.	MW	Astrólogo	—	1	1
William Bagshawe	+	+				1628-1702	1696-1698	1886	16 pp.	MW	Ministro	No con-formista	2†	0
Jacob Bee	+	+				1636-1711	1681-1707	1910, 1914	1 1/2 v.	SY	Hilandero	—	5	3
Nicholas Blundell	+	+				1669-1737	1702-1728	1968-1972	4 1/2 v.	SD	Propietario	Católico	2	0

	Fuente				Texto						Del autor			
Autor	P	M	A	C	O	Vida del autor	Fechas del texto	Fecha de publicación	Extensión del texto	Tipo de asiento	Ocupación	Religión	Núm. de hijos	Núm. de hijos muertos
Siglo XVII											291			
DEL NACIMIENTO A LOS DOCE AÑOS														
Peter Briggins	+	+				1672-1717	1703-1716	1894	39 pp.	MW	Tendero	Cuáquero	5	0
Alexander Brodie	+	+				1617-1680	1652-1680	1746	2 v.	MW	Director de Sesiones	Presbiteriano	2	0
James Brodie	+	+				1637-1708	1680-1685	1746	1/2 v.	SW	Hijo del anterior	Presbiteriano	9	0
Mark Browell	+	+				1660?-1729	1688	1915	14 pp.	SY	Abogado	—	7	1
Robert Bulkeley	+	+				1600?-?	1630-1636	1937	2/3 v.	SD	Pequeño Terrateniente	Religioso	7	0
William Bulkeley	+					1691-1760	1734-1743 1747-1760	1936	1 v.	MD	Terrateniente	Religioso	2	0
*William Byrd	+					1674-1744	1709-1741	1941 1942 1958	8 v.	MD	Propietario	Religioso	8	2
John Byrom	+	+				1692-1763	1722-1744	1854	6 1/2 v.	MD	Poeta	Religioso	6	3
Walter Calverley	+	+				1669-1722	1692-1722	1886	1/2 v.	SY	Barón	Religioso	2	0
James Clegg	+		+			1679-1755	1701-1755	1899	1/2 v.	MW	Médico	No conformista	6	1
*William Cooper	+	+				1693-1743	1715-1730	1876	14 pp.	SW	Ministro	Puritano	1	1
Mary Cowper	+	+				1685-1724	1716-1720	1864	7/8 v.	MD	Dama de honor	C de E	4	0
Thomas Crosfield	+			+		1602-1663	1618-1640	1935	7/8 v.	SW	Estudiante	—	0	0
William Cunningham	+					1650-1720?	1673-1707	1887	3/4 v.	MY	Terrateniente	Presbiteriano	6	0
*Samuel Danforth	+	+				1626-1674	1649-1674	1880	20 pp.	SW	Ministro	Religioso	12	3
Ebenezer Erskine	+	+				1680-1754	1707-1728	1831	2 v.	LY	Ministro	Iglesia de Secesión	10	4
James Erskine	+					1679-1754	1717-1718	1843	1/2 v.	LY	Magistrado del Tribunal de Justicia	Religioso	6	1
John Evelyn	+	+			+	1620-1706	1640-1706	1906	5 v.	MW	Campesino opulento	C de E	7	5

Elizabeth Freke	+	+		+	+	1641-1714	1671-1714	1913	2/3 v.	MY	Clase media	Religiosa	1	0
James Fretwell	+	+		+	+	1699-1772	1718-1760	1879	1/2 v.	—	Pequeño Terrateniente	Religioso	0	0
*Joseph Green	+	+		+		1675-1715	1700-1715	1866	39 pp.	SW	Ministro	Puritano	7	0
*Lawrence Hammond	+	+		+	+	1640?-1699	1677-1691	1891	30 pp.	MW	Capitán	Religioso	8	6
John Harington			+	+		?	1646-1653	—	1/4 v.	SD	MP	Religioso	3	0
Andrew Hay	+	+		+		1610-1689	1659-1666	1901	1 1/4 v.	LD	Caballero	Religioso	6	0
John Hervey	+	+		+		1665-1751	1688-1742	1894	1/2 v.	SW	Político	Religioso	3	1
Oliver Heywood	+	+		+		1630-1702	1666-1702	1882	7 v.	SW	Ministro	Puritano	3	1
*Edward Holyoke	+	+		+		1689-1769	1709-1768	1911	30 pp.	SD	Ministro	Religioso	6	2
Sra. Housman	+			+		1680?-1735	1711-1732	1744	3/4 v.	LY	Clase media	Puritana	2	1
David Hume	+			+		1643-1707	1697-1700	1843	1/2 v.	—	Juez	Religioso	5	0
Henry Hyde	+	+		+		1638-1709	1687-1690	1828	1 v.	MD	Virrey y gobernador de Irlanda	C de E	1	0
Justinian Isham		+		+	+	1687-1735	1704-1735	1907	25 pp.	LY	Barón	Religioso	0	0
James Jackson		+		+		1620-?	1650-1683	1921	34 pp.	SW	Granjero	Religioso	7	0
Archibald Johnston	+	+		+		1610-1663	1632-1660	1896	2 v.	SW	Hombre de Estado	Religioso	12	2
Ralph Josselin	+	+		+	+	1616-1683	1616-1681	1908	1 v.	SW	Vicario	Puritano	8	3
*Sarah Knight	+	+		+		1666-1727	1704-1705	1825	1/3 v.	LW	Maestra	—	1	0
Roger Lowe	+			+	+	1648?-1679?	1663-1674	1938	1/2 v.	SW	Aprendiz	Puritano	0	0
*Benjamin Lynde	+		+	+		1666-1745	1690-1742	1880	2/3 v.	SY	Juez	Puritano	2	0
Adam Martindale	+	+		+		1623-1686	1645-1686	1845	1 1/6 v.	LW	Ministro	Puritano	6	3
*Cotton Mather	+	+		+		1663-1728	1681-1724	1911, 1912	7 v.	LW	Ministro	Puritano	15	9
*Increase Mather	+	+		+		1639-1723	1675-1676	1899	1/4 v.	MW	Ministro	Puritano	2	0
Giles Moore	+	+		+		1635-1679	1655-1679	1848	1/4 v.	SY	Ministro	Religioso	1	0
Claver Morris	+	+		+		1659-1727	1709-1710, 1718-1726	1934	1/2 v.	MW	Médico	C de E	5	3
Henry Newcome	+	+		+	+	1627-1695	1661-1663	1852	2 v.	MW	Ministro	Puritano	5	0
Richard Newdigate	+			+		1644-1710	1680-1706	1901	1/4 v.	SW	Campesino opulento	Puritano	15	4
Samuel Newton	+	+		+		1622-1717	1644-1717	1890	2/3 v.	SW	Concejal	Religioso	3	1
Thomas Osborne		+	+	+		1631-1712	1666-1712	—	1 v.	SY	Hombre de Estado	—	7	3
*John Pike	+	+		+		1653-1710	1678-1709	1875	31 pp.	SW	Ministro	Puritano	5	3
Elias Pledger	+		+	+	+	1665-?	1665-1725	—	1 v.	MY	Ministro?	Presbi-	2	1

Autor	Fuente P	Fuente M	Texto A	Texto C	Texto O	Vida del autor	Fechas del texto	Fecha de publicación	Extensión del texto	Tipo de asiento	Del autor: Ocupación	Del autor: Religión	Núm. de hijos	Núm de hijos muertos
Siglo XVII														
												teriano		
Walter Pringle	+				+	1625-1667	1662-1665	1751	$^1/_2$ v.	—	Contratista	Religioso	6ſ	0
Mary Rich	+				+	1624-1678	1660-1672	1848	38 pp.	—	Condesa	Religiosa	2	1
John Richards	+		+			1660?-1721	1698-1701	1853	19 pp.	SY	Escudero	Religioso	4	0
Andrew Rule		+	+			1695-?	1715-1750	—	1 v.	LY	Maestro	Religioso	5	2
Dudley Ryder	+			+		1691-1756	1715-1716	1939	$1^3/_4$ v.	LD	Estudiante	No conformista	0	0
*Samuel Sewall	+		+			1652-1730	1673-1729	1878	4 v.	MW	Juez	Puritano	14	7
*Richard Skinner	+		+			1666?-1727	1724-1725	1900	3 pp.	SW	Diácono	Religioso	12	0
Henry Slingsby	+		+			1601-1658	1638-1648	1836	1 v.	LW	MP	Religioso	3	0
Thomas Smith	+		+			1673-1723	1721-1722	1907	41 pp.	SD	Escudero	C de E	4	0
Owen Stockton		+	+			1630-1680	1665-1680	—	1 v.	LW	Ministro?	Religioso	6	5
Sra. Stockton		+	+			?	1665?	—	25 pp.	LD	Esposa del anterior	Religiosa	6	5
William Stout	+				+	1665-1752	1679-1752	1967	$^3/_4$ v.	—	Tendero	Puritano	0	0
*Edward Taylor	+			+		1642-1729	1668-1672	1880	19 pp.	SW	Estudiante	Religioso	0	0
John Thomlinson	+			+		1692-1761	1715-1722	1910	$^1/_2$ v.	MD	Ministro	Religioso	0	0
Isabella Twysden	+		+			1605-1657	1645-1651	1939	24 pp.	SY	Dama	C de E	6	0
Thomas Tyldesley	+		+			1657-1715	1712-1714	1873	$^3/_4$ v.	SD	Caballero	Religioso	6	0
Anthony Wood	+				+	1632-1695	1657-1695	1891	7 v.	MW	Anticuario	Religioso	0	0
Mary Woodforde Esposa	+		+			1638-1730	1684-1690	1932	13 pp.	MY	Ministro[F]	Protestante	8	0
Siglo XVIII														
*John Adams	+		+			1767-1848	1787-1848	1874	32 v.	MW	Presidente	Religioso	3	0
*Amos Alcott	+		+			1799-1888	1826-1882	1938	$2^2/_3$ v.	LW	Autor y maestro	Religioso	5	1
John Allen	+			+		1757-1808	1777	1905	$^3/_8$ v.	SD	Cervecero	Cuáquero	0	0
Hannah Backhouse	+		+	+	+	1787-1850	1804-1849	1858	$1^1/_2$ v.	MW	Ministro[F]	Cuáquera	6	3
James Backhouse	+		+			1721-1798	1747-1752	1918	6 pp.	SY	Clase media baja	Cuáquero	2	0
*Mary-Ann Bacon	+			+		1787-?	1802	1903	7 pp.	MD	Clase media	Puritana	0	0

Nombre		Fechas	Periodo	Año	Extensión	Código	Ocupación	Religión		
*Samuel Bacon	+ +	1781-1820	1818-1820	1822	$2/3$ v.	—	Ministro	Bautista	0	0
*Abigail Bailey	+ +	1746-1815	1767-1792	1815	1 v.	—	Alcalde^E	Religioso	17	1
John Baker	+	1717-1779	1771-1777	1909	46 pp.	SW	Procurador	—	3†	0
*Ebenezer Baldwin	+ +	1745-1775	1762	1879	3 pp.	MW	Estudiante	Religiosa	0	0
John Barclay	+ + +	1797-1838	1814-1832	1842	$1/2$ v.	MW	Banquero^P	Cuáquero	0	0
*Edward Bates	+ + +	1793-1869	1859-1866	1933	$3 1/2$ v.	MW	Estadista	Religioso	17	9
*James Bayard	+	1767-1815	1813-1814	1913	32 pp.	MW	Senador	—	0	0
*Martha Bayard	+	1769-?	1794-1797	1894	$3/4$ v.	MW	Abogado^E	Presbiteriana	2	1
Katherine Bayly	+	1721-1774	1721-1756	1898	14 pp.	MD	Empleada del erario^E	Católica?	6	0
Thomas Belsham	+ +	1750-1829	1779-1826	1833	$3 7/8$ v.	MW	Ministro	Disidente	0	0
*William Bentley	+ +	1759-1819	1785-1819	1905	6 v.	MW	Maestro	Religioso	0	0
*Joanna Bethune	+	1770-1860	1824-1847	1864	$2/3$ v.	—	Maestra	Religiosa	31†	3
Elizabeth Bishop	+	1751-1801	1779+ 1785-1801	—	$4 1/2$ v.	SW	Pastelera^E	Cuáquera	7	3
*Joseph Bissell	+ + +	1747-1784	1766	1868	4 pp.	SW	Estudiante	Cuáquero	0	0
*William Bolling	+	1777-?	1827-1828	1935-1939	$1/2$ v.	SD	Granjero	Religioso	4	0
Frances Boscawen	+ + +	1719-1805	1742-1805	1940, 1942	$1 1/4$ v.	LW	Almirante^E	Religioso	5	1
James Boswell	+ + +	1740-1795	1754-1794	1928-1934	26 v.	LD	Biógrafo y abogado	Religioso	6	1
Anna Bower	+	1768-?	1780-1799	1903	$7/8$ v.	SW	Clase media alta	—	0	0
Anna Braithwaite	+ + + +	1788-1859	1830-1859	1905	1 v.	LY	Fabricante^E	Cuáquera	9	2
Charlotte Brown	+ + +	?	1754-1756	1935	32 pp.	MW	Enfermera	Religiosa	1	1
Nicholas Brown	+ + +	1722?-1797	1767-1796	1910	$1/2$ v.	SW	Abogado	—	6	0
Frances Burney	+ + +	1752-1840	1778-1839	1854	$12 1/2$ v.	LW	Novelista	Religioso	1	0
*Aaron Burr		1756-1836	1808-1812	1903	3 v.	LW	Vicepresidente	—	1	0
Frances Calvert	+ +	1767-1859	1789-1822	1911	$1 7/8$ v.	SY	Clase alta	Religiosa	12	4
Mary Capper	+	1755-1827	1769-1826	1848	$3/4$ v.	MD	Clase media baja	Cuáquera	0	0
*Landon Carter	+ + +	1709-?	1770-1776	1905-1910	$2/3$ v.	MW	Terrateniente	Religioso	6†	0
William Carvosso		1750-1834	1817-1833	1836	$1 1/2$ v.	MY	Granjero	Metodista	3	0
*Jemima Condict	+	1754-1779	1772-1779	1930	$3/8$ v.	SY	Granjero^P	Presbiteriano	0	0
*Silas Constant	+ +	1750-1825	1783-1801	1903	$2 3/4$ v.	SW	Ministro	Religioso	4	0
Anne Cooke	+ +	1726-1809	1761-1776	1915	$1/4$ v.	SW	Clase media alta	Religiosa	3	0
*Julia Cowles	+	1785-1803	1797-1803	1931	$1/2$ v.	MW	Clase media	Puritana	0	0
*Benjamin Cutler	+	1798-1863	1818-1860	1865	$1 1/2$ v.	SD	Rector	Episcopal	2	2

Autor	Fuente		Texto			Vida del autor	Fechas del texto	Fecha de publicación	Extensión del texto	Tipo de asiento	Del autor Ocupación	Religión	Núm. de hijos	Núm. de hijos muertos
	P	M	A	C	O									
Siglo XVIII														
*Manasseh Cutler	+	+				1742-1823	1765-1819	1888	3 v.	MW	Ministro	Religioso	4↑	0
*George Dallas	+	+				1792-1864	1837-1839 1856-1861	1892	2¼ v.	MW	Diplomático	Religioso	4↑	0
Abiah Darby	+	+	+			1716-1794	1745-1769	1913	15 pp.	MY	Clase media baja	Cuáquero	9	4
Hannah Darby	+	+	+			?-1762	1761-1762	1905	7 pp.	SD	Clase media	Cuáquera	2	0
Robert Day	+	+	+	+	+	1745-1841	1770-1830	1938	¾ v.	SW	Juez	Protestante	1	0
Susanna Day	+	+	+			1747-1826	1797-1805	1909	6 pp.	SW	Mayorista^E	Cuáquera	5	0
*Samuel Dexter	+	+	+			1700-1755	1720-1752	1859	22 p.	MW	Ministro	Puritano	11	4
Sylvester Douglas	+	+			+	1743-1823	1793-1819	1928	4 v.	LW	MP	Religioso	1	0
*Lorenzo Dow	+	+				1777-1834	1794-1816	1848	1¾ v.	MW	Predicador	Metodista	1	1
*Margaret Dow	+	+				1780-?	1804-1816	1848	½ v.	LW	Predicador^E	Metodista	1	1
*Elizabeth Drinker	+	+				1734-1807	1759-1807	1889	2 v.	SW	Comerciante^E	Cuáquera	5	0
John Dungett	+	+	+	+	+	1780-1830	1815-1823	1833	½ v.	—	Cirujano	Metodista	0	0
Grace Elliot	+	+	+	+	+	1764-1814	1789-1801	1859	1 v.	—	Dama	Religiosa	1	0
*Joshua Evans	+	+	+	+	+	1731-1798	1745-1798	1837	1 v.	—	Ministro	Cuáquero	2↑	0
*Sarah Eve	+				+	1749-1774	1772-1773	1881	33 pp.	MW	Capitán de barco^P	—	0	0
*Sally Fairfax	+					1760?-1785?	1771-1772	1904	3 pp.	SW	Clase media	—	0	0
*James Fenimore-Cooper	+					1789-1851	1848	1922	36 pp.	SD	Novelista	Religioso	7	2
*Philip Fithian	+					1747-1776	1767-1774	1900	1½ v.	LD	Clase media	—	0	0
Edward Fitzgerald	+	+				1763-1798	1794-1796	1904	1¼ v.	MW	Lord	—	3	0
Sophia Fitzgerald	+		+			1765?-1826	1785	1904	31 pp.	LY	Dama	—	0	0
Mary Fletcher	+	+	+			1739-1814	1772-1814	1818	2¾ v.	MW	Maestra	Metodista	1	0
Eliza Fox	+	+	+			1793-1869	1793-1812	1809	½ v.	—	MP^E	Presbiteriana	3	0
Maria Fox	+	+	+			1793-1844	1824-1843	1846	2 v.	MW	Clase media	Cuáquera	3	0
*Charles Frankland	+	+				1716-1768	1755-1767	1865	47 pp.	SW	Barón	—	1	0
Elizabeth Fry	+	+				1780-1845	1797-1845	1853	3 v.	MY	Filántropo	Cuáquera	11	1

Nombre										Ocupación	Religión		
*Timothy Fuller		+	+	1778-1835	1798-1801	1916	21 pp.	SW	Estudiante	Religioso	0	0
*James Gallatin	+	+	+	1797-1876	1813-1827	1914	1/2 v.	MW	Estadista	—	1	0
*Samuel Gardner	+	+	+	1740-1762	1759	1913	23 pp.	SW	Estudiante	Religioso	0	1
John Gisborne	+		+	1770-1851	1800-1851	1852	3/4 v.	MD	Clase media	Protestante	9	1
Elizabeth Goff	+	+	+	1730?-?	1759-1799	1918	27 pp.	MW	Clase media	Cuáquera	22↑	9
*James Gordon	+	+	+	1713-1768	1758-1763	1903-1904	48 pp.	MW	Coronel	Puritano	9↑	1
Elizabeth Grant	+		+	1797-?	1797-1830	1911	2 v.	—	Clase alta	—	1	0
Faith Gray	+		+	1751-1826	1764-1826	1927	1 v.	SY	Hombre de negocios[E]	C de E	7	2
Jonathan Gray	+	+	+	1779-1837	1806-1815	1927	60 pp.	MW	Abogado	C de E	2	0
*William Greene	+	+	+	1754-?	1778	1920	3 1/4 v.	MW	Soldado	—	0	0
*John Griffith	+	+	+	1713-1776	1713-1776	1779	2 1/8 v.	LW	Predicador	Cuáquero	4	1
Mary Hagger		+		1758-1840	1814-1839	1843	30 pp.	MY	Predicadora	Cuáquera	4↑	2
Mary Hamilton	+	+	+	1756-1816	1774-1816	1925	1 1/2 v.	MD	Dama de honor	Religiosa	1	0
Louisa Hardy	+	+	+	1789-1877	1807-1877	1935	1 1/4 v.	MD	Dama	—	3	0
John Harrower	+	+	+	1735?-?	1773-1776	1901	43 pp.	MD	Maestro	Religioso	3	0
*Thomas Hazard	+	+	+	1720-1798	1750-1790	1893	1 3/4 v.	SW	Granjero	Puritano	5	2
*Thomas Hazard	+	+	+	1756-1845	1778-1840	1930	4 v.	SD	Granjero	Puritano	5	2
*Elias Hicks	+	+	+	1748-1880	1813-1820	1832	2 1/6 v.	MW	Carpintero	Religioso	11	6
*Jacob Hiltzheimer	+	+	+,	1729-1798	1765-1798	1893	2 1/8 v.	SW	Granjero	Religioso	7	2
Elizabeth Holland	+	+	+,	1770-1845	1791-1811	1908	2 3/4 v.	MW	Baronesa	C de E	5	2
*John Holyoke	+			1734-1753	1748	1911	3 pp.	SD	Clase media	—	0	0
*Mary Holyoke	+	+	+	1737-1802	1760-1799	1911	1/2 v.	SD	Clase media	Religiosa	12	9
*Susanna Holyoke	+	+	+	?	1793-1856	1911	30 pp.	SD	Clase media	Religiosa	4	2
*Henry Hull	+	+	+	1765-1834	1786-1813	1840	1/2 v.	SW	Tendero	Cuáquero	3↑	0
*Susan Huntington	+		+	1791-1823	1812-1822	1828	1 1/4 v.	LW	Ministro[E]	Puritana	4	2
Mary Jesup	+	+	+	1799-1837	1811-?	1940?	3/8 v.	SY	Clase media	Religiosa	0	0
William Jones	+	+	+	1755-1821	1777-1821	1929	1 1/2 v.	MY	Ministro	Metodista	12	2
*Jackson Kemper	+	+	+	1789-1870	1834	1898	1/4 v.	LD	Obispo	Episcopal	3	0
Hannah Kilham	+	+	+	1774-1832	1796-1832	1837	2 1/2 v.	MW	Filántropo	Cuáquero	2	1
Jane Knox	+	+	+	1790-?	1813-1819	1909	1/4 v.	SW	Capitán de barco[E]	Religiosa	4	0
John Lettsom	+	+	+	1744-1815	1813-1814	1933	2 1/4 v.	SD	Médico	Cuáquero	8	3
*Jean Lowry	+	+	+	1720?-?	1756	1760	31 pp.	LW	Clase media baja	Cuáquera	4	1
*Benjamin Lynde	+	+	+	1700-1781	1721-1780	1880	3/8 v.	SY	Juez	Puritano	3	0
William Macready	+	+	+	1793-1873	1833-1851	1912	5 v.	MD	Actor	Religioso	9	2
Gideon Mantell	+	+	+	1790-1852	1819-1852	1940	1 1/2 v.	SW	Cirujano	Religioso	4	1

	Fuente		Texto			Vida del autor	Fechas del texto	Fecha de publi- cación	Exten- sión del texto	Tipo de asien- to	Del autor			
Autor	P	M	A	C	O						Ocupación	Religión	Núm. de hijos	Núm. de hijos muer- tos
Siglo XVIII														
Elizabeth Mascall	+	+				1702-1794	1731-1794	1902	$1/4$ v.	MY	Petrero^E	Metodista	6	0
*John May	+	+				1748-1812	1788-1789	1873	$3/4$ v.	MD	Coronel	Religioso	12	2
John Mill	+	+				1712-1805	1740-1803	1889	$1\,1/8$ v.	MY	Ministro	Protestante	2	10
*William Mills	+	+				1718-?	1743-1778	1912	3 pp.	SW	Granjero?	Religioso	14	4
*Elisha Mitchell	+	+			+	1783-1857	1827-1828	1905	$3/8$ v.	MD	Geólogo	Religioso	5	0
Thomas Moore	+	+	+			1779-1852	1818-1847	1853	14 v.	LW	Poeta	Católico	5	3
*Robert Morton	+	+	+			1760-1785?	1777	1877	39 pp.	MW	Comerciante^P	—	0	0
Carolina Nairne			+	+		1766-1845	1789-1845	—	4 v.	LY	Baronesa	Religiosa	1	0
Benjamin Newton	+	+				1762-1830	1816-1818	1933	$1^3/8$ v.	MD	Ministro	Protestante	4	0
Daniel O'Connell	+	+		+		1775-1814	1795-1802	1906	1 v.	—	Caballero	Católico	0	0
Peter Oliver			+	+		1741-1823	1741-1821	—	$2/3$ v.	SY	Médico	—	5	2
Amelia Opie	+	+		+		1769-1853	1827-1853	1854	1 v.	MW	Novelista	Cuáquera	0	0
*Lucinda Orr			+			1764-?	1782	1871	$1/4$ v.	MW	Clase media alta	—	0	0
Sydney Owenson	+	+	+			1780?-1859	1825-1829	1863	$5\,1/2$ v.	MW	Escritor	C de E	0	0
*James Parker	+	+	+			1744-1830	1770-1829	1915	$1/2$ v.	MW	Soldado	Puritano	8	0
*Anna Parkman	+	+				1755-?	1777-1778	1899	3 pp.	SW	Ministro^P	—?	0	0
*Ebenezer Parkman	+	+				1703-1782	1737-1782	1899	$1\,1/2$ v.	MD	Ministro	Religioso	16	2
Moses Parsons	+	+				1716-1783	1748-1783	1904	$1/4$ v.	MW	Párroco	Religioso	2	0
Jane Pearson	+	+	+	+		1735?-1816	1793-1814	1818	$1/2$ v.	LY	Fabricante^E	Cuáquera	7	3
Edward Pease	+	+				1767-1858	1824+ 1838-1857	1907	$1\,1/6$ v.	MY	Comerciante de lana	Cuáquero	8†	4
*John Pemberton	+	+				1727-1795	1769-1795	1842	$1/2$ v.	MD	Predicador	Cuáquero	0	0
*Elizabeth Phelps	+	+	+			1747-1817	1763-1812	1891	$1/2$ v.	SW	Abogado^E	Puritana	3	0
Caroline Powys	+	+				1739-1817	1756-1808	1899	$1^3/4$ v.	LY	Clase alta	—	4	1
*John Preston	+	+				1717-1771	1743-1760	1871, 1902	8 pp.	SW	Lugarteniente	—	10	5
*Jonathan Proctor	+	+				1739-1821	1759-1760	1934	27 pp.	SW	Capitán	—	8	0
Elizabeth Raper	+	+				1736?-1778	1756-1770	1924	37 pp.	MD	Médico^E	—	2	0
Hannah Rathbone	+	+				1761-1839	1784-1809	1905	$1\,1/6$ v.	SW	Hombre de negocios^E	Cuáquera	8	3
Deborah Reynolds	+					1770?-1803	1800	1905	17 pp.	MW	Clase media	Cuáquera	6	0

Nombre											
George Ridpath	+	+	1717?-1772	1755-1761	1922	2 v.	MD	Ministro	C de S	3	0
*Powhattan Robertson		+	1796?-?	1816-1818	1931	8 pp.	SW	Estudiante	—	0	0
Henry Robinson	+	+	1775-1867	1811-1867	1872	4 v.	—	Abogado	Calvinista	0	0
William Roe	+	+	1748-?	1775-1809	1928	1/2 v.	SY	Funcionario público	Religioso	5	2
Elizabeth Rowntree		+	1765?-?	1808-1835	—	2 v.	MY	Tendero[E]	Cuáquera	7↑	1
Thomas Rumney	+	+	1764-1835	1805-1806	1936	1/2	SD	Hacendado	—	0	0
Daniel Sandford	+	+	1766-1830	1824-1829	1830	3/4 v.	MD	Obispo	Episcopal	7	1
Thomas Scattergood	+	+	1748-1814	1784-1800	1844	1 1/8 v.	SW	Tornero	Cuáquero	4↑	0
John Scott		+	1792-1862	1812-1828	1930	2 1/6 v.	—	Oficial del ejército	Religioso	0	0
Walter Scott	+	+	1771-1832	1825-1829	1890	4 v.	LD	Novelista	C de S	4	0
Joseph Sedgwick	+	+	1797-1853	1829-1853	1853	2/3 v.	LY	Pastor	Bautista	7	0
*David Sewall		+	1735-1825	1754	1878	7 pp.	MW	Estudiante	—	0	0
*William Sewall	+	+	1797-1846	1817-1846	1930	1 1/2 v.	SW	Granjero/maestro	Calvinista	6	0
*Charlotte Sheldon	+	+	1780-1840	1796	1903	8 pp.	MD	Médico[P]	Puritana	0	0
*Lucy Sheldon	+	+	1788-1889	1801-1803	1903	9 pp.	SD	Médico[P]	Puritana	0	0
Frances Shelley	+	+	1787-1873	1814-1869	1912	4 v.	LM	Dama	Protestante	4	0
Mary Shelley	+	+	1797-1851	1814-1840	1947	1 v.	MD	Novelista	—	4	3
*Nancy Shippen	+	+	1763-1841	1783-1791	1935	1 3/4 v.	LW	Clase alta	Puritano	1	0
*Benjamin Silliman	+	+	1779-1864	1795-1864	1866	1 v.	LW	Profesor	C de E	5	1
John Skinner	+	+	1772-1889	1822-1832	1930	1 1/2 v.	LD	Rector	Puritano	5	2
*John Smith	+	+	1722-1771	1743-1752	1904	3/8 v.	MW	Comerciante	Cuáquero	4	0
*Richard Smith	+	+	1784-1824	1817-1824	1916	1/4 v.	SW	Maestro	—	0	0
Robert Southey	+	+	1774-1843	1815-1825	1903	2 3/8 v.	LD	Poeta	Religioso	5	0
*John Stanford	+	+	1754-1834	1798-1834	1835	2 1/4 v.	MW	Capellán	C de E	4	3
Catherine Stanley	+	+	1792-1862	1809-1862	1879	1 v.	LY	Obispo[E]	Bautista	5	0
William Steadman	+	+	1764-1841	1790-1813	1838	2 1/2 v.	MW	Ministro	Protestante	9	3
John Stedman	+	+	1744-1797	1744-1797	1962	2 v.	SW	Soldado y autor	Protestante	5	0
Amelia Steuart	+	+	1770?-1808	1789-1808	—	1 1/8 v.	LD	Clase media alta		4↑	1
*Henry Stevens	+		1791-1867	1838-1842	1931	14 pp.	SD	Granjero y dueño de un molino	Religioso	3	0
*Ezra Stiles	+	+	1727-1795	1769-1795	1901	4 v.	MW	Rector de Yale	Religioso	8	7
John Strutt	+	+	1796-1873	1813-1837	1939	24 pp.	MW	Clase alta	Religioso	4	0
Dan Taylor	+	+	1738-1816	1764-1771	1820	37 pp.	MY	Ministro	Bautista	13	5

Del autor

Autor	P	M	A	C	O	Texto	Vida del autor	Fechas del texto	Fecha de publicación	Extensión del texto	Tipo de asiento	Ocupación	Religión	Núm. de hijos	Núm. de hijos muertos
Siglo XVIII															
John Taylor	+	+				+	1743-1819	1743-1809	1820	$3/4$ v.	MY	Ministro	Bautista	6	3
*Isaiah Thomas	+	+				+	1749-1831	1805-1828	1909	4 v.	SW	Impresor y editor	Religioso	4↑	0
Hester Thrale	+	+					1741-1821	1776-1809	1951	$5^1/_2$ v.	LW	Clase alta	Religioso	12	8
John Townsend	+	+				+	1757-1826	1818-1826	1828	$3/8$ v.	MY	Ministro	Metodista	4↑	0
Melesina Trench	+	+				+	1768-1837	1798-1827	1837, 1862?	$2^1/_2$ v.	SW	Coronel^E	Religioso	9	4
*Mary Tucker	+	+				+	1775-1806	1802	1941	33 pp.	MW	Empleado^E	—	2	0
Thomas Turner	+	+					1793-1873	1816-1873	1875	$1^1/_4$ v.	SW	Cirujano	Religioso	5	0
Thomas Turner	+	+					1729-1789	1754-1765	1925	$1/2$ v.	MY	Tendero	Religioso	2	0
Richard Viney			+	+			1700?-?	1744	—	$1^1/_4$ v.	MD	Superintendente de moravos	Moravo	6	0
Thomas Wale	+	+					1701-1796	1765-1794	1883	$1^3/_8$ v.	MW	Comerciante	—	8	4
*Timothy Walker	+	+					1705-1782	1746-1780	1889	$3/8$ v.	SW	Ministro y granjero	Religioso	5	0
Ann Warder	+	+					1758-1829	1786-1788	1893	33 pp.	LD	Comerciante^E	Cuáquera	3↑	1
*John Warren	+	+		+			1778-1856	1837-1856	1860	$3^3/_4$ v.	MD	Cirujano	Episcopal	6	0
Absalom Watkin	+	+			+		1787-1861	1814-1856	1920	$1^1/_2$ v.	MY	Comerciante	Religioso	4	0
*Joshua Weeks	+	+				+	1738-1806	1778-1779	1916	$1/4$ v.	MW	Ministro	Puritano	8	0
Ellen Weeton	+	+					1776-1850	1807-1825	1936-1938	$3^1/_4$ v.	LY	Institutriz	Disidente	1	0
Charles Wesley	+	+					1707-1788	1736-1756	1849	$3^1/_6$ v.	MD	Ministro	Metodista	8	1
Henry White	+	+					1733-1788	1780-1784	1898	42 pp.	SY	Párroco	Religioso	10	1
*Mary White	+	+					1780-1811	1803-1805	1903	2 v.	MW	Clase baja	Religiosa	3	1
George Whitefield	+	+				+	1714-1770	1736-1741	1905	$2^1/_2$ v.	MD	Ministro	Metodista	2↑	0
William Wilberforce	+	+					1759-1833	1783-1833	1868	$2^1/_6$ v.	MY	MP	Religioso	6	0
*Los William[9]				+	+		1765-80-?	1793-1801	1858	10 pp.	MW	Granjero^P	Cuáqueros?	0	0
Anna Winslow				+	+		1759-1779	1771-1773	1894	$3/8$ v.	LW	Comisario general^P	Puritana	0	0
*Sally Wister	+					+	1761-1804	1777-1778	1902	$1^1/_8$ v.	MW	Comerciante^P	Cuáquera	0	0
*John Wiswall		+	+				1731-1821	1763-1797	1908	$3/8$ v.	MY	Ministro	Episcopal	5	3
Nancy Woodforde	+	+					1757-1814	1792	1932	49 pp.	MD	Clase media alta	—	0	0

Nombre					Fechas	Periodo	Año	Extensión	Abrev.	Ocupación	Religión		
*John Woods	+	+		+	?-1829	1820-1821	1822	1½ v.	LW	Granjero	C de E	6	0
Margaret Woods	+	+		+	1748-1821	1772-1821	1829	2½ v.	LY	Clase media	Religiosa	4	0
*John Woolman	+	+	+	+	1720-1792	1755-1772	1922	1 v.	LW	Maestro y abogado	Cuáquero	4	3
Thomas Wright	+	+		+	1711-?	1711-1762	1911	15 pp.	MY	Relojero	Religioso	0	0
Elizabeth Wynne	+	+	+	+	1778-1857	1789-1820	1935-1940	3 v.	SD	Almirante[E]	Católica	7	1
Eugenia Wynne	+	+	+	+	1780-?	1789-1811	1935-1940	1 v.	SY	Clase alta	Católico	4	0
Harriet Wynne				+	1786-?	1803-1806	1940	½	SD	Clase alta	Católico	0	0
Elizabeth Yeardley	+	+		+	?-1821	1815-1821	—	⅔ v.	LY	Misionero[E]	Cuáquera	1	1
John Yeoman	+	+	+		1748-1824	1774-1777	1934	40 pp.	MD	Granjero	—	9	0
Mary Yeoman	+	+	+		1780-?	1800	1926	16 pp.	SD	Granjero[P]	—	0	0
Arthur Young	+	+		+	1741-1820	1797-1818	1898	2⅜ v.	LW	Autor y agricultor	Protestante	4	1
Siglo XIX													
Thomas Acland	+	+	+	+	1809-1898	1829-1837	1902	2 v.	SW	MP	Religioso	7	2
Christopher Addison	+	+	+		1869-?	1914-1918	1934	3 v.	LD	MP	—	4	0
James Agate	+	+	+	+	1877-1947	1932-1943	1935-1944	9 v.	—	Crítico	—	0	0
*Louisa Alcott	+	+	+		1832-1888	1843-1886	1889	2 v.	SY	Novelista	Religiosa	1	0
Henry Alford	+	+	+	+	1810-1871	1826-1870	1873	2¼ v.	MW	Decano	Protestante	4	2
Hannah Allen	+	+			1813-1880	1835-1849	1884	⅜ v.	MW	Clase media	Cuáquera	10	2
*Anónimo					1820?-?	1837	1909	6 pp.	SW	Clase media	—	3	0
John Bailey	+	+	+		1864-1931	1886-1930	1935	1½ v.	MY	Crítico	Religioso	3	1
Louise Bain	+	+	+		1803-1883	1857-1883	1940	¼ v.	SY	Librero[E]	Religiosa	8	0
*Erastus Beadle	+	+			1821-1894	1857	1923	½ v.	MD	Hombre de negocios	Presbiteriano	3	0
Edward Benson	+			+	1829-1896	1878-1896	1899	4 v.	LW	Arzobispo	C de E	6	0
John Bingham	+	+			1810-1827	1822-1825	1832	⅜ v.	MY	Aprendiz	Metodista	0	0
Mary Bingham					1808-1825	1822-1825	1832	1⅜ v.	MY	Clase media	Metodista	0	0
Andrew Bonar	+			+	1810-1892	1828-1892	1894	2 v.	SW	Ministro	C de S	6	1
Los Bowen[10]	+				1864-1868-?	1876	1942	12 pp.	SW	Clase alta	Protestantes	0	0
*Claude Bowers	+	+	+		1880-1958	1880-1950	1962	1¾ v.	—	Escritora política	—	1	0
Mary Brabazon	+	+	+		1848-1918	1880-1918	1928	3 v.	MW	Condesa	Religiosa	6	0
John Bright	+	+	+		1811-1889	1837-1887	1930	2¾ v.	SW	MP	Cuáquero	8	1
Ford Brown	+	+		+	1821-1893	1844-1856	1900	¾ v.	SW	Pintor	Religioso	3	0
Mary Brown	+	+			1807-1833	1821	1905	1 v.	MD	Clase media alta	—	0	0
*John Burroughs	+				1837-1921	1857-1921	1928	1¾ v.	MY	Autor y naturalista	—	1	0

Autor	Fuente			Texto		Vida del autor	Fechas del texto	Fecha de publicación	Extensión del texto	Tipo de asiento	Del autor			
	P	M	A	C	O						Ocupación	Religión	Núm. de hijos	Núm. de hijos muertos
Siglo XIX														
Elizabeth Butler	+				+	1850?-1918?	1862-1914	1922	$1^2/_3$ v.	—	Artista	Católica	6	1
George Cambridge	+	+				1819-1904	1832-1903	1906	3 v.	SW	Duque	Religioso	0	0
Lucy Cavendish	+		+	+		1841-1925	1854-1880	1927	3 v.	—	Dama	Religión	0	0
*Elizabeth Chace	+			+		1806-?	1806-1897	1937	49 pp.	—	Fabricante^E	Cuáquera	10	7
Benjamin Chamberlain	+	+				1811-1878	1831-1839	1935	10 pp.	SY	Empleado	Puritana	0	0
*Caroline Chester	+			+		1801-1870	1815	1903	6 pp.	MW	Clase media	Católico?	0	0
Thomas Gobdeb-Sanderson			+			1849-1922	1879-1922	1926	4 v.	MY	Impresor	—	2	0
Mary Collier	+	+				1849-1930	1873-1909	1944	$2^1/_2$ v.	MW	Dama	C de S	3	0
John Collins	+	+				1848-1908	1878-1907	1912	$1^1/_2$ v.	MY	Crítico	C de E	7	0
John Colt				+		1916-?	1933?	1936	$^1/_2$ v.	MW	General^P	—	0	0
*Miriam Colt	+				+	1817-?	1856-1857	1862	$1^1/_2$ v.	MW	Granjero^E	Presbiteriano	2	1
Anthony Cooper	+	+				1801-1885	1825-1885	1886	8 v.	MW	MP	Evangélico	7↑	3
William Cory	+	+				1823-1892	1863-1873	1897	3 v.	MY	Maestro y poeta		1	0
Emilie Cowell	+	+			+	1820-?	1860-1861	1934	2 v.	LD	Actriz	Religiosa	8	2
Bruce Cummings	+	+				1889-1919	1903-1919	1920, 1923	$2^1/_2$ v.	LW	Biólogo	—	1	0
Alison Cunningham	+					1822-1913	1863	1926	1 v.	MD	Nodriza	Presbiteriana	0	0
Mary Damer	+	+				1809?-1840	1839-1840	1841	3 v.	MD	Clase media alta	Religiosa	3↑	0
Henry Dawson	+			+		1811-1878	1868-1878	1891	$^2/_3$ v.	—	Pintor	Metodista	7	2
*Elizabeth Duncan	+	+				1808-1876	1824-1825, 1841-1848	1928	$^1/_2$ v.	SD	Gobernador^E	Presbiteriana	10	7
Mary Dymond	+	+				1808-1855	1828-1837	1857	$^1/_2$ v.	MY	Maestra	Cuáquera	0	0
John Epps	+				+	1806-1869	1822-1868	1875	$1^3/_4$ v.	—	Médico	No conformista	7	1
Alexander Ewing	+			+		1814-1873	1835-1856	1877	$3^1/_6$ v.	MY	Obispo	Episcopalista	7	0
Marjorie Fleming	+				+	1803-1811	1810-1811	1934	$^7/_8$ v.	SD	Contador^P	Religiosa	0	0

Nombre												
Robert Fowler	+		+	1828-1891	1841-1891	1893	1 2/3 v.	MY	MP	Cuáquero	8	1
*Lodisa Frizzell	+	+	+	?	1852	1915	27 pp.	MD	Exploradora	Religiosa	4	0
Elizabeth Gaskell	+	+	+	1810-1865	1835-1838	1923	36 pp.	LY	Novelista	Religiosa	5	1
James Gaskell		+	+	1810-?	1821-1832	1883	7/8 v.	MW	MPP	—	0	0
Mary Gilpin	+	+	+	1813-1838	1824-1838	1841	1/2 v.	MW	Clase media	Cuáquera	1	0
Mary Gladstone	+	+	+	1847-1927	1864-1926	1930	2 1/2 v.	MY	MPP	C de E	1	0
Isabella Gregory	+	+		1852-1932	1919-1930	1946	1 3/4 v.	LW	Dama	Protestante	10	1
Charlotte Guest			+	1812-?	1833-1891	1950, 1952	2 1/2 v.	MW	MPE	Religiosa	9	1
Isobel Gurney	+	+		1851-1932		1913	1 v.	MW	Dama	C de E	4	1†
*Abelard Guthrie	+	+	+	1814-1873	1858-1862	1899	37 pp.	MY	Político	—	0	0
*James Hadley	+		+	1821-1872	1843-1852	1951	1 1/2 v.	MW	Profesor	—	0	0
Rachael Hamilton-Gordon			+	1873?-?	1882	—	27 pp.	MD	Clase media alta	Religioso	0	0
Victoria Hanover	+	+	+	1819-1901	1832-1882	1868, 1912	7 v.	LY	Reina	C de E	9	0
Augustus Hare	+	+		1834-1903	1834-1856	1952	1/2 v.	—	Escritor	C de E	0	0
*Mary Harker	+	+	+	1836?-?	1853	1935	21 pp.	SD	Clase media alta	Cuáquera	0	0
*Rutherford Hayes	+	+		1822-1893	1841-1893	1922-1926	8 1/4 v.	MW	Presidente	Metodista	8	3
Caroline Head	+			1852-1904	1871-1893	1905	2/3 v.	SW	Clase media	Evangélica	3	2
Maurice Hewlett		+		1861-1923	1893-1923	—	3/4 v.	SW	Novelista	Religioso	2	0
*Harriet Hillard	+	+	+	1809-1872	1829-1834	1900	1 2/3 v.	SW	Clase media alta	Unitario	0	0
Mary Hochberg	+	+		1873-1950?	1892-1914	1950	1 1/2 v.	MY	Princesa	Religiosa	4	1
*Virginia Hoffman	+	+	+	1832-1855	1847-1855	1859	2/3 v.	MY	Misionera	Episcopal	1	0
*Louisa Hopkin	+	+		1812-1862	1835-1840	1882	19 pp.	SY	Maestra	Religiosa	1	0
Sidney Horler	+	+		1888-?	1933	1933	1 3/8 v.	—	Autor	—	0	0
*Samuel Howe	+	+		1801-1876	1825-1829	1906	5 v.	LD	Médico	Libre Pensador	6	1
Arthur Hutchinson	+	+	+	1880-?	1935	1935	1 3/4 v.	LD	Novelista	Religioso	2	0
*Mitchell Jackson	+	+	+	1816-1900	1852-1863	1939	2/3 v.	SW	Granjero	Metodista	4	0
Margaret Jeune	+	+		1819-1891	1843-1865	1932	3/4	MW	DecanoE	Protestante	5	0
Priscilla Johnston	+	+	+	1808-1852	1820-1850	1862	1/2 v.	MY	Clase media	Cuáquera	4	0
*Emily Judson	+	+		1817-1854	1828-1833 / 1847-1850	1861	29 pp.	MW	Maestra	Bautista	7	1
Caleb Kemp	+		+	1836-?	1853-1908	—	8 v.	LW	Hombre de negocios	Cuáquero	0	0
Stephen King-Hall	+	+		1893-?	1909-1917	1936	7/8 v.	SW	Cadete de la marina	—	0	0
Anna Kingsford	+		+	1846-1887	1881-1887	1913	4 3/8 v.	LY	Escritora	Científico	1	0

| Autor | Fuente | | | Texto | | Vida del autor | Fechas del texto | Fecha de publicación | Extensión del texto | Tipo de asiento | Ocupación | Religión | Núm. de hijos | Núm. de hijos muertos |
	P	M	A	C	O									
Siglo XIX												cristiana		
John Kitto	+	+		+		1804-1854	1820-1833	1856	3½ v.	MW	Impresor	C de E	9	3
Louisa Knightley	+		+		+	1842-1913	1856-1884	1915	1⅞ v.	MW	Dama	Religiosa	0	0
*Amos Lawrence	+	+		+		1814-1886	1843-1883	1888	1⅛ v.	SY	Hombre de negocios	Episcopal	7	1
*John Lee	+			+		1812-?	1844-1847+ 1859	1877	1⅞ v.	—	Predicador	Mormón	16†	3
*Mary van Lennep	+		+	+		1821-1844	1841-1844	1851	1¼ v.	—	Misionera	Religiosa	0	0
*Jane Lewis	+	+			+	1806?-?	1820	1903	4 pp.	MW	Clase media	Puritana	0	0
*Francis Lieber	+	+	+			1800-1872	1822-1857	1882	1¼ v.	MW	Profesor	—	4	1
*John Long	+	+		+		1838-1915	1848-1915	1923	1¼ v.	SW	Gobernador	Religioso	2	1
*Henry Longfellow	+	+		+		1807-1882	1829-1881	1886	2 v.	SW	Poeta	Unitario	6	1
Lucy Lovell	+	+				1809-?	1840-1843	1937	¼ v.	LY	Ministro^E	Cuáquera	7	4
William Lucas	+	+		+		1804-1861	1829-1861	1934	3 v.	—	Cervecero	Cuáquero	9	0
*Susan Magoffin	+			+		1827-1855	1846-1847	1926	1¼ v.	LD	Dama de honor	Protestante	4	2
Katherine Mansfield	+	+				1888-?	1914-1922	1927	1¼ v.	—	Escritora	—	0	0
*Anna May	+			+		1840?-?	1857	1941	½ v.	MD	Estudiante	Religiosa	0	0
Elsie Mildmay	+			+		1850?-?	1800?-1880?	1900?	44 pp.	—	Clase alta	Religiosa	0	0
*Abner Morse	+	+		+		1819-1881	1859-1861	1940	27 pp.	MW	Granjero	Religioso	3†	0
*Jacob Motte	+			+		1811-1868	1831	1940	½ v.	MD	Estudiante	Episcopal	0	0
George Müller	+	+				1805-1898	1830-1892	1905	3⅔ v.	MY	Ministro	Bautista	2	1
Francis Newbolt	+	+				1863-1941	1879+ 1882-1883	1904 1927	½ v.	MD	En Eton	—	0	0
*Eliza Ogden	+	+		+		1802?-?	1816-1818	1903	17 pp.	MW	Clase media	Puritana	0	0
*James Otey	+	+	+			1800-1863	1833-1863	1898	4 pp.	SW	Obispo	Episcopal	9	3
Caroline Owen	+	+	+			1809?-1873	1834-1873	1894	4 v.	MW	Profesor^E	—	1	0
Francis Palgrave	+	+		+		1824-1897	1833-1890	1899	1 v.	MY	Antologista	Tractariano	6	1
Ann Palmer	+	+				1806-1834	1827-1834	1839	¼ v.	MY	Sastre	C de E	0	0
*Ellen Parker	+	+				1833-1910	1852-1857	1915	33 pp.	SD	Maestra	Religiosa	0	0

*Caroline Phelps	+	+	1810?-?	1830-1840	1930	31 pp.	LY	Comerciante de pieles	—	3	0
*Martin Philips	+	+	1806-1889	1840-1863	1909	7/8 v.	SW	Médico	Religioso	1	0
*John Pollen	+	+	1820-1892	1834-1890	1912	1 3/4 v.	MW	Pintor	Católico	10	1
Frederick Post	+	+	1819-1835	1830-1835	1838	1 3/4 v.	MW	Clase media	Cuáquero	0	0
Llewellyn Powys	+	+	1884-?	1909-1912	1936	22 pp.	MW	Clase media	—	0	0
Theodore Powys	+	+	1882-?	1906-1909	1936	10 pp.	MW	Clase media	—	2	0
*Elizabeth Prentiss	+	+	1818-1878	1836-1856	1882	2 5/8 v.	MW	Maestra	Presbiteriana	6	2
Marie Ramés		+	1839-1908	1850-1853	1911	1/3 v.	MW	Clase alta	Religiosa	0	0
*Caroline Richards		+	1842-1913	1852-1872	1913	1 v.	MW	Banquera[A]	Presbiteriana	0	0
Annie de Rothschild	+	+	1844-1926	1858-1859	1935	33 pp.	MW	Clase alta	Judía	0	0
Constance de Rothschild	+	+	1843-1931	1858-1859	1935	33 pp.	MW	Clase alta	Judía	0	0
Lady de Rothschild	+	+	1821-1910	1837-1878	1935	1 3/8 v.	LW	Clase alta	Judía	2	0
Frances Russell	+	+	1815-1898	1830-1898	1910	1 1/2 v.	MW	Primer ministro[E]	Presbiteriana	10	0
Helen Russell	+		1836?-?	1854-1855	—	1/3 v.	SD	Clase media alta	—	0	0
John Russell	+	+	1842-1876	1854-1864	1966	2 v.	SD	MP	Religioso	4	2
Kate Russell	+	+	1842-1874	1854-1872	1966	2 1/4 v.	MD	MP[E]	Religiosa	4	2
John Salter	+	+	1841-1932	1851-1932	1933	1 v.	SW	Médico	—	0	0
Thomas Selwyn	+	+	1812-1834	1829-1830	1903	1 1/2 v.	SD	En Eton	—	0	0
Elizabeth Sewell	+	+	1815-1906	1848-1885	1907	3/4 v.	—	Autora	Religiosa	0	0
Emily Shore	+	+	1819-1839	1831-1839	1898	1 3/4 v.	LW	Cura[P]	Religiosa	0	0
*Frank Smith	+	+	1854-1872	1868	1875	20 pp.	MW	Clase media	Religioso	0	0
Thomas Sopwith	+	+	1803-1879	1821-1878	1891	1 3/4 v.	LY	Ingeniero	—	7	1
*Millicent Steele	+	+	1813?-?	1833	1926	28 pp.	MD	Clase media	Religioso	7	0
*Adolphus Sterne	+	+	1801-1852	1838-1851	1926-1934	1 3/4 v.	SD	Empleado	—	7	1
*Agnes Stewart	+	+	1832?-?	1853	1928	23 pp.	MW	Exploradora	Religiosa	0	0
*James Strang	+	+	1813-1856	1831-1836	1830	40 pp.	SW	Profeta	Mormón	14	1
Hugh Strickland	+	+	1811-1853	1827-1836	1858	1 1/3 v.	SD	Geólogo	—	0	0
Mary Timms	+	+	1808-1834	1818-1834	1835	3/8 v.	SW	Ministro[E]	Metodista	1	0
*John Todd	+	+	1800-1873	1823-1871	1876	2 2/3 v.	MY	Clérigo	Religioso	9	3
Patrick Traherne	+	+	1885-1917	1909-1917	1918	1 3/8 v.	MW	Maestro	Religioso	1	0
Clarissa Trant	+	+	1800-1844	1823-1832	1925	1 2/3 v.	MY	Vicario[E]	Evangélica	3	0
Edwin Tregelles	+	+	1806-1884	1828-1884	1892	2 1/4 v.	SW	Ingeniero	Cuáquero	3	0

Autor	Fuente Texto					Vida del autor	Fechas del texto	Fechas de publicación	Extensión del texto	Tipo de asiento	Del autor			
	P	M	A	C	O						Ocupación	Religión	Núm de hijos	Núm de hijos muertos
Siglo XIX														
*Mary Walker	+	+				1814-1897	1833-1850	1940	1¼ v.	SY	Misionera	Metodista	8	0
*William Walker	+	+				1800-1874	1845-1854	1899	1¼ v.	SD	Gobernador	—	5	0
*Lester Ward	+	+				1841-1931	1860-1869	1935	1²/₃ v.	MW	Geólogo	Episcopal	1	1
Evelyn Waugh	+			+		1903-1966	1911-1965	1976	4 v.	MW	Novelista	Católica	7	1
Catherine Webb		+	+			1801-1900	1815-1816	1903	2 pp.	MW	Clase media	Puritana	0	0
Arthur Weymouth	+	+				1895-?	1939-1946	1948	1½ v.	MW	Médico	Religioso	3	0
Dorothy White	+	+				1877-?	1907-1913	1924	2½ v.	MW	Clase media	—	1	0
Thomas Whitwell		+	+			1814-1828	1827-1828	1927	10 pp.	SW	Clase media	Cuáquero	0	0
Samuel Wilberforce	+	+				1805-1873	1830-1873	1880	7²/₃ v.	MW	Obispo	Religioso	6	1
*Mary Wilbor		+	+			1806-?	1822	1903	8 pp.	MW	Clase media	—	0	0
James Wilson	+	+				1805-1860	1851-1859	1927	3¹/₃ v.	MW	Político	Cuáquero	6	0
Frances Wood		+	+			1812-1860	1830-1842	1926	1²/₃ v.	MW	Mayor[E]	Religiosa	4	0
*Victoria Wortley		+	+			1837-1922	1850-1851	1852	1¼ v.	MW	Clase media superior	—	0	0

1. Fuente: P = texto publicado, M = manuscrito.
2. Texto: A = diario de adulto, C = diario de niño, O = autobiografía.
3. La extensión de un texto se da en volúmenes (un volumen se considera con una extensión de unas 200 páginas), pero cuando un texto tiene menos de 50 páginas, se da el número exacto de páginas.
4. El tipo común de asiento de un diario se describe:
   L = extensión de alrededor de una página
   M = extensión de la mitad de una página
   S = unas cuantas líneas
   D = asientos diarios o casi diarios
   W = unos cuantos asientos semanales
   Y = unos cuantos asientos mensuales o anuales
   Por ejemplo, LW significa que los asientos del diario cubren por lo general una extensión de una página y que se presentan unas cuantas veces a la semana.
5. La ocupación específica se da siempre que es posible. En algunos casos se presenta el empleo del padre, esposo o abuelo y se señalan con P, E, o A, respectivamente.
   Cuando la carrera de un escritor se desconoce, se señala en su lugar una estimación de su clase social.
6. Religión:— significa que la religión no se menciona en el texto.
7. Se presenta el número total de hijos del autor, seguido del número de los que murieron. En algunos textos no es muy claro si el escritor se está refiriendo a sus hijos, parientes, amigos o sirvientes. En dichos casos (marcados por↑), se menciona un número aproximado de descendientes.
8. El asterisco indica que se trata de un autor norteamericano.
9. Los *William... este texto comprende extractos de los diarios llevados por seis hermanas. El editor menciona sólo unos cuantos párrafos tomados de cada diario.

BIBLIOGRAFÍA

FUENTES PRIMARIAS

En esta sección, los textos que contienen información sobre la niñez están marcados con la letra C.

Textos publicados

Acland, Thomas (1902). *Memoir and Letters of The Right Honourable Sir Thomas Dyke Acland;* comp. Acland, Arthur; impresión privada, Londres. C.

Adams, John (1874). *Memoirs of John Quincy Adams;* comp. Adams, Charles; J. B. Lippincott, Filadelfia. C.

Adams, William (1852). "Memoir of the Rev. William Adams." *Massachusetts Historical Society Collections;* 4a. serie, vol. 1, pp. 8-22. C.

Addison, Christopher (1934). *Four and a Half Years;* Hutchinson, Londres, 2 vols. C.

Agate, James (1935). *Ego. The Autobiography of James Agate;* Hamish Hamilton, Londres, 9 vols. C.

Alcott, Amos (1938). *The Journals of Bronson Alcott;* comp. Shepard, Odell; Little, Brown, Boston. C.

Alcott, Louisa (1889). *Life, Letters and Journals;* comp. Cheney, Ednah; Roberts Brothers, Boston. C.

Alford, Henry (1873). *Life, Journals and Letters of Henry Alford, D. D.;* comp. Alford, F.; Rivingtons, Londres. C.

Allen, Hannah (1884). *A Beloved Mother;* Samuel Harris, Londres. C.

Allen, John (1905). *Leaves from the Past;* comp. Sturge, Clement; J. W. Arrowsmith, Bristol. C.

Anónimo (1909). "Travels in Western America in 1837." *The Journal of American History,* vol. 3, pp. 511-516. C.

Arbuthnot, Harriet (1950). *The Journal of Mrs. Arbuthnot;* comps. Bamford, Frances y el duque de Wellington; Macmillan, Londres.

Asbury, Francis (1852). *Journal of Rev. Francis Asbury;* Lane & Scott, Nueva York.

Ashmole, Elias (1927). *The Diary and Will of Elias Ashmole;* comp. Gunther, R.; Butler & Tanner, Oxford. C.

Assheton, Nicholas (1848). *The Journal of Nicholas Assheton;* comp. Raines, E.; Chetham Society Publications, Manchester, vol. 14. C

Backhouse, Hannah (1850). *Extracts from the Journal and Letters of Hannah Chapman Backhouse;* impresión privada, Londres. C.

Backhouse, James (1918). "The diary of James Backhouse." *The Journal of the Friends' Historical Society,* vol. 15, pp. 21-27. C.

Bacon, Mary-Ann (1903). "Diary", en Vanderpoel, Emily: *Chronicles of a Pioneer School;* Cambridge University Press, Massachusetts, pp. 66-71. C.

Bacon, Samuel (1822). "Diary", en Ashmun, J.: *Memoir of the Life and Character of Rev. Samuel Bacon;* Jacob Gideon, Ciudad de Washington, pp. 138-274. C.

Bagshawe, William (1886). *The Bagshawes of Ford;* Mitchell & Hughes, Londres. C.

Bailey, Abigail (1815). *Memoirs of Mrs Abigail Bailey;* Samuel Armstrong, Boston. C.

Bailey, John (1935). *Letters and Diaries;* comp. Bailey, Sarah; John Murray, Londres. C.

Bain, Louisa (1940). "Diary", en Bain, James: *A Bookseller Looks Back;* Macmillan, Londres, pp. 39-89. C.

Baker, John (1909). "Extracts from diary." *Sussex Archaeological Collections,* vol. 52, pp. 38-83. C.

Baldwin, Ebenezer (1879). "Diary", en Kingsley, William, comp.: *Yale College;* Henry Holt, Nueva York, vol. 1, pp. 444-446. C.

Barclay, John (1842). "A selection from letters and papers." *The Friends' Library,* vol. 6, pp. 385-478. C.

Bates, Edward (1933). *The Diary of Edward Bates;* comp. Beale, Howard; Government Printing Office, Ciudad de Washington. C.

Baxter, Henry (1927). "Diary", *The Pennsylvania Magazine of History and Biography,* vol. 51, pp. 27-78, 143-171, 207-243.

Bayard, James (1913). "Papers of James A. Bayard", comp. Donnan, E.; *Annual Report of the American Historical Association,* vol. 2, pp. 385-516. C.

Bayard, Martha (1894). *The Journal of Martha Pintard Bayard;* comp. Dod, S.; Dodd, Mead, Nueva York. C.

Bayly, Katharine (1898). "Notes from the diary of a Dublin lady in the reign of George II." *The Journal of the Royal Society of Antiquaries of Ireland,* 5a. serie, vol. 8, pp. 141-155. C.

Beadle, Erastus (1923). *To Nebraska in Fifty-seven;* Biblioteca Pública de Nueva York. C.

Bee, Jacob (1910). "Diary", *North Country Diaries; Surtees Society,* 2a. serie, vol. 118, pp. 43-63; también (1914) 2a. serie, vol. 124, pp. 54-175. C.

Belsham, Thomas (1833). *Memoirs of the Late Reverend Thomas Belsham;* comp. Williams, John; impresión privada, Londres. C.

Benson, Arthur (1926). *Diary of A. C. Benson;* comp. Lubbock, Percy; Hutchinson, Londres.

Benson, Edward (1899). *The Life of Edward White Benson;* comp. Benson Arthur; Macmillan, Londres. C.

Bentley, William (1905). *The Diary of William Bentley, D. D.;* The Essex Institute, Massachusetts. C.

Beresford, John, comp. (1927). *Memoirs of an Eighteenth-Century Footman;* George Routledge & Sons, Londres.

Bethune, Joanna (1864). "Diary", en Bethune, George: *Memoirs of Mrs. Joanna Bethune;* Harper & Bros., Nueva York, pp. 125-250. C.

Bingham, John (1832). *A Memoir of Mr. John Bingham;* comp. Bustard, John; John Mason, Londres. C.

Bingham, Mary (1832). *A Memoir of Miss Mary Helen Bingham;* comp. Bustard, John; John Mason, Londres. C.

Bissell, Joseph (1868). "Extracts from diary", *Yale College Courant,* 12 de septiembre, pp. 131-133. C.

Blackader, John (1824). *The Life and Diary of Lieutenant Colonel J. Blackader;* comp. Crichton, Andrew; H. S. Baynes, Edimburgo.

Blundell, Nicholas (1968). "The great diurnal of Nicholas Blundell", *The Record Society of Lancashire and Cheshire,* vol. 110; también (1970) vol. 112 (1972); vol. 114. C.

Bolling, William (1935). "Diary", *The Virginia Magazine of History and Biography,* vol. 43, pp. 237-250, 330-342. También: (1936) vol. 44, pp. 15-24, 120-128, 238-245, 323-334. (1937) vol. 45, pp. 29-39. (1938) vol. 46, pp. 44-51, 146-152, 234-239, 321-328. (1939) vol. 47, pp. 27-31. C.

Bonar, Andrew (1894). *Andrew A. Bonar. Diary and Letters;* com. Bonar, Marjorie; Hodder & Stoughton, Londres. C.

Boscawen, Frances (1940). *Admiral's Wife;* comp. Aspinall-Oglander, Cecil; Longmans, Green, Londres. C.

Boscawen, Frances (1942). *Admiral's Widow;* comp. Aspinall-Oglander, Cecil; The Hogarth Press, Londres. C.

Boswell, James (1928-1934). *The Private Papers of James Boswell from Malahide Castle, in the Collection of Lt. —Colonel Ralph Heyward Isham;* comps. Scott, Geoffrey y Pottle, Frederick; impresión privada, Nueva York, 18 vols. C.

Bowen, Sarah (1942). "Diary of four Bowen children", en Bowen, Elizabeth: *Bowen's Court;* Longmans, Green, Londres, pp. 241-252. C.

Bower, Anna (1903). *The Diaries and Correspondence of Anna Catherina Bower:* impresión privada, Londres. C.

Bowers, Claude (1962). *My Life. The Memoirs of Claude Bowers;* Simon & Schuster, Nueva York. C.

Boyle, Richard (1886). "Diaries of Sir Richard Boyle", en Grosart, A., comp.: *The Lismore Papers,* Chiswick Press, Londres, 1a. serie, vols. 1-5. C.

Boynton, Lucien (1933). "Selections from the journal of L. C. Boynton", *Proceedings of the American Antiquarian Society,* nueva serie, 43, pp. 329-380.

Brabazon, Mary (1928). *The Diaries of Mary Countess of Meath;* com. Brabazon, Reginald; Hutchinson, Londres. C.

Bradstreet, Simon (1854). "Diary", *New England Historical and Genealogical Register,* vol. 8, pp. 325-333; también (1855) vol. 9, pp. 43-51, 78-79.

Braithwaite, Anna (1905). *Memoirs of Anna Braithwaite;* comp. Braithwaite, J. Bevan; Headley Brothers, Londres. C.

Briggins, Peter (1894). "Peter Briggins' diary", en Howard, Eliot, comp.: *The Eliot Papers;* John Bellows, Gloucester, núm. 2, pp. 29-67. C.

Bright, John (1930). *Diaries;* comp. Walling, R.; Cassell, Londres. C.

Brodie, Alexander (1746). *The Diary of Alexander Brodie;* comp. Laing, David; The Spalding Club, Aberdeen. C.

Brodie, James (1746). *The Diary of James Brodie;* comp. Laing, David; The Spalding Club, Aberdeen. C.

Browell, Mark (1915). "Diary", *North Country Diaries; Surtees Society,* 2a. serie, vol. 124, pp. 176-189. C.

Brown, Charlotte (1935). "The journal of Charlotte Brown, Matrom of the General Hospital with the English Forces in America", en Calder, I. M.: *Colonial Captivities, Marches and Journeys;* Macmillan, Nueva York, pp. 169-198. C.

Brown, Ford (1900). "Madox Brown's diary", en Rossetti, William; *Praeraphaelite Diaries and Letters;* Hurst & Blackett, Londres, pp. 61-202. C.

Brown, Mary (1905). *The Diary of a Girl in France;* comp. Shore, H. N.; John Murray, Londres. C.

Brown, Nicholas (1910). "The diary of Nicholas Brown", *North Country Diaries; Surtees Society,* 2a. serie, vol. 118, pp. 230-323. C.

Brown, William (1939). "Diary", en Loehr, Rodney: *Minnesota Farmers' Diaries;* The Minnesota Historical Society, Saint Paul, pp. 37-82.

Brown, William (1941). My War Diary; John McQueen & Son, Galashiels.

Browning, Orville (1925). "Diary", *Collections of the Illinois State Historical Library,* vol. 20; también (1933) vol. 22.

Brownlow, William (1909). "Diary", en Cust, Elizabeth: *Records of the Cust Family;* Mitchell, Hughes & Clarke, Londres, pp. 120-124. C.

Buchanan, George (1932). *Passage throught the Present;* Constable, Londres.

Budgett, Sarah (1840). *A Memoir of the Late Mrs. Sarah Budgett;* comp. Gaskin, John; Simpkin & Marshall, Londres. C.

Bulkeley, Robert (1937). "The diary of Bulkeley of Dronwy", *Anglesey Antiquarian Society and Field Club Transactions,* pp. 26-168. C.

Bulkeley, William (1936). *Mr. Bulkeley and the Pirate;* comp. Roberts, B. D.; Oxford University Press, Londres. C.

Burney, Frances (1854). *Diary and Letters of Madame D'Arblay;* compilador Barrett Charlotte; Hurst & Blackett, Londres, nueva edición, 6 volúmenes C.

Burr, Aaron (1903). *The Private Journal of Aaron Burr;* The Genesee Press, Rochester, Nueva York. C.

Burritt, Elihu (1937). "Diary", en Curti, Merle: *The Learned Blacksmith;* Wilson-Erickson, Nueva York, pp. 11-138.

Burroughs, John (1928). *The Heart of Burroughs's Journals;* comp. Barras, Clara; Houghton Mifflin, Boston y Nueva York. C.

Bustard, John (1829?). *The Thoughtful Child. A Memoir of Mary Ann Bustard;* John Mason, Londres. C.

Butler, America (1940). "Diary of Rogue River Valley", *Oregon Historical Quarterly,* vol. 41, pp. 337-366.

Butler, Elizabeth (1922). *An Autobiography;* Constable, Londres. C.

Byrd, William (1941). *The Secret Diary of William Byrd of Westover 1709-1712;* comps. Wright, Louis y Tinling, Marion; The Dietz Press, Virginia. C.

Byrd, William (1958). *The London Diary;* comps. Wright, Louis y Tinling, Marion; Oxford University Press, Nueva York. C.

Byrd, William (1942). *Another Secret Diary of William Byrd of Westover;* comp. Woodfin, M.; The Dietz Press, Virginia. C.

Byrom, John (1854). *The Private Journal and Literary Remains of John Byrom;* comp. Parkinson, Richard; Chetham Society Publications, Manchester, vols. 32, 34, 40, 44. C.

Callender, Hannah (1888). "Extracts from diary", *The Pennsylvania Magazine of History and Biography,* vol. 12, pp. 432-456.

Calverley, Walter (1886). "Memorandum book of Sir Walter Calverley, Bart", *Yorkshire Diaries and Autobiographies; Surtees Society,* vol. 2. C.

Calvert, Frances (1911). *An Irish Beauty of the Regency;* comp. Blake, Mrs. Warrenne; The Bodley Head, Londres. C.

Cambridge, George (1906). *George Duke of Cambridge. A Memoir of his Private Life;* comp. Sheppard, James; Longmans, Green, Londres. C.

Capper, Mary (1848). "A memoir of Mary Capper." *The Friends' Library,* vol. 12, pp. 1-145. C.

Carlyle, Jane (1883). *Letters and Memorials of Jane Welsh Carlyle;* comp. Froude, James; Longmans, Green, Londres.

Carter, Landon (1905). "Diary of Col. Landon Carter", *William & Mary College Quarterly Historical Magazine,* vol. 13, pp. 45-53, 157-164, 219-224. También en: (1906) vol. 14, pp. 38-44, 181-186, 246-253. (1907) vol. 15, pp. 15-20, 63-69, 205-211. (1908) vol. 16, pp. 149-156, 257-269. (1909) vol. 17, pp. 9-18. (1910) vol. 18, pp. 37-44. C.

Cartwright, George (1911). *Captain Cartwright and his Labrador Journal;* comp. Townsend, Charles; Dana Estes; Boston.

Carvosso, William (1836). *A Memoir of Mr. William Carvosso;* comp. su hijo; John Mason, Londres. C.

Cavendish, Lucy (1927). *The Diary of Lady Frederick Cavendish;* comp. Bailey, John; John Murray, Londres. C.

Clegg, James (1899). *Extracts from the Diary of Rev. James Clegg;* comp. Kirke, Henry; Smith, Elder, Londres. C.

Clifford, Anne (1923). *The Diary of the Lady Anne Clifford;* comp. Sackville-West, Victoria; William Heinemann, Londres. C.

Clubb, Stephen (1809). *Journal Containing and Account of the Wrongs, Sufferings and Neglect, Experienced by Americans in France;* inédito, Boston.

Cobden-Sanderson, Thomas (1926). *The Journals of Thomas James Cobden-Sanderson;* Richard Cobden-Sanderson, Londres. C.

Coke, Mary (1889). *The Letters and Journals of Lady Mary Coke;* David Douglas, Edimburgo.

Cole, William (1931). *The Blecheley Diary of the Rev. William Cole;* comp. Stokes, Francis; Constable, Londres.

Collier, Mary (1944). *A Victorian Diarist;* comp. Collier, E. C. F.; John Murray, Londres. C.

Collins, John (1912). *Life and Memoirs of John Churton Collins;* comp. Collins, L. C.; The Bodley Head, Londres, C.

Colt, John (1936). *Young Colt's Diary;* comp. Terrott, C.; Grayson & Grayson, Londres, C.

Colt, Miriam (1863). *Went to Kansas;* L. Ingalls, Watertown. C.

Compton, Thomas (1900). "Diary", *The Essex Review,* voil. 9, pp. 33-37.

Condict, Jemima (1930). *Her Book, being the Diary of an Essex County Maid;* Catereret Books Club, Newark, Nueva Jersey. C.

Constant, Silas (1903). *The Journal of the Reverend Silas Constant;* comp. Roebling, Emily; J. B. Lippincott, Filadelfia. C.

Cooke, Anne (1915). "Diary", *Journal of the County Kildare Archaeological Society,* vol. 8, pp. 104-132, 205-219, 447-463. C.

Cooper, Anthony (1886). *The Life and Work of the 7th Earl of Shaftesbury;* comp. Hooder, Edwin; Cassell, Londres. C.

Cooper, William (1876). "Diary", *New England Historical and Genealogical Register,* vol. 30, pp. 435-441; también (1877) vol. 31, pp. 49-55. C.

Cory, William (1897). *Extracts from the Letters & Journals of William Cory;* comp. Cornish, Francis; impresión privada, Oxford.

Cowell, Emilie (1934). *The Cowells in America;* comp. Disher, M.; Oxford University Press, Londres, C.

Cowles, Julia (1931). *The Diaries of Julia Cowles;* comp. Moseley, Laura; Yale University Press, New Haven, Connecticut. C.

Cowper, Mary (1864). *Diary of Mary, Countess Cowper;* John Murray, Londres. C.

Crosfield, Thomas (1935). *The Diary of Thomas Crosfield;* comp. Boas, F. S.; Oxford University Press, Londres. C.

Cummings, Bruce (1920). *A Last Diary;* Chatto & Windus, Londres. C.

Cummings, Bruce (1923). *The Journal o a Disappointed Man;* Chatto & Windus, Londres. C.

Cunningham, Alison (1926). *Commy's Diary;* comp. Skinner, Robert; Chatto & Windus, Londres. C.

Cunningham, William (1887). "The diary and general expenditure of William Cunningham"; comp. Dodds, James; *Scottish History Society,* vol. 2. C.

Curler Arent van (1895). "Journal", en *Annual Report of the American Historical Association;* Government Printing Office, Washington, D. C. páginas 81-101.

Cutler, Benjamin (1865). "Diary", en Gray, Horatio: *Memoirs of the Rev. Benjamin C. Cutler, D. D.;* A. D. F. Randolph, Nueva York, *passim.* C.

Cutler, Manasseh (1888). *The Life, Journals and Correspondence of Rev. Manasseh Cutler;* comps. Cutler, William y Julia; Robert Clarke, Cincinnati. C.

Chace, Elizabeth (1937). "Diary", en Lovell, Malcolm, comp.: *Two Quaker Sisters from the Original Diaries of Elizabeth Buffum Chace and Lucy Buffum Lovell;* Liveright, Nueva York, pp. 1-49, 110-183. C.

Chamberlain, Benjamin (1935). "Diary", en Ellis, Isabel: *Records of Nineteenth-Century Leicester;* impresión privada, pp. 183-192. C.

Chandler, Samuel (1901). "Diary"; comp. Mulliken, Sarah. *The Harvard Graduates'Magazine,* vol. 10, pp. 376-381, 529-535.

Chester, Caroline (1903). "Diary", en Vanderpoel, Emily: *Chronicles of a Pioneer School;* Cambridge University Press, Massachusetts, pp. 150-154. C.

Dallas, George (1892). *Diary of George Mifflin Dallas;* comp. Dallas, Susan; J. B. Lippincott, Filadelfia. C.

Damer, Mary (1841). *Diary of a Tour in Greece;* Henry Colburn, Londres. C.

Danforth, Samuel (1880). "Diary", *New England Historical and Genealogical Register,* vol. 34, pp. 85-89, 162-166, 297-301, 359-363. C.

Darby, Abiah (1913). "Extracts from the diary of Abiah Darby", *The Journal of the Friends' Historical Society,* vol. 10, pp. 79-92, 295. C.

Darby, Hannah (1905). "Diary", en Greg, Emily, comp.: *Reynolds-Rathbone Diaries and Letters 1753-1839;* impresión privada, Londres, pp. 13-19. C.

Dataller, Roger (1933). *A Pitman Looks at Oxford;* J. M. Dent & Sons, Londres.

Dawson, Henry (1891). *The Life of Henry Dawson;* comp. Dawson, Alfred; Seeley, Londres. C.

Day, Robert (1938). *Mr. Justice Day of Kerry;* comp. Day, Ella; William Pollard, Exeter. C.

Day, Susanna (1909). "Diary of Susanna Day", *The Essex Review,* vol. 18, pp. 151-156. C.

Dee, John (1841), "The private diary of Dr. John Dee", *The Camden Society,* vol. 19. C.

De Rothschild, Annie (1935). "Diary", en De Rothschild, Lady: *Lady de Rothschild and her Daughters;* comp. Cohen, Lucy; John Murray, Londres, pp. 75-108. C.

De Rothschild, Constance (1935). "Diary", en De Rothschild, Lady; *Lady de Rothschild and her Daughters;* comp. Cohen, Lucy; John Murray, Londres, pp. 75-108. C.

De Rothschild, Lady (1935). *Lady de Rothschild and her Daughters;* comp. Cohen, Lucy; John Murray, Londres. C.

Dexter, Samuel (1859). "Diary", *New England Historical and Genealogical Register,* vol. 13, pp. 305-310; también (1860) vol. 14, pp. 35-40, 107, 112, 202-205. C.

Douglas, Sylvester (1928). *The Diaries of Sylvester Douglas;* comp. Bickley, Francis; Constable, Londres. C.

Dow, Lorenzo (1848). *History of Cosmopolite;* Joshua Martin, Vancouver. C.

Dow, Margaret (1848). "Diary", en Dow, Lorenzo; *History of Cosmopolite;* Joshua Martin, Vancouver, pp. 607-709. C.

Drinker, Elizabeth (1889). *Extracts from the Journal of Elizabeth Drinker;* comp. Biddle, Henry; J. B. Lippincott, Filadelfia. C.

Dudley, Dorothy (1876). Diario en G., A., comp.: *The Cambridge of 1776;* inédito, Cambridge, pp. 18-88.

Duncan, Elizabeth (1928). "Diary of Mrs., Joseph Duncan", *Journal of the Illinois State Historical Society,* vol. 21, pp. 1-91. C.

Dungett, John (1833). *Memoir of Mr. John Dungett;* comp. Heaton, Joseph; John Mason, Londres. C.

Dymond, Mary (1857). *Memoir of Mary Dymond;* comp. Dymond, Henry; William & Frederick Cash, Londres. C.

Elliot, Grace (1859). *Journal of my Life during the French Revolution;* Richard Bentley, Londres. C.

Emerson, J. (1910-1911). "Diary", *Massachusetts Historical Society Proceedings*, vol. 44, pp. 262-282.

Epps, John (1875). *Diary of the Late John Epps;* comp. Epps, E.; Kent, Londres. C.

Erskine, Ebenezer (1831). *The Life and Diary of Rev. Ebenezer Erskine;* comp. Fraser, Donald; William Oliphant, Edimburgo. C.

Erskine, James (1843). *Extracts from the Diary of a Senator of the College of Justice;* comp. Maidment, J.; Thomas Stevenson, Edimburgo. C.

Esberger, Christian (1902). *Christian Frederick Esberger, his Relatives and his Journal;* comp. Goulding, R.; J. W. Goulding & Son, Louth.

Evans, Joshua (1837). "Journal", *Friends Miscellany*, vol. 10, pp. 43-212. C.

Eve, Sarah (1881). "Extracts from journal", *The Pennsylvania Magazine of History and Biography*, vol. 5, pp. 19-36, 191-205. C.

Evelyn, John (1906). *Diary and Correspondence of John Evelyn;* comp. Wheatley, Henry; Bickers & Son, Londres, 2 vols. C.

Ewing, Alexander (1877). *Memoir of Alexander Ewing;* comp. Ross, Alexander; Daldy, Isbister, Londres. C.

Eyre, Adam (1875). "A dyurnall or catalogue of all muy accions and expences", *Yorkshire Diaries and Autobiographies; Surtees Society*, volumen 65, páginas 1-118.

Fairfax, Sally (1904). "Diary of a little colonial girl", *The Virginia Magazine of History and Biography*, vol. 11, pp. 212-214. C

Fenimore-Cooper, James (1922). "Diary", en Fenimore-Cooper, James, comp.: *Correspondence of James Fenimore-Cooper;* Yale University Press, New Haven, Connectituct, vol. 2, pp. 727-752. C.

Fithian, Philip (1900). *Journal and Letters;* comp. Williams, John; The University Library, Princeton, Nueva Jersey. C.

Fitzgerald, Edward (1904). "Letters", en Campbell, Gerald: *Edward and Pamela Fitzferald;* Edward Arnold, Londres, *passim.* C.

Fitzgerald, Sophia (1904). "The diary of Lady Sophia Fitzgerald", en Campbell, Gerald: *Edward and Pamela Fitzgerald;* Edward Arnold, Londres, pp. 28-58. C.

Fleming, Marjory (1934). *The Complete Marjory Fleming;* comp. Sidgwick, Frank; Sidgwick & Jackson, Londres. C.

Fletcher, Mary (1818). *The Life of Mrs. Mary Fletcher;* comp. Moore, Henry; Thomas Cordeux, Londres. C.

Forman, Simon (1849). *The Autobiography and Personal Diary of Dr. Simon Forman;* comp. Halliwell, J.; Richards, Londres. C.

Fowler, Robert (1893). *Sir Robert N. Fowler. A Memoir;* comp. Flynn, John; Hodder & Stoughton, Londres. C.

Fox, Eliza (1809). *Memoir of Mrs. Eliza Fox;* comp. Fox, Franklin; N. Trubner, Londres. C.

Fox Maria (1846). *Memoirs of Maria Fox;* comp. Fox, S.; Charles Gilpin, Londres. C.

Fox, Sarah (1874). "Extracts from the diary of Sarah Fox", *The Friend*, serie nueva, vol. 14, pp. 72-73.

Frankland, Charles (1865). *Sir Charles Henry Frankland;* comp. Nason, Elias; J. Munsell, Nueva York, pp. 51-97. C.

Freke, Elizabeth (1913). *Her Diary;* comp. Carbery, Mary; Guy, Cork. C.

Fretwell, James (1879). "A Family history", *Yorkshire Diaries and Autobiographies; Surtees Society,* vol. 65, pp. 163-245. C.

Frizzell, Lodisa (1915). *Across the Plains to California in 1852;* comp. Paltsits, Victor; Biblioteca Pública de Nueva York. C.

Fry, Elizabeth (1853). *Life of Elizabeth Fry;* por Corder, Susanna; W. & F. G. Cash, Londres. C.

Fuller, Timothy (1916). "Extracts from diary", *The Publications of the Cambridge Historical Society,* vol. 11, pp. 33-53. C.

Furse, Robert (1894). "Diary", *Reports and Transactions of the Devonshire Association for the Advancement of Science, Literature and Art,* vol. 26, pp. 168-284. C.

Gale, Walter (1857). "Extracts from journal", *Sussex Archaeological Collections,* vol. 9, pp. 182-207.

Gallatin, James (1914). *A Great Peace Maker;* William Heinemann, Londres. C.

Gardiner, Thomas (1894). "Extrancts from a memorandum book", en Daniell, J. J.: *The History of Chippenham;* Houlston & Sons, Londres, páginas 189-192.

Gardner, Samuel (1913). "Diary for the year 1759." *Essex Institute Historical Collections,* vol. 49, pp. 1-22. C.

Gaskell, Elizabeth (1923). *My Diary;* impresión privada, Londres. C.

Gaskell, James (1883). *Records of an Eton Schoolboy;* comp. Gaskell, Charles; impresión privada, Londres. C.

Gilmor, Robert (1922). "Diary", *Maryland Historical Magazine,* vol. 17, pp. 231-268, 319-347.

Gilpin, Mary (1841). *Memoir of Mary Ann Gilpin;* Edmund Fry, Londres. C.

Gisborne, John (1852). *A Brief Memoir of the Life of John Gisborne Esq.;* Whittaker, Londres. C.

Glandstone, Mary (1930). *Her Diaries and Letters;* comp. Masterman, Lucy; Methuen, Londres. C.

Goddard, Lucy (1930). "The diary of Mrs. Lucy Goddard", en Bell, Eva, comp.: *The Hamwood Papers;* Macmillan, Londres, *passim.*

Goff, Elizabeth (1918). "The Goff letters", *The Journal of the Friends' Historical Society,* vol. 15, pp. 69-86, 129-137. C.

Gordon, James (1903). "Journal of Col. James Gordon", *William & Mary College Quarterly Historical Magazine,* vol. 11, pp. 98-112, 217-236; también (1904) vol. 12, pp. 1-12. C.

Grant, Elizabeth (1911). *Memoirs of a Highland Lady;* comp. Lady Strachey; John Murray, Londres. C.

Gray, Faith (1927). "Faith Gray and her diaries", en Gray, E.: *Papers and Diaries of a York Family;* The Sheldon Press, Londres, pp. 20-226. C.

Gray, Jonathan (1927). "Jonathan Gray", en Gray, E.: *Papers and Diaries of a York Family;* The Sheldon Press, Londres, pp. 121-196. C.

Green, Joseph (1866). "Diary of Rev. Joseph Green of Salem Village", *Essex*

Institute Historical Collections, vol. 8, pp. 215-224; también (1869) vol. 10, pp. 73-104; (1900) vol. 36, pp. 325-330. C.

Greene, William (1920-1921). "Diary", *Massachusetts Historical Society Proceedings*, vol. 54, pp. 84-138.

Gregory, Isabella (1946). *Lady Gregory's Journals 1916-1930;* comp. Robinson, Lennox; Putnam, Londres y Dublin. C.

Griffith, John (1779). *A Journal of the Life, Travels, and Labours in the Work of The Ministry of John Griffith;* James Phillips, Londres. C.

Guest, Charlotte (más tarde Schreiber) (1950). *Lady Charlotte Guest. Extracts from her Journal;* comp. conde de Bessborough; John Murray, Londres. C.

Gurney, Isobel (1935). *Isobel, Mrs. Gurney;* comp. Gurney, S.; Jarrold & Sons, Norwich, C.

Guthrie, Abelard (1899). "Extracts from journal", en Connelley, William, comp.: *The Provisional Government of Nebraska Territory;* The Nebraska State Historical Society, Lincoln, Nebraska, pp. 116-152. C.

Hadley, James (1951). *Diary of James Hadley;* comp. Moseley, Laura; Yale University Press, New Haven, Connecticut. C.

Hagger, Mary (1843). "Memoranda", *The Friends' Library*, vol. 7, pp. 432-461. C.

Hamilton, Mary (1925). *At court and at Home;* comps. Anson, E. y F.; John Murray, Londres. C.

Hammond, Lawrence (1891-1892). "Diary", *Massachusetts Historical Society Proceedings*, 2a. serie, vol. 7, pp. 144-172. C.

Hanover, Victoria (1868). *Leaves from the Journal of our Life in the Highlands;* comp. Helps, Arthur; Smith, Elder, Londres. C.

—— (1884). *More Leaves from the Journal of a Life in the Highlands;* Smith, Elder, Londres. C.

—— (1912). *The Girlhood of Queen Victoria;* comp. vizconde Esher; John Murray, Londres. C.

—— (1964). *Queen Victoria: Dearest Child;* comp. Fulford, Roger; Evans Brothers, Londres. C.

Hardy, Louisa (1935). *Nelson's Hardy and his Wife;* comp. Gore, John; John Murray, Londres. C.

Hare, Augustus (1952). *The Years with Mother;* comp. Barnes, Malcolm; George Allen & Unwin, Londres. C.

Harker, Mary (1935). "Journal of a Quaker maid", *The Virginia Quarterly Review*, vol. 11, pp. 61-81. C.

Harrower, John (1901). "Diary", *The American Historical Review*, vol. 6, pp. 65-101. C.

Hay, Andrew (1901). "The diary of Andrew Hay"; comp. Reid, Alexander; *Scottish History Society*, vol. 39. C.

Hayes, Rutherford (1922-1926). *Diary and Letters of Rutherford B. Hayes;* comp. Williams, Charles; Ohio State Archaeological and Historical Society. C.

Hazard, Thomas (1893). *College Tom;* comp. Hazard, Caroline; Cambridge University Press, Boston. C.

—— (1930). *Nailer Tom's Diary;* The Merrymount Press, Londres. C.

Head, Caroline (1905). "Diary of Caroline Head", en Hanbury, Charlotte (1911): *Life of Mrs. Albert Head;* Marshall Brothers, Londres, pp. 42-160. C.

Hervey, John (1894). *The Diary of John Hervey;* Ernest Jackson, Wells. C.

Heywood, Oliver (1882). *The Rev. Oliver Heywood. His Autobiography, Diaries, Anecdote and Event Book;* comp. Turner, J. Horsfall; T. Harrison, Bingley, 4 vols. C.

Hickey, William (1950). *Memoirs of William Hickey;* comp. Spencer, Alfred; Hurst & Blackett, Londres.

Hicks, Elias (1832). *Journal of the Life and Religious Labours of Elias Hicks;* Isaac Hopper, Nueva York. C.

Hillard, Harriet (1900). *My Mother's Journal;* comp. Hillard, Katharine; George H. Ellis, Boston. C.

Hiltzheimer, Jacob (1893). *Extracts from the Diary of Jacob Hailtzheimer;* comp. Parsons, Jacob; Wm. F. Fell, Filadelfia. C.

Hoby, Margaret (1930). *The Diary of Lady Margaret Hoby;* comp. Meads, Dorothy; George Routledge & Sons, Londres.

Hochberg, Margaret (1950). *The Private Diaries of Daisy Princess of Pless;* comp. Chapman-Huston, D.; John Murray, Londres. C.

Hoffman, Virginia (1859). "Diary", en Cummains, George: *Life of Mrs. Virginia Hale Hoffman;* Lindsay & Blakiston, Filadelfia, pp. 31-161, *passim.* C.

Holland, Elizabeth (1908). *The Journal of Elizabeth, Lady Holland;* comp. conde de Ilchester; Longmans, Green, Londres, 2 vols. C.

Holyoke, Edward (1911). "Diary", en Dow, George, comp.: *The Holyoke Diaries;* The Essex Institute, Massachusetts, pp. 1-30.' C.

Holyoke, John (1911). "Diary", en Dow, George, comp.: *The Holyoke Diaries;* The Essex Institute, Massachusetts, pp. 44-46. C.

Holyoke, Mary (1911). "Diary", en Dow, George, comp.; *The Holyoke Diaries,* The Essex Institute, Massachusetts, pp. 47-138. C.

Holyoke, Susanna (1911). "Diary", en Dow, George, comp.: *The Holyoke Diaries:* The Essex Institute, Massachusetts, pp. 175-204. C.

Hooke, Robert (1935). *The Diary of Robert Hooke;* comps. Robinson, Henry y Admas, Walter; Taylor & Francis, Londres.

Hope, Thomas (1843). *A Diary of the Public Correspondence of Sir Thomas Hope 1635-1645;* Bannatyne Club, Edibumrgo. C.

Hopkins, Louisa (1882). "Diary", en Prentiss, George: *The Life and Letters of Elizabeth Prentiss;* Hodder & Stouhghton, Londres, pp. 203-206, 541-555. C.

Horler, Sydney (1933). *Excitement. An Impudent Autobiography;* Hutchinson, Londres. C.

—— (1934). *Strictly Personal;* Hutchinson, Londres.

Housman, Sra. (1744). *The Power and Pleasure of the Divine Life;* comp. Pearsall, Richard; J. Oswald, Londres. C.

Howe, Samuel (1906). *Letters and Journals of Samuel Gridley Howe;* comp. Richards, Laura; Dana Estes, Boston. C.

Hull, Henry (1840). Life of Henry Hull. *The Friends' Library,* vol. 4, pp. 236-325. C.

Hume, David (1843). *Domestic Details;* Thomas G. Stevenson, Edimburgo. C.

Huntington, Charles (1924). "Diary", *Proceedings of the Massachusetts Historical Society*, pp. 244-269.

Huntington, Susan (1828). *Memoirs of the Late Mrs. S. Huntington;* comp. Wisner, B.; William Collins, Glasgow, 2a. edición. C.

Hutchinson, Arthur (1935). *A Year that the Locust—;* Ivor Nicholson & Watson, Londres. C.

Hutchinson, Thomas (1883). *Diary and Letters of His Excellency Thomas Hutchinson Esq.;* comp. Hutchinson, Peter; Sampson, Law, Marston, Searle & Revington, Londres.

Hyde, Henry (1828). *The Correspondence of Henry Hyde, Earl of Clarendon and of his Brother Lawrence Hyde, Earls of Rochester, with their Diaries;* comp. Singer, Samuel; Henry Colburn, Londres, vol. 11, pp. 141, 332. C.

Isham, Justinian (1907). "The diaries of Sir Justinian Isham". *Transactions of the Royal Historical Society*, 3a. serie, vol. 1, pp. 181-205. C.

Jackson, James (1921). "Diary". *Transactions of the Cumberland and Westmorland Antiquarian and Archaeological Society*, serie nueva, vol. 21, pp. 96-129. C.

Jackson, Mitchell (1939). "Diary", en Loehr, Rodney; *Minnesota Farmers' Diaries*, The Minnesota Historical Society, Saint Paul, pp. 83-220. C.

Jefferay, W. (1889). *Journal of William Jeferray, Gentleman. A diary that might have been;* comp. Austin, John; Freeman & Sons, Providence. C.

Jesup, Maria (1940?). *Estracts from the Memoranda and Letters of Maria Jesup;* impresión privada, York. C.

Jeune, Margaret (1932). *Pages from the Diary of an Oxford Lady;* comp. Gifford, Margaret; The Shakespeare Head Press, Oxford. C.

Johns, James (1936). "Diary". *Proceedings of the Vermont Historical Society*, serie nueva, vol. 4.

Johnston, Archibald (1896). "Diary of Sir Archibald Johnston." *Publications of the Scottish History Society*, vol. 26, pp. 34-98; también (1911) vol. 61. C.

Johnston, Priscilla (1862). *Extracts from Priscilla Johnston's Journal;* comp. MacInnes, E.; Charles Thurnam & Sons, Carlisle. C.

Jones, William (1929). *The diary of the Revd. William Jones;* comp. Christie, O. F.; Brentano's, Londres. C.

Josselin, Ralph (1908). "The diary of the Rev. Ralph Josselin". *Camden Society*, 3a. serie, vol. 15. C.

Judson, Emily (1861). "Diary", en Kendrick, A. C.: *The Life of Mrs. Emily C. Judson;* Thomas Nelson & Sons, Londres, pp. 16-30, 231-234, 299-307. C.

Kay, Richard (1968). *The Diary of Richard Kay;* Chetham Society publications, Manchester, 3a. serie, vol. 16.

Kemper, Jackson (1898). "Journal of an Episcopalian missionary's tour to Green Bay 1834". *Collections of the State Historical Society of Wisconsin*, vol. 14, pp. 394, 449. C.

Kilham, Hannah (1837). *Memoir of the Late Hannah Kilham;* comp. Biller, Sarah; Darton Harvey, Londres. C.

King-Hall, Stephen (1936). *Sea-Saga;* comp. King-Hall, L.; Victor Gollancz, Londres, C.

Kingsford, Anna (1913). *Her Life, Letters, Diary And Work;* comp. Maitland, Edward; John M. Watkins, Londres. C.

Kitto, John (1856). *Momoirs of Dr. John Kitto;* comp. Ryland, J. E.; William Oliphant & Sons, Edimburgo. C.

Knight, Sarah (1825). *The Journal of Madam Knight;* Wilder & Campbell, Nueva York. C.

Knightley, Louisa (1915). *The Journals of Lady Knightley of Fawsley;* comp. Cartwright, Julia; John Murray, Londres. C.

Knox, Jane (1909). *Memoirs of a Vanished Generation;* comp. Blake, Mrs. Warrene; The Bodley Head, Londres. C.

Lake, Edward (1847). "Diary", *Camden Miscellany;* Camden Society, vol. 1, pp. 5-31.

Landreth, James (1921). *A Grampian Diary;* Alexander Gardner, Paisley.

Lawrence, Amos (1888). "Diary", en Lawrence, William; *Life of Amos Lawrence;* Houghton Mifflin, Boston y Nueva York, pp. 50-273, *passim.* C.

Lee, John (1877). *Life and Confessions;* Bryan Brand, St. Louis. C.

Lennep, Mary van (1851). "Diary", en Hawes, Louisa: *Memoir of Mrs. Mary E. van Lennep;* Wm. Jas. Hamersley, Hartford, pp. 84-323. C.

Lettsom, John (1933). *His Life, Times, Friends and Descendants;* comp. Abraham, James; William Heinemann, Londres. C.

Lewis, Jane (1903). "Diary", en Vanderpoel, Emily: *Chronicles of a Pioneer School;* Cambridge University Press, Massachusetts, p. 230-234. C.

Lieber, Francis (1882). *The Life and Letters of Francis Lieber;* comp. Perry, Thomas; James R. Osgood, Boston. C.

Long, John (1923). *America of Yesterday;* comp. Mayo, Lawrence; The Atlantic Monthly Press, Boston. C.

Longfellow, Henry (1886). *Life of Henry Wadsworth Longfellow;* comp. Longfellow, Samuel; Ticknor, Boston. C.

Lovell, Lucy (1937). "Diary", en Lovell, Malcolm, comp.: *Two Quaker Sisters from the Original Diaries of Elizabeth Buffum Chace and Lucy Buffum Lovell;* Liveright, Nueva York, pp. 49-110. C.

Lowe, Roger (1938), *The Diary of Roger Lowe;* comp. Sachse, William; Longmans, Green, Londres. C.

Lowry, Jean (1760). *A. Journal of the Captivity of Jean Lowry;* sin pie de imprenta, Filadelfia. C.

Lucas, F. L. (1939). *Journal under the Terror;* Cassell, Londres.

Lucas, William (1934). *A Quaker Journal;* comps. Bryant, G. E. y Baker, G. P.; Hutchinson, Londres. C.

Luttig (1920). *Luttig's Journal of a Fur Trading Expedition on the Upper Missouri;* comp. Drum, Sheila; Missouri Historical Society, St Louis.

Luttrell, Narcissus (1857). *A Brief Historical Relation of State Affairs;* Oxford University Press, Londres.

Lyman, Simeo (1899). "Diary", *Collections of the Connecticut Historical Society,* vol. 7, pp. 111-134.

Lynde, Benjamin (1880). *The Diaries of Benjamin Lynde and Benjamin Lynde Jr;* comp. Oliver, Fitch; impresión privada, Boston, C.

Lyon, George (1824). *The Private Journal of Captain G. F. Lyon;* John Murray, Londres.

MacKenna, Stephen (1936). *Journal and Letters of Stephen MacKenna;* comp. Dodds, E.; Constable, Londres.

Machyn, Henry (1848). "Diary", *The Camden Society,* Londres, vol. 42. C.

Macready, William (1912). *The Diaries of William Charles Macready;* comp. Toynbee, William; Chapman & Hall, Londres, 2 vols. C.

Magoffin, Susan (1926). *Down the Santa Fe Trail and into Mexico;* comp. Drumm, Stella; Yale University Press, New Haven, Connecticut. C.

Mansfield, Katherine (1927). *Journal of Katherine Mansfield;* comp. Murry, J. Middleton; Constable, Londres. C.

Mantell, Gideon (1940). *The Journal of Gideon Mantell;* comp. Curwen, E. Cecil; Oxford University Press, Londres. C.

Martindale, Adam (1845). *The Life of Adam Martindale;* comp. Parkinson, Richard; Chetham Society Publications, Manchester, vol. 4. C.

Mascall, Elizabeth (1902). *Elizabeth Mascall. Remnants of a Life;* comp. Matthews, A. Weight; impresión privada, Londres. C.

Mather, Cotton (1911). "Diary", *Massachusetts Historical Society Collections,* 7a. serie, vol. 7; también (1912) 7a. serie, vol. 8. C.

Mather, Increase (1899). "Diary", *Massachusetts Historical Society Proceedings,* 2a. serie, vol. 13, pp. 340-374, 398-411. C.

May, Anna (1941). *Journal of Anna May;* comp. Robinson, George; impresión privada, Cambridge, Massachusetts. C.

May, John (1873). "Journal and letters of Col. John May of Boston"; comp. Darlington, W.; *The Historical and Philosophical Society of Ohio;* nueva serie, vol. 1, C.

Mildmay, Elsie (1900?). *Elsie: a Naughty Little Girl;* impresión privada, Londres (?). C.

Mildmay, Grace (1911). "The journal of Lady Mildmay." *The Quarterly Review,* vol. 215, pp. 119-138. C.

Mildmay, Humphrey (1947). *Sir Humphrey Mildmay: Royalist Gentleman;* comp. Ralph, Philip; Rutgers University Press, New Brunswick. C.

Mill, John (1889). "The diary of the Reverend John Mill", *Publications of the Scottish History Society,* vol. 5. C.

Mills, William (1912). "Notes from the account books of William Mills", en Clarke, George: *History of Needham, Massachusetts;* Cambridge University Press, EUA, pp. 49-51. C.

Mitchell, Elisha (1905). *Diary of a Geological Tour;* comp. Battle, Kemp; University of North Carolina Press, Chapel Hill. C.

Mkeevor, Thomas (1819). "A voyage to Hudson's Bay." *New Voyages and Travels,* vol. 11, pp. 1-76.

Moore, Giles (1848). "Extracts from the journal and account book." *Sussex Archaeological Collections,* vol. 1, pp. 65-127. C.

Moore, Thomas (1853). *Memoirs, Journal and Correspondence of Thomas Moore;* comp. Russell, Lord John; Longman, Brown, Green & Longmans, Londres, 6 vols. C.

Morris, Claver (1934). *The Diary of a West Country Physician;* comp. Hobhouse, Edmund; Stanhope Press, Rochester. C.

Morris, Gouverneur (1939). *A Diary of the French Revolution;* comp. Davenport, Beatrice; George C. Harrap, Londres & Sydney.

Morris, Robert (1940). "An American in London." *The Pennsylvania Magazine of History and Biography,* vol. 64, pp. 164-217, 356-406.

Morse, Abner (1940). "Diary", *The Wisconsin Magazine of History,* vol. 23, pp. 62-88. C.

Morton, Robert (1877). "Diary", *The Pennsylvania Magazine of History and Biography,* vol. 1, pp. 1-39. C.

Motte, Jacob (1940). *Charleston goes to Harvard;* comp. Cole, Arthur; Harvard University Press, Cambridge, Massachusetts. C.

Müller, George (1905). *Autobiography of George Müller;* comp. Bergin, G. F. J. Nisbet, Londres. C.

Neville, Sylas (1950). *The Diary of Sylas Neville;* comp. Cozens-Hardy, Basil; Oxford University Press, Londres.

Newbolt, Francis (1904). *The Diary of a Fag;* F. E. Robinson, Londres, C.
——— (1927). *The Diary of a Praeposter;* Phillip Allan, Londres. C.

Newcome, Henry (1852). *The Autobiography of Henry Newcome;* comp. Parkinson, Richard; Chetham Society Publications, Manchester, vol. 1. C.

Newdigate-Newdegate, Richard (1901). *Cavalier and Puritan;* comp. Lady Newdigate-Newdegate; Smith, Elder, Londres. C.

Newell, Timothy (1852). "Diary", *Massachusetts Historical Society Collections,* 4a. serie, vol. 1, pp. 261-276.

Newton, Benjamin (1933). *The Diary of Benjamin Newton;* comps. Fendal, C. P. y Crutchley, E. A.; Cambridge University Press. C.

Newton, Samuel (1890). *The Diary of Samuel Newton;* comp. Foster, J. E.; Cambridge Antiquarian Society, Cambridge. C.

Norwood, Richard (1945). *The Journal of Richard Norwood;* comps. Craven, Wesley y Hayward, Walter; Scholars Facsimiles and Reprints, Nueva York. C.

O'Connell, Daniel (1906). *His Early Life, and Journal;* comp. Houston, Arthur; Sir Isaac Pitman & Sons, Londres. C.

Ogden Eliza (1903). "Diary", en Vanderpoel, Emily: *Chronicles of a Pioneer School;* Cambridge University Press, Massachusetts, pp. 160-176. C.

Oglander, John (1888). "Diary", en Long, W. H.: *The Oglander Memoirs;* Reeves & Turner, Londres, *passim.* C.

Opie. Amelia (1854). *Memorials of the Life of Amelia Opie;* comp. Brightwell Cecilia; Fletcher & Alexander, Norwich. C.

Orr, Lucinda (1871). *Journal of a Young Lady of Virginia;* comp. Mason, Emily, John Murphy, Baltimore. C.

O'Sullivan, Humphrey (1936-1937). "Diary", *Irish Texts Society,* vols. 30, 31, 32, 33.

Otey, James (1898). "Diary", en Hotchkin, S. F.: *Memoir of Bishop Otey;* impresión privada; Bustleton, Filadelfia, *passim.* C.

Owen, Caroline (1894). "Diary", en Owen, Richard: *The Life of Richard Owen;* John Murray, Londres, *passim.* C.

Owen, William (1906). "Diary", *Indiana Historical Society Publications*, vol. 4, pp. 1-134.

Owenson, Sydney (1863). *Lady Morgan's Memoirs;* comp. Dixon, W. Hepworth; W. H. Allen, Londres. C.

Palgrave, Francis (1899). *Francis Turner Palgrave. His Journals and Memories of His Life;* comp. Palgrave, Gwenllian; Longmans, Green, Londres, C.

Palmer, Ann (1839). *Extracts from the Diary of Ann Palmer;* comp. Richards, G. P.; Simmons, Londres. C.

Parker, Ellen (1915). "Journal", *Collections of the New Hampshire Historical Society*, vol. 11, pp. 132-162. C.

Parker, James (1915). "Diary of James Parker", *New England Historical and Genealogical Register*, vol. 69, pp. 8-17, 117-127, 211-224, 294-308; también (1916) vol. 70, pp. 9-24, 137-146, 210-220, 294-308. C.

Parkman, Anna (1899). "Diary", en Parkman, Ebenezer: *The Diary of Rev. Ebenezer Parkman;* comp. Forbes, Harriette; The Westborough Historical Society, Massachusetts, pp. 60-62. C.

Parkman, Ebenezer (1899). *The Diary of Rev. Ebenezer Parkman;* comp. Forbes, Harriette; The Westborough Historical Society, Massachusetts. C.

Persons, Moses (1904). "Diary", en Ewell, John: *The Story of Byfield;* George E. Littlefield, Boston, pp. 101-158. C.

Pearson, Jane (1818). *Sketches of Piety in the Life and Religious Experiences of Jane Pearson;* Wm. Alexander, York. C.

Pease, Edward (1907). *The Diaries of Edward Pease;* comp. Pease, Alfred; Headley Brothers, Londres. C.

Pemberton, John (1842). "Life of John Pemberton"; comps. Evans, William y Evans, Thomas; *The Friends' Library*, vol. 6. C.

Penry, John (1944). "The notebook of John Penry", *Camden Society*, 3a. serie, vol. 67. C.

Pepys, Samuel (1942). *The Diary of Smuel Pepys;* comp. Wheatley, Henry; Limited Editions Club, Nueva York.

Peter, John (1934). "Diary", *The Mississippi Valley Historical Review*, vol. 21, pp. 529-542.

Phelps, Caroline (1930). "Diary", *Journal of the Illinois State Historical Society*, vol. 23, pp. 209-239. C.

Phelps, Elizabeth (1891). "A diary of long ago", en Huntington, Arria: *Under a Colonial Roof-tree;* Houghton Mifflin, Boston. C.

Philips, Martin (1909). "Diary of a Mississippi planter", *Publications of the Mississippi Historical Society*, vol. 10, pp. 305, 481. C.

Pike, John (1875-1876). "Diary", *Massachusetts Historical Society Proceedings*, 1a. serie, vol. 14, pp. 121-150. C.

Polk, James (1910). *The Diary of James K. Polk;* comp. Quaife, Milo; A. C. McClurg, Chicago.

Pollen, John (1912). *John Hungerford Pollen;* comp. Pollen, Anne; John Murray, Londres. C.

Post, Frederic (1838). *Extracts from the Diary of the Late Frederic James Post;* impresión privada, Londres. C.

Powell, Walter (1907). *The Diary of Walter Powell*, comp. Bradney, J.; John Wright, Bristol. C.

Powys, Caroline (1899). *Passages from the Diaries of Mrs. Philip Lybbe Powys;* comp. Climenson, Emily; Longmans, Green, Londres. C.

Powys, Llewelyn (1936). "Diary", en Marlow, Louis: *Welsh Ambassadors;* Chapman & Hall, Londres, pp. 212-240. C.

Powys, Theodore (1936). "Diary and letters", en Marlow, Louis: *Welsh Ambassadors;* Chapman & Hall, Londres, pp. 160-210. C.

Prentiss, Elizabeth (1882). "Extracts from journal", en Prentiss, George (1882): *The Life and Letters of Elizabeth Prentiss;* Hodder & Stoughton, Londres, *passim.* C.

Preston, John (1871). "Extracts from the diary of Lieut. John Preston, of Salem Village", *Essex Institute Historical Collections,* vol. 11, pp. 256-262; también (1902) "Diary". *New England Historical and Genealogical Register,* vol. 56, pp. 80-83. C.

Pringle, Walter (1751). *Memoirs of Walter Pringle of Greenknow;* William Hamilton, Edimburgo. C.

Procter, Jonathan (1934). "Diary kept at Louisburg, 1759-1760 by Jonathan Procter", *Essex Institute Historical Collections,* vol. 70, pp. 31-57. C.

R., I (1887). *A Lady's Ranche Life in Montana;* W. H. Allen, Londres.

Ramés, Marie (1911). "Marie Louise Ramés' Journal", en Huntington, Henry: *Memories, Personages, Peoples, Places;* Constable, Londres, pp. 228-296. C.

Raper, Elizabeth (1924). *The Receipt Book of Elizabeth Raper;* The Nonesuch Press, Londres. C.

Rathbone, Hannah (1905). "Diary", en Greg, Emily comp.: *Reynolds-Rathbone Diaries and Letters 1753-1839;* impresión privada, Londres, pp. 19-150. C.

Reynolds, Deborah (1905). "Diary and letters", en Greg, Emily, comp.: *Reynolds-Rathbone Diaries and Letters 1753-1839;* impresión privada, Londres, pp. 154-170. C.

Rich, Mary (1848). "The autobiography of Mary, Countess of Warwick", *The Percy Society,* vol. 22. C.

Richards, Caroline (1913). *Village Life in America;* Henry Holt, Nueva York. C.

Richards, John (1853). "Extracts from diary". *The Retrospective Review,* vol. 1, pp. 97-101, 201-205, 408-416. C.

Ridpath, George (1922). "The diary of George Ridpath". *Publications of the Scottish History Society,* 3a. serie, vol. 2. C.

Robertson, Powhattan (1931). "Diary". *William & Mary College Quarterly Historical Magazine,* 2a. serie, vol. 11, pp. 61-68. C.

Robinson, Henry (1872). *The Diary, Reminiscences, and Correspondence of Henry Crabb Robinson;* comp. Sadler, Thomas; Macmillan, Londres, 2 vols. C.

Robson, William (1922). "Journal", *The Journal of the Friends' Historical Society,* vol. 19, pp. 105-107.

Roe, William (1928). *The Private Memorandums of William Roe;* comp. Thomas-Stanford, Charles; impresión privada, Brighton. C.

Rogers, Richard (1933). "Diary", en Knappen, M., com.: *Two Elizabethan*

Puritan Diaries; The American Society of Church History, Chicago, pp. 53-102. C.

Rumney, Thomas (1936). *Tom Rumney of Mellfell;* comp. Rumney, A. W.; Titus Wilson & Son, Kendal. C.

Russell, Frances (1910). *Lady John Russell;* comps. MacCarthy, Desmond y Russell, Agatha; Methuen, Londres. C.

Russell, John (Lord Amberley) (1966). *The Amberley Papers;* comp. Russell, Bertrand y Patricia; George Allen & Unwin, Londres, 2 vols. C.

Russell, Kate (Lady Amberley) (1966). *The Amberley Papers;* comps. Russell, Bertrand y Patricia; George Allen & Unwin, Londres, 2 vols. C.

Ryder, Dudley (1939). *The Diary of Dudley Ryder;* comp. Matthews, William; Methuen, Londres. C.

Salter, John (1933). *Dr. Salter;* comp. Thompson, J. O.; The Bodley Head, Londres. C.

Sandford, Daniel (1830). *Remains of the Late Right Reverend Daniel Sandford;* Waugh & Innes, Edimburgo. C.

Scattergood, Thomas (1844). "Memoirs". *The Friends' Library,* vol. 8, pp. 2-225. C.

Schnell, Leonhard (1903). "Extracts from diary", *The Virginia Magazine of History and Biography,* vol. 11, pp. 115-131, 370-392; también (1904) vol. 12, pp. 55-61.

Schreiber, Charlotte (antes Guest) (1952). *Lady Charlotte Schreiber: Extracts from her Journal;* comp. conde de Bessborough; John Murray, Londres. C.

Scott, John (1920). *An Englishman at Home and Abroad;* comp. Mann, Ethel; Heath Cranton, Londres. C.

Scott, Walter (1890). *The Journal of Sir Walter Scott;* David Douglas, Edimburgo. C.

Sedgwick, Joseph (1853). *A Memoir of Mr. Joseph Sedgwick;* comp. Milner, Samuel; Houlston & Stoneman, Londres. C.

Selwyn, Thomas (1903). *Eton in 1829-1830;* comp. Warre, Edmond; John Murray, Londres. C.

Sewall, David (1878). "Diary". *Massachusetts Historical Society Proceedings,* 1a. serie, vol. 16, pp. 5-11. C.

Sewall, Samuel (1878). "Diary". *Massachusetts Historical Society Collections,* 5a. serie, volumen 5; también (1879) 5a. serie volumen 6 (1882); 5a. serie, volumen 7. C.

—— (1892). "Diary". *Massachusetts Historical Society Proceedings,* 2a. serie, vol. 8, pp. 221-225.

Sewall, William (1930). *Diary of William Sewall;* comp. Goodell, John; Hartman, Beardstown, Illinois. C.

Sewell, Elizabeth (1907). *The Autobiography of Elizabeth Sewell;* comp. Sewell, Eleanor; Longmans, Green, Londres. C.

Sheldon, Charlotte (1903). "Diary", en Vanderpoel, Emily: *Chronicles of a Pioneer School;* Cambridge University Press, Massachusetts, pp. 10-19. C.

Sheldon, Lucy (1903). "Diary", en Vanderpoel, Emily: *Chronicle of a Pioneer School;* Cambridge University Press, Massachusetts, pp. 43-53. C.

Shelley, Frances (1912). *The Diary of Frances, Lady Shelley;* comp. Edgcumbe, Richard; John Murray, Londres, 2 vols. C.

Shelley, Mary (1947). *Mary Shelley's Journal;* comp. Jones, Frederick; University of Oklahoma Press, Norman. C.

Shippen, Nancy (1935). *Nancy Shippen: her Journal Book;* comp. Armes, E.; J. B. Lippincott, Filadelfia. C.

Shore, Emily (1898). *Journal of Emily Shore;* Kegan Paul, Trench, Trübner, Londres. C.

Silliman, Benjamin (1866). *Life of Benjamin Silliman, M. D., L. L. D.;* comp. Fisher, G.; Charles Scribner, Nueva York. C. .

Skinner, John (1930). *The Journal of a Somerset Rector;* comps. Coombs, Howard y Bax, Arthur; John Murray, Londres. C.

Skinner, Richard (1900). "Diary". *New England Historical and Genealogical Register,* vol. 54, pp. 413-415. C.

Slingsby, Henry (1836). *The Diary of Sir Henry Slingsby;* comp. Parsons, Daniel; Longman, Londres. C.

Smith, Frank (1875). "Diary", en Smith, Hannah: *Frank. The Record of a Happy Life;* Morgan & Scott, Londres, *passim.* C.

Smith, Hannah (1896). *Educate our Mothers our Wise Motherhood;* James Nisbet, Londres. C.

Smith, John (1904). *Hannah Logan's Courtship;* comp. Myers, Albert; Ferris & Leach, Filadelfia, pp. 65-324, 326-345. C.

Smith, Richard (1916). "Journal". *The Journal of the Friends' Historical Society,* vol. 13, pp. 49-58, 89-97, 129-139; también (1917) vol. 14 pp. 15-23, 56-69, 108-118. C.

Smith, Thomas (1907). "Diary of Thomas Smith of Shaw House", en Neale, John: *Charters and Records of Neales of Berkeley;* Mackie, Warrington, pp. 169-209. C.

Sopwith, Thomas (1891). *Thomas Sopwith;* comp. Richardson, Benjamin; Longmans, Green, Londres. C.

Southey, Robert (1903). *Journal of a Tour in the Netherlands;* comp. Nicoll, William; William Heinemann, Londres. C.

Stanford, John (1835). *Memoir of the Rev. John Stanford, D. D.;* comp. Sommers, Charles; Swords, Stanford, Nueva York. C.

Stanley, Catherine (1879). *Memoirs of Edward and Catherine Stanley;* comp. Stanley, Arthur; John Murray, Londres. C.

Steadman, William (1838). *Memoir of the Rev. William Steadman;* comp. Steadman, Thomas; Thomas Ward, Londres. C.

Stedman, John (1962). *The Journal of John Gabriel Stedman;* comp. Thompson, Stanbury; The Mitre Press, Londres. C.

Steele, Millicent (1926). "Diary of a voyage from London to Clipper Canada in 1833". *Papers and Records of Ontario Historical Society,* vol. 23, pp. 483-510. C.

Sterne, Adolphus (1926). "Diary". *The Southwestern Historical Quarterly,* vol. 30, pp. 139-155, 219-232, 305-324. También: (1927) vol. 31, pp. 63-83, 181-187, 285-291, 374-383. (1928) vol. 32, pp. 87-94, 165-179, 252-257, 344-

351. (1929) vol. 33, pp. 75-79, 160-168, 231-241, 315-325. (1930) vol. 34, pp. 69-76, 159-166, 257-265, 340-347. (1931) vol. 35, pp. 77-82, 151-168, 228-242, 317-324. (1932) vol. 36, pp. 67-72, 163-166, 215-229, 312-316. (1933) vol. 37, pp. 45-60, 136-148, 215-222, 320-323. (1934) vol. 38, pp. 53-70, 149-152, 213-228. C.

Stevens, Henry (1931). "Diary". *Proceedings of the Vermont Historical Society*, vol. 2, pp. 115-128. C.

Stewart, Agnes (1928). "Journey to Oregon". *The Oregon Historical Quarterly*, vol. 29, pp.77-98. C.

Stiles, Ezra (1901). *The Literary Diary of Ezra Stiles;* comp. Dexter, F.; Charles Scribner & Sons, Nueva York. C.

Stout, William (1967). *The Autobiography of William Stout of Lancaster;* comp. Marshal, J.; Chetham Society Publications, Manchester, vol. 14. C.

Strang, James (1830). "Diary", en Quaife, Milo: *The Kingdom of Saint James;* Yale University Press, New Haven, Connecticut, pp. 195-234. C.

Strickland, Hugh (1858). *Memoirs of Hugh Edwin Strickland;* comp. Jardine, Sir William, John Van Voorst, Londres. C.

Strother (1912). *Strother's Journal;* comp. Caine, Caesar; A. Brown & Sons, Londres.

Strutt, John (1939). "Diary", en Strutt, Charles: *The Strutt Family of Terling;* impresión privada, pp. 71-94. C.

Stuart, Granville (1925). *Forty Years on the Frontier;* comp. Phillips, Paul; Arthur H. Clark, Cleveland. C.

Swift, Jonathan (1948). *Journal to Stella;* comp. Williams, Harold; Clarendon Press, Oxford.

Taylor, Dan (1820). *Memoirs of the Rev. Dan Taylor;* comp. Taylor, Adam; impresión privada. Londres. C.

Taylor, Edward (1880). "Diary". *Massachusetts Historical Society Proceedings,* la. serie, vol. 18, pp. 5-18. C.

Taylor, John (1820). *Memoirs of the Rev. John Taylor;* comp. Taylor, Adam; impresión privada, Londres. C.

Teddon, Samuel (1902). "The Diary of Samuel Teedon"; comp. Wright, Thomas; Sign at the Unicorn, Londres.

Thomas, Isaiah (1909). "Diary". *Transactions and Collections of the American Antiquarian Society,* vols. 9 y 10. C.

Thomlinson, John (1910). "The diary of John Thomlinson". *North Country Diaries;* Surtees Society, 2a. serie, vol. 118, pp. 64-167. C.

Thoreau, Henry (1962). *The Journal of Henry D. Thoreau;* comps. Torrey, Bradford y Allen, Francis; Dover, Nueva York.

Thrale, Hester (1951). *Thraliana: the Diary of Mrs. Hester Lynch Thrale;* compiladora Balderstone, Katharine; Clarendon Press, Oxford, 2a. ed., 2 volúmenes C.

Timms, Mary (1835). *Memoirs of the Late Mrs. Mary Timms;* comp. Morgan, E.; T. Whitehorn, Londres. C.

Todd, John (1876). *The Story of his Life;* comp. Todd, John; Sampson Law, Londres. C.

Tompkins, John (1930). "The Tompkins diary". *Sussex Archaeological Collections*, vol. 11, pp. 11-56.

Townsend, John (1828). *Memoirs of the Rev. John Townsend;* J. B. & John Courthope, Londres. C.

Traherne, Patrick (1918). *A Schoolmaster's Diary;* comp. Mais, S.; Grant Richards, Londres. C.

Trant, Clarissa (1925). *The Journal of Clarissa Trant;* comp. Luard, C. G.; The Bodley Head, Londres. C.

Tregelles, Edwin (1892). *Edwin Octavius Tregelles;* comp. Fox Sarah; Hodder & Stoughton, Londres. C.

Trench, Melesina (1837). *Thoughts of a Parent on Education;* John W. Parker, Londres. C.

Trench, Melesina (1862). *The Remains of the Late Mrs. Richard Trench;* comp. el deán de Westminster; Parker, Son & Brown, Londres. C.

Tucker, Mary (1941). "Diary". *Essex Institute Historical Collections*, vol. 77, pp. 306-338. C.

Tudor, Edward (1857). *Literary Remains of King Edward the Sixth;* comp. Nichols, J.; J. B. Nichols & Sons, Londres. C.

Turner, Thomas (1875). *Memoir of Thomas Turner, Esq.;* Simpkin, Marshall, Londres. C.

——— (1925). *The Diary of Thomas Turner;* comp. Turner, Florence; The Bodeley Head, Londres. C.

Twysden, Isabella (1939). "Diary". *Archaelogia Cantiana*, vol. 51, pp. 113-136. C.

Tyldesley, Thomas (1873). *The Tyldesley Diary;* comps. Gillow, Joseph y Hewitson, Anthony; A. Hewitson, Preston. C.

Wale, Thomas (1883). *My Grandfather's Pocket Book;* comp. Wale, Henry; Chapman & Hall, Londres. C.

Walker, Mary (1940). "Diary", en Drury, Clifford: *Elkanah and Mary Walker;* The Caxton Printers, Caldwell, Idaho, *passim.* C.

Walker, Timothy (1889). *The Diaries of Rev. Timothy Walker;* comp. Walker, J.; Concord, New Hampshire. C.

Walker, William (1899). "Journals", en Connelley, William, comp.: *The Provisional Government of Nebraska Territory;* The Nebraska State Historical Society, Lincoln, 2a. serie, vol. 3, pp. 153-400. C.

Wallington, Nehemiah (1869). *Historical Notices of Events in the Reign of Charles I;* Richard Bentley, Londres. C.

Ward, Lester (1935). *Young Ward's Diary;* comp. Stern, Bernhard; G. P. Putnam's Sons, Nueva York. C.

Ward, Samuel (1933). "Diary", en Knappen, M., comp.: *Two Elizabethan Puritan Diaries;* The American Society of Church History, Chicago, pp. 103-132. C.

Warder, Ann (1893). "Extracts from the diary of Mrs. Ann Warder"; comp. Cadbury, Sarah; *The Pennsylvania Magazine of History and Biography*, vol. 17, pp. 444-462. C.

Warren, John (1860). "Diary", en Warren, Edward: *The Life of John Collins Warren;* Ticknor & Fields, Boston, *passim.* C.

Washington, George (1925). *The Diaries of George Washington;* comp. Fitz-patrick, John; Houghton Mifflin, Boston y Nueva York.

Watkin, Absalom (1920). *Extracts from his Journal;* comp. Watkin, A. E.; T. Fisher Unwin, Londres. C.

Waugh, Evelyn (1964). *A Little Learning;* Chapman & Hall, Londres. C.

—— (1976). *The Diaries of Evelyn Waugh;* comp. Davie, Michael; A. D. Peters y Weidenfeld & Nicolson, Londres. C.

Webb, Catherine (1903). "Diary", en Vanderpoel, Emily: *Chronicles of a Pioneer School;* Cambridge University Press, Massachusetts, pp. 148-149. C.

Weeks, Joshua (1916). "Journal of Rev. Joshua Weeks". *Essex Institute Historical Collections,* vol. 52, pp. 1-16, 161-176, 197-208, 345-356. C.

Weeton, Ellen (1936). *Miss Weeton. Journal of a Governess 1807-1811;* comp. Hall, Edward; Oxford University Press, Londres, 2 vols. C.

Wesley, Charles (1849). *The Journal of the Rev. Charles Wesley;* comp. Jackson, Thomas; John Mason, Londres. C.

West, John (1827). *The Substance of a Journal;* L. B. Seeley and Son, Londres. C.

Weymouth, Arthur (1948). *Journal of the War Years and One Year Later;* Worcester Press, Worcester. C.

Whalley, Thomas (1863). *Journals and Correspondence of Thomas Sedgewick Whalley;* comp. Wickham, Hill; Richard Bentley, Londres.

White, Dorothy (1924). *The Groombridge Diary;* Oxford University Press. C.

White, Henry (1898). "The Diary of Rev. Henry White", en Clutterback, Robert; *Notes on the Parishes of Fyfield;* Bennet Brothers, Salisbury, páginas 10-51. C.

White, Mary (1903). *Memorials of Mary Wilder White;* comp. Tileston, M.; The Everett Press, Boston. C.

Whitefield, George (1905). *George Whitefield's Journal;* comp. Wale, William; Drane, Londres. C.

Whitwell, Thomas (1927). "A Darlington schoolboy's diary". *The Journal of the Friends' Historical Society,* vol. 24, pp. 21-30. C.

Wilberforce, Samuel (1880). *The Life of the Right Reverend Samuel Wilberforce;* comp. Ashwell, A. R.; John Murray, Londres. C.

Wilberforce, William (1868). *Life of William Wilberforce;* comp. Wilberforce, S.; John Murray, Londres. C.

Wilbor, Mary (1903). "Diary", en Vanderpoel, Emily: *Chronicles of a Pioneer School;* Cambridge University Press, Massachusetts, pp. 234-241. C.

Williams (1858). "The Williams' Journal", en Sumner, William: *A History of East Boston;* J. E. Tilton, Boston, pp. 331-339. C.

Wilson, James (1927). "Diary", en Barrington, Emilie: *The Servant of All;* Longmans, Green, Londres, *passim*. C.

Winslow, Anna (1894). *Diary of a Boston School Girl;* comp. Earle, Alice; Houghton Mifflin, Boston. C.

Winthrop, John (1864). *Life and Letters of John Winthrop;* comp. Winthrop, R.; Cambridge University Press. C.

Wister, Sally (1902) *Sally Wister's Journal;* comp. Myers, Albert; Ferris & Leach, Filadelfia. C.

Wiswall, John (1908). "The life and times of the Rev. John Wiswall". *Collections of the Nova Scotia Historical Society*, vol. 13, pp. 1-73. C.

Wood, Anthony (1891). *The Life and Times of Anthony Wood;* comp. Clark, Andrew; Clarendon Press, Oxford. C.

Wood, Frances (1926). *A Great-Niece's Journals;* comp. Rott, Margaret; Constable, Londres. C.

Woodforde, Mary (1932). "Diary", en Woodforde, Dorothy, comp.: *Woodforde Papers and Diaries;* Peter Davies, Londres, pp. 3-35. C.

Woodforde, Nancy (1932). "Diary", en Woodforde, Dorothy, comp.: *Woodforde Papers and Diaries;* Peter Davies, Londres, pp. 35-89. C.

Woods, John (1822). *Two Years' Residence.in the Settlement on the English Prairie;* Longman, Londres. C.

Woods, Margaret (1829). *Extracts from the Journal of Margaret Woods;* John & Arthur Arch, Londres. C.

Woolman, John (1922). *The Journal and Essays of John Woolman;* comp. Gummere, Amelia; Macmillan, Londres. C.

Wortley, Victoria (1852). *A Young Traveller's Journal;* T. Bosworth, Londres. C.

Wright, Thomas (1911). "Diary". *County Louth Archaeological Society*, vol. 2, pp. 171-185, C.

Wynne, Elizabeth (1935). *The Wynne Diaries;* comp. Fremantle, Anne; Oxford University Press, Londres, *passim*. 3 vols. C.

Wynne, Eugenia (1935). *The Wynne Diaries;* comp. Fremantle, Anne; Oxford University Press, Londres, *passim*. 3 vols. C.

Wynne, Harriet (1940). *The Wynne Diaries;* comp. Fremantle, Anne; Oxford University Press, Londres, *passim*. 3 vols.

Yeoman, John (1934). *The Diary of John Yeoman;* comp. Yearsley, Macleod; Watts, Londres. C.

Yeoman, Mary (1926). *The Diary of Mary Yeoman;* comp. Reid, R. D.; Journal Office, Wells. C.

Young, Arthur (1898). *The Autobiography of Arthur Young;* comp. Betham-Edwards, M.; Smith, Elder, Londres. C.

Manuscritos

Anónimo. "Diary"; The National Library of Scotland, George IV Bridge, Edimburgo, núm. 1658.

Bishop, Betty. "Diary"; The Friends Society Library, Euston Road, Londres, núm. S. 83. C.

Byrd, William. "Diary"; Universidad de Carolina del Norte, Chapel Hill, Carolina del Norte. C.

Calverley, Walter. "Diary"; The British Library, Great Russell Street, Londres, MSS Adicional 27418.

Carter, Landon. "Diary"; University of Virginia Library. C.

Darby, Abiah. "Diary"; The Friends' Society Library, Euston Road, Londres. C.

Day, Susanna. "Diary"; The Friends' Society Library, Euston Road, Londres, Box D. C.

Dexter, Samuel. "Diary"; Dedham Historical Society, Dedham, Massachusetts, C.

Dunne, R. E. "Diary"; Dr. Williams' Library, Gordon Square, Londres, núm. 24.77.

Fox, Sarah. "Diary"; The Friends' Society Library, Euston Road, Londres.

Hamilton-Gordon, Rachael. "Diary"; The British Library, Great Russell Street, Londres, MSS Adicional 49271, hojas 207-228. C.

Harington, John. "Diary"; The British Library, Great Russell Street, Londres, MSS Adicional 10114. C.

Hewlett, Maurice. "Diary"; The British Library, Great Russell Street, Londres MSS Adicional 41075. C.

Hicks, Elias. "Diary"; Friends' Historical Library, Swarthomore College, Filadelfia, Pensilvania. C.

Hyde, Henry. "Diary"; The British Library, Great Russell Street, Londres, MSS Adicional 22578 y Colección Stowe 770. C.

Jeffries, Joyce. "Diary"; The British Library, Great Russell Street, Londres, Colección Egerton 3054.

Keith, Margaret. "Diary"; The National Library of Scotland, George IV Bridge, Edimburgo, núm. 984.

Kemp, Caleb. "Diary"; The Friends' Society Library, Euston Road, Londres, núm. S3-8. C.

Mackenzie, Francis. "Diary"; The National Library of Scotland, George IV Bridge, Edimburgo, núm. 2540.

Mather, Cotton. "Diary"; American Antiquary Society, Worcester, Massachusetts, C.

Mather, Increase. "Diary"; American Antiquary Society, Worcester, Massachusetts. C.

Nairne, Carolina. "Diary"; The National Library of Scotland, George IV Bridge, Edimburgo, núm. 981. C.

Newell, Timothy. "Diary"; New York Public Library.

Oliver, Peter. "Diary"; The British Library, Great Russell Street, Londres, Colección Egerton 2674. C.

Osborne, Thomas. "Diary"; The British Library, Great Russell Street, Londres, MSS Adicionales 28040-28041. C.

Pemberton, Jonh. "Diary"; Historical Society of Pennsylvania, Filadelfia, Pensilvania. C.

Petiver, James. "Diary"; The Britsh Library, Great Russell Street, Londres, Colección Sloane 3220-3226.

Pledger, Elias. "Diary"; Dr. Williams' Library, Gordon Square, Londres, núm. 28.4. C.

Powys, Caroline. "Diary"; The British Library, Great Russell Street, Londres, MSS Adicionales 42160-42173. C.

Rich, Mary. "Autobiography"; The British Library, Great Russell Street, Londres. MSS Adicional 27357. C.

Rogers, Richard. "Diary"; Dr. Williams' Library, Gordon Square, Londres, núm. 61.13. C.

Rowntree, Elizabeth. "Diary"; The Friends' Society Library, Euston Road, Londres, Box T. C.

Rule, Andrew. "Diary"; The National Library of Scotland, George IV Bridge, Edimburgo, núm. 34.7.12. C.

Russell, Helen, "Diary"; The National Library of Scotland, George IV Bridge, Edimburgo, núm. 3233. C.

Skinner, John. "Diary"; The British Library, Great Russell Street, Londres, MSS Adicionales 33633-33730. C.

Steuart, Amelia. "Diary"; The National Library of Scotland, George IV Bridge, Edimburgo, núm. 983. C.

Stewart, Señora. "Diary"; The National Library of Scotland, George IV Bridge, Edimburgo, núm. 982.

Stockton, Señora. "Diary"; Dr. Williams' Library, Gordon Square, Londres, núm. 24.8. C.

Stockton, Owen. "Diary"; Dr. Williams' Library, Gordon Square, Londres, núm. 24.7. C.

Thomlinson, John. "Diary"; The British Library, Great Russell Street, Londres, MSS Adicional 22560. C.

Tonson, Jacob. "Diary"; The British Library, Great Russell Street, Londres, MSS Adicional 28276.

Upcott, William. "Diary"; The British Library, Great Russell Street, Londres, MSS Adicional 32558.

Viney, Richard. "Diary"; The British Library, Great Russell Street, Londres, MSS Adicional 44935. C.

Wallington, Nehemiah. "A record of the mercies of God"; Biblioteca Guildhall, Aldermanbury, Londres, MS 204. C.

Warder, Ann. "Diary"; Historical Society of Pennsylvania, Filadelfia, Pensilvania. C.

Winthrop, Adam. "Diary"; The British Library, Great Russell Street, Londres, MSS Adicional 37419.

Yeardley, Elizabeth. "Diary"; The Friends' Society Library, Euston Road, Londres, Box R. C.

FUENTES SECUNDARIAS

Abbott, Grace (1938). *The Child and the State;* University of Chicago Press.

Ainsworth, M. D. S. (1967). *Infancy in Uganda: Infant Care and the Growth of Love;* Johns Hopkins University Press, Baltimore.

Allport, Gordon (1935). "Attitudes", en Murchison, C., comp.: *Handbook of Social Psychology:* Clark University Press, Worcester, Massachusetts, pp. 798-884.

Altick, Richard (1973). *Victorian People and Ideas;* J. M. Dent & Sons, Londres.

Anderson, Michael (1971). *Family Structure in Nineteenth Century Lancashire;* Cambridge University Press.

—— (1980). *Approaches to the History of the Western Family, 1500-1914;* Macmillan, Londres.

—— comp. (1982). *Sociology of the Family;* Penguin Books, Middlesex.

Ariès, Philippe (1960). *L'Enfant et la Vie Familiale sous l'Ancien Régime;* Librería Plon, París. Todas las citas están tomadas de la edición de 1973, que es idéntica a la primera, excepto por la introducción de un nuevo prefacio. Traducción inglesa (1962) *Centuries of Childhood;* Baldick, R.; Jonathan Cape, Londres.

Arling, G. L. y Harlow, H. F. (1967). "Effects of social deprivation on the maternal behaviour of rhesus monkeys". *Journal of Comparative and Physiological Psychology,* vol. 64, pp. 371-377.

Ashton, T. S. y Sykes, Joseph (1964). *The Coal Industry of the Eighteenth Century;* Manchester University Press.

Axtell, James (1974). *The School upon a Hill. Education and Society in Colonial New England;* Yale University Press, New Haven, Connecticut.

Backett, K. C. (1982). "Images of parenthood", en Anderson, Michael, comp.; *Sociology of the Family;* Penguin Books, Middlesex, pp. 350-369.

Badinter, Elisabeth (1980). *L'Amour en Plus;* Flammarion, París. Traducción inglesa (1981) *The Myth of Motherhood;* DeGaris, R.; Souvenir Press (E & A), Londres.

Bakwin, H. (1949). "Emotional deprivation in infants". *Journal of Pediatrics,* vol. 35, pp. 512-521.

Barash, David (1977). *Sociobiology and Behavior;* Elsevier, Nueva York.

Bates, John (1976). *British Manuscript Diaries of the Nineteenth Century: an Annotated Listing;* Centaur Press, Londres.

Bayne-Powell, Rosamond (1939). *The English Child in the Eighteenth Century;* John Murray, Londres.

Beales, Derek (1969). *From Castlereagh to Gladstone 1815-1885;* Thomas Nelson & Sons, Londres.

Beales, Ross (1975). "In search of the historical child. Miniature adulthood and youth in colonial New England". *American Quarterly,* núm. 27, pp. 379-398.

Beaver, M. W. (1973). "Population, infant mortality and milk". *Population Studies,* vol. 27, pp. 243-254.

Berkner, Lutz (1973). "Recent research on the history of the family in Western Europe". *Journal of Marriage and the Family,* vol. 35, pp. 395-405.

Berry, Boyd (1974). "The first English pediatricians and Tudor attitudes toward childhood". *Journal the History of Ideas,* vol. 35, pp. 561-577.

Birch, R. C. (1974). *The Shaping of the Welfare State;* Longman, Londres.

Blager, F. y Martin, H. P. (1976). "Speech and language of abused children", en Martin, Harold: *The Abused Child;* Bollinger, Cambridge, Massachusetts, pp. 83-92.

Blurton-Jones, N., comp. (1972). *Ethological Studies of Child Behaviour;* Cambridge University Press.

Booth, Charles (1889-1903). *Life and Labour of the People in London;* Macmillan, Londres.

Bowlby, John (1966). *Maternal Care and Mental Health and Deprivation of Maternal Care;* Shocken Books, Nueva York.

―――― (1970). *Attachment and Loss;* The Hogarth Press, Londres.

Brazelton, T. B. (1972). "Implications of human development among the Mayan Indians of Mexico". Human Development, vol. 15, pp. 90-111.

Bremner, Robert, comp. (1970-1973). *Children and Youth in America;* Harvard University Press, Cambridge, Massachusetts, 3 vols.

Briggs, Asa (1959). *The Age of Improvement;* Longmans, Green, Londres.

―――― (1972). "The history of changing approaches to social welfare", en Martin, Ernest, comp.: *Comparative Development in Social Welfare;* George Allen & Unwin, Londres, pp. 9-24.

Brobeck, Stephen (1976). "Images of the family: portrait paintings as indices of American family culture, structure and behaviour, 1730-1860". *Journal of Psychohistory,* vol. 5, pp. 81-106.

Bronfenbrenner, Urie (1958). "Socialisation and social class through time and space", en Maccoby, E., Newcomb, T. y Harthey, E., comps.: *Readings in Social Psychology;* Methuen, Londres, pp. 400-425.

Bruce, Maurice (1968). *The Coming of the Welfare State;* B. T. Batsford, Londres.

Bruner, Jerome (1974). "Nature and uses of immaturity", en Bruner, J. y Connolly, K.: *The Growth of Competence;* Academic Press, Londres y Nueva York, pp. 11-49.

Busfield, Joan (1974). "Ideologies and reproducion", en Richards, M. P. M.: *The Integration of a Child into the Social World;* Cambridge University Press, pp. 11-36.

Campbell, D. T. (1795). "On the conflicts between biological and social evolution and between psychology and moral tradition". *American Psychologist,* vol. 30, pp. 1103-1126.

Carpenter, Clarence (1965). "The howlers of Barro Colorado Island", en Devore, Irven, comp.: *Primate Behaviour;* Holt, Rinehart & Winston, Nueva York y Londres, pp. 250-292.

Carr, Edward (1961). *What is History?* Macmillan, Londres.

Carter, Jan, comp. (1974). *The Maltreated Child;* Priory Press, Londres.

Clarke, Ann y Clarke, A. D. B. (1976). *Early Experience. Myth and Evidence;* Open Books, Londres.

Clarke-Stewart, K. A. (1978). "Popular primers for parents". *American Psychologist,* vol. 33, núm. 4, pp. 359-369.

Clegg, Alec y Megson, Barbara (1968). *Children in Distress;* Penguin Books, Middlesex.

Cleverley, J. y Philips, I. (1976). *From Locke to Spock;* Melbourne University Press.

Cohen, Charles (sin fecha). "Palatable children: White American attitudes towards childhood in paintings 1670-1860"; inédito, Universidad de California, Berkeley y Los Ángeles.

Coveney, Peter (1957). *Poor Monkey. The Child in Literature;* Rockliff, Londres.

Crump, Lucy (1929). *Nursery Life Three Hundred Years Ago;* George Routledge & Sons, Londres.

Chance, Michael y Jolly, Clifford (1970). *Social Groups of Monkeys, Apes and Men;* Jonathan Cape, Londres.

Chesser, Eustace (1951). *Cruelty to Children;* Victor Gollancz, Londres.

Children's Employment Commission (1816-1817). "Report of the minutes of evidence on the state of children employed in the manufactories", *British Parliamentary Papers,* núm. 1, vol. 3.

—— (1831-1832). "Report from the Select Committee on the labour of children in the mills and factories", *British Parliamentary Papers,* núm. 2, vol. 15.

—— (1833). "First report. Employment of children in factories". *British Parliamentary Papers,* núm. 3, vol. 20.

—— (1842). "First report of the Commissioners. Mines". *British Parliamentary Papers,* núm. 6, vol. 15.

Daly, Martin y Wilson, Margo (1981). "Abuse and neglect of children in evolutionary perspective", en Alexander, R. D. y Tinkle, D. W., comps.: *Natural Selection and Social Behaviour. Recent Research and New Theory;* Blackwell Science, Londres, pp. 405-416.

Davis, Glen (1976). *Childhood and History in America;* The Psychohistory Press, Nueva York.

Davis, Natalie (1971). "The reasons of misrule: youth groups and charivaris in sixteenth century France". *Past and Present,* núm. 50, pp. 41-75.

Davoren, Elizabeth (1968). "The role of the social worker", en Helfer, Ray y Kempe, C. Henry: *The Battered Child;* Chicago University Press, pp. 135-150.

De Mause, Lloyd (1976). "The evolution of childhood", en De Mause, Lloyd, comp.: *The History of Childhood;* Souvenir Press, Londres, pp. 1-74.

Demos, John (1970). *Family Life in a Plymouth Colony;* Oxford University Press.

—— (1972). "Demography and psychology in the historical study of family life", en Laslett, Peter, comp.: *Household and Family in Past Time;* Cambridge University Press, capítulo 21, pp. 561-571.

—— (1973). "Developmental perspectives on the history of childhood", en Rabb, T. y Rotberg, R., comps.: *The Family in History;* Harper & Row, Nueva York y Londres, pp. 127-140.

Devore, Irven (1965). *Primate Behaviour;* Holt, Rinehart & Winston, Nueva York y Londres.

Dicey, A. V. (1905).*Law and Opinion in England;* Macmillan, Londres.

Dimond, Stuart (1970). *The Social Behaviour of Animals;* B. T. Batsford, Londres.

Doyle, G. A., Anderson, A. y Bearder, S. K. (1969). "Maternal behaviour in the lesser bushbaby". *Folia Primat,* vol. 11, pp. 215-238.

Draper, Patricia (1976). "Social and economic constraints on child life among the Kung", en Lee, Richard y Devore, Irven, comps.: *Kalahari Hunter-*

Gatherers; Harvard University Press, Cambridge, Massachusetss, pp. 199-217.

Durham, W. H. (1976). "The adaptive significance of cultural behaviour". *Human Ecology,* vol. 4, pp. 89-121.

Earle, Alice (1899). *Child Life in Colonial Days;* Macmillan, Nueva York.

Erikson, Eric (1963). *Childhood and Society;* W. W. Norton, Nueva York.

Ferguson, Thomas (1966). *Children in Care and After,* Oxford University Press, Londres.

Fildes, Valerie (1980). "Neonatal feeding practices and infant mortality during the eighteenth century". *Journal of Biosocial Science,* vol. 12, pp. 313-324.

———— (1982). "The age of weaning in Britain". *Journal of Biosocial Science,* vol. 14, pp. 223-240.

Findlay, J. (1923). *The Children of England;* Methuen, Londres.

Firestone, Shillamith (1971). *The Dialectic of Sex;* Jonathan Cape, Londres.

Fishbein, Martin y Ajzen, Icek (1975). *Belief, Attitude, Intention and Behaviour. An Introduction to Theory and Research;* Addison-Wesley, Amsterdam y Londres.

Flandrin, Jean-Louis (1976). *Familles: Parenté, Maison, Sexualité dans l'Ancienne Société;* Librería Hachette, París. Traducción inglesa (1979) *Families in Former Times;* Southern, Richard; Cambridge University Press.

Fleming, Sandford (1933). *Children and Puritanism: the Place of Children in the Life and Throught of the New England Churches, 1620-1847;* Yale University Press, New Haven, Connecticut.

Flint, Elizabeth (1967). *The Child and the Institution;* University of London Press.

Franklin, Alfred (1977). *The Challenge of Child Abuse;* Academic Press, Londres.

Fraser, Derek (1973). *The Evolution of the British Welfare State;* Macmillan, Londres.

Friedman, Lawrence (1977). *Law and Society;* Prentice-Hall, Englewood Cliffs, Nueva Jersey.

Friedman, W. (1959). *Law in a Changing Society;* Stevens & Sons, Londres.

Fuller, Peter (1979). "Uncovering childhood", en Hoyles, Martin, comp.: *Changing Childhood;* Writers and Readers Publishing Cooperative, Londres, pp. 71-108.

Gillis, John (1979). "Affective individualism and the English poor". *Journal of Interdisciplinary History,* vol. 10, pp. 121-128.

Godfrey, Elizabeth (1907). *English Children in the Olden Time;* Methuen, Londres.

Goldberg, S. (1972). "Infant care and growth in urban Zambia". *Human Development,* vol. 15, pp. 77-89.

Goody, John, comp. (1973). *The Character of Kinship;* Cambridge University Press.

———— comp. (1976). *Family and Inheritance;* Cambridge University Press.

Gouge, William (1622). *Of Domestical Duties;* John Haviland, Londres.

Greven, Philip (1977). *The Protestant Temperament. Patterns of Child-rear-ing, Religious Experience, and the Self in Early America;* Alfred A. Knopf, Nueva York.

Hall, K. R. y Devore, Irven (1965). "Baboon social behavior", en Devore, Irven, comp.: *Primate Behaviour;* Holt, Rinehart & Winston, Nueva York y Londres, pp. 53-111.

Hamilton, W. D. (1966). "The genetical evolution of social behaviour". *Journal of Theoretical Biology,* vol. 7, pp. 1-52.

Hanawalt, Barbara (1977). "Childrearing among the lower classes of late medieval England". *Journal of Interdisciplinary History,* vol. 8, núm. 1, pp. 1-22.

Hansen, E. (1966). "The development of maternal and infant behaviour in the rhesus monkey". *Behaviour,* vol. 27, pp. 107-149.

Hareven, Tamara (1973). "The history of the family as an interdisciplinary field", en Rabb, T. y Rotberg, R., comps.: *The Family in History;* Harper & Row, Nueva York y Londres, pp. 211-226.

Harlow, H. y Harlow, M. (1962). "Social deprivation in monkeys". *Scientific American,* vol. 207, pp. 136-146.

—— (1963). "A study of animal affection", en Southwick, Charles: *Primate Social Behaviour;* D. Van Nostrand, Nueva Jersey, pp. 174-185.

Harris, R. W. (1963). *England in the Eighteenth Century;* Blandford Press, Londres.

Helfer, Ray y Kempe, C. Henry (1968). *The Battered Child;* University of Chicago Press.

Helmholtz, R. H. (1975). "Infanticide in the province of Canterbury during the fifteenth century". *History of Childhood Quarterly,* vol. 2, pp. 379-390.

Heywood, Jean (1978). *Children in Care;* Routledge & Kegan Paul, Londres.

Hill, Christopher (1967). *Reformation to Industrial Revolution;* Weidenfeld & Nicolson, Londres.

Hinde, R. A. (1970). *Animal Behaviour;* McGraw-Hill, Nueva York y Londres.

Hinde, R., Spencer-Booth, Y. y Bruce, M. (1966). "Effects of six-day maternal deprivation on rhesus monkey infants". *Nature,* núm. 210, pp. 1021-1023.

Hird, Frank (1898). *The Cry of the Children;* James Bowden, Londres.

Holt, John (1975). *The Needs and Rights of Children;* Penguin Books, Middlesex.

Houghton, Walter (1957). *The Victorian Frame of Mind;* Oxford University Press, Londres.

Housden, Leslie (1955). *The Prevention of Cruelty to Children;* Jonathan Cape, Londres.

Hoyles, Martin (1979). "Chilhood in historical perspective", en Hoyles, Martin, comp.: *Changing Childhood;* Writers and Readers Publishing Coope-rative, Londres. pp. 16-29.

Humphrey, N. K. (1976). "The social function of intellect", en Bateson, P. P. G. y Hinde, R. A., comps.: *Growing Points in Ethology;* Cambridge University Press, pp. 303-317.

Hunt, David (1972). *Parents and Children in History;* Harper & Row, Nueva York.

Illich, Ivan (1973). *Deschooling Society;* Penguin Books, Middlesex.

Illick, Joseph (1976). "Child-rearing in seventeenth-century England and America", en De Mause, Lloyd, comp.: *The History of Childhood;* Souvenir Press, Londres, pp. 303-350.

Isaacs, Susan (1948). *Childhood and After;* Routledge & Kegan Paul, Londres.

Itani, Junichiro (1963). "Paternal care in the wild Japanese monkey, Macaca luscata", en Southwick, Charles: *Primate Social Behaviour;* D. Van Nostrand, Nueva Jersey, pp. 91-98.

James, Thomas, (1962). *Child Law;* Sweet & Maxwell, Londres.

Jay, Phyllis (1965). "The commom langur of North India", en Devore, Irven, comp.: *Primate Behaviour;* Holt, Rinehart & Winston, Nueva York y Londres, pp. 197-249.

Jensen, G. (1968). "Reaction of monkey mothers to long-term separation from their infants". *Psychonomic Science,* núm. 11, pp. 171-172.

Jensen, G. y Tolman, C. (1962). "Mother-infant relationship in the monkey, Macaca nemestrina; the effect of brief separation and mother-infant specificity". *Journal of Comparative and Physiological Psychology,* vol. 55, pp. 131-136.

Jolly, Alison (1966). *Lemur Behaviour;* University of Chicago Press.

—— (1972). *The Evolution of Primate Behaviour;* Macmillan, Nueva York.

Kagan, J. y Klein, R. E. (1976). "Cross cultural perspectives on early development"; trabajo presentado en el Bung Wartenstein Symposium, Viena.

Kaufman, I. C. y Rosenblum, L. A. (1967). "Depression in infant monkeys separated from their mothers". *Science,* núm. 155, pp. 1030-1031.

Kelly, R. G. (1974). "Literature and the historian". *American Quarterly,* núm. 26, pp. 141-159.

Kelman, Herbert (1974). "Attitudes are alive and well and gainfully employed in the sphere of action". *American Psychologist,* vol. 29, pp. 310-324.

Kempe, C. Henry y Helfer, Ray, comps. (1972). *Helping the Battered Child an his Family;* J. B. Lippincott, Filadelfia y Toronto.

Kempe, Ruth y Kempe, C. Henry (1978). *Child Abuse. The Developing Child;* Fontana/Open Books, Nueva York.

Kessen, William (1974). *The Child;* John Wiley & Sons, Londres y Nueva York.

King, Truby (1937). *Feeding and Care of Baby;* Oxford University Press, Londres.

Kluckhohn, Clyde (1951). "Values an value-orientations in the theory of action. An exploration in definition and classification", en Parsons, T. y Shils, E., comps.: *Toward a General Theory of Action;* Harvard University Press, Cambridge, Massachusetts, pp. 388-433.

Konnor, Melvin (1977). "Infancy among the Kalahari Desert", en Leiderman, P. H., Tulkin, S. R. y Rosenfeld, A., comps.: *Culture and Infancy. Variations in the Human Experience;* Academic Press, Nueva York y Londres, pp. 287-328.

Kroll, Jerome (1977). "The concept of childhood in the middle ages". *Journal of the History of Behavioural Sciences*, volumen 13, número 4, páginas 384-393.

Lack, David (1954). *The Natural Regulation of Animal Numbers;* Oxford University Press.

—— (1966).*Population Studies of Birds;* Oxford University Press.

—— (1968). *Ecological Adaptations for Breeding in Birds;* Methuen, Londres.

Laguna, Frederica de (1965). "Childhood among the Yakuta Tlingit", Spiro, Melford, comp.: *Context and Meaning in Cultural Anthropology;* The Free Press, Nueva York.

Laslett, Peter (1971). *The World we have Lost;* Souvenir Press, Londres.

—— (1976). "The wrong way through the telescope: a note on literary evidence in sociology and in historical sociology". *British Journal of Sociology*, vol. 27, pp. 319-342.

—— (1977). *Family Life and Illicit Love in Former Generations;* Cambridge University Press.

—— y Wall, Richard, comps. (1972). *Household and Family in Past Time;* Cambridge University Press.

Lawick-Goodall, Jane van (1967). "Mother-offspring relationship in free-ranging chimpanzees", en Morris, Desmond: *Primate Ethology;* Weidenfeld & Nicolson, Londres, pp. 287-345.

Lee, Richard y Devore, Irven, comps. (1976). *Kalahari Hunter-Gatherers;* Harvard University Press, Cambridge, Massachusetts y Londres.

Leiderman, P., Tulkin, S. y Rosenfeld, A., comps. (1977). *Culture and Infancy. Variations in the Human Experience;* Academic Press, Nueva York y Londres.

Leighton, Dorothea & Kluckhohn, Clyde (1948). *Children of the People;* Harvard University Press, Cambridge, Massachusetts.

Le Roy Ladurie, Emmanuel (1978). *Montaillou: Village Occitan de 1294 à 1324;* Ediciones Gallimard, París. Traducción al inglés (1978) *Montaillou: Catholics and Cathars in a French Village;* The Scolar Press, Londres.

LeVine, Robert (1977). "Child rearing as a cultural adaptation", en Leiderman, P. H., Tulkin, S. R. y Rosenfeld, A., comps.: *Culture and Infancy. Variations in the Human Experience;* Academic Press, Nueva York y Londres, pp. 15-27.

Lewis, Hilda (1954). *Deprived Children;* Oxford University Press, Londres.

Lewis, M. y Ban, P. (1971). "Stability of attachment behaviours: a transformational analysis"; trabajo presentado en la reunión de la Sociedad para Investigación sobre el Desarrollo del Niño, Minneapolis.

Lochead, Marion (1956). *Their First Ten Years;* John Murray, Londres.

Locke, John (1694). *Some Thoughts Concerning Education;* A. y J. Churchill, Londres.

Lumsden, C. J. y Wilson, E. O. (1981). *Genes, Minds and Culture;* Harvard University Press, Cambridge, Massachusetts.

Lyman, Richard (1976). "Barbarism and religion: late Roman and early medieval childhood", en De Mause, Lloyd, comp.: *The History of Childhood;* Souvenir Press, Londres, pp. 75-100.

Lynd, S. (1942). *English Children;* William Collins, Londres.

MacDonald, Michael (1981). *Mystical Bedlam. Madness, Anxiety, and Healing in Seventeenth-Century England;* Cambridge University Press.

McKendrick, Neil (1974). "Home demand and economic growth: a new view of the role of women and children in the Industrial Revolution" en McKendrick, Neil, comp.: *Historical Perspectives. Studies of English Thought and Society;* Publicaciones Europa, Londres, pp. 152-210.

McLaughlin, Mary (1976). "Survivors and surrogates: children and parents from the ninth to the thirteenth centuries", en De Mause, Lloyd, comp.: *The History of Childhood:* Souvenir Press, Londres, pp. 101-182.

Macfarlane, Alan (1970). *The Family Life of Ralph Josselin;* Cambridge University Press.

—— (1979a). "The family, sex and marriage in England 1500-1800", por Lawrence Stone. *History and Theory,* vol. 18, pp. 103-126.

—— (1979b). *The Origins of English Individualism. The Family, Property and Social Transition;* Cambridge University Press.

Marshall, Dorothy (1962). *Eighteenth-Century England;* The Camelot Press, Londres.

—— (1973). *Industrial England 1778-1851;* Routledge & Kegan Paul, Londres.

Marshall, J. D. (1968). *The Old Poor Law 1795-1834;* Macmillan, Londres.

Martin, Harold (1972). "The child and his development", en Kempe, C. Henry y Helfer, Ray, comps.: *Helping the Battered Child and his Family;* J. B. Lippincott, Filadelfia y Toronto, pp. 93-114.

—— comp. (1976). *The Abused Child;* Bullinger, Cambridge, Massachusetts.

Martin, J. P., comp. (1978). *Violence and the Family;* John Wiley & Sons, Nueva York.

Marvick, Elizabeth (1974). "The character of Louis XIII: the role of his physician in its formation". *Journal of Interdisciplinary History,* vol. 4, núm. 3, pp. 347-374.

—— (1976). "Nature versus nurture: patterns and trends in seventeenth-century French child-rearing", en De Mause, Lloyd, comp.: *The History of Childhood:* Souvenir Press, Londres, pp. 259-302.

Marvin, R., Vandevender, T., Iwanaga, M., LeVine, S. y LeVine, R. (1977). "Infant caregiver attachment among the Hasua of Nigeria", en McGurk, Harry, comp.: *Ecological Factors in Human Development:* North Holland, Amsterdam y Oxford, pp. 247-259.

Mason, W. A. (1968). "Early social deprivation in the nonhuman primates: implications for human behavior", en Glass, D. C.: *Environmental Influences:* Rockefeller University Press, Nueva York, pp. 70-100.

Matthews, William (1945). *American Diaries;* University of California Press, Berkeley y Los Ángeles.

—— (1950). *British Diaries;* Cambridge University Press, Londres.

—— (1974). *American Diaries in Manuscript;* University of Georgia Press, Atenas.

May, Robert (1978). Human reproduction reconsidered. *Nature,* vol. 272, pp. 491-495.

Mead, Margaret y Wolfenstein, Martha, comps. (1955). *Childhood in Contemporary Cultures;* University of Chicago Press.

Mechling, Jay (1975). "Advice to historians on advice to mothers". *Journal of Social History,* vol. 9, pp. 44-62,

Menzel, E. W., Davenport, R. K. y Rogers, C. M. (1963). "Effects of environmental restrictions upon the chimpanzee's responsiveness in novel situations". *Journal of Comparative Physiology and Psychology,* vol. 56, pp. 329-334.

Middleton, Nigel (1971). *When Family Failed;* Victor Gollancz, Londres.

Miller, R. E., Caul, W. F. y Mirsky, I. A. (1967). "Communication of affect between feral and socially isolated monkeys". *Journal of Personal Social Psychology,* vol. 7, pp. 231-239.

Minturn, Leigh y Lambert, William (1964). *Mothers of Six Cultures. Antecedents of Child Rearing;* John Wiley & Sons, Nueva York.

Mitterauer, Michael y Reinhard (1977). *Vom Patriarchat zur Partnerschaft: zum Strukturwardel der Familie;* C. H. Beck'sche Verlagsbuchhandlung, Munich. Traducción al inglés (1982) *The European Family;* Oosterveen, K., Hörzinger, M.; Basil Blackwell, Oxford.

Morgan, Edmund (1944). *The Puritan Family;* Trustees of the Public Library, Boston.

Mount, Ferdinand (1982). *The Subversive Family. An Alternative History of Love and Marriage;* Jonathan Cape, Londres.

Murphey, Murray (1965). "An approach to the historical study of national character", en Spiro, Melford, comp.: *Context and Meaning in Cultural Anthropology;* The Free Press, Nueva York, pp. 144-163.

Napier, J. R. y Napier, P. H. (1967). *A Handbook of Living Primates;* Academic Press, Londres.

National Society for the Prevention of Cruelty to Children (1976). *At Risk;* Routledge & Kegan Paul, Londres.

Newson, John y Newson, Elizabeth (1965). *Patterns of Infant Care in an Urban Community;* Penguin Books, Middlesex.

—— (1968). *Four Years Old in an Urban Community;* Penguin Books, Middlesex.

—— (1974) "Cultural aspects of child rearing in the English speaking World", en Richards, M. P. M., comp.: *The Integration of a Child into a Social World;* Cambridge Univesity Press, pp. 53-83.

—— (1976). *Seven Years Old in the Home Environment;* George Allen & Unwin, Londres.

Oastler, Richard (1830). "Slavery in Yorkshire"; carta en el periódico *Mercury,* Leeds.

Owen, John (1974). *The Eighteenth Century 1714-1815;* Thomas Nelson & Sons, Londres.

Perkin, Harold (1969). *The Origins of Modern English Society, 1780-1880;* Routledge & Kegan Paul, Londres.

Perkins, William (1609). *Workes;* J. Legatt, Londres.

Pinchbeck, I. y Hewitt, M. (1969). *Children in English Society;* Routledge & Kegan Paul, Londres, 2 vols.

Plumb, J. H. P. (1975). "The new world of children in eighteenth-century England". *Past and Present,* núm. 67, pp. 64-93.

Pollock, Linda (1981). "The forgotten children"; disertación para obtener el doctorado, inédita, Universidad de St. Andrews.

Porter, Roy (1982). *English Society in the Eighteenth Century;* The Pelican Social History of Britain, Penguin Books, Middlesex.

Powell, Chilton (1917). "English Domestic Relations 1487-1653"; Columbia University Press, Nueva York.

Quinlan, Maurice (1941). *Victorian Prelude;* Columbia University Press, Nueva York.

Rabb, Theodore y Rotberg, Robert, comps. (1973). *The Family in History;* Harper & Row, Nueva York y Londres.

Rheingold, Harriet (1963). *Maternal Behaviour in Mammals;* John Wiley & Sons, Nueva York y Londres.

Richerson, P. J. y Boyd, R. (1978). "A dual inheritance model of the human evolutionary process. I: basic postulates and a simple model". *Journal of Social and Biological Structures,* vol. 1, pp. 127-154.

Roberts, David (1969). *Victorian Origins of the British Welfare State;* Archon Books, Londres.

Roberts, Jacquie (1978). "Social work and child abuse: the reasons for failure and the may to success", en Martin, J. P., comp.: *Violence and the Family;* John Wiley & Sons, Nueva York, pp. 255-291.

Robertson, Priscilla (1976). "Home as a nest: middle class childhood in nineteenth century Europe", en De Mause, Lloyd, comp.: *The History of Childhood;* Souvenir Press, Londres, pp. 407-431.

Rodgers, Brian (1968). *The Battle against Poverty;* Routledge & Kegan Paul, Londres.

Roe, F. Gordon (1959). *The Victorian Child;* Phoenix House, Londres.

——— (1961). *The Georgian Child;* Phoenix House, Londres.

Roebuck, Janet (1973). *The Making of Modern English Society from 1850;* Routledge & Kegan Paul, Londres.

Rokeach, Milton (1968). *Beliefs, Attitudes and Values. A Theory of Organization and Change;* Jossey-Bass, San Francisco.

Rosenberg, C., comp. (1975). *The Family in History;* University of Penssylvania Press, Filadelfia.

Rosenblum, Leonard (1968). "Mother-infant relations and early behavioral development", en Rosenblum, Leonard y Cooper, Robert, comps.: *The Squirrel Monkey;* Academic Press, Nueva York y Londres, pp. 209-233.

Rothman, David (1973). "Documents in search of a historian: toward a history of childhood and youth in America", en Rabb, T. y Rotberg, R., comps.: *The Family in History;* Harper & Row, Nueva York y Londres.

Rousseau, Jean Jacques (1763). *Emile or on Education;* J. Nourse y P. Vaillant, Londres.

Rowell, Thelma (1972). *The Social Behaviour of Monkeys;* Penguin Books, Middlesex.

Rowntree, Benjamin (1901). *Poverty: a Study of Town Life;* Macmillan, Londres.

Rutter, Michael (1972). *Maternal Deprivation Reassessed;* Penguin Books, Middlesex.

Ryder, Judith y Silver, Harold (1970). *Modern English Society;* Methuen, Londres.

Ryerson, Alice (1961). "Medical advice on child rearing 1550-1900". *Harvard Educational Review,* vol. 31, pp. 302-323.

Saveth, Edward (1969). "The Problem of American family history". *American Quarterly,* núm. 21, pp. 311-329.

Schnucker, R. V. (1974). "The English Puritans and pregnancy, delivery and breast-feeding". *History of Childhood Quarterly,* vol. 1, pp. 638-658.

Schücking, Levin (1969). *The Puritan Family. A Social Study from Literary Sources;* Routledge & Kegan Paul, Londres.

Scott, John (1979). "The history of the family as an affective unit". *Social History,* vol. 4, núm. 3, pp. 509-516.

Sears, R. (1975). *Your Ancients Revisited. A History of Childhood Development;* University of Chicago Press.

Seay, B., Hansen, E. y Harlow, H. (1962). "Mother-infant separation in monkeys". *Journal of Child Psychology and Psychiatry,* vol. 3, pp. 123-132.

Seay. B., Alexander, B. y Harlow, H. (1964). "Maternal behaviour of socially deprived rhesus monkeys". *Journal of Abnormal and Social Psychology,* vol. 69, núm. 4, pp. 345-354.

Shore, Miles (1979). "The psychogenic theory of history". *Journal of Interdisciplinary History,* vol. 9, núm. 3, pp. 517-523.

Shorter, Edward (1976). *The Making of the Modern Family;* William Collina, Londres.

Skinner, Angela y Castle, Raymond (1969). *Seventy-eight Battered Children: a Retrospective Study;* Sociedad Nacional para la Prevención de la Crueldad con los Niños, Londres.

Smelser, Neil (1959). *Social Change in thee Industrial Revolution;* Routledg & Kegan Paul , Londres.

—— (1974). "Sociological history. The Industrial Revolution and the Bristish working-class family", en Flinn, M. W. y Smout, T. C., comps.: *Essays in Social History;* Clarendon Press, Oxford, pp. 23-38.

Smith, Daniel (1977). "Autonomy and affection: parents and children in eighteenth-century Chesapeake families". *The Psychohistorical Review,* vol. 6, pp. 32-51.

Smith, Peter (en prensa). "Biological, psychological and historical aspects of reproduction and child-care", en Davey, G., comp.: *Animal Models and Human Behaviour;* John Wiley & Sons, Londres.

Smith, Stephen (1973). "Communication. The London apprentices as seventeenth-century adolescents". *Past and Present*, núm. 61, pp. 149-161.

Spalding, P. A. (1949). *Self-Harvest. A Study of Diaries and the Diarist;* Independent Press, Londres.

Spence, J. C., comp. (1897). *The Dawn of Civilization: or England in the Nineteenth Century;* Watts, Londres.

Spitz, René (1945). Hospitalism. *The Psychoanalytic Study of the Child*, vol. 1, pp. 53-74.

Spufford, Margaret (1979). "First steps in literacy; the reading and writing experiences of the humblest seventeenth-century spiritual autobiographers". *Social History*, vol. 4, núm. 3, pp. 407-437.

Stannard, David (1974). "Death and the Puritan child". *American Quarterly*, núm. 26, pp. 456-476.

Steel, Brandt y Pollock, Carl (1968). "A psychiatric study or parents who abuse infants and small children", en Helfer, Ray y Kempe, C. Henry: *The Battered Child;* Chicago University Press, pp. 89-133.

Stein, Peter y Shand, J. (1974). *Legal Values in Western Society;* Edinburgh University Press.

Stern, Daniel (1977). *The First Relationship;* Open Books, Londres.

Stone, Lawrence (1975). "The rise of nuclear family in early modern England", en Rosenberg, C., comp.: *The Family in History;* University of Pennsylvania Press, Filadelfia.

―――― (1977). *The Family, Sex and Marriage In England 1500-1800;* Weidenfeld & Nicolson, Londres.

Thane, Pat, comp. (1978). *The origins of British Social Policy;* Croom Helm, Londres.

Thompson, E. P. (1977). Review of Lawrence Stone. *New Society*, 8 de septiembre, pp. 499-501.

Thompson, R. (1974). *Women in Stuart England and America;* Routledge & Kegan Paul, Londres.

Tizard, Jack y Tizard, Barbara (1974). "The institution as an enviroment for development", en Richards, Martin, comp.: *The Integration of a Child into a Social World;* Cambridge University Press, pp. 137-153.

Trivers, Robert (1974). "Parent-offspring conflict". *American Zoologist*, vol. 14, pp. 249-264.

Trumbach, Randolph (1978). *The Rise of the Egalitarian Family;* Academic Press, Nueva York y Londres.

Tucker, M. J. (1976). "The child as a beginning and end: fifteenth-and sixteenth-century English childhood", en De Mause, Lloyd, comp.: *The History of Childhood;* Souvenir Press, Londres, pp. 229-258.

Tuckwell, Gertrude (1894). *The State and its Children;* Methuen, Londres.

Turnbull, Colin (1973). *The Mountain People;* Jonathan Cape, Londres.

Vandeberg, Brian (1978). "Play and development from an ethological perspective". *American Psychologist*, volumen 33, número 8, páginas 724-739.

Vigne, T., ed. (1975). "Parents and children 1890-1918; distance and depen-

dence". *The Journal of the Oral History Society*, Family History Issue,
vol. 3, núm. 2.

Walle, Etienen van de (1973). "Recent approaches to past childhoods", en
Rabb, T. y Rotberg, R., comps.: "The Family in History"; Harper & Row,
Nueva York y Londres.

Walzer, John (1976). "A period of ambivalence: eighteenth-century American childhood", en De Mause, Lloyd comp.: *The History of Childhood;*
Souvenir Press, Londres, pp. 351-382.

Watson, John (1928). *Psychological Care of Infant and Child;* George Allen
& Unwin, Londres.

Wells, Robert (1971). "Family size and fertility control in eighteenth-century
America. A study of Quaker families". *Population Studies*, vol. 25, pp.
73-83.

West, F. (1974). "Infant mortality in the East Fen parishes of Leake and
Wrangle". *Local Population Studies*, vol. 13,

Whiting, Beatrice, comp. (1963). *Six Cultures. Studies of Child Rearing;*
John Wiley & Sons, Nueva York.

Wilson, Adrian (1980). "The infancy of the history of childhood: an appraisal
of Philippe Ariès". *History and Theory*, vol. 19, pp. 132-154.

Wilson, Edward O. (1975). *Sociobiology;* The Belknap Press, Cambridge,
Massachusetts.

Winnicott, D. W. (1957). *The Child and the Family;* Tavistock, Londres.

Wishy, Bernad (1968). *The Child and the Republic. The Dawn of Modern
American Child Nurture;* University of Pennsylvania Press, Filadelfia.

Wrightson, Keith (1975). "Infanticide in early seventeenth-century England".
Local Population Studies, vol. 15, pp. 10-21.

—— (1982). *English Society 1580-1680;* Hutchinson Social History of England, Londres.

Wrigley, E. A. (1966). "Family limitations in pre-industrial England". *The
Economic History Review*, 2a. serie, vol. 19, núm. 1, pp. 82-109.

—— (1968). "Mortality in pre-industrial England: the example of Colyton,
Devon, over three centuries". *Daedalus*, vol. 97, pp. 546-580.

—— (1977). "Reflections on the history of the family". *Daedalus*, vol. 106,
pp. 71-85.

Zuckerman, Michael (1970). *Peaceable Kingdoms: New England Towns in
the Eighteenth Century;* Random House, Nueva York.

ÍNDICE

Este libro se terminó de imprimir y encuadernar en el mes de noviembre de 2004 en Impresora y Encuadernadora Progreso, S. A. de C. V. (IEPSA), Calz. de San Lorenzo, 244; 09830 México, D. F. Se tiraron 500 ejemplares.